子藏

道家部

鬻子卷

1

華東師範大學「子藏」編纂中心編
總編纂 方勇
副總編纂 吳平

國家圖書館出版社

圖書在版編目(CIP)數據

子藏・道家部・鬻子卷(全二册)/方勇編纂.—北京:國家圖書館出版社,2014.3(2023.5重印)

ISBN 978-7-5013-5215-9

Ⅰ.①子… Ⅱ.①方… Ⅲ.①先秦哲學—研究 ②《鬻子》—研究 Ⅳ.①B220.5 ②B223.95

中國版本圖書館CIP數據核字(2013)第256382號

書　名	子藏・道家部・鬻子卷(全二册)
著　者	方勇　編纂
責任編輯	張愛芳
重印編輯	代　坤　袁宏偉
封面設計	敬人書籍設計工作室 呂敬人+呂旻
出版發行	國家圖書館出版社(北京市西城區文津街7號　100034) (原書目文獻出版社　北京圖書館出版社) 010-66114536　63802249　nlcpress@nlc.cn(郵購)
網　址	http://www.nlcpress.com
印　裝	北京華藝齋古籍印務有限公司
版次印次	2014年3月第1版　2023年5月第2次印刷
開　本	787×1092　1/16
印　張	68
書　號	ISBN 978-7-5013-5215-9
定　價	1300.00圓

子藏

編纂委員會

出版委員會

《子藏》總序

方勇

宇宙綿邈，啃高才之陵替；時世移易，惟百家之代興。信乎諸子之爲顯學也！方今海内右文圖治，操觚懷鉛之士，希風前秀，争崇國學，穿穴百氏，出入九流，不惟後生小子，皆翕然從風，抑或百工商賈，亦欣然景慕矣。乃華東師範大學，敢以振興文教自任，啓動《子藏》工程，搜天下之遺籍，極百家之大觀，其霑溉子學，嘉惠來兹，蔑以加矣。今值是書成編，揆以古例，用製序文，以弁簡端云爾。

昔周道既微，諸侯放恣，上下失序，九流並作。孔丘祖述堯舜，憲章文武，修《春秋》，闢私學，哀其遺言，是爲《論語》。孟軻聞其風，慕而悦之，私淑有得，斯有《孟子》。老聃絶聖棄智，絶仁棄義，知雄守雌，知白守辱，因有《老子》。莊周以虚遠之説，恣縱之言，卮之寓之，重之覆之，遂成《莊子》。墨翟用夏政，倡兼愛，崇節儉，而《墨子》出焉。荀況尊孔氏之學，採衆家之長，而《荀子》備焉。若斯之儔，後先接踵，皆英才特達，奮其智慮，騰口舌以競辯，著文章以立説，乃中土學術之源頭，華夏文化之瑰寶也。

逮嬴政即位，滅典禁學，惟韓非、李斯，相繼鳴高，而百家競唱，頓失聲響。漢承秦政，亦鄙文事，然經世致用之學，廷議對策之文，實因君主望治，固已應運而生。若賈誼《過秦》《治安》，晁錯《賢良》《貴粟》，不讓戰國之縱横；陸賈《新語》、賈氏《新書》，比美諸子之盛藻。方是時也，文帝、竇后，推尊黄老，風被草上，士臣效焉。淮南劉安，廣致門客，纂成《鴻烈》，思以『統天下，理萬物』（《淮南子·要略》），旨近老莊，而博採孔、墨、陰陽、申、韓，黄老之學，至此而集大成。洎漢武改運，一尊儒術，諸家之説，悉摒弗用。迨元、成以還，揚雄著《法言》，王充成《論衡》，發論煌煌，復振子學。漢季士尚横議，王符作《潛夫》，荀悦張《申鑒》，踵武前修，經綸天下，無愧百家，諸子於是乎騰聲，著述以此而增價。

爰及魏晉，士習苟安，慮慕玄遠，爲學空追柱下，博物不離七篇。何晏、王弼之倫，依傍老聃，啓玄風之溟溟；嵇康、阮籍之儔，寄情莊周，避世情之炎炎。向秀、郭象之輩，雖乏奇藻，惟雅尚《莊子》，自有會心；司馬、崔譔之徒，咸有根柢，訓詁《莊》書，類多可述。凡此皆道家之餘響，俗世之殊韻也。嗣後南北懸隔，王道淪失，百家之書，學者未遑，非力有不逮，實世風之日替。然中流有在，綿綿若存，若葛洪《抱朴》，意新辭茂；元帝《金樓》、之推《家訓》、佚名《劉子》，皆識見非凡，不讓前秀。

李唐尊佛老，崇釋道，收士人之心，廣開科第，《老》《莊》《列》《文》，並駕六經，治子之風日盛，注述彬彬而出。然此爲梯進之媒，實非中心好之，固與魏晉玄士有間矣。趙宋謀國，權術是依，承安三教，意非進取。太宗、徽宗，寄心道流，而名士荆公、子瞻之倫，皆助瀾推波。是以老莊復興，闡述者衆，若陳景元、呂惠卿、王元澤、林希逸、褚伯秀，咸有可述。然正議格辯，亦復高漲。呂公著上書請禁，以爲：『主司不得出題老、莊書，舉子不得以申、韓、佛書爲學。』（《宋史·呂公著傳》）葉適則謂：『蓋周之書，大用於世者再，其極皆爲夷狄亂華、父子相夷之禍，然則楊、墨、申、韓之害，曾不若是之遠已！』（《水心先生别集·莊子》）固知老、莊、楊、墨、申、韓之跡未替，與儒學並世而異流矣。

明正德以還，王守仁高張宗旨，與朱子殊科。其後天下從風，若楊慎、焦竑、李贄、方以智者，天資既非尋常比，而筆底風雲，或以佛老通義理，或由莊周自照心，老莊浸盛，一時沛然不可禦者矣。而傅山力倡『經子不分』（《雜記三》），以爲『有子而後有作經者也』（同上），持論高曠，足以動俗。其於《老子》《莊子》《列子》《管子》《墨子》

《公孫》《鄧析》《荀子》《鬼谷》《亢倉》《尹文》《鶡冠》《商君》《淮南》，靡所不究，豈非近代子學之先聲耶！

清帝右文，但嚴於防備，爲政多忌，禁網重罹。故士憚不意之殃，下筆謹慎若寒蟬，放言之未敢，豈高論之煌煌！全身之計，惟耽樸學，此不得不然。高士若盧文弨、工念孫、洪頤煊、俞樾之儔，姚文田、江有誥、馬國翰、孫馮翼之輩，皆智在上人，學通四部，咸矻矻於辨音，肆意於考訂，孜孜於鉤韻，窮年於輯佚，無分經、子之畛域，一視而同仁。子學駸駸，同並經史，樸學實與有力焉。至於辭章之士，貝錦於百家，妙析文理，翫之不已。若林雲銘、宣穎、胡文英、劉鳳苞皆其儔也。清社既屋，政體更易，國運殊艱，禁網難張，兼以西學東漸，觀念開放，論述恣縱，横議隨心，亦勢所必然。如章炳麟、劉師培、聞一多、錢穆、馮友蘭、于省吾、王叔岷、陳奇猷諸公，或以其襟抱之寬博、氣度之恢奇，或以其視界之宏遠、思維之深邃，奮書申志，遥接華夏學術之慧命；鋪議精義，大明九流乎西學湯湯之時；提振子學，百家之説洋洋乎大興，厥功偉矣。

清季新學肇興，民智大張，承學之士，皆思撰述，或倡『西學源於諸子』之論，務欲張揚國粹。鄒伯奇以泰西科技、宗教、文字濫觴於《墨子》，薛福成以西洋電學、化學權輿於《莊子·外物》，張自牧以西人算學、重學、數學、聲學、熱學、光學、電學、化學、醫學、天文學、氣象學、地理學、機械學、測量學、植物學出自《墨子》《關尹》《淮南》《亢倉》《論衡》。鄧實《古學復興論》則謂：『墨荀之名學，管商之法學，老莊之神學，計然、白圭之計學，扁鵲之醫學，孫吳之兵學，皆卓然自成一家言，可與西土哲儒並駕齊驅者也。』如斯之類，皆有激於時，持論雖偏，無補於學術，然推挹九流，用昭萬邦，用心可謂良苦矣。

百年以來，地不愛寶，逸文故書，時有出土，關乎諸子者，在在而有。若敦煌之《老》《列》《莊》，黑水城之呂惠卿《莊子義》，馬王堆之《老子》，定州之《文子》，銀雀山之《孫子》《孫臏》《六韜》《尉繚》，雖殘損不完，亦可補上古文獻之不足，訂傳世文書之訛誤，其爲用也亦大矣。

觀夫百家競聲，流溉無已，至於近世，新境別開，動人心魄。其形諸文字，足以充棟，於六藝以外，蔚爲大國，而於中土文化，影響至鉅，且至深也。歷世通才碩學，或嗜古耽文者，豈能自外於此乎？

昔者莊周，慨百家衆技之蜂起，憫道術將爲天下裂，乃奮著《天下》之篇，放眼古今學問，歷敘其淵源之所自，風流之所及，舉凡墨翟、禽滑釐派，宋鈃、尹文派，彭蒙、田駢、慎到派，關尹、老聃派，莊周派，惠施、桓團、公孫龍派，靡不較論，褒貶偏至，歸宿大道。評較諸子，此爲濫觴。荀況明道，著爲《解蔽》，深譏諸子之偏弊，以爲『墨子蔽於用而不知文，宋子蔽於欲而不知得，慎子蔽於法而不知賢，申子蔽於勢而不知知，惠子蔽於辭而不知實，莊子蔽於天而不知人』，雖見機穎，未必服人；復爲《非十二子》之論，大類訶詈，皆有所激，難稱持平。惟其評騭諸子，流別部居，區分學派，若它囂、魏牟派，陳仲、史鰌派，墨翟、宋鈃派，慎到、田駢派，惠施、鄧析派，子思、孟軻派，仲尼、子弓派，臚陳列示，類多可徵，振響莊周之後，宜乎與《天下》並傳。其門人韓非，著《解老》《喻老》，融法入老，變混宗旨，曲枉下以非其義，意未深接，難免有狂躁之譏。然治老之作，實導乎此也。

炎漢司馬談，著爲《要指》，範圍學藝之名實，綜陰陽、儒、墨、名、法、道德六家，司判得失，先秦學術，大體粗定。劉歆復撰《七略》，增益縱横、農、雜、小説，定爲十家。此百氏分合之歸宿，家數定稱之厥初也。班固《藝文志》深探本源，論定諸子皆起於『王官』，曲承莊周《天下》『古之道術有在於是者』之論緒，觀流索源，惟義説爛漫而無可徵信。然於儒術得令之際，敢次列儒家於諸子之間，足見學術公論，不爲利禄所淹殺也。孟堅詮敘諸家，雖辟猶水火，然相滅亦相生，誠見理識。至於書録，儒家五十三，道家三十七，陰陽家二十一，法家十，名家七，墨家六，縱横家十二，雜家二十，農家九，小説家十五，統四千三百二十有四篇。十家著述載録，蓋云備矣。百世之下，班《志》所述，稽古猶須賴焉。

典午以後，簿録雲構，鄭默《中經》、荀勗《新簿》、王儉《七志》、阮孝緒《七録》、劉遵《梁東宫四部目録》，多承前志，别類各殊，然大勢所趨，則合爲四部，所謂甲、乙、丙、丁是也。迨《隋志》修纂，參酌先例，定名經、史、子、集，以代甲、乙、丙、丁，後世式焉。其子部則併班《志》諸子略、兵書略、術數略、方技略，所謂儒、道、法、名、墨、縱横、雜、農、小説、兵、天文、曆數、五行、醫方諸類是也。爾後簿録相承，遞爲損益，見備《四庫》，若儒家、兵家、法家、農家、醫家、天文演算法、術數、藝術、譜録、雜家、類書、小説家、釋家、道家咸歸子部，所謂『自六經以外立説者，皆子書也』（《四庫全書總目·子部總敘》）。

六朝以還，道術承變，頗思頡頏儒釋；羽流不甘，亦廣訪祕典，博搜奇編，彙爲道經。始則劉宋陸修静，總括三洞，校理目次，成《三洞經書目録》。唐人復輯《三洞瓊綱》，遞至趙宋，《寶文統録》《大宋天宫寶藏》《政和萬壽道藏》之集，煌煌矣。金、元刊刻，板亦漫滅。今存明正統《道藏》，收録凡五千三百零五卷；萬曆《續道藏》，凡一百八十卷，皆道典之總彙。清彭定求《道藏輯要》、閔一得《道藏續編》，近世守一子《道藏精華録》，續有增補。而諸子遺編，其涉道術者亦録其中，文獻有存，則『藏』之爲用亦大矣。

宋龔士卨始輯《五子纂圖互注》，所録五書，一曰《纂圖互注老子章句》，二曰《纂圖互注南華真經》，三曰《纂圖互注荀子》，四曰《纂圖互注揚子法言》，五曰《纂圖互注文中子》。後此以往，叢刻疊見。明李瀚《新刊五子書》、歐陽清《五子書》、張懋寀《楊升庵先生評注先秦五子全書》、許宗魯《六子書》、顧春《六子書》、陶原烺《六子全書》、謝汝韶《二十家子書》、陸明揚《紫薇堂四子》、吴勉學《二十子全書》、史起欽《諸子纂要》、董逢元《四子全書》、陳楠《四子書》、黄之寀《二十子》、張登雲《中立四子集》、閔齊伋《三子合刊》，皆明人標榜家數之遺風；復有周子義《子彙》、馮夢禎《先秦諸子合編》、方疑《且且庵初箋十六子》、佚名《合諸名家批點諸子全書》、汪定國《諸子裒異》、歸有光《諸子彙函》，清有吴鼒《韓晏合編》、王子興《十子全書》、王纕堂《廿二子全書》、馮雲鵷《聖門十六子書》、崇文書局《子書百家》、浙江書局《二十二子》、鴻文書局《二十五子彙函》、育文書局《子書二十八種》，民國有五鳳樓主人《子書四十八種》、陳乃乾《周秦諸子斠注十種》、國學整理社《諸子集成》，則學術爲宗，入門稱便。若斯之類，陳陳相因，或採擇未精，或板刻漫漶，然其別裁分體，或配隸自殊，或橐函衆家，或籠罩百氏，不惟惠及學人，即今從事編纂，亦可酌採其法，漁弋其所録之文也。

縱覽千祀，詳觀衆志，目録所載，子部所列，不啻充棟汗牛，抑亦塞乎區宇矣。然歷世編録，子部所收，端緒茫如，最稱龐雜，舉凡淩雜不倫，無可附麗者，皆可強入之，不足以爲準式。且儒者用心，排斥異端，官方纂輯，六藝爲先，子書非所矚目也。若《四庫》標榜『全書』，所收《管子》《晏子》《老子》《莊子》《墨子》《商君》《荀子》《韓子》《呂覽》《淮南》白文本，與乎相關研治之著作，僅得數十。宋明以還，雖好事者恒有，動輒災梨禍棗，刊爲子書叢編，亦不過攟要摘精，豈可窺其大全乎！兩岸隔絶之日，臺灣有嚴靈峰者，用展襟抱，旁搜廣輯，日有孜孜，於《老》《列》《莊》《墨》《荀》《韓》諸子，所得甚夥，影印成編，彙爲《無求備齋諸子集成》，功駕前人之上。然嚴公以一己之力，雖黽勉從事，蓋有不支焉。且以一水相隔，子學卷帙所儲，實以大陸爲富，而得之爲難，豈可諧其夙願！又爲技術所限，所印六子集成，模糊不清者，蓋居其泰半，學人多病之，可爲歎息者也。

今海内昇平，文運昭回，凡志懷天下者，莫不欲高翥青冥，周覽八極，收古今政道人生之智慧，綜歷代成敗得失之經驗，鑒别中西學藝，重建強國話語，亟思奮勵，所以修齊而治平也。華東師範大學，用敢以振興文命自任，以副天下之望，遂勉先秦諸子研究中心垂意，廣徵高識學人，搜四方遺文，綜百家大觀，嘉惠學人，貽功來葉。予雖不敏，豈敢不勉！先是創辦《諸子學刊》，用弘斯業；繼而編纂《子藏》，求全且精，庶或無愧於古人，而來葉知所歸。年前春三月，禮邀宿儒碩學，共論滬上。大德如傅璇琮、卿希泰、陳鼓應、許抗生、陸永品、王水照、蕭漢明、張雙棣、趙逵夫、鄭傑文、張湧泉、廖名春諸先生，皆慷慨相持，莫不奮言，學人共識，皆融此際。未克與會之李學勤先生，欣然惠賜雅論，亦云：『如能彙集成爲《子藏》，實在是功莫大焉。』是知編纂《子藏》，乃人心之所向，爲時代之事業，以故當下起行，一往無前也。

夫『子藏』者，言網羅放佚，次第編摩，俾子學遺籍，盡彙一藏也。『藏』爲儲物之所，佛典之總謂《佛藏》，道經之彙稱《道藏》。今總彙子學遺編，則謂之《子藏》也。蓋漢孝武以還，儒術獨尊，莫與比盛，公私册府，皆庋藏其籍，而他家子書，則多散佚，難以尋覓，故採掇搜羅，彙爲一藏，與天下共之，其嘉惠學林也甚溥矣哉！

劉勰云：『諸子者，入道見志之書。』（《文心雕龍·諸子》）誠哉斯言！然披觀志録，子部配隸，殊有可議。如《漢志》所列『農家』，多勸農桑，或言耕稼之書；『小説家』則有《周考》二十六篇，班固自注曰『考周事也』，亦非『入道見志』之書明矣。《隋志》合《漢志》諸子略、兵書略、術數略、方技略而爲『子部』，歸攝天文、歷數、五行、醫方，此皆方術，殊非見志。《四庫》『子部』，旨在兼包，採擇失統，諸如推步、算書、數學、占候、相宅相墓、占卜、命書相書、陰陽五行、雜技術、書畫、琴譜、篆刻、器物、食譜、雜學、雜考、雜説、雜品、雜纂、雜編、雜事、異聞、瑣語，無所不包，門類有失於冗雜。然沿用已久，積非成是，見諸《中國叢書綜録》。準是以求，則津逮多迷，雜學充斥，而子學『入道見志』之旨，益惑於簿録。今之治子學者，若尤而效之，援爲法戒，則必長見笑於大方之家矣。

若乃觀諸叢刻，宋明以降，『子學』固與『子部』别矣。其中尚見疑似者，如王纕堂《廿二子全書》録《古三墳》一卷、《忠經》一卷、《農説》一卷、《佛説四十二章經》一卷、《葬經》一卷，崇文書局《子書百家》録《齊民要術》十卷、《焦氏易林》四卷、《燕丹子》三卷、《山海經》十八卷、《海内十洲記》一卷、《搜神記》二十卷、《博物志》十卷，浙江書局《二十二子》録《竹書紀年統箋》十二卷、《補注黄帝内經素問》二十四卷，皆非入道之書，亦無關見志。惟嚴靈峰輯《無求備齋諸子集成》，並《周秦漢魏諸子知見書目》，去取之間，頗具識力，足資參詳。

揚搉古今，參稽舊説，折衷群議，雜以私意，輒以爲《子藏》之『子』，當取思想史『諸子百家』之『子』，而非因襲目録學『經、史、子、集』之『子』也。善乎章炳麟《諸子略説》所言：『所謂諸子學者，非專限於周秦，後代諸家，亦得列入，而必以周秦爲主。』持是以求，本藏所録，非止先秦，其漢魏六朝之子書，並歷世學人校覈、注釋、研究專著，皆搜羅盡備。故子書正言，可得而理，曰：《老子》《莊子》《墨子》《子華子》《管子》《鬻子》《晏子》《鄧析子》《文子》《尹文子》《亢桑子》《惠子》《公孫龍子》《曾子》《子思子》《孔子家語》《孔叢子》《商君書》《慎子》《中子》《尸子》《鬼谷子》《孫子》《吴子》《司馬法》《尉繚子》《六韜》《三略》《素書》《關尹子》《鶡冠子》《陰符經》《荀子》《韓非子》《呂氏春秋》《新語》《新書》《淮南子》《春秋繁露》《鹽鐵論》《新序》《法言》《太玄》《桓譚新論》《白虎通》《論衡》《獨斷》《中論》《中鑒》《昌言》《傅子》《抱朴子》《金樓子》《劉子》，流別清晰，皆子學之本體。若以思想史言之，儒術本爲子學，視彼《漢志》，即以《孟子》入諸子。訖乎『五四』，儒學受挫，學者堅稱，《論語》《孟子》，亦莫非子學，故《諸子集成》以置簡首。以彼例此，《子藏》亦當録之，方可名副其實，而此二書，亦體有所適，義有攸歸焉。至於歷世校覈、注釋、研究專著，録止於民國卅八年（一九四九），而出土簡帛，其有關乎諸子者，則下限無隔。

《子藏》之纂，要義有二，一曰『全』，二曰『精』。『全』也者，即凡例合收録原則者，務必搜盡無餘，俾世之治是學者，得盡窺全豹焉。『精』也者，仿《四部叢刊》之法，版本必善，務欲精益求精，庶無貽譏於大方也。故手稿、抄本，搜輯具備，用昭册府；諸印本並存者，則較善甄擇，然後去取焉。明清以還，傳學多有眉批、圈點，皆足見讀者會心，若標點整理，或僅摘版心，縮小影印，則大失原意，此學者之所病也。《子藏》版面，設爲十六開本，原大影印，以存本真，不施點畫，以免重蹈諸叢編之失。全藏收書，約計五千。今視阮孝緒《七録》，析『子兵録』爲十一部，若『儒部』、『道部』、『法部』、『名部』、『墨部』、『雜部』、『兵部』是也；又《道藏》分『洞真』、『洞玄』、『洞神』、『太玄』、『太平』、『太清』、『正乙』諸部，佛藏亦多分部以統衆經。故《子藏》特設諸『部』，以標識各家，分攝衆子，亦利分輯刊行，士林稱便焉。並爲衆著，各製提要，按子系列，先出單行之本（較小系列作適當合併），後則彙爲總目提要。提要其備，務求準確簡要，著者生平、世次、爵里，悉爲臚列，以爲知人論世之資；簡述内容，大體先存焉；詳敘版本流變，讀者知所用力焉。

然則《子藏》之纂，廣搜博採，薈萃群籍，若渤澥納百川之流，太倉聚萬斛之粟，自有子書以來，無有如斯之富有美備，蔚然稱盛，不特册府藉資充盈，用垂久遠，凡四方治子學者，蓋不俟於遐搜之力，患乎旁稽之艱，亦可愜意饜心，足資觀覽矣。惟工程浩大，周折殊多，且是非交至，弗暇接將。然一意學術，雖千萬人，吾往矣。志意既立，則義無反顧；

兼且諸路（涉及文學、史學、哲學、文獻學等）學者之鼎力支持，四方同仁之通力合作，公私庋藏，若中國國家圖書館、中國科學院圖書館、上海圖書館、南京圖書館、北京大學圖書館、復旦大學圖書館、北京師範大學圖書館等，莫不相助，編纂遂稱順利。信乎夫子之言，德不孤，必有鄰也！

辛卯（二〇一一年）仲秋謹撰

前言

鍾肇鵬

《子藏·道家部·鬻子卷》共收書五十一種，整合成精裝十六開二册予以出版。本卷收録目前所知有關《鬻子》的白文本、注釋本、節選本、稿抄本、批校本、校勘本及相關研究著述等，集《鬻子》各種版本及研究文獻之大成。

一

鬻子，又作粥子，名熊，芈姓（芈同彌）。史書無傳。據《左傳·僖公二十六年》載：『夔子不祀祝融與鬻熊，楚人讓之。』《史記·楚世家》載：『周文王之時，季連之苗裔曰鬻熊。鬻熊子事文王，蚤卒。其子曰熊麗。熊麗生熊狂，熊狂生熊繹。熊繹當周成王之時，舉文、武勤勞之後嗣，而封熊繹於楚蠻，封以子男之田，姓羋氏，居丹陽。』由此可知，鬻子爲祝融氏之後。又載熊通言曰：『吾先鬻熊，文王之師也，蚤終。成王舉我先公，乃以子男田令居楚，蠻夷皆率服，而王不加位，我自尊耳。』則鬻熊曾爲周文王師，似因早卒，周成王時封其後人於楚。然唐馬總《意林》引《鬻子》云：『昔文王見鬻子年九十，文王曰：「嘻，老矣。」鬻子曰：「若使臣捕虎逐麋，則臣已老矣。坐策國事，臣年尚少。」』清嚴可均《全上古三代秦漢六朝文》卷九則云：『《鬻子》書言年九十見文王，而有武王問、成王問，及康叔封衛事，計其年宜過百一二十，則早卒、早終謂不及受封先卒耳，非不壽之謂也。』

《鬻子》，《漢書·藝文志》道家類載《鬻子》二十二篇，小説家類録《鬻子説》十九篇，則漢時當有兩部《鬻子》，一爲道家言，一爲小説家言。馬總《意林》節選《鬻子》數條，注云：『一卷六篇。』《意林》源自梁庾仲容《子鈔》，則《鬻子》在南朝之時已爲殘卷。唐逢行珪注《鬻子》曰：『依《漢書·藝文志》雖有六篇，今此本乃有十四篇。』逢行珪言《漢書》載《鬻子》六篇，當爲誤記，而其所見傳本則爲十四篇。此後，《崇文總目》著録十四篇，高似孫《子略》作十二篇，陳振孫《直齋書録解題》載《鬻子》一卷十五篇，陸佃農師所校，未見傳本。由此看來，《漢書·藝文志》所著録《鬻子》二十二篇至少在南朝時已經散佚爲六篇。而現傳世本爲逢行珪《鬻子》注本十四篇。關於此書性質，宋鄭樵《通志·藝文略》、晁公武《郡齋讀書志》卷十一將其歸入道家類，《宋史·藝文志》則入雜家類，《四庫全書總目》同之，並云：『疑即小説家之《鬻子説》也。』拙著《鬻子校理》亦以今存《鬻子》殘卷類似小説家，並認爲乃『隋唐以前隨手摘録的抄本』。也有學者撰文指出，今本《鬻子》並非僞書，乃是《鬻子》殘卷。

二

《鬻子》一書多有散佚，《列子》徵引《鬻子》四則，言道體虛無，守弱去名，皆道家語。傳本《鬻子》則主要討論治國之道，認爲治國的要道在於尊賢愛民，即要治理好一個國家，首先需要一個良好的領導團體。它以大禹和商湯皆獲七大夫共同治理國家而使天下太平（《禹政第六》《湯政天下至紂第七》，明正統《道藏》本，以下引文亦均出此本）爲例，論證此事。雖然這十四個大夫的姓名大多數不見於史籍，大體出於虛構，但它尊賢的主張無疑是很明確的。

在尊賢的主張確立之後，《鬻子》也對如何區分賢與不賢進行了討論。其曰：『民者，賢不肖之杖也。』認爲人民滿意與否是衡量賢能與否最重要的因素。並進一步提出『明主撰吏焉，必使民興焉。士民與之，明上舉之。士民苦之，明上去之。』『故十人愛之，則十人之吏也。百人愛之，則百人之吏也。千人愛之，則千人之吏也。萬人愛之，則萬人之吏也。故萬人之吏，撰卿相矣。』（《撰吏五帝三王傳政乙第三》）

《鬻子》除了主張君王選擇官吏要以百姓的觀點爲衡量標準外，還主張在行政過程中充分聽取民意，如大禹『門懸鐘鼓鐸磬而置鞀』，聽五聲而知民情（《上禹政第六》）。雖然大禹以聽五聲與大禹有七大夫而天下治一樣，不一定是歷史事實，但也基本反映出了《鬻子》一書在治國方面的基本思想。

在尊賢愛民原則確立後，《鬻子》則涉及具體的治國之術，即所謂『帝王之器』。《鬻子》曰：『發教施令爲天下福者，謂之道；上下相親，謂之和；民不求而得所欲，謂之信；除去天下之害，謂之仁。仁與信，和與道，帝王之器。』（《道符五帝三王傳政甲第五》）它主張君王要積極有爲，而『仁』『信』『和』『道』是帝王治理天下的四種利器，應對此加以充分運用。圣王在上，用此四器，諸侯之間和平相處，不會有侵略戰爭，而人民和睦相處，也不會有私鬥。同時，圣王在上，使生産發展，男耕女織，人民的生活有保障，因此人民自然壽命延長，而得其天命。

《鬻子》從根本上强調人爲萬物之長、萬物之靈，而『善』與『行』是其最重要的因素。它説：『天地闢而萬物生，萬物生而人爲政。』又説：『人化而爲善，獸化而爲惡。人而不善者，謂之獸。』（《湯政湯治天下理第七》）説明人與禽獸的區别在於『善』與『不善』，而所謂『善』就是指道德理性。人與禽獸之間的區别就是人有道德理性，而禽獸祇依靠本能。《鬻子》在討論道德理性時，重視實際行動，『君子非人者，不出之於辭，而施之於行。故非非者行是，惡惡者行善』（《撰吏五帝三王傳政乙第五》）。它認爲通過人的道德理性，將之發揮出來並落實到生活中，就可以實現人與人之間的『和』，最終實現天下大治。

三

現傳《鬻子》皆源自唐逢行珪注本。《鬻子》白文本多爲剔除逢行珪注而來，有一卷與二卷之別。其一卷本，有萬曆三十年緜眇閣刊《先秦諸子合編》本、明方疑輯《十二子》本、明謝汝韶《二十家子書》本、明刊《楊升庵先生評注先秦五子全書》本等。清末民初葉德輝觀古堂《郋園全書》本則將其析爲二卷。

《鬻子》注本僅有逢行珪注一種。逢注本爲十四篇，據逢行珪序『篇或錯亂，文多遺闕』，則逢氏注《鬻子》時已覺其篇章錯亂，書有殘缺。逢注本亦有一卷與二卷之別。其一卷本，有萬曆間周子義《子彙》本、萬曆二十三年歐陽清《五子書》本、明刊《十二子》本、明刊《十子》本等。歐陽清《五子書》源自明李瀚《新刊五子書》，李刻本爲二卷，歐陽清將其合爲一卷。明楊之森合刻《廣成子》與《鬻子》，並補《鬻子》佚文數則，後清人所刻《墨海金壺》本、《守山閣叢書》本、《二十二子全書》本、《百子全書》本，均沿襲楊氏所刻。二卷本有明正統《道藏》本、李瀚《新刊五子書》本、明刊九行十九字本等。

四

《子藏・道家部・鬻子卷》尤重收輯稀有抄本及批校本。有代表性者如上海圖書館藏嚴可均手抄本《鬻子》，不僅有嚴可均手校，還有勞格補校，難得一見；又如中國國家圖書館藏有清抄本，時人黄丕烈施有校語，均有極高學術價值。

《子藏·道家部·鬻子卷》還注重不同刻本的搜集。《鬻子》刻本不多，最早爲明正統《道藏》本，其後明人、清人均有刊本行世，以明人刊本最多，且分一卷本、二卷本、不分卷本三種刊本傳世。《子藏·道家部·鬻子卷》所收各本，在注重版本校勘價值之外，還注重對其版本流传先後系統的考察。如歐陽清《五子書》本乃據李瀚《新刊五子書》本而來，對李瀚本也有所校勘，故今將兩種刊本全部收入。又如《守山閣叢書》本乃據《墨海金壺》本而來，書後還附校勘記及逸文一卷，爲便於讀者考察，今亦一併收入。

民國時期總論諸子的著作如張文治《諸子治要》、黄雲眉《古今僞書考補證》、羅焌《諸子學術》等，均論及《鬻子》，且成一己之説，爲《鬻子》研究提供了更爲廣闊的空間。今將此類著述中相關章節截取出來，一併收入，以便學者取資。

二〇一三年二月

凡例

一、依據《子藏》『求全且精』的原則，本卷收録《鬻子》白文本、注釋本、節選本、手抄本、批校本、校勘本及相關研究著述（原則上截止到一九四九年）共五十一種，編爲二册，提要另以單行本出版發行。

二、本卷所收各書，以著者生年先後爲序編排。然自晚清以來，出書年代間隔不斷縮小，晚輩所著或在長輩之前，故亦不乏視實際情況作適當調整者。如劉咸炘生於一八九六年，蔣伯潛生於一八九二年，而劉咸炘《推十書·子疏》刊於民國十六年，蔣伯潛《僞書通考》刊於民國三十七年，本卷則依其著作出版年代編排。

三、每種書原則上收録最初刊印者，但如有後出轉精的刊本，則視具體情況而定。如有刊本與稿本或抄本並傳者，原則上皆予收録，以便讀者窺其全貌。如明人楊之森《補鬻子》

一卷，附於《鬻子》之後，其傳本有清道光十三年王氏棠蔭館刊《二十二子全書》本、清光緒元年湖北崇文書局刊《子書百家》本、清人所抄《養素軒叢書》本，本卷一併收入，據此可見其流傳之大概。

四、本卷所收著作，原則上都採用原書全稱。如所收僅爲某書一部分，不便於使用原書全稱者，則作適當處理。如沈津《百家類纂》、陳繼儒《藝林粹言》等書，均節選或選評《鬻子》，分別酌情改稱《鬻子類纂》《鬻子粹言》。

五、原書如有缺葉而無可補足者，則於目録及書名頁上分別予以説明。

六、《鬻子注》作者有『逄行珪』與『逢行珪』兩種寫法，如明正統《道藏》本、明弘治九年李瀚刊《新刊五子書》本等作『逢行珪』，明萬曆四至五年刊《子彙》本、明刊《諸子褒異》本等則作『逄行珪』，今統一作『逄行珪』。

總目録

第一册

鬻子一卷　周・鬻熊撰　明萬曆三十年（1602）緜眇閣刊《先秦諸子合編》本……一
鬻子一卷　周・鬻熊撰　明刊《十二子》本……一九
鬻子　周・鬻熊撰　清・嚴可均批校　勞格補校　清嘉慶二十年（1816）嚴可均抄本……三三
鬻子治要　唐・魏徵等節選　民國八年（1919）上海商務印書館《四部叢刊》影印日本天明七年（1787）刊《群書治要》本……四九
鬻子二卷　唐・逢行珪注　明正統《道藏》本……五五

鬻子二卷　唐・逢行珪注　清・盧文弨批校　明正統十年（1445）刊嘉靖三年（1524）重修本……一一三
鬻子二卷　唐・逢行珪注　明弘治九年（1496）李瀚刊《新刊五子書》本……一七一
鬻子一卷　唐・逢行珪注　明萬曆四年至五年（1576—1577）南京國子監刊《子彙》本……二〇三
鬻子　唐・逢行珪注　明・馮夢禎校　明萬曆五年（1577）刊《十八子全書》本……二二九
鬻子一卷　唐・逢行珪注　明萬曆二十三年（1595）歐陽清刊《五子書》本……二五五
鬻子一卷補鬻子一卷　唐・逢行珪注　明・楊慎校輯　明刊《諸子褒異》本……二九一
鬻子一卷補鬻子一卷　唐・逢行珪注　明・楊之森校輯　明錢塘楊氏刊《廣成子鬻子合刻》本……三二九
鬻子一卷　唐・逢行珪注　清・江藩批校　明刊《十二子》本……三七三
鬻子一卷　唐・逢行珪注　明刊《十子》本……四〇一

鬻子二卷　唐・逄行珪注　明刊本……四二九
鬻子二卷　唐・逄行珪注　清嘉慶七年(1802)嚴可均抄本《子書六種》　清・嚴可均跋　沈宗畸批校……四五九
鬻子一卷　唐・逄行珪注　清嘉慶十四年(1809)刊《墨海金壺》本……四九九

第二册

鬻子一卷附校勘記逸文一卷　唐・逄行珪注　清・錢熙祚校勘並輯逸文　清道光二十四年(1844)金山錢氏依《墨海金壺》版重編增刊《守山閣叢書》本……一
鬻子一卷補鬻子一卷　唐・逄行珪注　明・楊之森補　清道光十三年(1833)王氏棠蔭館刊《二十二子全書》本……三三
鬻子一卷補鬻子一卷　唐・逄行珪注　明・楊之森補　傅增湘批校　清光緒元年(1875)湖北崇文書局刊《百子全書》本……七九
鬻子一卷　唐・逄行珪注　清・黄丕烈批校　清抄本……一〇九
鬻子一卷補鬻子一卷　唐・逄行珪注　明・楊之森補　清抄本《養素軒叢書》……一三七

鬻子一卷 唐·逢行珪注 民國十二年（1923）沔陽盧氏慎始基齋刊《湖北先正遺書》本……一八九
鬻子一卷 元·陶宗儀輯 明抄本《説郛》……二一九
鬻子一卷 元·陶宗儀輯 張宗祥重校 民國十六年（1927）上海商務印書館排印《説郛》本……二二七
鬻子纂要 明·黎堯卿輯 明刊《諸子纂要》本……二三五
鬻子一卷 明·楊慎評注、張懋寀校 明天啓五年（1625）武林張懋寀横秋閣刊《楊升庵先生評注先秦五子全書》本……二三九
鬻子 明·歸有光輯評、文震孟參訂 明天啓五年（1625）刊《諸子彙函》本……二七五
鬻子類纂 明·沈津撰 明隆慶元年（1567）含山縣儒學刊《百家類纂》本……三〇一
鬻子粹言 明·陳繼儒選 明刊《藝林粹言》本……三一一
鬻子折衷彙錦 明·焦竑纂注、陳懿典評閲 明萬曆間金陵少岡三衢書林刊《兩翰林纂解諸子折衷彙錦》本……三一三

鬻子一卷　明·謝汝韶校　明萬曆六年（1578）吉藩崇德書院刊《二十家子書》本……三一九
鬻子玄言評苑　明·李廷機選　明刊《鍥九我李先生續選諸子玄言評苑》本……三二九
鬻子　明·鍾惺評選、李喬校閲、劉孔敬參訂　明天啓五年（1625）刊《刻鍾伯敬先生評選諸子嫏嬛》本……三三七
鬻子文歸　明·鍾惺評選　明刊《諸子文歸》本……三四一
鬻子奇賞　明·陳仁錫評選　明天啓六年（1626）刊《諸子奇賞》本……三五三
鬻子　佚名摘抄　明藍格抄本《二十一家子書摘抄》……三六九
鬻子　清·任兆麟選輯　清嘉慶十五年（1810）刊《藝林述記》本……三七五
鬻子　清·嚴可均輯　清光緒二十年（1894）刊《全上古三代文》本……三七九
鬻子平議　清·俞樾撰　李天根輯録　民國間排印《諸子平議補録》本……三八七

讀鬻子　清・楊琪光撰　清光緒十一年（1885）刊《枉川全集・百子辨正》本……三九一
鬻子文粹　李寶淦撰　民國六年（1917）上海商務印書館排印《諸子文粹》本……三九三
鬻子二卷　葉德輝校輯　民國間葉氏觀古堂刊《郎園全書》本……三九七
評注鬻子精華　張諤撰　民國九年（1920）上海子學社石印《評注面子精華》本……四二一
鬻子書　劉咸炘撰　民國十六年（1927）尚友書塾刊《推十書・子疏》本……四三一
鬻子治要　張文治撰　民國十九年（1930）上海文明書局排印《諸子治要》本……四三五
鬻子考補證　黃雲眉撰　民國二十一（1932）年金陵大學中國文化研究所排印《古今僞書考補證》本……四三七
鬻子　羅焌撰　民國二十四年（1935）上海商務印書館排印《諸子學述》本……四四一
鬻子通考　張心澂撰　民國二十八年（1939）商務印書館排印《僞書通考》本……四四五

第一册目録

鬻子一卷　周·鬻熊撰　明萬曆三十年（1602）緜眇閣刊《先秦諸子合編》本……一
鬻子一卷　周·鬻熊撰　明刊《十二子》本……一九
鬻子　周·鬻熊撰　清·嚴可均批校　勞格補校　清嘉慶二十年（1816）嚴可均抄本……三三
鬻子治要　唐·魏徵等節選　民國八年（1919）上海商務印書館《四部叢刊》影印日本天明七年（1787）刊《群書治要》本……四九
鬻子二卷　唐·逄行珪注　明正統《道藏》本……五五
鬻子二卷　唐·逄行珪注　清·盧文弨批校　明正統十年（1445）刊嘉靖三年（1524）重修本……一一三
鬻子二卷　唐·逄行珪注　明弘治九年（1496）李瀚刊《新刊五子書》本……一七一

鬻子一卷

唐·逄行珪注

清嘉慶十四年（1809）刊《墨海金壺》本

鬻子一卷

周·鬻熊撰

明萬曆三十年(1602)緜眇閣刊《先秦諸子合編》本

鬻子序

鬻子名熊楚人周文王之師也年九十見文王王曰老矣鬻子曰使臣捕獸逐麋已老矣使臣坐策國事尚少也文王師之著書二十二篇名曰鬻子子者男子之美稱賢不逮聖不以為經用題紀標子因據劉氏九流卽道流也遭秦暴亂書記畧盡鬻子雖不預焚燒[illegible]帙由此殘缺依漢書藝文志雖有六篇今此本乃六十四篇未詳孰是篇或錯亂文多遺闕至敷演大道銓撰明史闡域中之教化論刑德之是非雖卷軸不全而其門可見然鄧林之枝荊山之玉君子

餘文可得觀矣鬻子博懷道德善謀政事故使周文屈節大聖諮詢情存帝王之道辭多斥救之要理致通遠旨趣恢弘實先達之與言為諸子之首唱織組仁義緯家邦垂勸誡之風陳弘濟之術王者覽之可以匡吏者遵之可以從政足使賢者厲志不肖者滌心語曰詩三百一言以蔽之曰思無邪言而不朽可為龜鏡鬻子論道無邪之謂與幸以休務之際披閱子史而書籍實繁不能精備至於此子頗復留心尋其立跡之端探其門教之旨豈如寓言迂恢馳術飛辯者矣昔乃字重千金辭高萬歲聊為注解畧

起指歸馳心於萬古之上寄懷於千載之下庚寅道
見志懸諸日月將來君子幸無忽焉

進鬻子表

臣行珪言臣聞結繩以往書契蔑然文字之初教義斯起記言之使設褒貶之跡聿興書事之官置勸誡之門以[illegible]人於是國版稠疊謨訓昭彰唱讚之道以弘闡揚[illegible]往茲暢德業彌縟英華日新雕琢性情振其徽烈遠乎周文作聖鬻子稱賢意合道同寔申師傅鬻子以文王降巳大啟心期明宣布政之方廣立輔成之策足使萬機留想一代咸休稽古有宗發明耳

目尋其著述之旨探其斥救之辭莫不原道心以裁
章研神聖而啟沃彌綸彝訓經緯區中不徒譜說微
言務於遺翰而已鬻熊為諸子之首文王則聖德之
宗熊[illegible][illegible]文王之師書乃政教之體雖篇軸殘缺提舉
猶備[illegible][illegible]譬彼盤盂祭揚有愈臣家傳儒素積習忠
良覩明主奉師之蹤覽賢者畫義之道循環徵究妙
極機神敢率至愚為之注解研覃析理以叙私情剪
截浮辭用申狂瞽伏惟陛下則天垂訓越極宣風稽
太上之至和興帝王之烱誡股肱亮直獻替無疑大
舉賢良寧濟區宇四海華命八表宅心務本脩文垂

拱無事臣以草萊卑賤識度庸淺荷堯沐舜擊[illegible]
歌周於政教之端屬聽太平之咏志存綴輯以述今
言簡牘難周辭意斯拙謹以繕寫奉獻闕庭庶日月
昭明布餘暉於漏隙時雨咸洎灑餘潤於纖枯望希
塵露之資豈議沉舟之楫天威咫尺神魄震驚謹上
表以聞[illegible]聽慈肯謹言永徽四年十一月二十六日
華州鄭縣尉臣逄行珪上

余有丁曰按漢志鬻子二十二篇列之道家別出
小說十九篇今小說亡逸而二十二篇者止存十
四篇唐逄行珪所獻也熊為周師自文王以下問

馬不知何以名道家又世傳熊九十餘始遇文王而書乃載三監曲阜事篇目次第皆錯亂不可曉蓋殘闕書也第篇中所載大忌狂惑與夫禹政道符□惡簡與不類後世語鄧林一枝斯可珍矣賈傳□以篇多載之別有對三王問政或即二十二篇之遺也劉勰云鬻熊知道而文王咨謀諸子肇始莫先於斯今取以冠儒家逢註甚疎蔓存而弗削者備考也丁丑夏日

李茹更曰鬻子既為文王師當是望奭之倫其言亦應與訓誥同符而今絕不類或戰國游士依託

之耳班固藝文志具載篇目疑漢時尚完整可讀
後益殘缺耳行珪序表可觀惜書不稱今取列子
賈傳引用古本數十條冠諸篇端雖鸞皇片羽固
愈於群鶩滿目也萬曆壬寅孟秋上弦

列子引用鬻子

鬻熊曰運轉亡已天地密移疇覺之哉故物損於彼者盈於此成於此者虧於彼損盈成虧隨世隨死往來相接間不可省疇覺之哉凡一氣不頓進一形不頓虧亦不覺其成亦不覺其虧亦如人自世至老貌色智態亡日不異皮膚爪髮隨世隨落非

嬰孩時有停而不易也間不可覺俟至後知

鬻子曰欲剛必以柔守之欲強必以弱保之積於柔必剛積於弱必強觀其所積以知禍福之鄉強勝不若已至於若已者剛柔勝出於已者其力不可量老聃曰兵強則滅木強則折柔弱者生之徒堅彊者死之徒

鬻熊語文王曰自長非所增自短非所損算之所亡若何

鬻子曰去名者無憂老子曰名者實之賓而悠悠者趣名不已名固不可去名固不可賓耶今有名則

尊榮無名則卑辱尊榮則逸樂卑辱則憂苦[illegible]
犯性者也逸樂順性者也斯實之所係矣名胡可
去名胡可賓但惡夫守名而累實守名而累實將
恤危亡之不可救豈徒逸憂樂苦之間哉

賈誼引用鬻子

和可以守而嚴可以守而嚴不若和之固也和可以
攻而嚴可以攻而嚴不若和之德也和可以戰而
嚴可以戰而嚴不若和之勝也則惟由和而可也
治國之道上主于忠而中敵其士而下愛其民故上
忠其主者非以道義則無以入忠也而中敵其士

非以禮節則無以諭敬也下愛其民非以忠信則無行愛也

聖人在上位則天下不死軍兵之事民免於一死而得一生矣聖王在位而民無凍餒民免於二死而得二生矣聖王在上位民無天闕之誅民免於三死而得三生矣聖王在上位而民無厲疾民免於四死而得四生矣

鬻子

撰吏五帝三王傳政乙第五

政曰君子不與人謀之則已矣若與人謀之則非道無由也故君子之謀能必用道而不能必見受能必忠而不能必入能必信而不能必見信君子非人者不出於辭而施之於行故非非者行是惡惡者行善而諭矣

大道文王問第八

政曰昔者文王問於鬻子敢問人有大忘乎對曰有

文王曰敢問大忘奈何鬻子曰知其身之惡而不改

也以賊其身乃喪其軀其行如此是謂之大忘

貴道五帝三王周政乙第五

昔之帝王所以為明者以其吏也昔之君子其所以為功以其民也力生於神而功最於吏福歸於君

昔者帝之治天下也其道昭昭若日月之明然若以晝代夜然故其道首首然萬世為福萬世為教者唯從黃帝以下舜禹以上而已矣君王欲緣五帝之道而不失則可以長久

守道五帝三王周政甲第四

聖人在上賢士百里而有一人則猶無有也王道衰

微暴亂在上賢士千里而有一人則猶比肩也

撰吏五帝三王傳政乙第三

政曰民者賢不肖之材也賢不肖皆具焉故賢人得焉不肖人休焉材能側焉忠信篩焉民者積愚也雖愚明主選吏焉必使民興焉士民與之明上舉之士民苦[illegible]明上去之故王者取吏不忘必使民唱然後和民[illegible]吏之程也察吏於民然後隨政曰民者至卑也而使之取吏焉必取所愛故十人愛之則十人之吏也百人愛之則百人之吏也故萬人之吏選卿相矣卿相者諸侯之丞也故封侯之土秩出焉卿相君

侯之本也

曲阜魯周公政甲第十四

政曰昔者魯周公曰吾聞之於政也知善不行者謂之狂知惡不改者謂之惑夫狂與惑者聖王之戒也

[illegible]行五帝三王同政甲第二

不肖者不自謂不肖也而不肖見於行雖自謂賢人猶謂之不肖也愚者不自謂愚而愚見於言雖自謂智人猶謂之愚

數始五帝治天下第七

昔者帝顓頊年十五而佐黃帝二十而治天下其治

天下也上緣黃帝之道而行之學黃帝之道而常之

昔者帝嚳年十五而佐帝顓頊三十而治天下其治天下也上緣黃帝之道而明之學帝顓頊之道而行之

禹政第六

禹之治天下也得皋陶得杜子業得既子得施子黯得季子甯得然子堪得輕子玉得七大夫以佐其身以治天下以天下治

湯政天下至紂第七

湯之治天下也得慶誧伊尹湟里且東門虛南門蝡

西門疵北門側得七大夫佐以治天下而天下治二十七世積歲五百六十七歲至紂

上禹政第六

禹之治天下也以五聲聽門懸鍾鼓鐸磬而置鞀以得四海之士為銘於簨簴曰教寡人以道者擊鼓教寡人以義者擊鍾教寡人以事者振鐸語寡人以憂者擊磬語寡人以獄訟者揮鞀此之謂五聲是以禹嘗據一饋而七十起日中而不暇飽食曰吾猶恐四海之士留於道路是以四海之士皆至是以禹當朝廷間也可以羅爵

道符五帝三王傳政甲第五

夫國者鄉相世賢者有之有國無國智者治之智者非一日之志治者非一日之謀治志治謀在於帝王然後民知所保而知所避發政施令為天下福者謂之道上下相親謂之和民不求而得所欲謂之信除去天之害謂之仁仁與信和與道帝王之器凡萬物皆器故欲有為不仁其器者雖欲有為不成諸侯之欲王者亦然不用帝王之器者不成

湯政湯治天下理第七

天地闢而萬物生萬物生而人為政焉無不能生而

無殺也惟天地之所以殺人不能生人化而為善獸化而為惡人而不善者謂之獸有天然後有地有地然後有別有別然後有義有義然後有教有教然後有道道然後有理有理然後有數日有冥有旦有晝有〻然後以為數月一盈一虧月合月離以數紀四者皆陳以為數治政者衛也始終之謂衛

慎誅魯周公第六

昔者魯周公使康叔往守於殷戒之曰與殺不辜寧無有無罪而見誅無有無功而不賞戒之封

鬻子卷終

鬻子一卷

周·鬻熊撰

明刊《十二子》本

鬻子名熊楚人周文王之師也年九十見文王王曰老矣鬻子曰使臣捕獸逐麋已老矣使臣坐策國事尚少也文王師之著書二十二篇遭秦暴亂書記略盡鬻子雖不預焚燒編帙由此殘缺漢志道家二十二篇名熊爲周師自文王以下問焉小說家粥子說十九篇後世所加唐志道家一百三十七家始於粥子一卷永徽中逄行珪注行珪序云十四篇書目雜家十四篇粥熊楚之先也爲周文王師著書二十二篇今本十四篇始於大道文

王問列子天瑞篇、鬻熊曰、運轉無已、天地密移、力

命篇粥熊語文王者、自長非所增、自短非所損、

○○撰吏五

○文王

○貴道

守道

○○撰吏三

、曲阜

、道符二

數始

禹政

湯政

○上禹政

○○道符五

湯治

○○慎誅

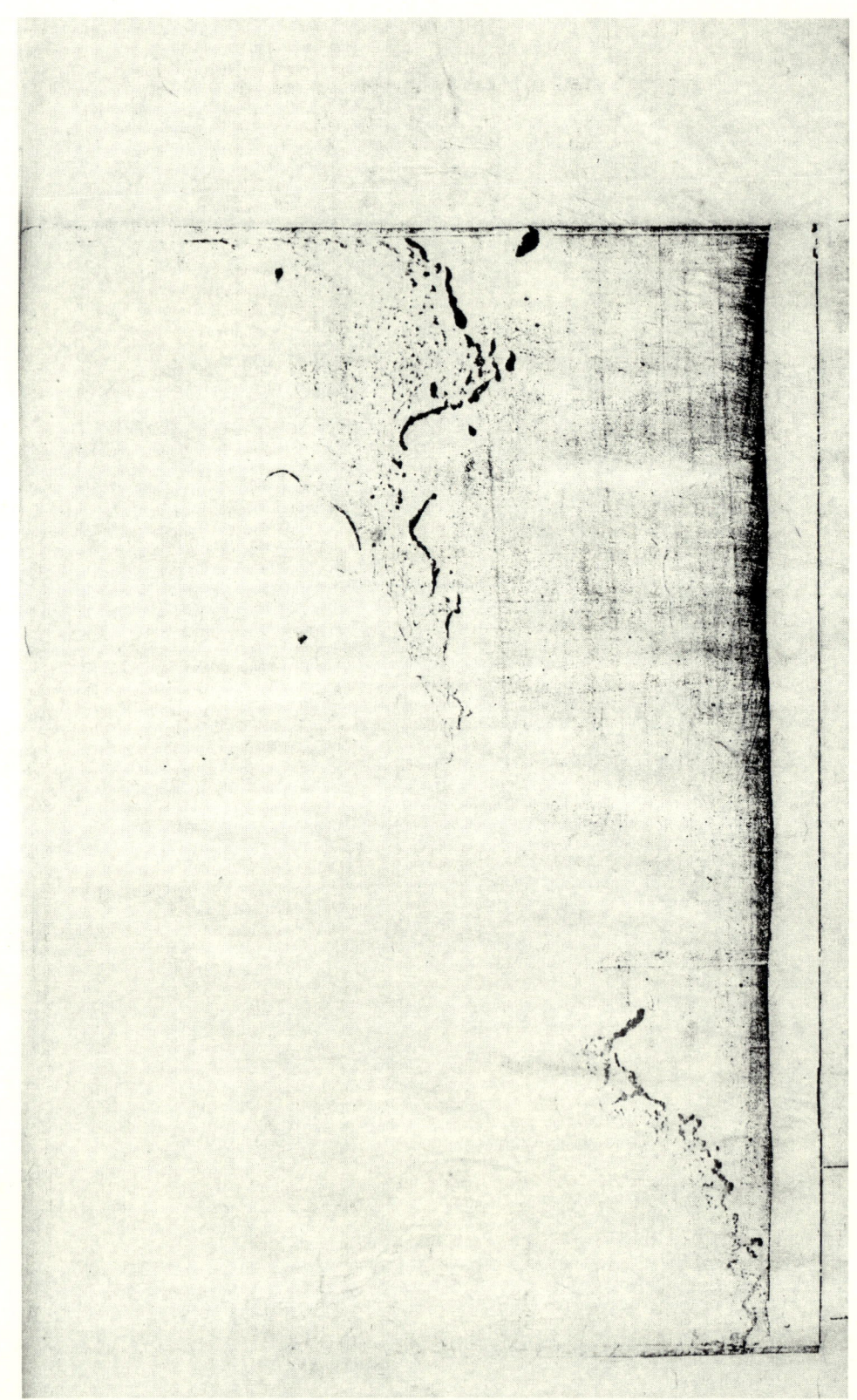

小篇郑具數轉。看寬一語，以轉到道。次轉道可自必而不可必人。次轉道欲責人而先自責。因結道可交得而諭。所爲與人謀也。

鬻子 周楚鬻熊著

撰吏五帝三王傳政乙第五

政曰、君子不與人謀之則已矣、若與人謀之則非、道無由也、故君子之謀、必能用道、而不能必見受、能必忠而不能必入、能必信而不能必見信、君子非人者不出之於辭而施之於行、故非非者行是、惡惡者行善而道諭矣、

大道文王問第八

政曰、昔者文王問於鬻子、敢問人有大忘乎、對曰

惡在知字見也

兩起揺接兩收結歸帝王局法最完而一綫貫下脈理最微妙用在力生于神所為造之非我理自相符玄妙不容褻猜也

有、文王曰、敢問大忘奈何、鬻子曰知其身之惡而不改也以賊其身乃喪其軀其行如此是謂大忘

貴道五帝三王周政乙第五

昔之帝王所以爲明者以其吏也昔之君子其所以爲功者以其民也力生於神而貴最於吏福歸於君昔者五帝之治天下也其道昭昭若日月之明然若以晝代夜然故其道首首然萬世爲福萬世爲教者唯從黃帝以下舜禹以上而巳矣君王欲緣五帝之道而不失則可以長久

執大象而天下往吾雖之歟乃知不為寸縣

參差錯落亂而愈整

守道五帝三王周政甲第四

聖人在上賢士百里而有一人則猶無有也王道衰微暴亂在上賢士千里而有一人則猶比肩也

揆吏五帝三王傳政乙第三

政曰民者賢不肖之杖也賢不肖皆具焉故賢人得焉不肖人伎焉杖能側焉忠信飾焉民者積愚也雖愚明主選吏焉必使民與焉士民與之明上舉之士民苦之明上去之故王者取吏不忘必使民唱然後和民者吏之程也察吏於民然後隨政

曰民者至卑也而使之取吏焉必取所愛故十人愛之則十人之吏也百人愛之則百人之吏也千人愛之則千人之吏也萬人愛之則萬人之吏也故萬人之吏選卿相矣卿相者諸侯之丞也故封侯之士秩出焉卿相君侯之本也

曲阜魯周公政甲第十四

政曰昔者魯周公曰吾聞之於政也知善不行者謂之狂知惡不改者謂之惑夫狂與惑者聖王之戒也

常無倦也

道符五帝三王傳政甲第二

不肖者不自謂不肖也而不肖見於行雖自謂賢人猶謂之不肖也愚者不自謂愚而愚見於言雖自謂智人猶謂之愚

數始五帝治天下第七

昔者帝顓頊年十五而佐黃帝二十而治天下其治天下也上緣黃帝之道而行之學黃帝之道而常之昔者帝嚳年十五而佐帝顓頊三十而治天下其治天下也上緣黃帝之道而明之學帝顓頊

之道而行之。

禹政第六

禹之治天下也。得皐陶、得杜子業、得旣子、得施子黯、得季子寧、得然子堪、得輕子玉、得七大夫以佐其身以治天下。以天下治。

湯政天下至紂第七

湯之治天下也。得慶誧、伊尹、湟里且、東門虛、南門蝡、西門疵、北門側、得七大夫佐以治天下而天下治。二十七世積歲五百七十六歲至紂、

看禹所為甚忙而終以羅爵甚閑也此為無為之上治

上禹政第六

禹之治天下也以五聲聽門懸鐘鼓鐸磬而置鞀以得四海之士爲銘於簨簴曰教寡人以道者擊鼓教寡人以義者擊鐘教寡人以事者振鐸語寡人以憂者擊磬語寡人以獄訟者揮鞀此之謂五聲是以禹嘗據一饋而七十起日中而不暇飽食曰吾猶恐四海之士留於道路是以四海之士皆至是以禹嘗朝廷閒也可以羅爵

道符五帝三王傳政甲第五

四句平序而長短之便不板

夫國者卿相世賢者有之有國無國智者治之智者非一日之志治者非一日之謀治智治謀在於帝王然後民知所保而知所避發教施令爲天下福者謂之道上下相親謂之和民不求而得所欲謂之信除去天下之害謂之仁仁與信和與道帝王之器凡萬物皆有器故欲有爲不行其器者雖欲有爲不成諸侯之欲王者亦然不用帝王之器者不成

湯政湯治天下理第七

非節〻而後有也周一層見〻一層

天地闢而萬物生萬物生而人爲政焉無不能生而能殺也惟天之所以殺人不能生人化而爲善獸化而爲惡人而不善者謂之獸有天然後有地有地然後有别有别然後有義有義然後有教有教然後有道有道然後有理有理然後有數日有冥有旦有晝有夜然後以爲數月一盈一虧月合月離以數紀四者皆揀以爲數治政者衛也始終之謂衛

愼誅魯周公第六

昔者魯周公使康叔往守於殷、戒之曰、與殺不辜寧失有罪、無有無辜而見誅。無有有功而不賞。戒之封誅賞之慎焉。

此書為殘篇剩卷。其非完文已久。乃其篇名。亦多不可解。所分甲乙者。或藏書處所列字號。而存者特千百之十一。故次第淩亂。曲阜事不宜早及。說者疑其徒名啟者所述。則通籍非其口授。而吾聞之於啟者。又似非指其徒也。疑則傳疑不須強釋。而精深整飭。自是千古文章之祖。

鬻子

周·鬻熊撰　清·嚴可均批校　勞格補校

清嘉慶二十年(1816)嚴可均抄本

鬻子

漢志道家鬻子二十二篇名熊為周師自文王以下問焉周封為楚祖又小說家鬻子說十九篇後世所加隋志道家鬻子一卷舊唐志改入小說家案隋唐人所見皆道家殘本其小說家本梁時已佚失劉昫移道家本當之非也新唐志仍歸道家今世流傳僅唐永徽間華州鄭縣尉逄行珪注本凡十四篇為一卷道藏作二卷在顛字號注甚疎蔓又分篇瑣碎所題甲乙故作顛倒羼亂以瞀惑後來又有陸佃校本無注分行珪十四篇為十五篇瑣碎尤甚又亂其次第本不足存據羣書治要所載起迄如行珪而第二篇至第十三篇連為一篇則行珪十四篇僅當三篇意林稱今一卷六篇末後所載多出昔文王見鬻子一條則行珪十四篇未足六篇行珪姓名不他見唐時引鬻子若北堂書鈔文選注往往為行

史記管晏傳正義引七略管子十八篇在法家而漢志改入

珪所未有則其人為唐人與否其本為唐本與否實未敢知鬻子當為儒家而在道家者列子引有四條語皆玄妙故是道家又漢志係向歆著録其意指與後世微異鬻子亦道家足以明之鬻子年九十見文王而其書有成王問及康叔封衛事蓋年過百一二十案史記楚世家曰鬻熊子事文王早卒其子曰熊麗熊麗生熊狂熊狂生熊繹熊繹當周成王之時舉文武勤勞之後嗣而封熊繹於楚蠻熊繹與魯公伯禽衛康叔子牟晉侯燮齊太公子呂伋俱事成王又曰熊通怒曰吾先鬻熊文王之師也早終成王舉我先公乃以子男田令居楚若然早卒早終不得年過百一二十蓋文王師為鬻熊成王問當為熊繹中間隔熊麗熊狂兩世則鬻子非鬻熊一人語也其書于文王周公康叔皆稱昔者蓋康王昭王後周史臣所録或鬻子子孫記述先世嘉言為楚國之令典

即史記序傳所謂重黎業之吳回接之殷之季世鬻熊牒之周用熊繹熊渠是續者也昭十二年左傳楚靈王曰昔我先王熊繹跋涉山林以事天子是楚之始封為熊繹足為史記切證劉向博極羣書周本紀集解引別録乃言鬻子名熊封于楚漢志沿之與左傳史記違異者蓋因書内成王問似即鬻熊遂遷就封楚者亦即鬻熊或他有所據今不能詳考也諸子以鬻子為最早六韜言騎戰騎戰始於戰國是六韜戰國人作不得與鬻子竝劉勰曰鬻熊知道而文王咨謀諸子肇始莫先於斯誠哉是言惜世無善本因蒐輯各書重加編録增益闕遺改譌誤定著一卷先采列子次采賈誼書存漢二十二篇本後載今本補以唐宋類書存唐六篇本其行註注及篇題任其別行所不取焉嘉慶乙亥歲仲秋月烏程嚴可均敘

鬻熊曰運轉亡已天地密移疇覺之哉故物損於彼者盈於此成於此者虧於彼損盈成虧隨世隨死往來相接閒不可省疇覺之哉（列子天瑞）

鬻子曰欲剛必以柔守之欲彊必以弱保之積於柔必剛積於弱必彊觀其所積以知禍福之鄉彊勝不若己至於若己者剛柔勝出於己者其力不可量（列子黃帝）

鬻熊語文王曰自長非所增自短非所損算之所亡若何

鬻子曰去名者無憂（已上並列子力命）

周文王問於鬻子曰敢問君子將入其職則於其（今本賈誼書作其於依御覽三乙轉下皆放此）民也何如鬻子對曰唯疑請以上世之政詔於君王政曰君子將入其職則於其民也旭旭然如日之始出也周文王曰受命矣曰君子既入其職則於其民也何若對曰君子既入其職則於其民也暵暵（御覽作暵暵注云音漢）然如日之正中也（也字依御覽加）

今本誤作暵暵（宋本）暵依御覽改今臨見引本注云音漢按明活字本御覽亦作暵暵

胡維新本改

周文王曰受命矣曰君子既去其職則於其民也何若對曰君子既去其職則於其民也暗暗然如日之已入也故君子將入而旭旭者義先聞也既入而暵暵者民保其福也既去而暗暗者民失其教也周文王曰受命矣

周武王問於鬻子曰寡人願守而必存（今本作有依長短經政體改）攻而必得戰而必勝則吾為此柰何鬻子對（對字依長短經加）曰唯攻守而勝乎同道（今本作器依長短經改）而和與嚴其備也故曰和可以守而嚴可以守而嚴不若和之固也和可以攻而嚴可以攻而嚴不若和之德（長短經作得德與得通）也和可以戰而嚴可以戰而嚴不若和之勝也則唯由和而可也故諸侯發政施令政平於人者謂之文政矣諸侯接士而使吏禮恭於人者謂之文禮矣諸侯聽獄斷刑治仁於人者謂之文誅矣故三文立於政行於禮（今本作諸侯聽獄斷治刑仁於治脫誤不可讀依長短經補改長短經禮作理依上文改）陳於刑由此守而不存攻而不

得戰而不勝者自古而至於今自天地之辟也未之嘗聞也今也君王欲守而必存攻而必得戰而必勝則唯由此也為可也

周武王曰受命矣

周武王問於王子旦曰敢問治有必成而戰有必勝乎攻有必得而守有必存乎王子旦對曰有政曰諸侯政平於內而威於外矣君子行脩於身而信於與人矣治民民治而榮於名矣故諸侯凡有治心者必脩之以道而與之以敬然後能以成也凡有戰心者必脩之以政而與之以義然後能以勝也凡有攻心者必結之以約而諭之以信然後能以得也凡有守心者必固之以和而孚之以愛然後能以存也周武王曰受命矣

師尚父曰吾聞之於政也曰天下壙壙一人有之萬民藂藂一人理之故天下者非一家之有也有道者之有也故夫天下者唯有道者理之唯有道者紀之唯有道者使之唯有道者宜處

案文王世子正義引鄭注金縢云武王崩時成王年十歲御覽八十四引琴操云武王崩太子誦襲武王之業年七歲皆與此微異 盧氏文弨云建本作二十歲

而久之故夫天下者難得而易失也難常而易亡也故守天下者非以道則弗得而長也故夫道者萬世之寶也周武王曰受命矣

周成王年六歲即位享國親以其身見於鬻子之家而問焉曰昔日先王與帝疑有誤脩道而道脩寡人之望也亦願以教敢問興國之道奚何鬻子對曰唯疑請以上世之政詔於君王政曰興國之道君思善則行之君聞善則行之君知善則行之位敬而常之行信而長之則興國之道也周成王曰受命矣

周成王曰敢問於道之要奚何鬻子對曰唯疑請以上世之道政詔於君王政曰為人下者敬而肅為人上者恭而仁為人君者敬士愛民以終其身此道之要也周成王曰受命矣

周成王曰敢問治國之道若何鬻子對曰唯疑請以上世之政詔於君王政曰治國之道上忠於主而中敬其士而下愛其民

故上忠其主者非以道義則無以入忠也中敬其士不以禮節則無以諭敬也下愛其民非以忠信則無以諭愛也故忠信行於民而禮節諭於士道義入於上則治國之道也雖治天下者由此而已周成王曰受命矣

周成王曰寡人聞之有上人者有下人者有賢人者有不肖人者有智人者有愚人者敢問上下之人何以為異鬻子對曰唯疑請以上世之政詔於君王政曰凡人者若貴若賤若幼若老聞道志而藏之知道善而行之上人矣聞道而弗取藏也知道而弗取行也則謂之下人也故夫行者善則謂之賢人矣行者惡則謂之不肖矣故夫言者善則謂之智矣言者不善則謂之愚矣故智愚之人有其辭矣賢不肖之人別其行矣上下之人等其志矣周成王曰受命矣

周成王問於鬻子（本無問於鬻子四字依御覽八十四加）曰寡人聞之聖王在上

位使民富且壽云若夫富則可為也若夫壽則不在天乎鬻子對曰唯疑請以上世之政詔於君王政曰聖王在上位則天下不死（御覽不死二字作無死）軍兵之事故諸侯不私相攻而民不私相鬭鬩不私相殺也故聖王在上位則民免於一死而得一生矣聖王在上位則君積於道而吏積於德而民積於用力故婦人為其所衣丈夫為其所食則民無凍餒矣故聖王在上位則民免於二死而得二生矣聖王在上位則君積於仁而吏積於愛而民積於順則刑罰廢矣而民無天過（本作夭過依御覽改 御覽一本亦作天過）之誅故聖王在上位則民免於三死而得三生矣聖王在上位則使民有時而用之有節則民無癘疾矣故聖王在上位則民免於四死而得四生矣故聖王在上位則使盜境內興賢良以禁邪惡故賢人必用而不肖人不作則已得其命矣故夫富且壽者聖王之功也周成王曰受命矣（已上並賈誼新書脩政語下）

政曰：君子不與人之謀則已（本作謀之，依羣書治要、藝文類聚十一乙轉），則已矣。若與人謀之，則非道無由也。故君子之謀能必用道，而不能必見受也（也字依治要、藝文類聚、長短經君德加，下二句放此）；能必忠，而不能必入也；能必信，而不能必見信也。君子非人（治要作仁，下仁與人通）者，不出之於辭，而施之於行。故非非者行是，而（而字依治要加）惡惡者行善，而道諭矣。

政曰（此二字當刪。據賈誼書所載，凡稱政曰者，皆鬻子述上世之政，於此無施，不可通也）：昔者文王問於鬻子曰（曰字依治要、御覽四百九十加）：敢問人有大忘乎？對曰：有。文王曰：敢問大忘柰何？鬻子對（對字依治要、御覽加）曰：大忘（大忘二字依治要、御覽加），知其身之惡而不改也，以賊其身，乃喪其軀，有行如此之謂大忘也（本作其行如此是謂之大忘，依治要、御覽改）。

昔之帝王，其（其字依治要加）所以為明者，以其吏也；昔之君子，其所以為功者，以其民也。力生於民（本作民，依治要改），而功最於吏，福歸於君。

昔者五帝之治天下也，其道昭昭，若日月之明，然若以晝代夜然故其道首首然萬世為福萬世為教者唯從黃帝以下舜禹以上而已矣君王欲緣五帝（文選恨賦注作常恐誤）之道而不失則可以長矣（矣本作久依恨賦注改）

聖人在上聖士百里而有一人則猶無有也王道衰微暴亂在上賢士千里而有一人則猶比肩也（意林作聖王在位百里有一士猶無有也王道衰千里一士則猶比肩也）

政曰民者賢不肖之杖也賢不肖皆具焉故賢人得焉不肖人休焉杖能側焉忠信飾焉民者積愚也雖愚明主撰吏焉必使民興焉士民與之明上舉之士民若（疑作苦）之明上去之故王者取吏不忘必使民唱然後和民者吏之程也察吏於民然後隨

政曰民者至庳（本今作卑依治要改）也而使之取吏焉必取所愛故十人愛之則十人之吏也百人愛之則百人之吏也千人愛之則千人之吏也萬人愛之則萬人之吏也故萬人之吏撰卿相矣卿

（一本作選下放此）

相者、諸侯之丞也、故封侯之土秩出焉、卿相者、（一本作君、誤）侯之本也、

政曰（此二字當刪）昔者魯周公曰、吾聞之於政也、知善不行（意林作信）者謂之狂、知惡不改者謂之惑、夫狂與惑者、聖王（文選報任少卿書注御覽七百三十九作人）之戒也、

不肖者不自謂不肖也、而不肖見於行、不肖者（此三字依治要加）雖自謂賢、人猶皆（皆字依治要加）謂之不肖也、愚者不自謂愚、而愚見於言、愚者（此二字依治要御覽四百九十九加）雖自謂智、人猶皆謂之愚也（皆字也字依治要御覽加）

昔者（此二字依下文加）黃帝年十歲、知神農之非、而改其政、（黃帝下十四字依御覽七十九加）使四面、從五聖、（此六字依北堂書鈔十一加）昔者帝顓頊年十五、而佐黃帝、二十而治天下、其治天下也、上緣黃帝之道而行之、學黃帝之道而常之、昔者帝嚳年十五而佐帝顓頊、三十而治天

下、其治天下也、上緣黃帝之道而明之、學帝顓頊之道而行之、（北堂書鈔十一作顓頊十五佐黃帝帝嚳十五佐顓頊約此文）禹之治天下也、得（北堂書鈔未改本四十九作德古與得通下放此）皋陶、秋子葉、尸子黔、尹子機、季子怨淇、甯子怨堪、卿子玉、（今本作得皋陶得杜子業得既子得施子黯得季子甯得然子堪得輕子玉此依北堂書鈔未改本錄之當亦有誤與從校正）得七大夫以佐（北堂書鈔未改本作左即古佐字、）其身、以治天下、而（而本作以依下文改）天下大（大字依北堂書鈔未改本加、）治、

湯之治天下也、得慶誦、伊尹、惶理、且東門虛、南門儒、西門疵、北門測、（今本作得慶誦伊尹湟里且東門虛南門蜧西門疵北得門側此依北堂書鈔未改本錄之當亦有誤與從校正）七大夫佐以治天下、而天下大（大字依北堂書鈔未改本加）治、二十七世積歲五百七十六歲、至紂、

昔大（此二字依文選永明九年策秀才文注加御覽五百七十五有大字）禹之治天下也、以五聲聽之、（之字依御覽加文選注作治、）門懸鼓鐘、（本作鐘鼓依下文乙轉御覽八十二作鼓鐸鐘磬）鐸磬、而置鞀、以待（本作得依治要改）四海之士、為銘於簨虡、（此下藝文類聚四十四有銘言）

（二字）曰、教寡人以道者擊鼓、教寡人以義者擊鐘、教寡人以事者振鐸、語寡人以憂者擊磬、語寡人以獄訟（藝文類聚四十四作訟獄）者揮鞀、此之謂五聲、是以禹嘗據一饋而七十起、（治要藝文類聚十一御覽八十二又八百四十九皆作七起無十字北堂書鈔八又一百四十三有十字）日中而不暇飽食、曰、吾不恐四海之士留於道路也、吾恐其留五吾門廷也、（此二句今本作五吾猶恐四海之士留於道路依治要藝文類聚御覽四百七十五八百四十九加改）是以四海之士皆至、是以禹當朝廷間也、可以羅雀者、（者字依治要加藝文類聚作禹當朝廷門可以羅雀文選謝靈運齋中讀書詩注作朝廷之閒可以羅雀也）

夫國者、卿相無（無字依治要加）世、賢者有之、國無因治、智者理之、（此二句今本作有國無國、智者治之、依治要改）智者非一日之志也、（也字依治要加下句放此）謀也、（也字依治要加）智志治謀、在於帝王、然後民知所保而知所避、發政、（林作教依治要意林御覽四百三改）施令、為天下福者、謂之道、上下相親、謂之和、民不求而得所欲、謂之信、除（本有去字依治要意林御覽四百十九刪）天下之害、謂之仁、仁與信、和與道、霸王之器也、（也字依治要長短經君德加）凡物皆有器、故欲有為而（而字依治要加）不行其器者、雖欲有為不成也、（也字依治要加）諸侯之欲王者亦然、不用帝王之器者、亦不成也、（亦字也字依治要加）天地闢而萬物生、萬物生而人為政（御覽三百六十作正）焉、無不能生而無殺也、（疑當作天地不能生而無殺也）唯天地之所以殺人、不能生、人化而為善、禽（禽字依御覽三百六十加、下句放此）獸化而為惡、人而不善者、謂之禽獸、有天然後有地、有地然後有別、有別然後有義、有義然後有教、有教然後有道、有道然後有理、有理然後有數、日有冥有旦、有晝有夜、然後以為數、月盈盈一虧、月合月離、以數紀四者、皆陳以為數、治政者、衛也、始終之謂衛、

昔者魯周公使衛（衛字依治要加）康叔往守於殷、戒之曰、與（蓺文類聚二十三、御覽四百五十九作無）殺不辜、寧失有罪、無（蓺文類聚、御覽作亦）有無罪而見誅、無（御覽作亦）有有功而不賁、戒之、封、誅賁之慎焉、

昔文王見鬻子年九十（御覽作鬻子年九十見文王）文王曰嘻老矣鬻子曰昔使臣捕虎逐麋則臣已老矣使臣坐策國事則臣年尚少周立為師（意林御覽三百八十三）

武王伐紂紂虎旅百萬陳於商郊起自黃烏訖于赤斧走如疾風聲如振霆三軍之士靡不失色武王乃命（御覽作使）太公把旄以麾之紂軍反走（文選任彥昇宣德皇后令注史孝山出師頌注范蔚宗光武紀贊注御覽三百一）

嘉慶乙亥歲仲秋晦手錄畢復校讀一徧嚴可均記

唐·魏徵等節選

鬻子治要

民國八年(1919)上海商務印書館《四部叢刊》影印日本天明七年(1787)刊《群書治要》本

鬻子

君子不與人之謀則已矣、若與人謀之、則非道無由也、故君子之謀、能必用道、而不能必見受也、能必忠、而不能必入也、能必信、而不能必見

信也君子非仁者不出之於辭而施之於行故非非者行是而惡惡者行善而道諭矣

文王問於鬻子曰敢問人有大忌乎對曰有文王曰敢問大忌奈何鬻子對曰大忌知身之惡而不改也以賊其身乃喪其軀有行如此之謂大忌也昔之帝王其所以爲明者以其吏也昔之君子其所以爲功者以其民也力生於民而功最於吏福歸於君民者至庳也而使之取吏焉必取所愛故十人愛之則十人之吏也百人

愛之則百人之吏也千人愛之則千人之吏也萬人愛之則萬人之吏也周公曰吾聞之於政也知善不行者則謂之狂知惡不改者則謂之惑夫狂與惑者聖王之戒也不肖者不自謂不肖而不肖見於行不肖者雖自謂賢人猶皆謂之不肖也愚者不自謂愚而愚見於言愚者雖自謂智人猶皆謂之愚也禹之治天下也以五聲聽門懸鐘鼓鐸磬而置鞀以待四海之士爲銘於筍簴曰教寡人以道者擊鼓教寡人以義

者擊鐘、敎寡人以事者振鐸、告寡人以憂者擊磬、語寡人以訟獄者揮鞀、此之謂五聲、是以禹嘗據一饋而七起、日中而不暇飽食、曰吾不恐四海之士留於道路、吾恐其留吾門廷也、是以四海之士皆至、是以禹朝廷間可以羅雀者、夫卿相無世、賢者有之、國無因治、智者理之、智者非一日之志也、治者非一日之謀也、治志治謀、在於帝王、然後民知所保、而知所避、發政施令、爲天下福者謂之道、上下相親謂之和、民不求

舊無不行其器者五字補之

而得所欲、謂之信、除天下之害、謂之仁、仁與信、和與道、帝王之器也、凡萬物皆有器、故欲有爲、而不行其器者不成也、欲王者亦然、不用帝王之器者亦不成也、

昔者魯周公使衛康叔往守於殷、戒之曰、與殺不辜、寧失有罪、無有無罪而見誅、無有有功而不賞、戒之、封誅賞之愼焉、

羣書治要卷第三十一

唐·逢行珪注

鬻子二卷

明正統《道藏》本

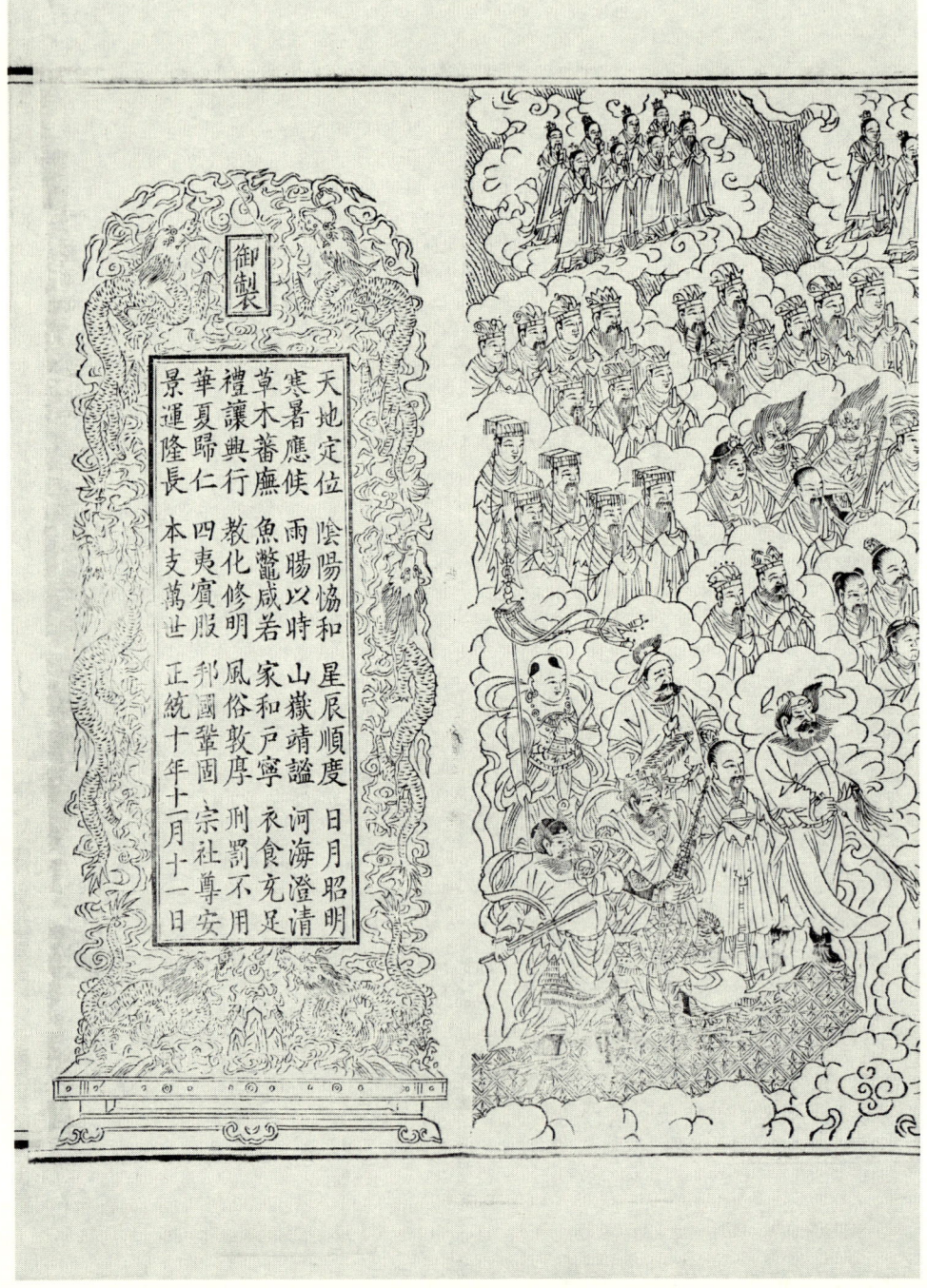

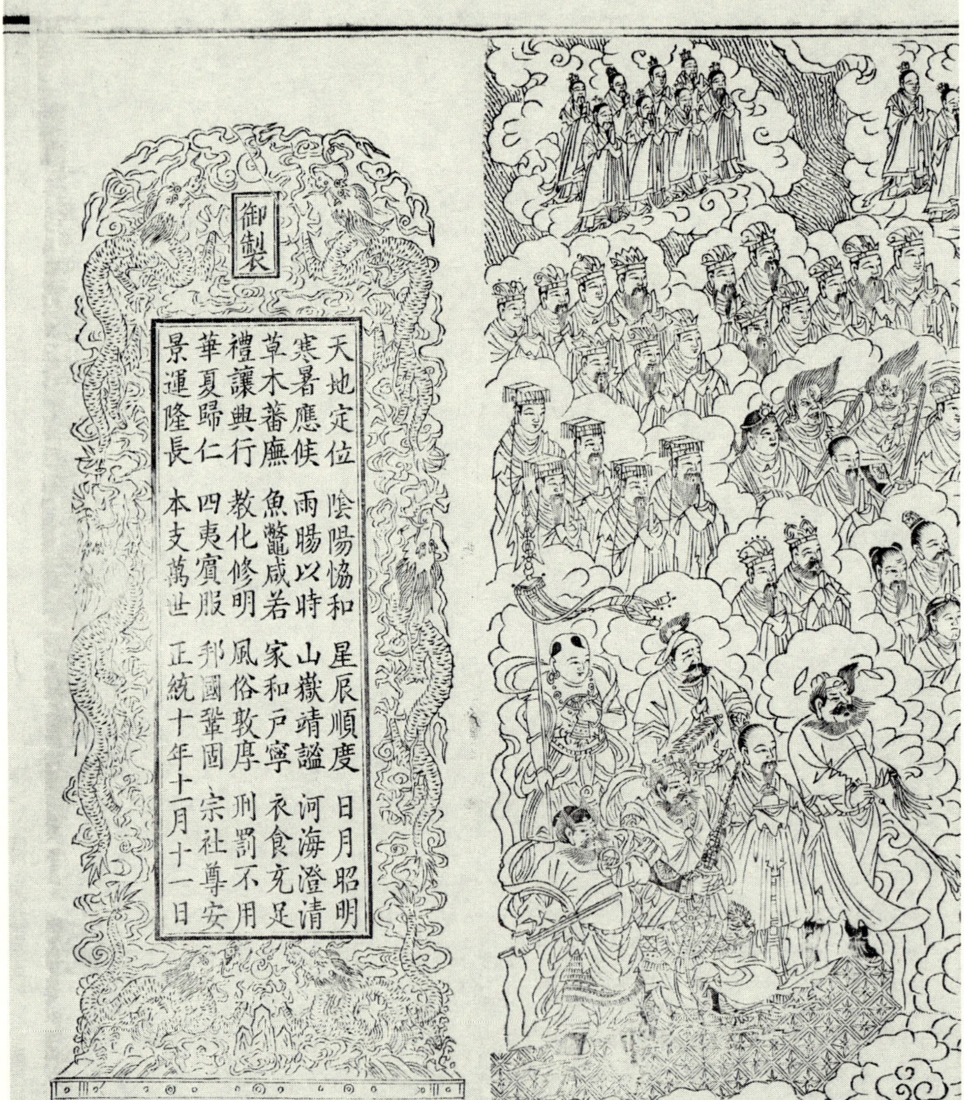
御製
天地定位 陰陽協和 星辰順度 日月昭明
寒暑應候 雨暘以時 山嶽靖謐 河海澄清
草木蕃廡 魚鼈咸若 家和戶寧 衣食充足
禮讓興行 教化修明 風俗敦厚 刑罰不用
華夏歸仁 四夷賓服 邦國鞏固 宗社尊安
景運隆長 本支萬世 正統十年十一月十一日

進鬻子表

顛一

臣行珪言臣聞結繩以往書䟽蔑然文字之初教義斯起記言之史設褒貶之迹聿興書事之官置勸誡之門由啓於是國版稠疊謨訓昭彰唱讃之道以弘闡揚之理茲暢德業彌縟英華日新雕琢性情振其微烈逮乎周文作聖鬻子稱賢意合道同寔申師傅鬻子以文王降己大啓心期明宣布政之方賡立輔成之策足使萬機留想一代咸休稽古有宗發明耳目尋其著述之旨探其斥救之辭

莫不原道心以裁章研神理而啓沃彌綸彝
訓經緯區中不徒讚說微言務於遺翰而已
鬻熊爲諸子之首文王則聖德之宗熊既文
王之師書乃政教之體雖篇軸殘缺提舉猶
備紀綱譬彼盤盂發揚有愈臣家傳儒素積

習忠良覩明主奉師之蹤覽賢者盡義之道
循環徵究妙極機神敢率至愚爲之注解研
覃析理以叙私情剪截浮辭用申狂瞽伏惟
陛下則天垂訓越極宣風稽太上之至和與
帝王之烱誡股肱諒直獻替无疑大舉賢良

寧濟區宇四海革面八表宅心務本修文垂
拱無事臣以草萊卑賤識度庸淺荷堯沐舜
擊壤謳歌周施政教之端屬聽太平之詠志
存綴輯以述矢言簡牘難周辭意斯拙謹以
繕寫奉獻闕庭庶日月昭明布餘暉於漏隙
時雨咸洎灑餘潤於纖枯望希壁露之資豈
議沉舟之楫天威咫尺神魄震驚謹上表以
聞伏聽慈旨謹言
永徽四年十一月二十六日華州鄭縣尉臣逢行表上

鬻子序

鬻子名熊楚人周文王之師也年九十見文王王曰老矣鬻子曰使臣捕獸逐麋已老矣使臣坐策國事尚少也文王師之著書二十二篇名曰鬻子子者男子之美稱賢不逮聖不以爲經用題紀標子因攄劉氏九流即道流也遭秦暴亂書記畧盡鬻子雖不預焚燒編袟由此殘缺依漢書藝文志雖有六篇今此本乃有十四篇未詳孰是篇或錯亂文多遺闕至數演大道銓撰明史闡域中之教化

論刑德之是非雖卷軸不全而其門可見然鄧林之枝荊山之玉君子餘文可得觀矣鬻子博懷道德善謀政事故使周文屈節大聖諮詢情存帝王之道辭多斥救之要理致通遠旨趣恢弘實先達之與言爲諸子之首唱織組仁義經緯家邦垂勸誡之風陳弘濟之術王者覽之可以理國吏者遵之可以從政足使賢者勵志不肖者滌心語曰詩三百一言以蔽之曰思無邪言而不朽可爲龜鏡鬻子論道無邪之謂歟幸以伏務之隙披閱子

史而書籍實繁不能精備至於此子頗復留心尋其立迹之端探其闡教之旨豈如寓言迂怪馳騁飛辯者矣亦乃字重千金辭高萬歲聊爲法解畧起指歸馳心於萬古之上寄懷於千載之下庶垂道見志懸諸日月將來君子幸無忽焉

諸子卷上

華州鄭縣尉逄行珪註

撰吏五帝三王傳政乙第五

撰具也吏者爲政之具也又撰博也言王者布政施令其在博求於良吏也賢者舉之不賢者不預言五帝三王政道可以百代傳行者乙次於甲以此明政之次也

政曰

政者法教也此明帝王之政事以爲法教可稱也

君子不與人謀之則已矣

言君子修於内理於外端其形正其影體眞德之要守沖妙之機言出以成教方謀事必爲法則苟於政而不預豈妄爲之哉所以止也

若與人謀之則非道無由也

君子不以人謀則已矣若與人謀務存大道而言之不以違道飾非不以苟命求正由用也

故君子之謀能必用道

君子終日言而不離體要謀於政事而感
由於道故同於道者道亦得之非道之言
君子不用也

而不能必見受

衆目視於僞不留視於眞衆心耀於名不
能察於實夫庸主必惑於衆豈能受於道
教哉故君子之道不必見納也

能必忠

盡心論道而必竭忠盡道言不邪譎也

而不能必入

盡忠論道聖君必納庸主所難故有道之君上下親愛忠讜進用智術無隱以石投水何齟齬哉而不明之主君臣䟽忌小人侍側端正棄遺諂佞是親忠信不用掩目而視豈不惑歟必忠言之不入

能必信

言君子不苟合不妄言正色端辭澄清眞實必存之於信也

而不能必見信

信言不美而合於道庸主惑於衆邪豈信

用君子之言乎言不以見信也

君子非人者不出之於辭而施之於行

言君子但爲善將以攻惡善不自是惡不
非人施之於行不顯之於言說也

故非非者行是

言是非於人是所同也非於人者人亦非
之君子將非於人終不以非非人自行是
道以論彼之非

惡惡者行善

善惡在身是所共也君子務善以攻惡不

以惡惡於人所以彰惡於行善道也謀事必忠出言必信行善以攻惡顯是而明非不苟求所以知而道德自明也而道諭矣

大道文王問第八

夫道者覆天地廓四方斥八極高而無際深不可測綿六合横四維不可以言象盡不可以指示説應無間之迹終政教之端包萬物之形彰三光之外爲而不有行而不見有道之王動而同之妙用無窮故謂

之大文王因用無窮故謂之大師問道可
爲永則因以名篇也
政曰昔者文王問於鬻子
昔者言往日也雖臨馭億兆而不獨專從
師問道以政術之門曰
敢問人有大忘乎
尊師道故曰敢問文王思存大道以終政
事心迹在於經遠所以先問於大忘也
對曰有
鬻子前答文王言有大忘也

文王曰敢問大忘奈何

鬻子前不即以指答者故引成文王之問文王欲然終大忘之理故曰其事奈何矣

鬻子曰知其身之惡而不改也以賊其身乃喪其軀

過則勿憚改終日不爲惡惡去於身也豈但墨面髡髮是爲形餘哉故其嵬尤見誅四凶就戮夏癸絶祀商辛覆宗賊身害軀破家失國其行如此是爲大忘也

其行如此是謂之大忘

終成所答之事

貴道五帝三王周政乙第五

夫爲政以德必貴於道爲化國之福焉當文王之時而通稱三王者據近以及遠明道以同也周者合也備也言五帝三王貴道其政能合若一也而無所不備也

昔之帝王

昔者在昔貴道德之帝王稱昔者以遠諭近爲之勸也

所以爲明者以其吏也

言帝王而有聖明之稱者皆委賢吏使在
顯職故道化興而萬國寧明聖不獨運也
昔之君子其所以爲功者以其民也
人惟邦本得衆斯昌建極秉時必資兆庶
人皆效力以成其功也

力生於神
王者有國必先靈祐皇天上帝社稷山川
神迹玄符無不來會成湯降神受夏大命
武王夢神遂大戡殷夫冥運兩儀鼓動萬
物豈有使之然哉莫不大化於自然玄應

而義用造之非我理自相符故曰力生於
神著也
而功最於吏
王者度政施令而不自爲必屬賢能以任
使之故天下和平人知所保此賢吏善最
之功也
福歸於君
俊德在官盡心竭力人敦其道俗順其教
上下相親而德交歸焉國土平康而爲君
之福著也

昔者五帝之治天下也

五帝謂黄帝顓頊高辛唐虞也

其道昭昭若日月之明然若以晝代夜然

日月運明明不私照必須幽顯始終不息

故昭昭然所不舍也夫聖人與天地合德

日月齊明道大不論可以崇遠也

故其道首首然萬世爲福萬世爲教者唯從

黄帝以下舜禹以上而已矣

首者始也言五帝之道常爲萬代之始後

之不能加也夫黄帝始垂衣裳造書契置

史官爲舟楫以濟不通服牛乘馬立棟宇重門擊柝以待暴客爲杵臼以利萬姓作弧矢以威天下造律管興封禪顓頊平九黎之亂人神不雜萬物有序高辛氏作鞀鞞鐘鼓莞席帝堯茅茨不剪土階三尺夏

日葛衣冬日鹿裘蕩蕩乎人無能名焉巍巍乎其有成功也帝舜少而至孝堯聞聰明而用之舜乃舉禹爲司空以平水土棄爲后稷以播百穀卨爲司徒以教百姓臯陶爲士師以理獄訟垂爲共工以典衆作

益作朕虞以育草木伯夷爲秩宗以典三禮夔爲樂政以和神人舜彈五絃之琴歌南風之詩夏禹櫛風沐雨冠履不顧敷九土乗四載鑿龍門闢伊闕導百川建萬國微禹之功人皆魚矣帝王之功莫此爲盛故百代不易爲福爲教也

君王欲縁五帝之道而不失則可以長久言君王但因循五帝之道而常行用無所爲替則可以長保宗廟社稷以爲人始也

守道五帝三王周政甲第四

執大象而天下往明道不往則道不可暫
離所也
聖人在上賢士百里而有一人則猶無有也
言聖王在上化被蒼生德周萬物雖百里
而有一賢士以聖道廣宣賢跡不見其賢
雖多則若無有也

王道衰微暴亂在上賢士千里而有一人則
猶比肩也
王道衰微暴虐亂政人皆思德雖千里有
一賢士其若比肩言賢人不可得也

撰吏五帝三王傳政乙第三

帝王所以安國家行政教其在良吏乎言

必博廣以取也

故曰民者賢不肖之杖也賢不肖皆具焉

賢〻者德行之名不肖者頑嚚之謂夫賢與

不肖見於行此二者同出於性而異名皆

杖於最靈各有定分矣天下之廣黎庶之

衆賢與不肖自皆具焉

故賢人得焉不肖人休焉

言賢者不自求進而材爲時須王者必任

賢人所以得也不肖者非自求退而行無所取不登政事是以休廢也

杖能側焉

有過人之智必矜其能恃能矜智必違常道輕躁所至危僻故曰杖能側焉

忠信飾焉

懷盡忠之節必脩於道修身貴其履行務實由於正路禮義仁信以文飾其身也故曰忠信飭焉

民者積愚也

冥然無知愚之謂也

雖愚明主撰吏焉必使民與焉

言明主推心於人以取良吏而不獨任也

士民與之明上舉之

得於衆心善於政事上所以舉用之也

士民若之明上去之

若如人者賢愚之間政既不與所以斥去之也

故王者取吏不忘必使民唱然後和

人主總羣謀以觀衆知明以探風聲察於

下言以求得失取賢人以宣政化推己取
賢唯聖者能之
民者吏之程也
程法式也知之在下是故取吏之法式察
之於衆庶人者若之也
察吏於民然後隨
人與之主舉之人若之主去之此隨之也
政曰民者至卑也
極卑下也
而使之取吏焉必取所察

聖主不違人以獨用也
故十人愛之則十人之吏也百人愛之則百
人之吏也千人愛之則千人之吏也萬人愛
之則萬人之吏也
自此已上皆言人之情好之德行各有所

愛樂之多少殊别也
故萬人之吏撰卿相矣
人愛之多則必堪爲政事赫赫師尹民具
爾瞻主之所拔不可失賢也
卿相者諸侯之丞也

卿相者人主之杖故為諸侯之丞也
故封侯之土秩出焉
賢者得之列土封疆得自家臣故曰秩出焉
卿相者侯之本也
政之興亡在於卿相得賢者和輯失賢者離散故為侯之職在卿相也

鬻子卷下　　　　　　　　頁二

華州鄭縣尉逢行珪註

曲阜魯周公政甲第十四

曲阜之地方七百里少昊之墟是魯周公所封之邑以周公裨益政禮故稱之以爲篇耳

政曰昔者魯周公曰吾聞之於政也

稱周公之言以明政者也

知善不行者謂之狂

善者體道懷德也人主行善於上百姓變善於下堯之日比屋可封知善道之爲善

而不行用者是狂悖之人也

知惡不改者謂之惑

惡者賊以喪軀人主爲惡於上則百姓爲

惡而不悛者是昏惑

夫狂與惑者聖王之戒也

知善而不行知惡而不改必至狂惑者此

聖王之明戒也

道符五帝三王傳政甲第二

夫開國崇基必先於道道既符合無往不

貞影響相同自然合應甲者先於乙也

不肖者不自謂不肖也

肖者類也言不類不似也自知賢不肖是爲明也不似之人豈自稱哉言不知也

而不肖見於行

丹朱傲虐無捨晝夜頟頟肆惡曾無休息此則見於外不以隱微者也

雖自謂賢人猶謂之不肖也

不肖者豈自謂不肖哉以賢者視之不肖之迹見矣雖以彼賢以自賢人豈以爲賢乎

愚者不自謂愚而愚見於言

昧道不德之人豈自稱其愚蒙哉而愚迹見於辭説也

雖自謂智人猶謂之愚

愚者豈自以爲愚哉以智視之愚迹見矣

頗二　二

雖以彼智以自智人豈以爲智

數始五帝治天下第七

言帝者年數之始以記其佐帝及升位之年數也天下者豈可妄理哉亦由積德累業以有之也言五帝之道相緣爲政故同

稱之也

昔者帝顓頊

黄帝正妃曰嫘祖生昌意昌意生顓頊爲

高陽氏在位七十八年

年十五而佐黄帝

軒轅氏少典次子父曰帝鴻氏母曰附實

見大電光繞北斗樞星照野感而孕二十

五月生以土德王故曰黄帝在位百年顓

頊自幼年以翼佐黄帝也

二十而治天下

升爲天子也

其治天下也上緣黄帝之道而行之

因脩黄帝之道而行其政令不改革也

學黄帝之道而常之

化迹不及所以效也效其通道而常用之

顓二　　三

昔者帝嚳

黄帝正妃生玄囂玄囂之子生帝嚳德曰

新故曰高辛在位七十年矣

年十五而佐帝顓頊三十而治天下

佐顓頊以理天下三十而升爲帝也

其治天下也上緣黄帝之道而明之

言德稍下不能盡行黄帝之道但明之而已矣

學帝顓頊之道而行之

政教所爲效效顓頊而行其言不能常習之也

禹政第六

伯禹夏后氏言禹功錫玄珪德諧元始任賢立政以致太平可爲法則故以名篇矣

禹之治天下也

黄帝玄孫祖顓頊姒姓名文命字高密在位九年受禪成功曰禹受舜禪以臨天下得臯陶得杜子業得既子得施子黯得季子寗得然子堪得輕子玉

此以上七大夫之姓名也

得七大夫以佐其身以治天下以天下治

言帝王獨治天下雖則聖德皆俟賢佐以輔之故得天下人安也

湯政天下至紂第七

言成湯放無道之桀以統萬機而理天下

得賢大夫贅佐而致太平至紂昏惑以失
國故終始書之以名篇
湯之治天下也
湯姓子名履字天乙除虐去殘曰湯征葛
伯放桀順取天下以理也

頭二　四

得慶誦伊尹湟里且東門虛南門蝡西門疵
北門側
伊尹有莘氏媵臣以為相東門等並姓名
也
得七大夫佐以治天下而天下治

七大夫皆有賢行斥救弼諧故得天下咸
乂也
二十七世
自湯至紂父子兄弟相承二十七代也
積歲五百七十六歲至紂
夏曰歲此除即位之年也
上禹政第六
以五聲聽政克勤于邦可以爲上也
禹之治天下也以五聲聽
九重幽深下言難進所欲百姓反斥救之

事故懸置五聲招之以聽政也

門懸鐘鼓鐸磬

懸之於簨虡也

而置鞀

置於地也

以得四海之士

四海之士有進於言者必造五聲以揮擊

傳聞也

爲銘於簨簴

懸樂器之具刻銘於其上也

曰教寡人以道者擊鼓
鼓以動物故動合於道也
教寡人以義者擊鐘
鐘金聲也以合於義故教義者擊鐘也
教寡人以事者振鐸
鐸金鈴木舌也所以事務有可行爲所欲
言者以振鐸也
語寡人以憂者擊磬
憂者聲悲磬聲消燥而近於悲故憂而擊
磬也

語寡人以獄訟者揮鞀此之謂五聲
訟獄之事務於疾速故揮鞀以陳之此以
上並刻銘於簨簴之文也
是以禹嘗據一饋而七十起日中而不暇飽
食
急於政事無暇安於一食所以示接士之
急也
曰吾猶恐四海之士留於道路
常行之處非所宜憂也
是以四海之士皆至

事必得道必合上下應會無不至也
是以禹當朝廷間也可以羅爵
不暇飽食聽政不疲朝廷閑靜然後無事也
道符五帝三王傳政甲第五
夫君子將入其職旭旭然如日初出入昭
集二 六
昭然人保其福旣去暗暗然人失其教此
得政典符合之謂也
夫國者卿相世賢著有之
有國則有卿相賢德者卿相之具人與之
主用之不賢者豈能用之哉

有國無國智者治之

夫有國者豈自寧豈自亂也所以安者智謀之力也

智者非一日之志

積功累業行道不倦以成其志

治者非一日之謀

謀者心思也樹德以爲尚寬重道修政作教以至誠乎之咨謀非一日之所能致也志治謀在於帝王然後民知所保

夫君上有道化行於下遠近慕義四境無

虞百姓淳和盜賊屏息故人知所安也

而知所避

富貴貧賤不相犯仁義禮則由其門無違

政教下民爲福是知所避也

發教施令爲天下福者謂之道

先之以博愛陳之以德義先之以敬讓道

之以禮樂不奪人時不干人利故得禍亂

不作爲福之道此之謂歟

上下相親謂之和

至德以教之要道以治之上下同心是謂

和矣

民不求而得所欲謂之信

日出而作日没而息不勞於事不苦煩苛甘其食安其居樂其業此豈外求之哉上有行道之君是所致者可謂之大信矣

除去天下之害謂之仁

兼愛萬物慈惻外施至若成湯征葛伯放桀保南巢夏禹之别導山川置立州國故得天下免於暴亂百姓宅其所居仁遠乎哉斯至仁也

仁與信和與道帝王之器

此四者帝王有天下之器所以樂推也苟
有違之而天下離叛非其所有也

凡萬物皆有器

所用利之是以爲器而違其用豈得其器
哉

故欲有爲不行其器者雖欲有爲不成

惟名與器不可假人其所營爲必以其器
用得其器也故和之不行其器於利遠矣
豈有成哉

諸侯之欲王者亦然不用帝王之器者不成言天下之大神器之重非其王者難以處之王氣而來可以宰割必行仁與信和與道然後可招懷萬姓奄有四維西伯以敬讓興邦南陽以仁道得政非其人也豈妄成之哉

湯政湯治天下理第七

天地設而萬物生陰陽化而四時定分別統理爲政之方極於始終可成法則也

天地闢而萬物生

乾其靜也專一其動也正直坤其靜也翕歛其動也開闢是以廣大而生萬物也

萬物生而人爲政焉

政也者所以正於天地也言天地生萬物不能相使不能相制須人以爲政以正之無其政也則萬物不理也

無不能生而無殺也

言天地能生而不能無殺

唯天地之所以殺人不能生

天之能生唯天殺之可也夫唯天殺之人

豈生之哉是不能生之也
人化而爲善
萬物之中人其爲貴化而爲善理亦天常
也
獸化而爲惡
稟氣以生不有知飾非人之類豈不惡哉
人而不善者謂之獸
人化而爲善是曰天常今爲不善者與彼
飛虛蹠實亦何以異矣
有天然後有地

類二 九

天在於上地在於下先天後地理亦自然

有地然後有別

三才克定萬物區別

有別然後有義

夫婦之義著君臣之義彰也

有義然後有教

百官立政教行父子存家設教所以效達於上也

有教然後有道

教迹既彰約之以道苟乖其道物無以安

有道然後有理
事名各立而理自存
有理然後有數
名理既彰以統之夫數以一終十乃至千
萬九九之數天之運度亦數之義也
日有冥有旦有晝有夜然後以爲數
天有三百六十度一日一度三百六十日
一周天一日之中晝夜百刻以定之爲數
也
月一盈一虧月合月離以數紀

一歲之中有十二月一月有虧有盈日月或合於次或離於次終於一歲日窮於次月窮於紀星迴于天數將幾終此則日月星辰運行至十二月皆周帀於故處紀猶會者也

四者皆陳以爲數治　䪿二　十

春夏秋冬各統於一歲之日月也此以上爲政之道當法則也

政者衞也始終之謂衞

政者正也所以正理天下以爲之天周衞

始化之終安之無得之也

愼誅魯周公第六

刑法有倫宜於時政好生之德理適典章故明聖之資輔成周室誠勸之道可得稱言國之大經在於賞罰二者或替將何訓焉可爲政先故紀之爲篇目矣

昔者

此昔者往日之辭也

魯周公使康叔往守於殷

康叔周公母弟也衞三監之地殷人數叛

故使賢毋弟王也

戒之曰與殺不辜寧失有罪

人命所懸理須詳正夫刑或濫其何則焉故不可輕殺不辜寧可失於有罪此亦寬仁之道也

無有無罪而見誅

罰而不明雖刑不禁言罰不施於有罪也

無有有功而不賞

賞而不明雖賞不勸言賞必加於有功也

戒之封

重稱戒者所以示於殷勤封康叔名也

誅賞之愼焉

賞之重國之柄也怒而加誅未必當罪喜而行賞不必當功且賞僭懼及於淫誅濫則懼及於善賞得其功則賢人以勸罰得其辜則姦人以息此不可不審愼之

鬻子二卷

唐·逢行珪注　清·盧文弨批校

明正統十年（1445）刊嘉靖三年（1524）重修本

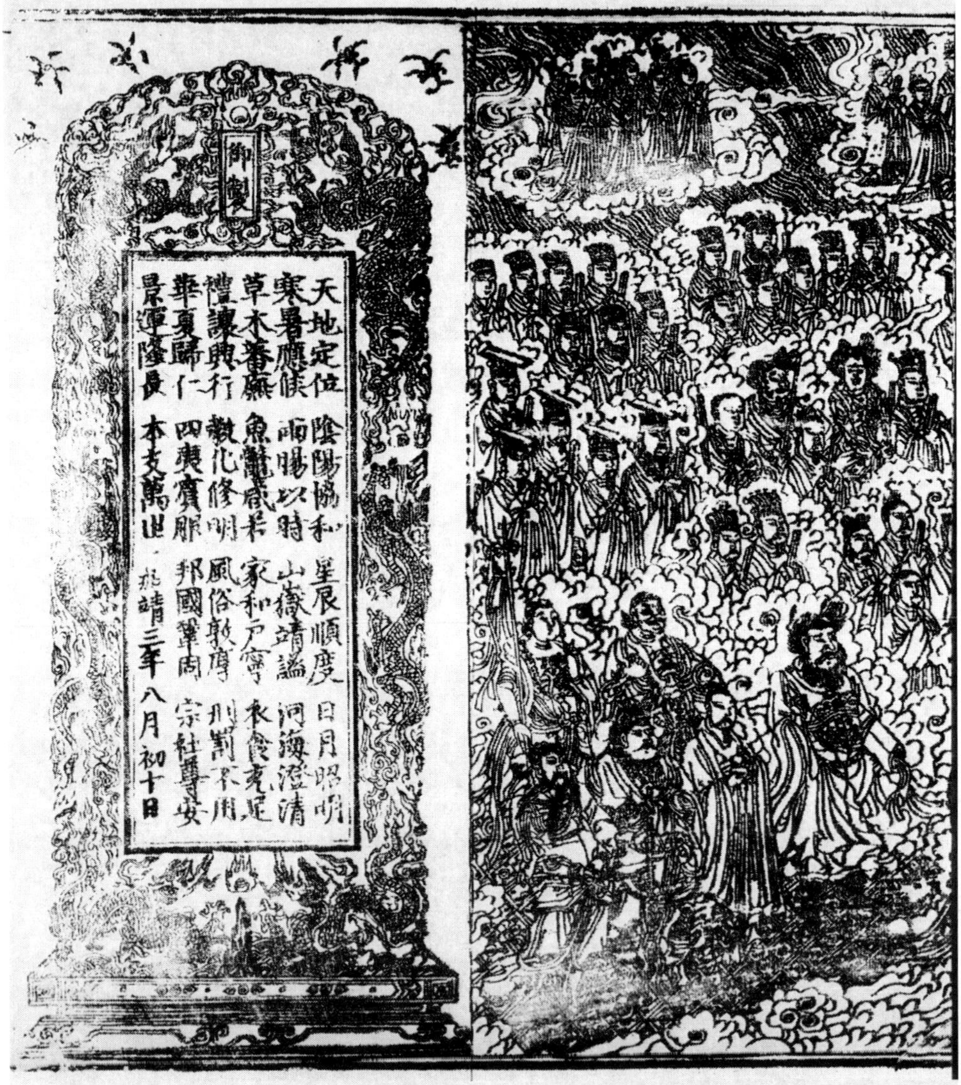
御製
天地定位 陰陽協和 星辰順度 日月昭明
寒暑應候 雨暘以時 山嶽靖謐 河海澄清
草木蕃廡 魚鱉咸若 家和戶寧 衣食充足
禮讓興行 教化修明 風俗敦厚 刑罰不用
華夏歸仁 四夷賓服 邦國鞏固 宗社尊安
景運隆長 本支萬世 嘉靖三年八月初十日

進鬻子表　鬻一

臣行珪言臣聞結繩以往書疏萌然文字之初教義斯起記言之史設褒貶之迹聿興書事之官置勸誡之門由啓於是國政稠疊謨訓昭彰唱讚之道以弘闡揚之理茲暢德業彌綸英華日新雕琢性情振其微烈逮乎周文作聖鬻子稱賢意合道同是申師傅鬻子以文王降已大啓心期明宣布政之方廣立輔成之策足使萬機留想一代咸休稽古有宗發明耳目尋其著述之旨探其斥敝之辭

莫不原道心以裁章研神理而啓沃彌綸彝訓經緯區中不徒讚説微言務於遺翰而已鬻熊爲諸子之首文王則聖德之宗熊既文王之師書乃政教之體雖篇軸殘缺提舉猶備紀綱譬彼盤盂發揚有愈臣家傳儒素積習忠良覩明主奉師之蹤覽賢者盡義之道從環徵究妙極機神敢率至愚爲之注解研覃析理以叙私情剪截浮辭用申往聲伏惟陛下則天垂訓越極宣風稽太上之至和與帝王之𫔭識股肱諫直獻替无疑大舉賢良

寧濟區宇四海華面乀表宅心務本修文垂
拱無事臣以草萊卑賤識度庸淺荷堯沐舜
擊壤謳歌周施政教之端屬聽太平之詠志
存綴輯以述矢言簡牘難周辭意斯拙謹以
繕寫奉獻闕庭庶日月昭明布餘輝於漏隙
時雨咸洎灑餘潤於纖枯望希塵露之資豈
識沉舟之揮天威咫尺神魄震驚謹上表以
聞伏聽慈旨謹言
永徽四年十一月二十六日華州鄭縣尉臣逄行生上

鬻子序

鬻子名熊楚人周文王之師也年九十見文王王曰老矣鬻子曰使臣捕獸逐麋已老矣使臣坐策國事尚少也文王師之著書二十二篇名曰鬻子子若男子之美稱賢不逮聖不以爲經用題紀標子因據劉氏九流即道流也遭秦暴亂書記畧盡鬻子雖不預焚燒編袟由此殘缺依漢書藝文志雖有六篇今此本乃有十四篇未詳孰是篇或錯亂文多遺闕至敷演大道銓撰明史闡域中之教化

論刑德之是非雖卷軸不全而其門可見然鄧林之枝荊山之玉君子餘文可得覯矣鬻子博懷道德善謀政事故使周文屈節大聖諮詢情存帝王之道辭多斥救之要理致通遠旨趣恢弘實先達之奧言爲諸子之首唱織組仁義經緯家邦垂勸誡之風陳弘濟之術王者覽之可以理國吏者遵之可以從政足使賢者勵志不肖者滌心語曰詩三百一言以蔽之曰思無邪言而不朽可爲龜鏡鬻子論道無邪之謂歟幸以休務之隙披閱子

史而書錯相實繁不能精備至於此子頗復留
心尋其立迹之端探其闡教之旨豈如寓言
迂恢馳騁飛辯者矣亦乃字重千金辭高[illegible]
歲聊爲注解畧起指歸馳心於萬古之上寄
懷於千載之下庶垂道見志懸諸日月將來
君子幸無忽焉

鬻子卷上

華州鄭縣尉逢行珪註

撰吏五帝三王傳政乙第五

撰具也吏者爲政之具也又撰博也言王者布政施令其在博求於良吏也賢者與之不賢者不預言五帝三王政道可以百代傳行者乙次於甲以此明政之次也

政曰

政者法教也此明帝王之政事以爲法教可稱也

君子不與人謀之則已矣

言君子脩於內理於外端其形正其影體眞德之要守沖妙之機言出以成教方謀事必爲法則苟於政而不預豈妄爲之哉所以止也

若與人謀之則非道無由也

君子不以與人謀則已矣若與人謀務存人道而言之不以違道飾非不以苟命求正由用也

故君子之謀能必用道

君子終日言而不離體要謀於政事而感
由於道故同於道者道亦得之非道之言
君子不用也
而不能必見受
衆目視於僞不留視於眞衆心耀於名不
能察於實夫庸主必惑於衆豈能受於道
教哉故君子之道不必見納也
能必忠
盡心論道而必竭忠盡道言不邪謫也
而不能必入

盡忠論道聖君必納庸主所難故有道之君上下親愛忠讜進用智術無隱以石投水何齟齬哉而不明之主君臣疏忌小人侍側端正棄遺諂佞是親忠信不用掩目而視豈不惑歟必忠言之不入

能必信

言君子不苟合不妄言正色端辭澄清眞實必存之於信也

而不能必見信

信言不美而合於道庸主惑於衆邪豈信

用君子之言乎言不以見信也
君子非人者不出之於辭而施之於行
言君子但爲善將以攻惡善不自是惡不
非人施之於行不顯之於言說也
故非非者行是
題一　五
言是非於人是所同也非於人者人亦非
之君子將非非於人終不以非非人自行是
道以論彼之非
惡惡者行善
善惡在身是所共也君子務善以攻惡不

以惡惡於人所以彰惡於行善道也

謀事必忠出言必信行善以攻惡顯是而

明非不苟求所以知而道德自明也

而道諭矣

大道文王問第八

夫道者覆天地廓四方斥八極高而無際

深不可測綿六合横四維不可以言象盡

不可以指示說應無間之迹終政教之端

包萬物之形彰三光之外爲而不有行而

不見有道之王動而同之妙用無窮故謂

之大文王因用無窮故謂之大師問道可
爲永則因以名篇也
政曰昔者文王問於鬻子
昔者言往日也雖臨馭億兆而不獨專從
師問道以政術之門曰

敢問人有大忘乎
尊師道故曰敢問文王思存大道以終身
事心迹在於經遠所以先問於大忘也
對曰有
鬻子前答文王言有大忘也

文王曰敢問大忘奈何

鬻子前不即以措答者故引成文王之問

文王欲然終大忘之理故曰其事奈何矣

鬻子曰知其身之惡而不改也以賊其身乃

喪其軀

過則勿憚改終日不爲惡惡去於身也豈

但墨面髡髮是爲刑餘哉故其蚩尤見誅

四凶就戮夏癸絕祀商辛覆宗賊身害軀

破家失國其行如此是爲大忘也

其行如此是謂之大忘

終成所答之事

貴道五帝三王周政乙第五

夫爲政以德必貴於道爲化國之福焉當

文王之時而通稱三王者據近以及遠明

道以同也周者合也備也言五帝三王皆

道其政能合若一也而無所不備也

昔之帝王

昔者在昔貴道德之帝王稱昔者以遠喻

近爲之勸也

所以爲明者以其文也

言帝王而有聖明之稱者皆委賢吏使在
顯職故道化興而萬國寧明聖不獨運也
昔之君子其所以爲功者以其民也
人惟邦本得衆斯昌建極秉時必資兆庶
人皆效力以成其功也

力生於神
王者有國必先靈祐皇天上帝社稷山川
神迹玄符無不來會成湯降神受亘大命
武王夢神遂大戡殷夫冥運兩儀鼓動萬
物豈有使之然哉莫不大化於自然玄應

而義用造之非我理自相符故曰力生於
神者也
而功最於吏
王者廢[發]政施令而不自爲必屬賢能以任
使之故天下和平人知所保此賢吏善最
之功也
福歸於君
俊德在官盡心竭力人敦其道俗順其教
上下相親而德交歸焉國土平康而爲君
之福者也

昔者五帝之治天下也

五帝謂黃帝顓頊高辛唐虞也

其道昭昭若日月之明然若以晝代夜然

日月運明明不私照必須幽顯始終不息

故昭昭然所不舍也夫聖人與天地合德

日月齊明道大不論可以崇遠也

故其道首首然萬世爲福萬世爲教者唯從

黃帝以下舜禹以上而已矣

首者始也言五帝之道常爲萬代之始後

之不能加也夫黃帝始垂衣裳造書契置

史官爲舟楫以濟不通服牛乘馬立棟宇重門擊柝以待暴客爲杵臼以利萬姓作弧矢以威天下造律管興封禪顓頊平九黎之亂人神不雜萬物有序高辛氏作鞀鞞鐘鼓莞席帝堯茅茨不剪土階三尺夏日葛衣冬日鹿裘蕩蕩乎人無能名焉巍巍乎其有成功也帝舜少而至孝堯聞聰明而用之舜乃舉禹爲司空以平水土棄爲后稷以播百穀卨爲司徒以教百姓皋陶爲士師以理獄訟垂爲共工以典衆作

益作朕虞以育草木伯夷爲秩宗以典三禮夔爲樂政以和神人舜彈五絃之琴歌南風之詩夏禹櫛風沐雨冠履不顧敷九土乘四載鑿龍門闢伊闕導百川建萬國徵禹之功人皆魚矣帝王之功莫此爲盛故百代不易爲福爲教也

君王欲緣五帝之道而不失則可以長久

言君王但因循五帝之道而常行用無所爲替則可以長保宗廟社稷以爲人始也

守道五帝三王周政甲第四

執大象而天下往明道不往則道不可暫
離所也
聖人在上賢士百里而有一人則猶無有也
言聖王在上化被蒼生德周萬物雖百里
而有一賢士以聖道廣宣賢跡不見其賢
雖多則若無有也

頌一　九

王道衰微暴亂在上賢士千里而有一人則
猶比肩也
王道衰微暴虐亂政人皆思德雖千里有
一賢士其若比肩言賢人不可得也

撰吏五帝三王傳政乙第三
帝王所以安國家行政教其在良吏乎言
必博廣以取也
故曰民者賢不肖之杖也賢不肖皆具焉
賢者德行之名不肖者頑嚚之謂夫賢與
不肖見於行此二者同出於性而異名皆
杖於最靈各有定分矣天下之廣黎庶之
衆賢與不肖自皆具焉
故賢人得焉不肖人休焉
言賢者不自求進而材爲時須王者必任

賢人所以得也不肖者非自求退而行無所取不登政事是以休廢也

杖能側焉

有過人之智必矜其能恃能矜智必違常道輕躁所至危僻故曰杖能側焉

忠信飾焉

懷蓋忠之節必修於道修身貴眞履行務實由於正路禮義仁信以文飾其身也故曰忠信飾焉

民者積愚也

冥然無知愚之謂也
雖愚明主撰吏焉必使民與焉
言明主推心於人以取良吏而不獨任也
士民與之明上舉之
得於衆心善於政事上所以舉用之也
士民若之明上去之
若如人皆賢愚之間政既不與所以斥去
之也
故王者取吏不忘必使民唱然後和
人主總羣謀以觀衆知明以探風聲察於

下言以求得失取賢人以宣政化推己取
賢雖聖者能之
民者吏之程也
程法式也知之在下是故取吏之法式察
之於衆庶人者若之也
察吏於民然後隨
人與之主舉之人若之主去之此隨之也
政曰民者至卑也
極卑下也
而使之取吏焉必取所愛

聖主不違人以獨用也

故十人愛之則十人之吏也百人愛之則百人之吏也千人愛之則千人之吏也萬人愛之則萬人之吏也

自此已上皆言人之情好之德行各有所愛樂之多少殊別也

故萬人之吏撰卿相矣

人愛之多則必堪爲政事赫赫師尹民具爾瞻主之所拔不可失賢也

卿相着諸侯之丞也

卿相者人主之杖故爲諸侯之丞也
故封侯之土秩出焉
賢者得之列土封疆得自家臣故曰秩出焉
卿相者侯之本也
政之興亡在於卿相得賢者和輯失賢者離散故爲侯之職在卿相也

鬻子卷下　　顛二

華州鄭縣尉逄行珪註

曲阜魯周公政甲第十四

曲阜之地方七百里少昊之墟是魯周公所封之邑以周公裨益政禮故稱之以爲篇耳

[illegible]曰昔者魯周公曰吾聞之於政也

稱周公之言以明政者也

知善不行者謂之狂

善者體道懷德也人主行善於上百姓變善於下堯之日比屋可封知善道之爲善

而不行用者是狂悖之人也
知惡不改者謂之惑
惡者賊以喪軀人主爲惡於上則百姓爲
惡而不悛者是昏惑
夫狂與惑者聖王之戒也

知善而不行知惡而不改必至狂惑者此
聖王之明戒也
道符五帝三王傳政甲第二
夫開國崇基必先於道道既符合無往不
貞影響相同自然合應甲者先於乙也

不肖者不自謂不肖也
肖者類也言不類不似也自知賢不肖是
爲明也不似之人豈自稱哉言不知也
而不肖見於行
丹朱傲虐無捨晝夜額額肆惡會無休息
此則見於外不之[illegible][illegible]者也
雖自謂賢人猶謂之不肖也
不肖者豈自謂不肖哉以賢者視之不肖
之迹見矣雖以彼賢以自賢人豈以爲賢
乎

愚者不自謂愚而愚見於言
昧道不德之人豈自稱其愚蒙哉而愚迹見於辭說也

雖自謂智人猶謂之愚
愚者豈自以爲愚哉以智視之愚迹見矣

雖以彼智以自智人豈以爲智

數始五帝治天下第七

言帝者年數之始以記其佐帝及升位之年數也天下者豈可妄理哉亦由積德累業以有之也言五帝之道相緣爲政故同

稱之也

昔者帝顓頊

黄帝正妃曰嫘祖生昌意昌意生顓頊爲

高陽氏在位七十八年

年十五而佐黄帝

軒轅氏少典次子父曰帝鴻氏母曰附實寶

見大電光繞北斗樞星照野感而孕二十

五月生以土德王故曰黄帝在位百年顓

頊自幼年以翼佐黄帝也

二十而治天下

升爲天子也

其治天下也上緣黃帝之道而行之

因修黃帝之道而行其政令不改革也

學黃帝之道而常之

化迹不及所以效也效其通道而常用之

昔者帝嚳

黃帝正妃生玄囂玄囂之子生帝嚳德曰

新故曰高辛在位七十年矣

年十五而佐帝顓頊三十而治天下

佐顓頊以理天下三十而升爲帝也

其治天下也上緣黄帝之道而明之
言德稍下不能盡行黄帝之道但明之而
已矣
學帝顓頊之道而行之
政教所爲效效顓頊而行其言不能常習
之也
禹政第六
伯禹夏启氏言禹功錫玄德諧元始任
賢立政以致太平可爲法則故以名篇矣
禹之治天下也

黄帝玄孫祖顓頊姓姒名文命字高密在
位九年受禪成功曰禹受舜禪以臨天下
得皐陶得杜子業得既子得施子黯得季子
寗得然子堪得輕子玉
此以上七大夫之姓名也
行七大夫以佐其身以治天下以天下治
言帝王獨治天下雖則聖德皆俟賢佐以
輔之故得天下人安也
湯政天下至紂第七
言成湯放無道之桀以統萬機而理天下

得賢大夫贊佐而致太平至紂昏惑以失
國故終始書之以名篇
湯之治天下也
湯姓子名履字天乙除虐去殘曰湯征葛
伯放傑順取天下以理也

得慶誦伊尹湟里且東門虛南門蝡西門疵
北門側
伊尹有莘氏媵臣以爲相東門等並姓名
也
得七大夫佐以治天下而天下治

七大夫皆有賢行匡救弼諧故得天下咸
乂也
二十七世
自湯至紂父子兄弟相承二十七代也
積歲五百七十六歲至紂
夏曰歲此除即位之年也
上禹政第六
以五聲聽政克勤于邦可以爲上也
禹之治天下也以五聲聽
九重幽深下言難進所欲百姓反匡救之

事故懸置五聲招之士[illegible]也
門懸鐘鼓鐸磬
懸之於簨簴也
而置鞀
置於地也

以得四海之士
四海之士有進於言者必造五聲以揮擊
傳聞也
爲銘於簨簴
懸樂器之具刻銘於其上也

曰教寡人以道者擊鼓
鼓以動物故動合於道也
教寡人以義者擊鐘
鐘金聲也以合於義故教義者擊鐘也
教寡人以事者振鐸
鐸金鈴木舌也所以事務有可行爲所欲
言者以振鐸也
語寡人以憂者擊磬
憂者聲悲磬聲消爍而近於悲故憂而擊
磬也

語寡人以獄訟者揮鞀此之謂五聲
訟獄之事務於疾速故揮鞀以陳之此以
上並刻銘於簨簴之文也
是以禹嘗據一饋而七十起日中而不暇飽
食
急於政事無暇安於一食所以示接士之
急也
曰吾猶恐四海之士留於道路
常行之處非所宜憂也
是以四海之士皆至

事必得道必合上下應會無不至也
是以為當朝廷間也可以羅爵
不暇飽食聽政不疲朝廷閑靜然後無事也
道符五帝三王傳政甲第五
夫君子將人其職旭旭然如日初出入昭
龔二 六
昭然人保其福既去暗暗然人失其教此
得政典符合之謂也
夫國者卿相世賢者有之
有國則有卿相賢德者卿相之其人與之
主用之不賢者豈能用之哉

有國無國智者[illegible]之

夫有國者豈自寧豈自亂也所以安者智
謀之力也

智者非一日之志
積功累業行道不倦以成其志

治者非一日之謀
謀者心思也樹德以爲尚寬垂道修政作
教以至誠平之咨謀非一日之所能致也

治志治謀在於帝王然後民知所保
夫君上有道化行於下遠近慕義四境無

虞百姓淳和盜賊屛息故人知所安也
而知所避
富貴貧賤不相犯仁義禮則由其門無違
政教下民爲福是知所避也
發教施令爲天下福者謂之道
頤二
先之以博愛陳之以德義先之以敬讓道
七
之以禮樂不奪人時不干人利故得禍亂
不作爲福之道此之謂歟
上下相親謂之和
至德以教之要道以治之上下同心是謂

和矣

民不求而得所欲謂之信

日出而作日没而息不勞於事不苦煩苛

甘其食安其居樂其業此豈外求之哉上

有行道之君是所致者可謂之大信矣

除去天下之害謂之仁

無愛萬物慈惻外施至若成湯征葛伯放

桀保南巢夏禹之别導山川置立州國故

得天下免於暴亂百姓宅其所居仁遠乎

哉斯至仁也

仁與信和與道帝王之器
此四者帝王有天下之器所以樂推也苟
有違之而天下離叛非其所有也
凡萬物皆有器
所用利之是以爲器而違其用豈得其器
哉
故欲有爲不行其器者雖欲有爲不成
惟名與器不可假人其所營爲必以其器
用得其器也故和之不行其器於利遠矣
豈有成哉

諸侯之欲王者亦然不用帝王之器者不成言天下之大神器之重非其王者難以處之王氣而來可以宰割必行仁與信和與道然後可招懷萬姓奄有四維西伯以敬讓興邦南陽以仁道得政非其人也豈妄成之哉

湯政湯治天下理第七

天地設而萬物生陰陽化而四時定分別統理爲政之方極於始終可成法則也

天地闢而萬物生

乾其靜也專一其動也正直坤其靜也翕
歛其動也開闢是以廣大而生萬物也
萬物生而人爲政焉
政也者所以正於天地也言天地生萬物
不能相使不能相制須人以爲政以正之
無其政也則萬物不理也
無不能生而無殺也
言天地能生而不能無殺
唯天地之所以殺人不能生
天之能生唯天殺之可也夫唯天殺之人

豈生之哉是天不能[illegible]之也

人化而爲善

萬物之中人其爲貴化而爲善理亦天常

也

獸化而爲惡

禀氣以生不有知飾非人之類豈不惡哉

人而不善者謂之獸

人化而爲善是曰天常今爲不善者與彼

飛虛蹠實亦何以異矣

有天然後有地

天在於上地在於下先天後地理亦自然
有地然後有別
三才克定萬物區別
有別然後有義
夫婦之義著君臣之義彰也
有義然後有教
百官立政教行父子存家設教所以效達
於上也
有教然後有道
教迹既彰約之以道苟乖其道物無以安

有道然後有理
事名各立而理自存
有理然後有數
名理既彰以統之夫數以一終十乃至千
萬九九之數天之運度亦數之義也
日有冥有旦有晝有夜然後以爲數
天有三百六十度一日一度三百六十日
一周天一日之中晝夜百刻以定之爲數
也
月一盈一虧月合月離以數紀

一歲之中有十二月一月有虧有盈日月
或合於次或離於次終於一歲日窮於次
月窮於紀星迴于天數將幾終此則日月
星辰運行至十二月皆周帀於故處紀猶
會者也
四者皆陳以爲數治 韻二
春夏秋冬各統於一歲之日月也此以上
爲政之道當法則也
政者衛也始終之謂衛
政者正也所以正理天下以爲之天周衛

始化之終安之無得之也

慎誅魯周公第六

刑法有倫宜於時政好生之德理適典章故明聖之資輔成周室誡勸之道可得穪言國之大經在於賞罰二者或替將何訓焉可爲政先故紀之爲篇目矣

昔者

此昔者往日之辭也

魯周公使康叔往守於殷

康叔周公母弟也衞三監之地殷殷人數叛

故使賢毋弟往也

戒之曰與殺不辜寧失有罪

人命所懸理須詳正夫刑或濫其何則焉

故不可輕殺不辜寧可失於有罪此亦寬

仁之道也

無有無罪而見誅

罰而不明雖刑不禁言罰不施於有罪也

無有有功而不賞

賞而不明雖賞不勸言賞必加於有功也

戒之封

重稱戒者所以示於殷勤封康叔名也

誅賞之慎焉

賞之重國之柄也怒而加誅未必當罪喜而行賞不必當功且賞僭懼及於淫誅濫則懼及於善賞得其功則賢人以勸罰得其辜則姦人以息此不可不審慎之

唐·逢行珪注

鬻子二卷

明弘治九年（1496）李瀚刊《新刊五子書》本

進鬻子表　　　頫一

臣行珪言臣聞結繩以往書䟽蔑然文字之初教義斯起記言之史設褒貶之迹聿興書事之官置勸誡之門由啓於是國版稠疊謨訓昭彰唱讚之道以弘闡揚之理茲暢徳業彌縟英華日新雕琢性情振其徽烈逮乎周文作聖鬻熊子稱時意合道同寔申師傅鬻子以文王降己大啓心期明宣布政之方廣立輔成之策足使萬機留意一代咸休稽古有宗發明耳目尋其著述之旨探其斥救之

鬻子一

辭莫不原道心以裁章研神理而啓沃彌綸彝訓
經緯區中不徒讚說微言務於邃斡而已鬻熊為
諸子之首文王則聖德之宗熊既文王之師書乃
政教之體雖篇軸殘缺提舉猶備紀綱啓彼盤盂
發揚有愈臣家傳儒素積習忠良覩明主奉師之
蹤覽賢者書義之道循環徵究妙極機神敢率至
愚為之注解研覃析理以叙私情剪截浮辭用申
狂瞽伏惟
陛下則天垂訓越極宣風稽太上之至和興帝王

之烱誠股肱謇直獻替無疑大舉賢良寧濟區宇
四海單面八表宅心務本脩文垂拱無事臣以草
萊卑賤識度庸淺荷堯沐舜擊壤謳歌周施政教
之端屬聽太平之詠志存綴輯以述矢言簡牘難
周辭意斯拙謹以繕寫奉獻闕庭庶日月昭明亦
餘暉於漏隙時雨咸洎灑餘潤於纖枯望希塵露
之資豈議沉舟之楫天威咫尺神魄震驚謹上表
以聞伏聽慈旨謹言
永徽四年十一月二十六日華州鄭縣尉臣逄行

珪上

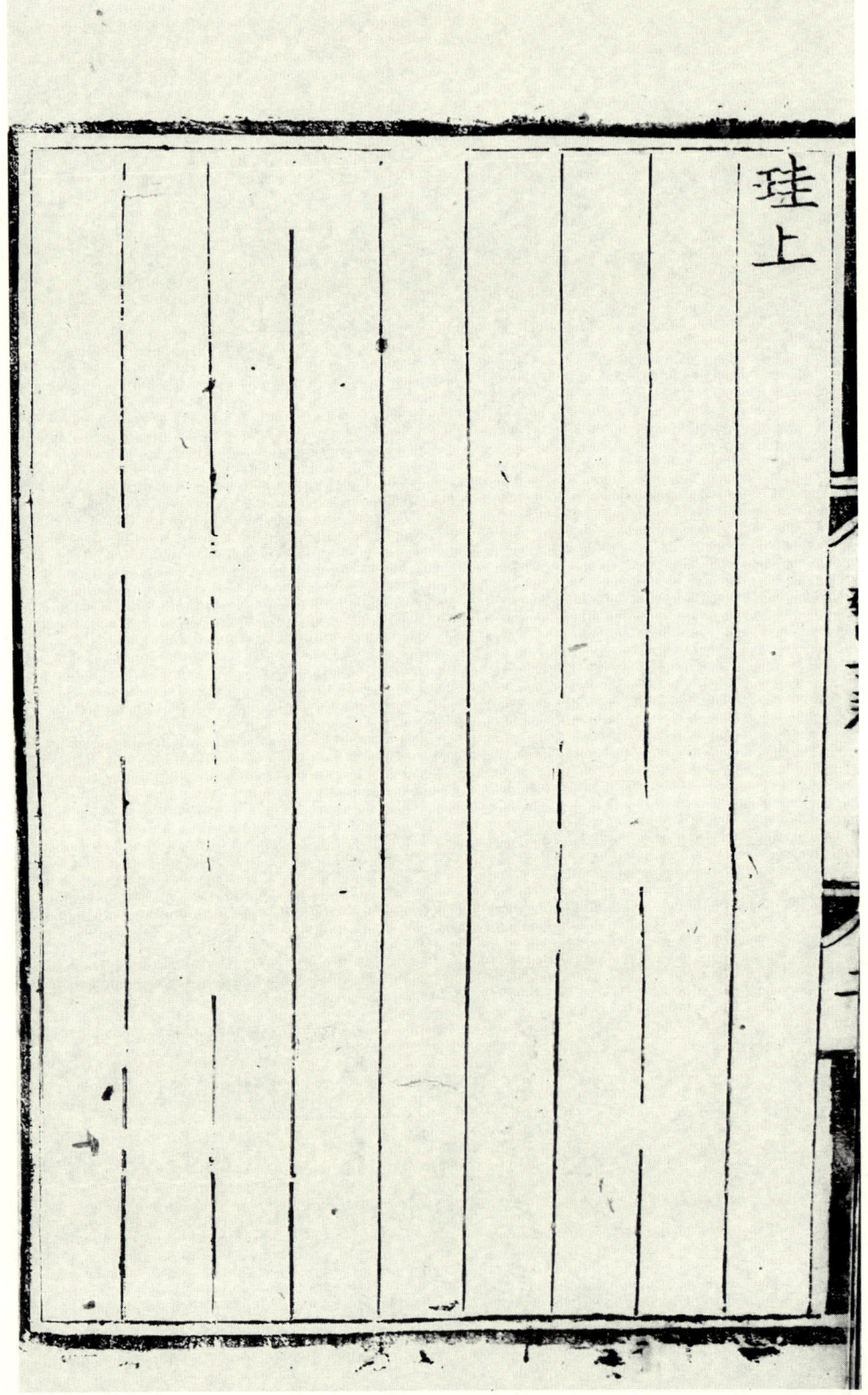

鬻子序

鬻子名熊楚人周文王之師也年九十見文王王曰老矣鬻子曰使臣捕獸逐麋已老矣使臣坐策國事尚少也文王師之著書二十二篇名曰鬻子子者男子之美稱賢不逮聖不以爲經用題紀標子因據劉氏九流即道流也遭秦暴亂書記略盡鬻子雖不預焚燒編帙由此殘缺依漢書藝文志雖有六篇今此本有十四篇未詳孰是篇或錯亂文多遺闕至敷演大道銓撰明史闡域中之教化

論刑德之是非雖卷軸不全而其門可見然鄧林之枝荊山之玉君子餘文可得觀矣鬻子慱懷道德善謀政事故使周文屈節大聖諮詢情存帝王之道辭多斥救之要理致通遠旨趣恢弘實先達之奧言為諸子之首唱織組仁義經緯家邦垂勸誡之風陳濟弘之術王者覽之可以理國吏者遵之可以從政足使賢者勵志不肖者滌心語曰詩三百一言以蔽之曰思無邪言而不朽可為龜鏡鬻子論道無邪之謂歟幸以休務之隙披閱子史而

書籍實繁不能精備至於此子頗復留心尋其立迹之端探其闡教之旨豈如寓言迂恢馳術飛辯者矣亦乃字重千金辭高萬歲聊為注解畧起指歸馳心於萬古之上寄懷於千載之下庶垂道見志懸諸日月將來君子幸無忽焉

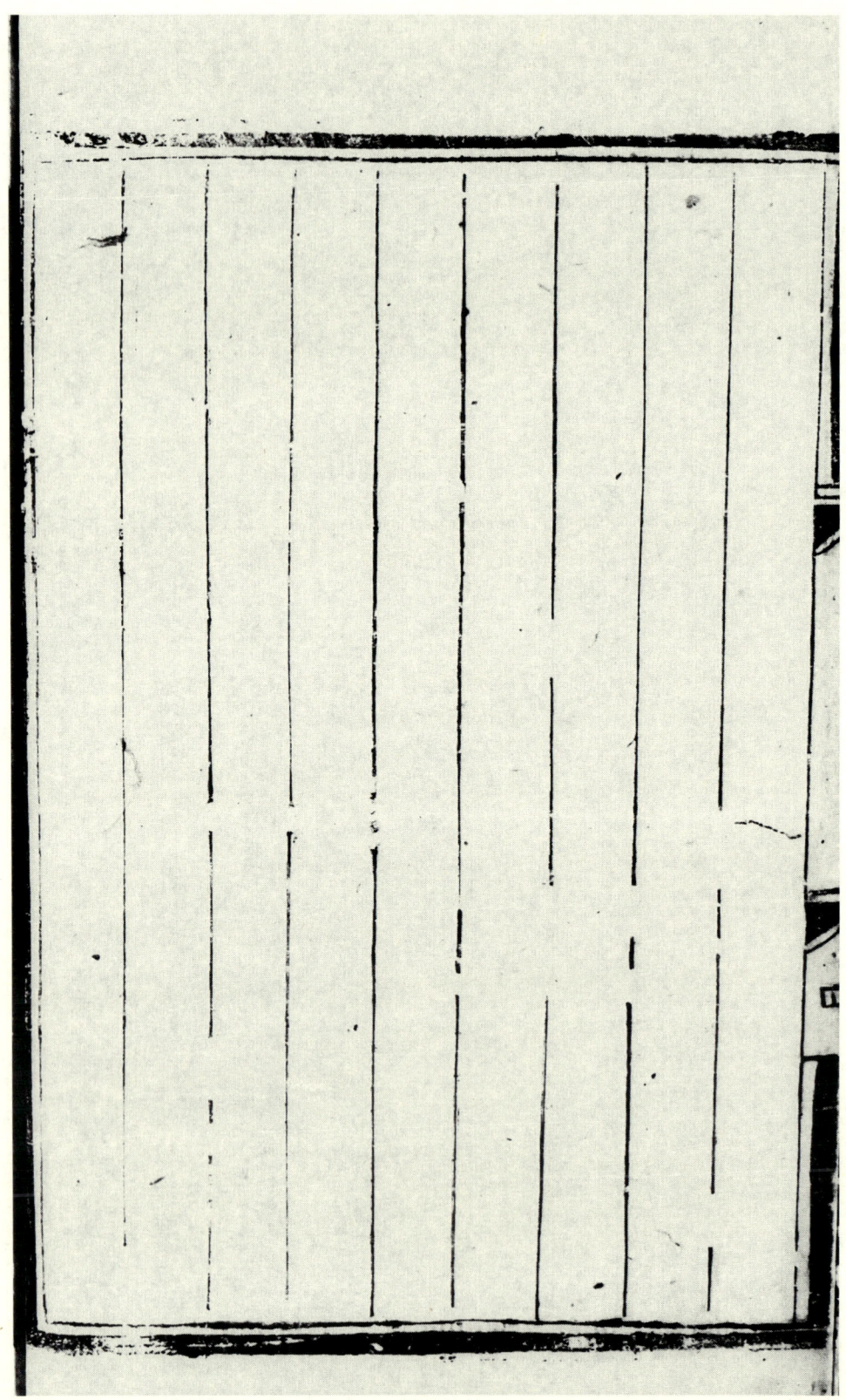

鬻子卷上

華州鄭縣尉逢行珪註

撰吏五帝三王傳政乙第五撰具也吏者為政之具也又撰傳也言王者布政施令其在博求於良吏也賢者舉之不賢者不預言五帝三王政道可以百代傳行者乙次於甲以此明政之次也

政曰政者法教也此明帝王之政政事以為法法教可循也君子不與人謀之則已矣言君子脩於內理於外端其形正其影體真德之要守沖妙之機言出以成教方謀事必為法則若於政而不張發為之式所以止也若與人謀之則非道無由也君子不與人謀則已矣若與人謀務存大道而言之不以違道飾非不以苟命求正由用

也故君子之謀能必用道君子終日言而不離體要謀於政事而咸由於
道故同於道者道亦得之非道之言君子不用也而不能必見受衆目視於偽不
智視於真衆心耀於名不能察於實夫庸主必惑於衆豈能受於道數哉故君子之道不必見納也
能必忠盡心論諫而必竭盡道言不邪諂也忠而不能必入盡忠諫道聖君
必納庸主所難故有道之君上下親愛忠讜進用[illegible]無隱以石投水何齟齬哉而不明之主君臣
疑忌小人侍側端正棄遺諂佞是親忠信不用椅[illegible]而視豈不惑歟必忠言之不入能必信
言君子不苟合不安言正色端辭澄[illegible]貌實必存之於信也而不能必見信信言
不苟而合於道庸主惑於衆邪豈信則君子之言乎言不以見信也君子非人者不
出之於辭而施之於行言君子但為善將以攻惡善不自是惡不非人施之

於行不顯之於言說也故非非者行是言是非於人是所同也非於人者人亦非

之君子將非於人終不以非非人自行是道以諭彼之非惡惡者行善善惡在身是所

共也君子務善以攻惡不以惡惡於人所以彰惡於行善道也而道諭矣謀事必忠出言

必信行善以攻惡顯是而明非不苟求所以知而道德自明也

大道文王問第八夫道者覆天地廓四方斥八極高而無際深不

可測綿六合橫四維不可以言象盡不可以指示說應無間之迹終政教之端

包萬物之形彰三光之外為而不有行而不見有道之王動而同之妙用無窮

故謂之大文王因用無窮故謂之大師問道可為永則因以名篇也

政曰昔者文王問於鬻子昔者言往日也雖臨馭億兆而不獨專從師問

道以政術之門曰敢問人有大忘乎尊師道故曰敢問文王思存大道以終政事心迹在於經遠所以先問於大忘也對曰有鬻子前答文王言有大忘也文王曰敢問大忘柰何鬻子前不即以指答者故引成文王之問文王欲然終大忘之理故曰其事柰何矣鬻子曰知其身之惡而不改也以賊其身乃喪其軀過則勿憚改終日不為惡惡去於身也豈但墨面髡髮是為形餘刑故其蚩尤見誅四凶就戮夏癸絕祀商辛覆宗身害軀破家失國其行如此是為大忘也賊其行如此是謂之大忘終成所答之事

貴道五帝三王周政乙第五夫為政以德必貴於道為化國之福焉當文王之時而通稱三王者據近以及遠明道以同也周者合也

（備也言五帝三王貴道其政能合若一也而無所不備也）

昔之帝王（昔者在昔貴道德之帝王稱昔者以遠諭近爲之勸也）所以爲明者以其吏也（言帝王而有聖明之稱者皆委賢吏使在顯職故道化興而萬國寧明聖不獨運也）昔之君子其所以爲功者以其民也（人惟邦本得衆斯昌建極乘時必資兆庶人皆效力以成其功也）力生於神（王者有國必先靈祐皇天上帝社稷山川神迹玄符無不來會成湯降神受夏大命武王夢神遂大戡殷夫冥運兩儀鼓動萬物豈有使之然哉莫不人化於自然玄應而義用造之非我理自相符故曰力生於神者也）而功最於吏（王者度政施令而不自爲必屬賢能以任使之故天下和平人知所保此賢吏善最功也）之福歸於君（俊德在官盡心竭力人敦其道俗順其教上下相親而德交歸

爲國土平康而為君之福者也

昔者五帝之治天下也

五帝謂黃帝顓頊高辛唐虞也

其道昭昭若日月之明然若以晝代夜然

日月運明明不私然必須幽顯始終不息故昭昭然所不舍也夫聖人與天地合德日月齊明道大不淪可以崇遠也

故其道首首然萬世為福萬世為教者唯從黃帝以下舜禹以上而已矣

首者始也言五帝之道常為萬代之始後之不能加也夫黃帝始垂衣裳造書契置史官為舟楫以濟不通服牛乘馬立棟宇重門擊柝以待暴客為杵臼以利萬姓作弧矢以威天下造律管興封禪顓頊平九黎之亂人神不雜萬物有序高辛氏作鞀鞞鍾鼓荒唐帝堯茅茨不剪土階三尺夏日葛衣冬日鹿裘蕩蕩乎人無能名焉巍巍乎其有成功也帝舜少而至孝堯聞聰明而用之舜乃舉禹為司空以平水土棄為后稷以播百

導

殺禼爲司徒以教百姓皐陶爲士師以理獄訟垂爲共工以典衆作茜作朕虞以育草木伯夷爲秩宗以典三禮夔爲樂正以和神人舜彈五絃之琴歌南風之詩夏禹斷風沐雨冠履不顧敷九土乘四載鑿龍門闢伊闕道百川建萬國微禹之功人皆魚矣帝王之功莫此爲盛故百代不易爲福爲教也

君王欲緣五帝之道而不失則可以長久言君王但因循五帝之道而常行用無所爲替則可以長保宗廟社稷以爲人始也

守道五帝三王周政甲第四執大象而天下往明道不往則道不可暫離所也

聖人在上賢士百里而有一人則猶無有也言聖王在上化被蒼生德周萬物雖百里而有一賢士以王聖道廣宣賢迹不見其賢雖多則若無有也

道衰微暴亂在上賢士千里而有一人則猶比肩也王道衰微暴亂政人皆思德雖千里有一賢士其若比肩言賢人不可得也

撰吏五帝三王傳政乙第三帝王所以安國家行政教其在良吏守言必博廣以取也

政曰民者賢不肖之杖也賢不肖皆具焉賢者德行之名不肖者頑嚚之謂民賢與不肖見於行此二者同出於性而異名皆杖於最靈各有定分矣天下之廣黎庶之衆賢與不肖自皆具焉故賢人得焉不肖人休焉言賢者不自求進而材爲時須王者必任賢人所以得也不肖者非自求退而行無所取不登政事是以休廢也杖能側焉有過人之智必矜其能恃能矜智必違道輕躁所至危僻故曰杖能側焉

忠信飾焉懷盡忠之節必脩於道脩身貴真履行務實由於正路禮義仁信以文飾其身也
故曰忠信飾焉民者積愚也寔然無知愚之謂也雖愚明主撰吏焉
必使民興焉言明主推心於人以取良吏而不獨任也士民與之明上
舉之得於衆心善於政事上所以舉用之也士民若之明上去之若如
人者賢愚之間政既不與所以示去之也故王者取吏不忘必使民唱
然後和人主總羣議以觀衆知明以探風聲察於下言以求得失取賢人以宣政化推巳取
賢唯聖者能之民者吏之程也程法式也知之在下是故取吏之法式察之於衆庶
人者若之也察吏於民然後隨人與之主舉之人若政之主去之此隨之也
曰民者至卑也極卑下也而使之取吏焉必取所愛聖主

不違人以獨用也故十人愛之則十人之吏也百人愛之則百人之吏也千人愛之則千人之吏也萬人愛之則萬人之吏也自此已上皆言人之情好之德行各有所愛樂之多以殊別也

故萬人之吏撰卿相矣人愛之多則必堪為政事赫赫師尹民具爾瞻主之所拔不可失賢也卿相者諸侯之丞也卿相者人主之杖故為諸侯之丞也

故封侯之士秩出焉賢者得之列土封疆得卿相自家臣故曰秩出焉者侯之本也政之興亡在於卿相得賢者和輯失賢者離散故為侯之職在卿相也

華州鄭縣尉逢行珪註

曲阜魯周公政甲第十四 曲阜之地方七百里以昊之墟是魯周公所封之邑以周公禆益政禮故稱之以為篇耳

政曰昔者魯周公曰吾聞之於政也 以稱周公之言明政者也

知善不行者謂之狂 善者體道懷德也人主行善於上百姓變善於下堯之日比屋可封知善道之為善而不行用者是狂悖之人也

知惡不改者謂之惑 惡者賊以喪軀人主為惡於上則百姓為惡而不悛者是昏惑

夫狂與惑者聖王之戒也 知善而不行知惡而不改必至狂惑者此聖王之明戒也

道符五帝三王傳政甲第二夫開國崇基必先於道遵

既符合無往不貞影響相同自然合應甲者先於一也

不肖者不自謂不肖也肖者類也言不類不似也自知賢不肖是為明也不似之人豈自稱哉言不知也而不肖見於行丹朱傲虐無捨晝夜傾頗肆惡曾無休息此則見於外不以隱微著也雖自謂賢人猶謂之不肖也不肖者豈自謂不肖哉以賢者視之不肖之迹見矣雖以彼賢以自賢人豈以為賢乎愚者不自謂愚而愚見於言昧道不德之人豈自稱其愚蒙哉而愚迹見於辭說也雖自謂智人猶謂之愚愚者豈自以為愚哉以智視之愚迹見矣雖以彼智以自智人豈以為智

數始五帝治天下第七（言帝者年數之始以記其佐帝及升位之年數也天下者豈可妄理哉亦由積德累業以有之也言五帝之道相緣為政故同稱之也）

昔者帝顓頊（黃帝正妃曰嫘祖生昌意昌意生顓頊為高陽氏在位七十八年）年十五而佐黃帝（軒轅氏少典次子父曰帝鴻氏母曰附寶見大電光繞北斗樞星照野感而孕二十五月生以土德王故曰黃帝在位百年顓頊自幼年以翼佐黃帝也）二十而治天下（升為天子也）其治天下也上緣黃帝之道而行之（因循黃帝之道而行其政令不改革也）學黃帝之道而常之（化迹不及所以效也效其通道而常用之）昔者帝嚳（黃帝正妃生玄囂玄囂之子生帝嚳德日新故

曰高辛在位七十年矣年十五而佐帝顓頊，三十而治天下。佐顓頊以理天下三十而升為帝也其治天下也，上緣黃帝之道而明之，言德稍下不能盡行黃帝之道但明之而已矣學帝顓頊之道而行之。政教所為效顓頊而行其言不能常習之也

禹政第六

伯禹夏后氏言禹功錫玄圭德諧元始任賢立政以致太平可為法則故以名篇矣

禹之治天下也，黃帝玄孫祖顓頊姓姒名文命字高密在位九年受禪成功曰禹受舜禪以臨天下得皋陶，得杜子業，得既子，得施子黯，得季子寗，得然子堪，得輕子玉，此以上七大夫之姓名也得七大夫

以佐其身以治天下以天下治言帝王獨治天下雖則聖德皆俟賢佐以輔之故得天下人安也

湯政天下至紂第七言成湯放無道之桀以統萬機而理天下一得賢大夫贊佐而致太平至紂皆咸以失國故終始書之以名篇

湯之治天下也湯姓子名履字天乙除虐去殘曰湯征葛伯放桀順取天下以理也得慶誧伊尹湟里且東門虛南門蜧西門疵北門側伊尹有莘氏媵臣以為相東門等並姓名也得七大夫佐以治天下而天下治湯七大夫皆有賢行升救弼諧故得天下咸乂也二十七世自湯至紂父子兄弟相承二十七代也積歲五百七十六歲至紂夏曰歲此除即

佑之年也

上禹歌第六以五聲聽政克勤于邦可以為上也

禹之治天下也以五聲聽九重幽深下言難進所欲百姓反斥救之事故懸置五聲於之以聽政也門懸鍾鼓鐸磬懸之於簨簴也而置鞀置於地也以得四海之士四海之士有進於言者必造五聲以俾聲傳聞也為銘於簨簴懸樂器之具刻銘於其上也曰教寡人以道者擊鼓鼓以動物故動合於道也教寡人以義者擊鍾鍾金聲也以合於義故教義者擊鍾也教寡人以事者振鐸鐸金鈴木舌也所以事務有可行為所欲言者以振鐸也語寡人以憂者擊磬憂者聲悲磬聲消燥而近於悲故憂而擊磬也語寡

人以獄訟者揮鞀此之謂五聲（獄訟之事務於疾速故揮鞀以陳之此以上並刻銘於簨簴之文也）是以禹嘗據一饋而七十起日中而不暇飽食（急於政事無暇安於一食所以示接士之急也）曰吾猶恐四海之士留於道路（常行之處非所宜憂也）是以四海之士皆至（事必得道必合上下應會無不至也）是以禹當朝廷間也可以羅爵（不暇飽食聽政不疲朝廷閒靜然後無事也）

道符五帝三王傳政甲第五（夫君子將入其職旭旭然如日初出入照照然人保其福既去脂暗然人失其教此得政與符合之謂也）

夫國者卿相世賢者有之（有國則有卿相賢德者卿相之具人與之王用）

之不賢者豈能用之哉有國無國智者治之夫有國者豈自寧豈自亂也所以安者智謀之力也智者非一日之志積功累業行道不倦以成其志治者非一日之謀謀者心思也樹德以為尚寬重道脩政作教以至誠平之咨謀非一日之所能致也治志治謀在於帝王然後民知所保夫君上有道化行於下遠近慕義四境無虞百姓淳和盜賊屏息故人知所安也而知所避富貴貧賤不相犯仁義禮則由其門無違政教下民為福福是知所避也發教施令為天下福者謂之道先之以傳愛陳之以德義先之以敬讓道之以禮樂不奪人時不干人利故得禍亂不作為福之道此之謂歟上下相親謂之和至德以教之要道以治之上下同心是謂知矣民不求而得所欲謂之信日出而作日沒而息不勞

於事不苦煩苛甘其食安其居樂其業此豈外求之哉上有行道之君是所致者可謂之大信矣

除去天下之害謂之仁兼愛萬物慈惻外施至若成湯征葛伯放桀保南巢夏禹之別尊山川置立州國故得天下免暴亂百姓宅其所居仁遠乎哉斯仁至也於仁與信和與道帝王之器此四者帝王有天下之器所以樂推也苟有違之而天下離叛非其所有也凡萬物皆有器所用利之是以為器而違其用豈得其器哉故欲有為不行其器者雖欲有為不成惟名與器不可假人其所營為必以其器用得其器也故和之不行其器於利遠矣豈有成哉諸侯之欲王者亦然不用帝王之器者不成言天下之大神器之重非其王者難以處之王氣而來可以宰割必行仁與信和與道然後可招懷萬姓奄有四維西伯以敬讓興邦南

陽以仁道得政非其人也豈妄成之哉

湯政湯治天下理第七

天地設而萬物生陰陽化而四時宬

分別統理為政之方極於始終可成法則也

天地闢而萬物生乾其靜也專一其動也正直坤其靜也翕斂其動也闢闢是以廣大而生萬物也萬物生而人為政焉政也者所以正於天地也言天地生萬物不能相使不能相制須人以為政以正之無其政也則萬物不理也無不能生而無殺也言天地能生而不能無殺唯天地之所以殺人不能生天之能生唯天殺之可也夫唯天殺之人豈生之哉是不能生之也人化而為善萬物之中人其為貴化而為善理亦天常也獸化而為惡稟氣以生不有知飾非人之類

豈不惡哉人而不善者謂之獸人化而為善是為天常今為不善者與彼飛虛蹠實亦何以異矣

有天然後有地天在於上地在於下先天後地理亦自然有地然後有別三才克定萬物區別有別然後有義夫婦之義者君臣之義彰也有義然後有教百官立政教行父子存家設教所以效達於上也有教然後有道教迹既彰約之以道尚亦其道物無以安有道然後有理事名各立而理自存有理然後有數名理既彰以統之矣夫數以一終十乃至千萬九九之數天之度亦數之義也

運日有冥有旦有晝有夜然後以為數天有三百六十度一日一度三百六十日一周天一日之中晝夜百刻以定之為數也

月一盈一虧月合月離以數紀一歲之中有十二月一月有虧有盈

日月或合於次或離於次終於一歲日窮於次月
窮於紀星廻于天數將幾終此則日月星辰運行
至十二月皆周帀於
故處紀猶會者也
四者皆陳以為數治春夏秋
冬各統
於一歲之日月也此以
上為政之道當法則也
政者衛也始終之謂衛政
者
正也所以正理天下以為之天
周衛始化之終安之無得之也

慎誅魯周公第六刑法有倫宜於時政好
生之德理適典章故明
聖之資輔成周室誠勸之道可得稱言
國之大經在於賞罰二者或替將何訓
為可為政先故
紀之為篇目矣

昔者此昔者往
日之辭也
魯周公使康叔往守於殷康叔周
公母弟
也衛三監之地殷人
叛故使賢母弟王也
數戒之曰與殺不辜寧失有

罪人命所懸理須詳正夫刑或濫其何則爲故不可輕殺不辜寧可失於有罪此亦寬仁之道也

無有無罪而見誅罰而不明雖刑不禁言罰不施於有罪也無有有功而不賞賞而不明雖賞不勸言賞必加於有功也戒之封重稱戒者所以示於殷勤名也

封康叔誅賞之慎焉賞之重國之柄也怒而加誅未必當罪喜而行賞不必當功且賞僭懼及於淫誅濫則懼及於善賞得其功則賢人以勸罰得其辜則姦人以息此不可不審慎之

鬻子卷下

鬻子一卷

唐·逢行珪注

明萬曆四年至五年(1576—1577)南京國子監刊《子彙》本

鬻子序

鬻子名熊楚人周文王之師也年九十見文王王曰老矣鬻子曰使臣捕獸逐麋已老矣使臣坐策國事尚少也文王師之著書二十二篇名曰鬻子子者男子稱賢不逮聖不以爲經用題紀標子因據劉氏九道流也遭秦暴亂書記畧盡鬻子雖不預焚燒此殘缺依漢書藝文志雖有六篇今此校乃有十四篇未詳孰是篇或錯亂文多遺闕至敷演大道銓撰闡域中之教化論刑德之是非雖卷軸不見然鄧林之枝荆山之玉君子餘文可得

懷道德善謀政事故使周文屈節大聖諮詢情存帝王
之道辭多斥救之要理致通遠旨趣恢弘實先達之輿
言爲諸子之首唱織組仁義經緯家邦垂勸誡之風陳
弘濟之術王者覽之可以理國吏者遵之可以從政足
使賢者勵志不肖者滌心語曰詩三百一言以蔽之曰
思無邪言而不朽可爲龜鏡鬻子論道無邪之詳[illegible]章
以休務之隙披閱子史而書籍實繁不能精備[illegible]於[illegible]也
子頗復留心尋其立跡之端探其闡教之旨[illegible][illegible][illegible]言
迂恢馳術飛辯者矣亦乃字垂千金辭高萬歲聊序注
觧畧起指歸馳心於萬古之上寄懷於千載之下庶垂

道凡志懸諸日月將來君子幸無忽焉

進鬻子表

臣行珪言臣聞結繩以往書䟽茂然文字之初教義斯起記言之史設褒貶之跡聿興書事之官置勸誡之門由啓於是國版稠疊謨訓聯彰唱讚之道以弘闡揚之理玆暢德業彌綸英華日新雕琢性情振其徽烈逮乎周文作聖鬻子稱賢意合道同寔申師傅鬻子以文王降巳大啓心期明宣布政之方廣立輔成之策足使萬機留想一代咸休稽古有宗發明耳目尋其著述之旨探其斥救之辭莫不原道心以裁章研神聖而啓沃彌

綸奧訓經緯區中不徒讚説微言務於遺翰而已鬻熊爲諸子之首文王則聖德之宗熊既文王之師書乃政教之體雖篇軸殘缺提舉猶備紀綱譬彼盤盂發揚有愈臣家傳儒素積習忠良覩明主奉師之蹤覽賢者盡義之道循環徵究妙極機神敢率至愚爲之注解研覃析理以叙私情剪截浮辭用申狂瞽伏惟陛下則天垂訓越極宣風稽太上之至和興帝王之炯誡股肱諒直獻替無疑大舉賢良寧濟區宇四海革面八表宅心務本脩文垂拱無事臣以草萊卑賤識度庸淺荷堯沐舜擊壤謳歌周於政教之端屬聽太平之詠志存綴輯以

述矢言簡牘難周辭意斯拙謹以繕寫奉獻闕庭庶日

月昭明布餘暉於瀰隙時雨咸洎灑餘潤於纖枯望希

塵露之資豈議沉舟之楫天威咫尺神魄震驚謹上表

以聞伏聽慈旨謹言永徽四年十一月二十六日華州

鄭縣尉臣逢行珪上

按漢志鬻子二十二篇列之道家別出小說十九篇今小說亡逸而二十二篇者止存十四篇唐逢行珪所獻也熊爲周師自文王以下問焉不知何以名道家又世傳熊九十餘始遇文王而書乃載三監曲阜事篇目次第皆錯亂不可曉蓋殘闕書也第篇中所載大忘狂惑與夫禹政道符者悉簡奧不類後世語鄧林一枝斯可珍矣賈傳大政篇多載之別有對三王問政或即二十二篇之遺也劉勰云鬻熊知道而文王咨詢諸子肇始莫先於斯今取以冠儒家逢註甚疎蔓存而弗刪者備考也丁丑夏日潛菴子志

鬻子　　儒家一

華州鄭縣尉逢行珪註

撰吏五帝三王傳政乙第五（撰具也吏者爲政之具也又撰博也言王者布政施令其在博求於良吏也賢者舉之不賢者不預言五帝三王政道可以百代傳行者乙次於甲以此明政之次也）

政曰（政者法教也此明帝王之政事以爲法教可稱也）君子不與人謀之則已矣（言君子脩於內理於外端其形正其影體貞德之要守沖妙之機言出以成教方謀事必爲法則苟於政而不預豈妄爲之哉所以止也）若與人謀之則非道無由也（君子不與人謀則已矣若與人謀務存大道而言之不以違道飾非不以苟命求正由用也）故君子之謀能必用道（君子終日言而不離體要謀於政事而咸由於道故同於道者道亦得之非道詭言君子不用也）

而不能必見受衆目視於僞不留視於眞衆心耀於名不能察於實夫庸主必惑於衆豈能受於道教哉故君子之道不必見納也能必忠盡心論道而必竭忠盡道言不邪譎也而不能必入盡忠論道聖君必納庸主所難故有道之君上下親愛忠讜進用智術無隱以石投水何齟齬哉而不明之主君臣疏忌小人侍側端正棄遺諂佞是親忠信不用掩目而視豈不惑歟必忠言之不入能必信言君子不苟合不妄言正色端辭澄清眞實必存之於信也而不能必見信信言不美而合於道庸主惑於衆邪豈信用君子之言乎言不以見信也君子非人者不出之於辭而施之於行言君子但爲善將以攻惡善不自是惡不非人施之於行不顯之於言說也故非非者行是言是非於人是所同也非於人者人亦非之君子將非於人終不以非非人自行是道以論彼之非惡惡者行善善惡在身是所共也君子務善以攻惡不以惡惡於人所以彰惡於行善道也而道諭矣謀事必忠出口必信行善以攻惡顯是而明非不苟求所以知而道德自

明也

大道文王問第八夫道者覆天地廓四方柝八極高而無際深不可測綿六合橫四維不可以言象盡不可以指示說應無間之跡終政教之端包萬物之形彰三光之外爲而不有行而不見有道之王動而同之妙用無窮故謂之大文王因用無窮故謂之大師問道可爲永則因以名篇也

政曰昔者文王問於鬻子昔者言往日也雖臨馭億兆而不獨專從師問道以政術之門曰敢問人有大忘乎尊師道故曰敢問文王思存大道以終政事心跡在於經遠所以先問於大忘也對曰有鬻子前答文王言有大忘也文王曰敢問大忘奈何鬻子前不即以指答者故引戚文王之問文王欲熊終大忘之理故曰其事柰何矣鬻子曰知其身之惡而不改也以賊其身乃喪其軀過則勿憚改終日不爲惡

惡去於身也豈但墨面髠髮是爲形餘哉故其蚩尤見誅四凶就戮夏癸絶祀商辛覆宗賊身害軀破家失國其行如此是爲大忘也

其行如此是謂之大忘終成所答之事

貴道五帝三王周政乙第五大爲政以德必貴於道爲化國之福焉當文王之時而通稱三王者據近以及遠明道以同也周者合也備也言五帝三王貴道其政能合若一也而無所不備也

昔之帝王昔者在昔貴道德之帝王稱昔者以遠喻近爲之勸也所以爲明者以其吏也言帝王而有聖明之稱者皆委賢吏使在顯職故道化興而爲國寧明聖不獨運也

昔之君子其所以爲功者以其民也人惟邦本得衆斯昌建極衆時必資兆庶人皆效力以成其功也

力生於神王者有國必兆靈祐皇天上帝社稷山川神跡玄符無不來會成湯降神受夏大命武王夢神遂大戡殷夫冥運兩儀鼓動萬物豈有使之然哉莫不大化於自然玄應而義周造

之非我理自相符故曰力生於袝者也而功最於吏王者度政施令而不自爲必屬賢能以任使之故天下和平人知所保此賢吏善最之功也福歸於君俊德在官盡心竭力人敦其道俗順其教上下相親而德交歸焉國土平康而爲君之福者也昔者五帝之治天下也五帝謂黃帝顓頊高辛唐虞也其道昭昭若日月之明然若以晝代夜然日月運明明不私照必須幽顯始終不息故昭昭然所不舍也夫聖人與天地合德日月齊明道大不渝可以崇遠也故其道首首然萬世爲福萬世爲教者唯從黃帝以下舜禹以上而已矣首者始也言五帝之道常爲萬代之始後之不能加也夫黃帝始垂衣裳造書契置史官爲舟楫以濟不通服牛乘馬立棟宇重門擊析以待暴客爲杵臼以利萬姓作孤矢以威天下造律管興封禪顓頊平九黎之亂人神不雜萬物有序高辛氏作鞀鞞鐘鼓莞席帝堯茅茨不剪土階三尺夏日葛衣冬日鹿裘蕩蕩乎人無能名焉巍巍乎其有成功也帝舜少而至孝堯聞聰明而用之舜乃

舉禹爲司空以平水土棄爲后稷以播百穀卨爲司徒以教百姓皐陶爲士師以理獄訟垂爲共工以典衆作益作朕虞以育草木伯夷爲秩宗以典三禮夔爲樂正以和神人舜彈五絃之琴歌南風之詩夏禹櫛風沐雨冠履不顧敷九土乘四載鑿龍門闢伊闕道百川建萬國微禹之功人皆魚矣帝王之功莫此爲盛故百代不易爲福爲教也君王欲緣五帝之道而不失則可以長久言君王但因循五帝之道而常行用無所爲替則可以長保宗廟社稷以爲人始也

守道五帝三王周政甲第四執大象而天下往明道不往則道不可暫離所也

聖人在上賢士百里而有一人則猶無有也言聖王在上化被蒼生德周萬物雖百里而有一賢士以聖道廣宣賢跡不見其賢雖多則若無有也王道衰微暴亂在上賢士千里而有一人則猶比肩也王道衰微暴虐亂政人皆

思德踔千里有一賢士其若此肩言賢人不可得也

撰吏五帝三王傳政乙第三

帝王所以安國家行政務其在良吏

予言必博廣以取也

政曰民者賢不肖之材也賢不肖皆具焉賢者德行之名不肖者頑嚚之謂夫賢與不肖見於行此二者同出於性而異名皆材於最靈各有定分矣天下之廣黎庶之衆賢與不肖自皆具焉故賢人得焉不肖人休焉言賢者不自求進而材爲時須王者必任賢人所以得也不肖者非自求退而行無所所取不登政事是以休廢也材能側焉有過人之智必矜其能恃能矜智必違道輕躁所至危辟故曰材能側焉忠信飾焉懷盡忠之節必脩於道脩身貴眞履行務實由於正路禮義仁信以文飾其身也故曰忠信飾焉民者積愚也宜然無知愚之謂也雖愚明主選吏焉必使民興焉言明主推心於人以取良吏而不獨任也

士民與之明上舉之（得於衆心善於政事上所以舉用之也）士民苦之明上去之（若如人者賢愚之間政既不與所以斥去之也）故王者取吏不忘必使民唱然後和（人主總群謀以觀衆知明以採風聲察於下言以求得失取賢人以宣政化推己取賢唯聖者能之）民者吏之程也（程法式也知之在下是故取吏之法式察之於衆庶人者若之也）察吏於民然後隨（人與之主舉之人若之主去之此隨之也）政曰民者至卑也（極卑下也）而使之取吏焉必取所愛（聖主不違人以獨用也）故十人愛之則十人之吏也百人愛之則百人之吏也千人愛之則千人之吏也萬人愛之則萬人之吏也（自此已上皆言人之情好之德行各有所愛樂之多少殊別也）故萬人之吏選卿相矣（人愛之多則必堪爲政事赫赫師尹民具爾瞻主之所拔不可失賢也）卿相者諸侯之丞也（卿相者人

主之秩故爲諸侯之丞也故封侯之土秩出焉賢者得之列土封彊得自家臣故曰秩出焉卿相君侯之本也政之興亡在於卿相得賢者和輯失賢者離散故爲侯之職在卿相也

曲阜魯周公政甲第十四曲阜之地方七百里少昊之墟是魯周公所封之邑以周公裨益政禮故稱之以爲篇耳

政曰昔者魯周公曰吾聞之於政也稱周公之言以明政者也知善不行者謂之狂善者體道懷德也人主行善於上百姓變善於下堯之日比屋可封知善道之爲善而不行用者是狂悖之人也知惡不改者謂之惑惡者賊以喪軀人主爲惡於上則百姓爲惡而不悛者是昏惑夫狂與惑者聖王之戒也知善而不行知惡而不改必至狂惑者此聖王之明戒也

道符五帝三王傳政甲第二

夫開國崇基必先於道道既符合無往不貞影響相同自然合應甲者先於一也

不肖者不自謂不肖也

肖者類也言不類不似也自知賢不肖是爲明也不似之人豈自稱哉言不知也

而不肖見於行

丹朱傲虐無捨晝夜額額肆惡嘗無休息此則見於外不以隱微者也

雖自謂賢人猶謂之不肖也

不肖者豈自謂不肖哉以賢者視之不肖之跡見矣雖以彼賢以自賢人豈以爲賢乎

愚者不自謂愚而愚見於言

昧道不德之人豈自稱其愚蒙哉而愚跡見於辭說也

雖自謂智人猶謂之愚

愚者豈自以爲愚哉以智視之愚跡見矣雖以彼智以自智人豈以爲智

數始五帝治天下第七

言帝者年數之始以記其位帝及升位之年數也天下者豈可妄理哉亦由積德累業以有之也言五帝之道相緣爲政故同稱之也

昔者帝顓頊黃帝正妃曰嫘祖生昌意昌意生年十五而佐黃帝軒轅氏以典次子父曰帝鴻氏母曰附寶見大電光繞北斗樞星照野感而孕二十五月生以土德王故曰黃帝在位百年顓頊自幼年以翼佐黃帝也二十而治天下升爲天子也其治天下也上緣黃帝之道而行之因脩黃帝之道而行其政令不改革也學黃帝之道而常之化跡不及所以效也效其通道而常見之昔者帝嚳黃帝正妃生玄囂玄囂之子生帝嚳德日新故曰高辛在位七十年矣年十五而佐帝顓頊三十而治天下佐顓頊以理天下三十而升爲帝也其治天下也上緣黃帝之道而明之言德稍下不能盡行黃帝之道但明之而已矣學帝顓頊之道而行之政教所爲效顓頊而行其言不能常習之也

禹政第六伯禹夏后氏言禹功錫玄圭德諸元始任賢立政以致太平可爲法則故

以名篇矣

禹之治天下也黃帝玄孫祖顓頊姓姒名文命字高密在位九年受禪成功曰禹受舜禪以臨天下得臯陶得杜子業得既子得施子黯得季子甯得然子堪得輕子玉此以上七大夫之姓名也得七大夫以佐其身以治天下以天下治言帝王獨治天下雖則聖德皆俟賢佐以輔之故得天下人安也

湯政天下至紂第七言成湯放無道之桀以統萬機而理天下得賢大夫贊佐而致太平至紂昏惑以失國故終始書之以名篇

湯之治天下也湯姓子名履字天乙除虐去殘曰湯征葛伯放桀順取天下以理也得慶誧伊尹湟里且東門虛南門蝡西門疵北門側伊尹有莘氏媵臣以爲相東門等並姓名也得七大夫佐以治天下而天下治七大夫皆

有賢行斥救弼諧故得天下咸乂也二十七世自湯至紂父子兄弟相承二十七代也積歲五百七十六歲至紂夏曰歲此除即位之年也

上禹政第六以五聲聽政克勤于邦可以爲上也

禹之治天下也以五聲聽凡事幽深下言難進所欲言姓反斥救之事故懸置五聲招之以聽政也門懸鐘鼓鐸磬懸之於簨簴也而置鞀置於地也以得四海之士四海之士有進於言者必造五聲以揮擊傳聞也爲銘於簨簴懸樂器之具刻銘於其也上曰教寡人以道者擊鼓鼓以動物故動合於道也教寡人以義者擊鐘鐘金聲也以合於義故教義者擊鐘也教寡人以事者振鐸鐸金鈴木舌也所以事務有可行爲所欲言者以振鐸也語寡人以憂者擊磬憂者聲悲磬聲消燥而近於悲故憂而擊磬也語寡人以獄訟者揮鞀此之謂五聲獄訟之事

務於疾速故擇鞀以陳之此以上並刻銘於簨簴之文也是以禹嘗據一饋而七十起日中而不暇飽食食急於政事無暇安於一食所以示擾士之急也曰吾猶恐四海之士留於道路常行之處非所宜憂也是以四海之士皆至事必得道必合上下應會無不至也是以禹嘗朝廷間也可以羅爵不暇飽食聽政不疲朝廷閒靜然後無事也

道符五帝三王傳政甲第五夫君子將入其職旭旭然如日初出入昭昭然人保其福既去暗暗然人失其教此得政典符合之謂也

夫國者卿相世賢者有之有國則有卿相賢德者卿相之具人與之王用之不賢者豈能用之哉有國無國智者治之夫有國者豈自寧豈自亂也所以安者智謀之力也智者非一日之志積功累業行道不倦以成其志治者非一日之謀謀者

心思也樹德以爲尚寬重道脩政作教以至誠平之咨謀非一日之所能致也治志治謀在於

帝王然後民知所保夫君上有道化行於下遠近慕義四境無虞百姓淳和盜賊屏息故人知所安也而知所避富貴貧賤不相犯仁義禮智由其門無違政教下民爲福是知所避也

發教施令爲天下福者謂之道先之以博愛陳之以德義先之以敬讓道之以禮樂不奪人時不干人利故得禍亂不作爲福之道此之謂歟上下相親謂之和至德以教之要道以治之上下同心是謂和矣民不求而得所欲謂之信日出而作日沒而息不勞於事不苦煩苛甘其食安其居樂其業此豈外求之哉上有行道之君是所致者可謂之大信矣除

去天下之害謂之仁兼愛萬物慈惻外施至若成湯征葛伯放桀於南巢夏禹之別導山川置立州國故得天下免於暴亂百姓宅其所居仁遠乎哉斯仁至也仁與信和與道帝

王之器此四者帝王有天下之器所以樂推也苟有違之而天下離叛非其所有也凡萬物

皆有器所用利之是以爲器而違其用豈得其器哉故欲有爲不行其器者雖欲有爲不成惟名與器不可假人其所營爲必以其器用得其器也故利之不行其器於利遠矣豈有成哉諸侯之欲王者亦然不用帝王之器者不成言天下之大神器之重非其王者難以處王之器而未可以宰制必行仁與信和與道然後可招懷萬姓奄有四維西伯以敬讓與邦南陽以仁道得政非其人也豈妄成之哉

湯政湯治天下理第七

天地設而萬物生陰陽化而四時定分別統理爲政之方極於始終可成法則也

天地闢而萬物生乾其靜也專一其動也正直坤其靜也翕斂其動也開闢是以廣大而生萬物也萬物生而人爲政焉政也者所以正於天地也言天地生萬物不能相使不能拒制須人以爲政以正之無其政也則萬物不理也無不能生而無殺也言天地能生而

不能無殺唯天地之所以殺人不能生天之能生雖天殺之可也夫唯天殺之人
豈生之哉是不能生之也人化而爲善萬物之中人其爲貴化而爲善理亦天常也獸化
而爲惡稟氣以生不有知識非人之類豈不惡哉人而不善者謂之獸人化而爲
善是爲天常令爲不善者與彼飛虍蹠實亦何以異矣有天然後有地天在於上地在於下
先天後地理亦自然有地然後有別三才克定萬物區別有別然後有義夫婦
之義著君臣之義彰也有義然後有教百官立政教行父子存家設教所以效達於上也
有教然後有道教跡既彰約之以道苟乖其道物無以安有道然後有理事名
各立而理自存有數然後有數名理既彰數統之矣夫數以一終十乃至千萬九九之數天之
運度亦數之義也日有冥有旦有晝有夜然後以爲數天有三百六十
度一日一度三百六十日一周天一月一盈一虧月合日之中晝夜百刻以定之[illegible]也

月離以數紀一歲之中有十二月一月或有虧有盈日月或合於次或離於次終於一歲日窮於次月窮於紀星廻於天數將幾終此則日月星辰運行至十二月皆周所於故處紀猶會者也四者宗
陳以爲數治春夏秋冬各統於一歲之日月也此以上爲政之道當法則也政者衛也
始終之謂衛政者正也所以正理天下以爲之天周備始化之終安之無得之也
慎誅魯周公第六刑法有倫宜於時政好生之德理適典章故明聖之資輔成周室誠勸之道可得稱言國之大經在於賞罰二者或替將何訓焉可爲政先故紀之爲篇目矣
一
昔者此昔者往日之辭也魯周公使康叔往守於殷康叔周公母弟也衛三監之地殷人數叛故使賢母弟王也戒之曰與殺不辜寧失有罪人命所懸理須詳正夫刑或濫其何則焉故不可輕殺不辜寧可失於有罪此亦寬仁之道也無有無罪而見

誅罰而不明雖刑不禁言罰不施於有罪也無有有功而不賞賞而不明雖賞不勸言賞必加於有功也戒之封重柄戒者所以示於殷勤封康叔名也誅賞之慎焉者國之柄也怒而加誅未必當罪喜而行賞不必當功且賞僭懼及於淫誅濫則懼及於善賞得其功則賢人以勸罰得其辜則姦人以息此不可不審慎之

鬻子終

鬻子

唐·逢行珪注　明·馮夢禎校

明萬曆五年（1577）刊《十八子全書》本

鬻子序

鬻子名熊楚人周文王之師也年九十見文王王曰老矣鬻子曰使臣捕獸逐麋已老矣使臣坐策國事尚少也文王師之著書二十二篇名曰鬻子子者男子之美稱賢不逮聖不以爲經用題紀標了因據劉氏九流即道流也遭秦暴亂書記畧盡鬻子雖不預焚燒編帙由此殘缺依漢書藝文志雖有六篇今此本乃有十四篇未詳孰是篇或錯亂文多遺闕至敷演大道銓撰明史闡域中之教化論刑德之是非雖卷軸不全而其門可見然鄧林之枝荆山之玉君子餘文可得觀矣鬻子博

懷道德善謀政事故使周文屈節大聖諮詢情存帝王
之道辭多斥救之要理致通遠旨趣恢弘實先達之奥
言爲諸子之首唱織組仁義經緯家邦垂勸誡之風陳
弘濟之術王者覽之可以理國吏者遵之可以從政足
使賢者勵志不肖者滌心語曰詩三百一言以蔽之曰
思無邪言而不朽可爲龜鏡鬻子論道無邪之謂歟幸
以休務之隙披閱子史而書籍實繁不能精備至於此
子頗復留心尋其立跡之端探其闡教之旨豈如寓言
迂恢馳術飛辯者矣亦乃字垂千金辭高萬歲聊爲注
解畧起指歸馳心於萬古之上寄懷於千載之下庶垂

道見志懸諸日月將來君子幸無忽焉

進鬻子表

臣行珪言臣聞結繩以往書䟽茂然文字之初教義斯起記言之史設褒貶之跡聿興書事之官置勸誡之門由啓於是國版稠疊謨訓昭彰唱讃之道以弘闡揚之理玆暢德業彌縟英華日新雕琢性情振其徽烈逮乎周文作聖鬻子稱賢意合道同寔申師傅鬻子以文王降巳大啓心期明宣布政之方廣立輔成之策足使萬機留想一代咸休稽古有宗發明耳目尋其著述之旨探其斥救之辭莫不原道心以裁章研神聖而啓沃彌

綸彝訓經緯區中不徒讚説微言務於遺輪而已鬻熊
爲諸子之首文王則聖德之宗熊既文王之師書乃政
教之體雖篇軸殘缺提舉猶備紀綱譬彼盤盂發揚有
愈臣家傳儒素積習忠良覩明主奉師之蹤覽賢者盡
義之道循環徵究妙極機神敢率至愚爲之注解研覃
析理以叙私情剪截浮辭用申狂瞽伏惟陛下則天垂
訓越極宣風稽太上之至和興帝王之炯誡股肱諒直
獻替無疑大舉賢良寧濟區宇四海華向八表宅心務
本脩文垂拱撫事臣以草萊卑賤識度庸淺荷堯沐舜
擊壤謳歌周於政教之端屬聽太平之詠志存綴輯以

述矢言簡牘雖周辭意斯拙謹以繕寫奉獻闕庭庶日
月昭明布餘暉於漏隙時雨咸洎灑餘潤於纖枯望希
塵露之資豈議沉舟之楫天威咫尺神魄震驚謹上表
以聞伏聽慈旨謹言永徽四年十一月二十六日華州
鄭縣尉臣逢行珪上

鬻子序

按漢志鬻子二十二篇列之道家別出小說十九篇今小說亡逸而二十二篇者止存十四篇唐逄行珪所獻也熊爲周師自文王以下問焉不知何以名道家又世傳熊九十餘始遇文王而書乃載三監曲阜事篇目次第皆錯亂不可曉蓋殘闕書也第篇中所載大忘狂惑與夫禹政道符者悉簡與不類後世語鄧林一枝斯可珍矣賈傳大政篇多載之別有對三王問政或即二十二篇之遺也劉勰云鬻熊知道而文王咨謀諸子肇始莫先於斯今取以冠儒家逄註些跡蔓存而芟削者備考也丁丑夏日潛菴子志

華州鄭縣尉逄行珪註

撰吏五帝三王傳政乙第五撰具也吏者爲政之具也又撰博也言王者布政施令其在博求於良吏也賢者舉之不賢者不預言五帝三王政道可以百代傳行者乙次於甲以此明政之次也

政曰政者法教也此明帝王之政事以爲法教可稱也君子不與人謀之則已矣言君子脩於內理於外端其形正其影體眞德之要守冲妙之機言出以成教方謀事必爲法則苟於政而不預豈妄爲之哉所以止也若與人謀之則非道無由也君子不與人謀則已矣若與人謀務存大道而言之不以違道飾非不以苟命求正由用也故君子之謀能必用道君子終日言而不離體要謀於政事而咸由於道故同於道者道亦得之非道之言君子不用也

而不能必見受眾目視於偽不留視於眞眾心耀於名不能察於實夫庸主必惑於眾豈能受
於道教哉故君子之道不必見納也能必忠盡心論道而必竭忠盡道言不邪譎也而不能
必入盡忠論道聖君必納庸主所難故有道之君上下親愛忠讜進用智術無隱以石投水何齟齬哉而
不明之主君臣疏忌小人侍側端正棄遺諂佞是親忠信不用掩目而視豈不惑歟必忠言之不入能必
信言君子不苟合不妄言正色端辭澄清眞實必存之於信也而不能必見信信言不美
而合於道庸主惑於眾邪豈信用君子之言乎言不以見信也君子非人者不出之於
辭而施之於行言君子但為善將以攻惡善不自是惡不非人施之於行不顯之於言說也
故非非者行是言是非於人是所同也非於人者人亦非之君子將非於人終不以非非人自
行是道以論彼之非惡惡者行善善惡在身是所共也君子務善以攻惡不以惡惡於人所以彰
惡於行善道也而道諭矣謀事必忠出口必信行善以攻惡顯是而明非不苟求所以知而道德自

明也

大道文王問第八

夫道者覆天地廓四方斥八極高而無際深不可測綿六合橫四維不可以言象盡不可以指示說應無間之跡終政教之端包萬物之形彰三光之外爲而不有行而不見有道之王動而同之妙用無窮故謂之大文王因用無窮故謂之大師問道可爲永則因以名篇也

政曰昔者文王問於鬻子昔者言往日也雖臨馭億兆而不獨專從師問道以政術之門曰敢問人有大忘乎尊師道故曰敢問文王思存大道以終政事心跡在於經遠所以先問於大忘也對曰有鬻子前答文王言有大忘也文王曰敢問大忘柰何鬻子前不即以指答者故引成文王之問文王欲熊終大忘之理故曰其事柰何矣鬻子曰知其身之惡而不改也以賊其身乃喪其軀過則勿憚改終日不爲惡

惡去於身也豈但墨面髡髮是爲形餘哉故其蚩尤見誅四凶就戮夏癸絶祀商辛覆宗賊身害軀破家失國其行如此是爲大忘也

其行如此是謂之大忘終成所答之事

貴道五帝三王周政乙第五夫爲政以德必貴於道爲化國之福焉當文王之時而通稱三王者據近以及遠明道以同也周者合也備也言五帝三王貴道其政能合若一也而無所不備也

昔之帝王昔者在昔貴道德之帝王稱昔者以遠喻近爲之勸也**所以爲明者以其吏也**言帝王而有聖明之稱者皆委賢吏使在顯職故道化興而萬國寧明聖不獨運也**昔之君子其所以爲功者以其民也**人惟邦本得衆斯昌建極乘時必資兆庶人皆效力以成其功也**力生於神**王者有國必先靈祐皇天上帝社稷山川神跡玄符無不來會成湯降神受夏大命武王夢神遂大戢殷夫冥運兩儀鼓動萬物豈有使之然哉莫不大化於自然玄應而義用造

之非我理自相符故曰力生於神者也而功最於吏王者度政施令而不自爲必屬賢能以任

使之故天下和平人知所併此賢吏善最之功也福歸於君俊德在官盡心竭力人敦其道俗順

其教上下相親而德交歸焉國上平康而爲君之福者也昔者五帝之治天下也五帝

謂黃帝顓頊高辛唐虞也其道昭昭若日月之明然若以晝代夜然日月運明明不私照必須幽顯始終不息故昭昭然所不舍也夫聖人與天地合德日月齊明道大不渝可以

崇遠也故其道首首然萬世爲福萬世爲教者唯從黃帝

以下舜禹以上而已矣首者始也言五帝之道常爲萬代之始後之不能加也夫黃帝

始垂衣裳造書契置史官爲舟楫以濟不通服牛乘馬

立棟宇重門擊柝以待暴客爲杵臼以利萬姓作弧矢

以威天下造律管興封禪顓頊平九黎之亂人神不雜

萬物有序高辛氏作鞀鞞鐘鼓莞席帝堯茅茨不剪土

階三尺夏日葛衣冬日鹿裘蕩蕩乎人無能名焉巍巍

乎其有成功也帝舜少而至孝堯聞聰明而用之舜乃

舉禹爲司空以平水土棄爲后稷以播百穀卨爲司徒
以教百姓臯陶爲士師以理獄訟垂爲共工以典衆作
益作朕虞以育草木伯夷爲秩宗以典三禮夔爲樂正
以和神人舜彈五絃之琴歌南風之詩夏禹櫛風沐雨
冠履不顧敷九土乘四載鑿龍門闢伊闕道百川建萬
國徵禹之功人皆魚矣帝王之功莫此爲盛故百代不
易爲福爲教也君王欲緣五帝之道而不失則可以長久言君王但
因循五帝之道而常行用無所爲替則可以長保宗廟社稷以爲人始也

守道五帝三王周政甲第四執大象而天下往明道不往則道不
可暫離所也

聖人在上賢士百里而有一人則猶無有也言聖王在上化被蒼
生德周萬物雖百里而有一賢士以聖道廣宣賢跡不見其賢雖多則若無有也王道衰微暴
亂在上賢士千里而有一人則猶比肩也王道衰微暴虐亂政人皆

思德雖千里有一賢士其若比肩言賢人不可得也

撰吏五帝三王傳政乙第三帝王所以安國家行政教其在良吏乎言必傳廣以取也

政曰民者賢不肖之杖也賢不肖皆具焉賢者德行之名不肖者頑嚚之謂夫賢與不肖見於行此二者同出於性而異名皆杖於最靈各有定分矣天下之廣黎庶之衆賢與不肖自皆具焉故賢人得焉不肖人休焉言賢者不自求進而材爲時須王者必任賢人所以得也不肖者非自求退而行無所取不登政事是以休廢也杖能側焉有過人之智必矜其能恃能矜智必違道輕躁所至危辟故曰杖能側焉忠信飾焉懷盡忠之節必脩於道脩身貴眞履行務實由於正路禮義仁信以文飾其身也故曰忠信飾焉民者積愚也寘然無知愚之謂也雖愚明主選吏焉必使民興焉言明主推心於人以取良吏而不獨任也

士民與之明上舉之得於衆心善於政事上所以舉用之也士民苦之明上去之若如人者賢愚之間政既不與所以斥去之也故王者取吏不忘必使民唱然後和人主總群謀以觀衆知明以採風聲察於下言以求得失取賢人以宣政化推已取賢唯聖者能之民者吏之程也程法式也知之在下是故取吏之法式察之於衆庶人者若之也察吏於民然後隨人與之主舉之人若之主去之此隨之也政曰民者至卑也極卑下也而使之取吏焉必取所愛聖主不違人以獨用也故十人愛之則十人之吏也百人愛之則百人之吏也千人愛之則千人之吏也萬人愛之則萬人之吏也自此已上皆言人之情好之德行各有所愛樂之多少殊别也故萬人之吏選卿相矣人愛之多則必堪為政事赫赫師尹民具爾瞻主之所抜不可失賢也卿相者諸侯之丞也卿相者人

主之杖故爲諸侯之丞也故封侯之土秩出焉賢者得之列土封彊得自家臣故曰秩出焉卿相君侯之本也政之興亡在於卿相得賢者和輯失賢者離散故爲侯之職在卿相也

曲阜魯周公政甲第十四

曲阜之地方七百里少昊之墟是魯周公所封之邑以周公裨益政禮故稱之以爲篇耳

政曰昔者魯周公曰吾聞之於政也稱周公之言以明政者也知善不行者謂之狂善者體道懷德也人主行善於上百姓變善於下堯之日比屋可封知善道之爲善而不行用者是狂悖之人也知惡不改者謂之惑惡者賊以喪軀人主爲惡於上則百姓爲惡而不悛者是昏惑夫狂與惑者聖王之戒也知善而不行知惡而不改必至狂惑者此聖王之明戒也

道符五帝三王傳政甲第二夫開國崇基必先於道道既符合無往不貞影響相同自然合應甲者先於一也

不肖者不自謂不肖也肖者類也言不類不似也自知賢不肖是爲明也不似之人豈自稱哉言不知也而不肖見於行丹朱傲虐無捨晝夜頟頟肆惡曾無休息此則見於外不以隱微者也雖自謂賢人猶謂之不肖也不肖者豈自謂不肖哉以賢者視之不肖之跡見矣雖以彼賢以自賢人豈以爲賢乎愚者不自謂愚而愚見於言昧道不德之人豈自稱其愚蒙哉而愚跡見於辭説也雖自謂智人猶謂之愚愚者豈自以爲愚哉以智視之愚跡見矣雖以彼智以自智人豈以爲智

數始五帝治天下第七言帝者年數之始以記其佐帝及升位之年數也天下者豈可妄理哉亦由積德累業以有之也言五帝之道相緣爲政故同稱之也

昔者帝顓頊黃帝正妃曰嫘祖生昌意昌意生顓頊爲高陽氏在位七十八年年十五而佐黃帝軒轅氏少典次子父曰帝鴻氏母曰附寶見大電光繞北斗樞星照野感而孕二十五月生以土德王故曰黃帝在位百年顓頊自幼年以翼佐黃帝也二十而治天下升爲天子也其治天下也上緣黃帝之道而行之因脩黃帝之道而行其政令不改革也學黃帝之道而常之化跡不及所以效也效其通道而常見之昔者帝嚳黃帝正妃生玄囂玄囂之子生帝嚳德日新故曰高辛在位七十年矣年十五而佐帝顓頊三十而治天下佐顓頊以理天下三十而升爲帝也其治天下也上緣黃帝之道而明之言德稍下不能盡行黃帝之道但明之而已矣學帝顓頊之道而行之政教所爲效顓頊而行其言不能常習之也

禹政第六伯禹夏后氏言禹功錫玄圭德諧元始任賢立政以致太平可爲法則故

以名篇矣

禹之治天下也黃帝玄孫祖顓頊姓姒名文命字高密在位九年受禪成功曰禹受舜禪以臨天下得皐陶得杜子業得既子得施子黯得季子甯得然子堪得輕子玉此以上七大夫之姓名也得七大夫以佐其身以治天下以天下治言帝王獨治天下雖則聖德皆俟賢佐以輔之故得天下人安也

湯政天下至紂第七言成湯放無道之桀以統萬機而理天下得賢大夫贊佐而致太平至紂昏惑以失國故終始書之以名篇

湯之治天下也湯湯姓子名履字天乙除虐去殘曰湯征葛伯放桀順取天下以理也得慶誧伊尹湟里且東門虛南門蝡西門疵北門側伊尹有莘氏媵臣以爲相東門等並姓名也得七大夫佐以治天下而天下治七大夫皆

有賢行斥救弼諧故得天下咸乂也二十七世自湯至紂父子兄弟相承二十七代也積歲

五百七十六歲至紂夏曰歲此除即位之年也

上禹政第六以五聲聽政克勤于邦可以爲上也

禹之治天下也以五聲聽九重幽深下言難進所欲百姓反斥救之事故懸置五聲招之以聽政也門懸鐘鼓鐸磬懸之於簨簴也而置鞀置於地也以得四海之士四海之士有進於言者必造五聲以揮擊傳聞也爲銘於簨簴懸樂器之具刻銘於其上也曰教寡人以道者擊鼓鼓以動物故動合於道也教寡人以義者擊鐘鐘金聲也以合於義故教義者擊鐘也教寡人以事者振鐸鐸金鈴木舌也所以事務有可行爲所欲言者以振鐸也語寡人以憂者擊磬憂者聲悲磬聲消燥而近於悲故憂而擊磬也語寡人以獄訟者揮鞀此之謂五聲獄訟之事

務於疾速故揮鞀以陳之此以上並刻銘於簨簴之文也是以禹嘗據一饋而七十起日中而不暇飽食急於政事無暇安於一食所以示接士之急也曰吾猶恐四海之士留於道路常行之處非所宜憂也是以四海之士皆至事必得道必合上下應會無不至也是以禹當朝廷間也可以羅爵不暇飽食聽政不疲朝廷間靜然後無事也

道符五帝三王傳政甲第五夫君子將入其職旭旭然如日初出入昭昭然人保其福既去暗暗然人失其教此得政典符合之謂也

夫國者卿相世賢者有之有國則有卿相賢德者卿相之具人與之王用之不賢者豈能用之哉有國無國智者治之也夫有國者豈自寧豈自亂所以安者智謀之力也智者非一日之志積功累業行道不倦以成其志治者非一日之謀謀者

心思也樹德以爲尚寬重道脩政作教以至誠平之咨謀非一日之所能致也治志治謀在於帝王然後民知所保夫君上有道化行於下遠近慕義四境無虞百姓淳和盜賊屏息故人知所安也而知所避富貴貧賤不相犯仁義禮智由其門無違政教下民爲福是知所避也發教施令爲天下福者謂之道先之以博愛陳之以德義先之以敬讓道之以禮樂不奪人時不干人利故得禍亂不作爲福之道此之謂歟上下相親謂之和至德以教之要道以治之上下同心是謂和矣民不求而得所欲謂之信日出而作日沒而息不勞於事不苦煩苛甘其食安其居樂其業此豈外求之哉上有行道之君是所致者可謂之大信矣除去天下之害謂之仁兼愛萬物慈惻外施至若成湯征葛伯放桀於南巢夏禹之別導山川置立州國故得天下免於暴亂百姓宅其所居仁遠乎哉斯仁至也仁與信和與道帝王之器此四者帝王有天下之器所以樂推也苟有違之而天下離叛非其所有也凡萬物

皆有器

所用利之是以爲器而違其用豈得其器哉

故欲有爲不行其器者雖欲有爲不成

惟名與器不可假人其所營爲必以其器用得其器也故利之不行其器於利遠矣豈有成哉

諸侯之欲王者亦然不用帝王之器者不成

言天下之大神器之重非其王者難以處王之器而未可以宰割必行仁與信和與道然後可招懷萬姓奄有四維西伯以敬讓興邦南陽以仁道得政非其人也豈妄成之哉

湯政湯治天下理第七

天地設而萬物生陰陽化而四時定分別統理

爲政之方極於始終可成法則也

天地闢而萬物生

乾其靜也專一其動也正直坤其靜也翕歛其動也開闢是以廣大而生萬物也

萬物生而人爲政焉

政也者所以正於天地也言天地生萬物不能相使不能指制須人以爲政以正之無其政也則萬物不埋也

無不能生而無殺也

言天地能生而

不能無殺唯天地之所以殺人不能生天之能生雖天殺之可也夫唯天殺之人

豈生之哉是不能生之也人化而爲善萬物之中人其爲貴化而爲善理亦天常也獸化

而爲惡稟氣以生不有知識非人之類豈不惡哉人而不善者謂之獸人化而爲善是爲天常今爲不善者與彼飛虗蹠實亦何以異矣

有天然後有地天在於上地在於下先天後地理亦自然

有地然後有別三才既定萬物區別有別然後有義夫婦之義著君臣之義彰也

有義然後有教百官立政教行父子存家設教所以效達於上也

有教然後有道教跡既彰約之以道苟乖其道物無以安有道然後有理事名各立而理自存

有理然後有數名理既彰數統之矣夫數以一終十乃至千萬九九之數天之運度亦數之義也

日有冥有旦有晝有夜然後以爲數天有三百六十度一日一度三百六十日一周天一日之中晝夜百刻以定之爲數也

月一盈一虧月合

王武六百三十五

月離以數紀一歲之中有十二月一月或有虧有盈日月或合於次或離於次終於一歲日窮於次月窮於紀星廻於天數將幾終此則日月星辰運行至十二月皆周而於故處紀猶會者也四者皆陳以爲數治春夏秋冬各統於一歲之日月也此以上爲政之道當法則也政者衛也始終之謂衛政者正也所以正理天下以爲之天周衛始化之終安之無得之也

慎誅曾周公第六刑法有倫宜於時政好生之德理適典章故明聖之資輔成周室誠勸之道可得稱言國之大經在於賞罰二者或替將何訓焉可爲政先故紀之爲篇目矣

昔者此昔者往日之離也曾周公使康叔往守於殷康叔周公母弟也衛三監之地殷人數叛故使賢母弟王也戒之曰與殺不辜寧失有罪人命所懸理須詳正大刑或濫其何則焉故不可輕殺不辜寧可失於有罪此亦寬仁之道也無有無罪而見

誅罰而不明雖刑不禁言罰不施於有罪也無有有功而不賞賞而不明雖賞不勸言賞必加於有功也戒之封重稱戒者所以示於殷勤封康叔名也誅賞之慎焉審國之柄也怒而加誅未必當罪喜而行賞不必當功且賞僭懼及於淫誅濫則懼及於善賞得其功則賢人以勸罰得其辜則姦人以息此不可不審慎之

鬻子終

唐·逢行珪注

鬻子一卷

明萬曆二十三年(1595)歐陽清刊《五子書》本

鬻子序

鬻子名熊楚人周文王之師也年九十見文王王曰老矣鬻子曰使臣捕獸逐麋已老矣使臣坐策國事尚少也文王師之著書二十二篇名曰鬻子子者男子之美稱賢不逮聖不以為經用題紀標子同據劉氏九流即道流也遭秦暴亂書記畧盡鬻子雖不預焚燒編帙由此殘缺依漢書藝文志雖有六篇今

此本乃有十四篇未詳孰是篇或錯亂文多遺闕至敷演大道銓撰明史闡域中之教化論刑德之是非雖卷軸不全而其門可見然鄧林之枝荆山之玉君子餘文可得觀矣鬻子博懷道德善謀政事故使周文屈節大聖諮詢情存帝王之道辭多斥救之要理致通遠旨趣恢弘實先達之奧言為諸子之首唱織組仁義經緯家邦垂勸誡之風陳弘濟之

術王者覽之可以理國吏者遵之可以從政
足使賢者勵志不肖者滌心語曰詩三百一
言以蔽之曰思無邪言而不朽可為龜鏡鬻
子論道無邪之謂歟幸以休務之隙披閱子
史而書籍實繁不能精備至於此子頗復留
心尋其力迹之端探其闡教之旨豈如寓言
迂恢馳術飛辯者矣亦乃字重千金辭高萬
歲聊為注解畧起指歸馳心於萬古之上寄

懷於千載之下庶垂道見志懸諸日月將來
君子幸無忽焉

進鬻子表

臣行珪言臣聞結繩以往書疏茂然文字之初教義斯起記言之史設褒貶之迹聿興書事之官置勸戒之門由啓於是國版稠疊謨訓昭彰唱讚之道以弘闡揚之理玆暢德業彌縟英華日新雕琢性情振其徽烈逮乎周文傳聖鬻子稱賢意合道同寔申師傅鬻子以文王降巳大啓心期明宣布政之方廣立

輔成之策足使萬機留想一代咸休稽古有宗發明耳目尋其著述之旨探其斥救之辭莫不原道心以裁章研神理而啓沃彌綸彞訓經緯區中不徒讚說微言務於遺翰而已鬻熊為諸子之首文王則聖德之宗熊既文王之師書乃政教之體雖篇軸殘缺提舉猶備紀綱譬彼盤盂發揚有愈臣家傳儒素積習忠良覩明主奉師之蹤覽賢者盡義之道

循環徵究妙極機神敢率至愚為之注解研
覃析理以叙私情剪截浮辭用申往瞽伏惟
陛下則天垂訓越極宣風稽太上之至和興
帝王之烱誡股肱諒直獻替無疑大舉賢良
寧濟區宇四海華面八表宅心務本脩文垂
拱無事臣以草萊卑賤識度庸淺荷堯沐舜
擊壤謳歌周施政教之端屬聽太平之詠志
存綴輯以述矢言簡牘難周辭意斯拙謹以

繕寫奉獻闕庭庶日月昭明布餘暉於漏隙
時雨咸洎灑餘潤於纖枯望報塵露之資豈
議沉舟之楫天威咫尺神魄震驚謹上表以
聞伏聽慈旨謹言永徽四年十一月二十六
日華州鄭縣尉臣逄行珪上

鬻子

華州鄭縣尉逢行珪註

撰吏五帝三王傳政乙第五 撰具也吏者為政之具也又撰慱也言王者布政施令其在慱求於良吏也賢者舉之不賢者不預言五帝三王政道可以百代傳行者乙次於甲以此明政之次也

政曰 政者法教也此明帝王之政事以為法教可稱也 君子不與人謀之則已矣 言君子脩於內理於外端其形正其影體眞德之安守冲妙之

機言出以成教方謀事必為法則苟於政而不預豈安為之哉所以止也若與人謀之則非道無由也君子不與人謀則已矣若與人謀務存大道而言之不以違道飾非不以苟命求王由用也故君子之謀能必用道君子終日言之而不離體要謀於政事而咸由於道故同於道者道亦得之非道之言君子不用也而不能必見受衆日視於偽不留不視於真衆心耀於名不能察於實夫庸主必惑於衆豈能受於道教哉故君子之道不必見納也能必忠盡心論道而必竭忠盡道言不邪譎也而不能必入盡忠論道聖君必納庸主所難故有道之君上下親愛忠讜進用智術無隱以石投水何齟齬哉而不明之主

君臣疏忌小人侍側端正棄遺諂佞是親忠
信不用掩目而視豈不惑歟必忠言之不入
能必信言君子不苟合不妄言正色端辭澄清真實必存之於信也而不
能必見信信言不美而合於道肅主不惑於衆邪豈信用君子之言乎言不以見
信也君子非人者不出之於辭而施之於行言君
子但爲善將以攻惡善不自是惡不非人施之於行不顯之於言說故非非者
行是言是非於人是所同也非於人者人亦非之君子將非於人終不以非人自
行是道以論彼之非惡惡者行善善惡在身是所共也君子務善以攻惡不
以惡惡於人所以彰惡於行善道也而道諭人謀事必忠出言必信行善以攻

惡顯是而明非不苟求
所以知而道德自明也

大道文王問第八

夫道者覆天地廓
四方斥八極高而
無際深不可測綿六合橫四維不
可以言象盡不可以指示說應無
問之迹終政教之端包萬物之形
彰三光之外為而不有行而不見
有道之王動而同之妙用無窮故
謂之大文王因用無窮故謂之大
師聞道可為求
則因以名篇也

政曰昔者文王問於鬻子

昔者言往日也雖
臨馭億兆而不獨
專從師問道以
政術之門曰

敢問人有大忘乎

尊師道故
曰敢問文

王思存大道以終政事心迹在於經遠所以先問於大忘也對曰有鬻子前答文王言有大忘也文王曰敢問大忘柰何鬻子前不即以指答者故引成文王之問文王欲能終大忘之理故曰其事柰何矣鬻子曰知其身之惡而不改也以賊其身乃喪其軀過則勿憚改終日不為惡惡去於身也豈但墨面髡髮是爲形食哉故其蚩尤見誅四凶就戮夏癸絕祀商辛覆宗賊身害軀破家失國其行如此是爲大忘也其行如此是謂之大忘終成所答之事

貴道五帝三王周政乙第五夫為政以德必

貴於道為化國之福焉當文王之時而通稱三王者據近以及遠明道以同也周者合也備也言五帝三王貴道其政能合若一也而無所不備也

昔之帝王昔者在昔貴道德之帝王稱昔者以遠喻近為之勸也**所以為明者以其吏也**言帝王而有聖明之稱者皆委賢吏在顯職故道化興而萬國寧明聖不獨運也**昔之君子其所以為功者以其民也**人惟邦本得衆斯昌建極乘時必資兆庶人効其力以成其功也**力生於神**生者有國必先靈祐皇天上帝社稷山川神迹玄符無不來會成湯降神

受夏大命武王夔神遂大戡殷夫寅運兩儀鼓動萬物豈有使之然哉莫不大化於自然
玄應而義用造之非我理自相符故曰力生於神者也**而功最於吏**王者
發政施令而不自為必屬賢能以任使之故天下和平人知所保此賢吏善最之功也
福歸於君俊德在官盡心竭力人敦其道俗順其教上下相親而德交歸焉國
士平康而為君之福者也**昔者五帝之治天下也**五帝謂黄帝顓
頊高辛唐虞也**其道昭昭若日月之明然若以晝代**
夜然日月運明明不私照必須幽顯始終不息故昭昭然所不舍也夫聖人與天地
合德日月齊明道大不淪可以崇遠也**故其道若首然萬世為**

福萬世為教者唯從黃帝以下舜禹以上而
巳矣首者始也言五帝之道常為萬代之始後之不能加也夫黃帝始垂衣裳造書
契置史官為舟楫以濟不通服牛乘馬立棟
宇重門擊柝以待暴客為杵臼以利萬姓作
弧矢以威天下造律管興封禪顓頊平九黎
之亂人以神不離萬物有序高辛氏作鞞鞞鍾
鼓莞席帝堯茅茨不剪土階三尺夏日葛衣
冬日鹿裘蕩蕩乎人無能名焉巍巍乎其有
成功也帝舜少而至孝堯聞聰明而用之舜
乃舉禹爲司空以平水土棄為后稷以播百
穀卨為司徒以教百姓臯陶為士師以理獄
訟垂為共工以典衆作作朕虞以育草木伯
夷為秩宗以典三禮夔為樂正以和神人舜
彈五絃之琴歌南風之詩夏禹櫛風沐雨冠

寢不顧數九土乘四載鑿龍門闢伊闕道百川建萬國微禹之功人皆魚矣帝王之功莫此為盛故百代不易為福為教也君王欲緣五帝之道而不失則可以長久言君王但因循五帝之道而常行用無所為替則可以長保宗廟社稷以為人始也

守道五帝三王周政甲第四

執大象而天下往明道不往則道不可暫離所也

聖人在上賢士百里而有一人則猶無有也言聖王在上化被蒼生德周萬物雖百里而有一賢士以聖道廣宣賢迹不見其賢雖多

則若無有也王道衰微暴亂在上賢士千里而有一人則猶比肩也王道衰微暴虐亂政人皆思德雖千里有一賢士其若此有言賢人不可得也

撰吏五帝三王傳政乙第三帝王所以安國家行政教其在良吏乎言必慱廣以取也

政曰民者賢不肖之杖也賢不肖皆具焉賢者德行之名不肖者頑嚚之謂夫賢與不肖見於行此二者同出於性而異名皆杖於最靈各有定分矣天下之廣黎庶之衆賢與不肖自皆具焉故賢人得賢不

肖人休焉言賢者不自求進而材為時須王者必任賢人所以得也不肖者非
自求退而行無所取不登政事是以休廢也杖能側焉有過人之智必矜其
能恃能矜智必違道輕躁所至危僻故曰杖能側焉忠信飾焉懷盡忠之節必
脩於道脩身貴真履行務實由於正路禮義仁信以文飾其身也故曰忠信飾焉民
者積愚也寘然無知愚之謂也雖愚明主撰吏焉必使
民興焉言明主推心於人以取良吏而不獨任也士民與之明上
舉之得於衆心善於政事上所以舉用之也士民若之明上去
之若如人者賢愚之間政既不與所以斥去之也故王者取吏不忘

必使民唱然後和人主總群謀以觀衆知明以探風聲察於下言以求
得失取賢人以宣政化推已取賢唯聖者能之民者吏之程也程法式也
知之在下是故取吏之法式察之於衆庶人者若之也察吏於民然後
隨人與之主舉之人若之主去之此隨之也政曰民者至卑也極卑
下也而使之取吏焉必取所愛聖主不違人以獨用也故
十人愛之則十人之吏也百人愛之則百人
之吏也千人愛之則千人之吏也萬人愛之
則萬人之吏也自此已上皆言人之情好之德行各有所愛樂之多少殊

別也故萬人之吏撰卿相矣人愛之多則必堪為政事赫赫師尹民具爾瞻主之所授不可失賢也卿相者諸侯之丞也卿相者人主之杖故為諸侯之丞也故封侯之上秩出焉賢者得之列士封疆得自家臣故曰秩出焉卿相者侯之本也政之興亡在於卿相得賢者和輯失賢者姪散故為侯之職在卿相也

曲阜魯周公政甲第十四

曲阜之地方七百里少昊之墟是魯周公所封之邑以周公裨益政禮故稱之以為篇耳

政曰昔者魯周公曰吾聞之於政也稱周公之言以

明政者也**知善不行者謂之狂**善者體道懷德也人主行善於上百姓變善於下堯之日比屋可封知善道之為善而不行用者是狂悖之人也**知惡不改者謂之惑**惡者賊以喪軀人主為惡於上則百姓為惡而不悛者是昏惑**夫狂與惑者聖王之戒也**知善而不行知惡而不改必至狂惑者此聖王之明戒也

道符五帝三王傳政甲第二夫開國崇基必先於道道既符合無往不真影響相同自然合應甲者先於一也

不肖者不自謂不肖也肖者類也言不類不似也自知賢不肖是

（爲明也不似之人豈自稱哉言不知也）而不肖見於行（丹朱傲虐無捨晝夜頟頟肆惡魯無休息此則見於外不以隱微者也）雖自謂賢人猶謂之不肖也（不肖者豈自謂不肖哉以賢者視之不肖之迹見矣雖以彼賢以自賢人豈以為賢乎）愚者不自謂愚而愚見於言（昧道）（不德之人豈自稱其愚蒙哉而愚迹見於辭說也）雖自謂智人猶謂之愚（愚者豈自以為愚哉以智視之愚迹見矣雖以彼智以自智人豈以為智）

數始五帝治天下第七（言帝者年數之始以記其佐帝及升位之年數也天下者豈可忘理哉亦由積德累葉以有之）

（也言五帝之道相縁為政故同稱之也）

昔者帝顓頊（黃帝次妃曰嫘祖生昌意昌意生顓頊為高陽氏在位七十八年）年十五而佐黃帝（軒轅氏少昊次子父曰帝鴻氏毋曰附實見大電光繞北斗樞星照野感而孕二十五月生以土德王故曰黃帝在位百年顓頊自幼年以翼佐黃帝也）二十而治天下（升為天子也）其治天下也上緣黃帝之道而行之（因脩黃帝之道而行其政令不改革也）學黃帝之道而常之（此迹不及所以效也效其通道而常用之）昔者帝嚳（黃帝正妃生玄囂玄囂之子生帝嚳德日新故曰高辛在位七十上賓）

年十五而佐帝顓頊三十而治天下佐顓頊以理天下三十而升爲帝也其治天下也上緣黃帝之道而明之言德稍下不能盡行黃帝之道但明之而已矣學帝顓頊之道而行之政教所爲效顓頊而行其言不能常習之也

禹政第六伯禹夏后氏言禹功錫玄圭德諧元始仁賢立政以致太平可爲法則故以名篇矣

禹之治天下也黃帝玄孫祖顓頊姓姒名文命字高密在位九年受禪成功曰禹受舜禪以臨天下得皐陶得杜子業得既子得施

子黶得季子甯得然子堪得輕子王此以上七大夫之姓名也得七大夫以佐其身以治天下以天下治言帝王獨治天下雖則聖德皆俟賢佐以輔之故得天下人安也

湯政天下至紂第七言成湯放無道之桀以統萬機而理天下得賢大夫賛佐而致太平至紂昏惑以失國故終始書之以名篇

湯之治天下也湯姓子名履字天乙除虐去殘曰湯征葛伯放桀順取天下以理也得慶輔伊尹湟里且東門蝡南門蝡西

門疪北門側伊尹有莘氏媵臣以為相東門等並姓名也得七大夫佐以治天下而天下治七大夫皆有賢行庠救弼諧故得天下咸人也二十七世自湯至紂父子兄弟相承二十七代也積歲五百七十六歲至紂夏曰歲此除即位之年也

上禹政第六以五聲聽政克功于邦可以為上也

禹之治天下也以五聲聽九重幽深下言難達所欲百姓又斥救之事故懸置五聲招之以聽政也門懸鍾鼓鐸磬懸之於簨簴也而置鞀置於地也以得四海之士四海之士有進於言者必造五聲以

揮擊傳聞也為銘於簨簴懸樂器之具刻銘於其上也曰教寡人以道者擊鼓鼓以動物故動合於道也教寡人以義者擊鍾鍾金聲也以合於義故教義者擊鍾也教寡人以事者振鐸鐸金鈴木舌也所以事務有可行為所欲言者以振鐸也語寡人以憂者擊磬憂者聲悲磬聲消爍而近於悲故憂而擊磬也告寡人以獄訟者揮鞀此之謂五聲獄訟之事務於疾速故揮鞀以陳之此以上並銘於簨簴之大也是以禹嘗據一饋而七十起日中而不暇飽食急於政事無暇安於一食所以示接士之急也曰吾

猶恐四海之士留於道路常行之處非所宜憂也是以四海之士皆至事必得道必合上下應會無不至也是以禹當朝廷間也可以羅爵不暇飽食聽政不疲朝廷閑靜然後無事也

道符五帝三王傳政甲第五大君子將入其職旭旭然如日初出入昭昭然人保其福既去暗暗然人失其教此得政典符合之謂也

夫國者卿相世賢者有之有國則有卿相賢德者卿相之具人與之王用之不賢者豈能用之哉有國無國智者治之夫有國者

豈自寧豈自亂也所以安者智謀之力也**智者非一日之志**積功累業行道不倦以成其志**治者非一日之謀**謀者心思也樹德以為尚寬重道脩政作教以至誠平之咨謀非一日之所能致也**治志治謀在於帝王然後民知所保**夫君上有道化行於下遠近慕義四境無虞百姓淳和盜賊屏息故人知所安也**而知所避**富貴貧賤不相犯仁義禮智由其門無違政教下民為福是知所避也**發教施令為天下福者謂之道**先之以博愛陳之以德義先之以敬讓道之以禮樂不奪人時不干人利故得禍亂不作為福之道此之謂歟**上下相親謂之和**至德以教之要道以

治之上下同心是謂和矣民不求而得所欲謂之信日出而作日沒而息不勞於事不苦煩苛甘其食安其居樂其業此豈外求之哉上有行道之君是所致者可謂之大信矣除去天下之害謂之仁兼愛萬物慈惻外施至若成湯征葛伯放桀於南巢夏禹之別導山川置立州國故得天下免於暴亂百姓宅其所居仁遠乎哉斯仁至也仁與信和與道帝王之器此四者帝王有天下之器所以樂用也苟有違之而天下離叛非其所有也凡萬物皆有器所用利之是以為器而違其用豈得其器哉故欲有為不行其器者雖欲有為不成惟名與器不可假人其所營為

必以其器用得其用也故違之不行其器於利遠矣豈有成哉

諸侯之欲王者亦然不用帝王之器者不成

言天下之大神器之重非其王者難以處王之器而未可以宰割必行仁與信和與道然後可招懷萬姓奄有四維西伯以敬讓興邦南陽以仁道得政非其人也豈妄成之哉

湯政湯治天下理第七

天地設而萬物生陰陽化而四時定分則統理為政之方極於始終可成法則也

天地闢而萬物生

乾其靜也專一其動也正直坤其靜也翕歛其動也開闢是以廣大而生萬物也

萬物生而人為政焉

政也者所以正

於天地也言天地生萬物不能相使不能相制須人以為政以正之無其政也則萬物不理也無不能生而無殺也言天地能生而不能無殺唯天地之所以殺人不能生天之能生唯天殺之可也夫唯天殺之人豈生之哉是不能生之也人化而為善萬物之中人其為貴化而為善理亦天常也獸化而為惡禀氣以生不有知飾非人之類豈不惡哉人而不善者謂之獸人化而為善是為天常令為不善者與彼飛虛渡實亦何以異矣有天然後有地天在於上地在於下先天後地理亦自然有地然後有別三才克定萬物區別有別然後有義夫婦之義著君

臣之義彰也有義然後有教百官立政教行父子存家設教所以效達於上也有教然後有道教述既彰約之以道苟乖其道物無以安有道然後有理事名各立而理自存有理然後有數名理既彰數統之矣夫數以一終十乃至千萬九九之數天之運度亦數之義也日有冥有旦有晝有夜然後以為數天有三百六十度一日一度三百六十日一周天一日之中晝夜百刻以定之為數也月一盈一虧月合月離以數紀一歲之中有十二月一月有虧有盈日月或合於次或離於次終於一歲日窮於次月窮於紀星迴于天數將幾終此則日月星辰運行至十一月

皆周匝於故處紀猶會者也四者皆陳以為數治春夏秋冬各統於一歲之日月也此以上為政政之道當法則也政者衛也始終之謂衛政者正也所以正理天下以為之天周衛始化之終安之無得之也

慎誅魯周公第六刑法有倫宜於時政好生之德理適典章故明聖之資輔成周室誠勸之道所得稱言國之大經在於賞罰二者或替將何訓焉可為政先故紀之為篇目矣

昔者此昔者往日之辭也魯周公使康叔往守於殷康叔周公毋弟也衛三監之地殷人數叛故使賢以弟王也戒之曰與殺不

辜寧失有罪人命所懸理須詳正夫刑或濫其何則焉故不可輕殺不辜寧可失於有罪此亦寬仁之道也無有無罪而見誅罰而不明雖刑不禁言罰不施於有罪也無有有功而不賞賞而不明雖賞不勸言賞必加於有功也戒之封重稱戒者所以示殷勤封康叔名也於誅賞之慎焉誅賞者國之柄也怒而加誅未必當罪喜而行賞不必當功則賞僭懼及於淫誅濫則懼及於善賞得其功則賢人以勸罰得其辜則姦人以息此不可不審慎之

唐·逢行珪注　明·楊慎校輯

鬻子一卷補鬻子一卷

明刊《諸子褒異》本

華州鄭縣尉逢行珪註

益州楊　慎升菴校訂

撰吏五帝三王傳政乙第五

撰具也吏者爲政之具也又撰搏也言王者布政施令其在博求於良吏也賢者舉之不賢者不預言五帝三王政道可以百代傳行者乙次於甲以此明政之次也

劉東楊説
爲政者法

政曰。政者法教也此明帝王之政事以爲法教可稱也君子不與人謀之則。巳矣。言君子修於內理於外端其形正其影體眞德之安守冲妙之機言出以成教方謀事必爲法則苟於政而不預豈安危之哉所以止也若與人謀之。則非道無由也。君子不與人謀則巳矣若與人謀務存大道而言之不以違道餙非不以苟命求王由用也故君子之謀能必用道。君子終日言之而不離體要謀於政事而咸由於道故同於道者道亦得之非道之言君子不用也而不能必見受。衆目視於僞不留視於眞心衆耀於名不能察於實夫庸主必惑於衆豈能受於道教哉故君子之道不必見納也能必忠。盡心論道而必竭忠盡道言不邪讇也而不能必入。盡忠論道聖君必納庸主所難故有道之君上下親愛忠讜進用曾術無隱以不投水何齟齬哉而不明之主君臣疏忌小人侍側端正棄遺諂佞是親忠信不用掩目而視豈不惑歟必忠言之不入能必信言君子不苟合不妄言正色端辭澄清真實必存之於信也而不能必見信信言不美而合於道庸主惑於衆邪豈信用君子之言乎言不以見信也君子非人者不出之於辭而施之於行言君子但爲善將以攻惡善不自見故惡不非人施之於行不顯之於言說非非者行是言是非於人是所同也非於人者人亦非之君子將非於人終不以非非人自行是道以論彼之非惡惡者行善善惡在身是所共也君子務善以攻惡不以惡惡於人所以彰惡於行善道也而道諭人謀事必忠出言必信行善以攻惡顯是而明非不苟求所以知而道德自明也

二

大道文王問第八

夫道者覆天地廓四方拆八極高而無際深不可測緜六合横四維不可以言象盡不可以指示説應無間之迹終敗教之端包萬物之形彰三光之外爲而不有行而不見有道之王動而同之妙用無窮故謂之大文王因用無窮故謂之大師聞道可爲承則因以名篇也

政曰。昔者文王問於鬻子。昔者往日也言雖臨馭億兆而不獨專從師問道以政術之門曰敢問人有大志乎。尊師道故曰敢問文王思存大道以終政事心迹在於經遠所以先問於大志也對曰。有。鬻子前答文王言有大志也文王曰。敢問大志奈何。鬻子前不卽以措答者故引成文王之問文王欲態終大志之理故曰其事奈何矣鬻子曰。知其身之惡而不改也。以賊其身乃喪其軀。過則勿憚改終川不爲惡惡去於身也豈但墨商髡髮是爲形食哉故其其嵬尤凡誅四凶就戮夏桀絕祀商辛覆宗賊身害軀破家失國其行如此是爲大志也其行如此。是謂之大志。終成所答之事

貴道五帝三王周政乙第五

夫爲政以德必貴於道爲化國之福焉

當文王之時而通稱三王者據近以及遠明道以同也周者合也備也言五帝三王貴道其政能合若一也而無所不備也

昔之帝王昔者在昔貴道德之帝王稱曰昔者以遠喻近爲之勸也所以爲明者以其吏也言帝王而有聖明之稱者皆委賢吏在顯職故道化興而萬國寧明聖不獨運也昔之君子其所以爲功者以其民也人惟邦本得衆斯昌建極乘時必資兆庶人効其力以成其功也力生於神者生有國必先靈祐皇天上帝社稷山川神迹玄符無不來會成湯降神受夏大命武王夢神遂大

斟殷夫冥運兩儀鼓動萬物豈有使之然哉莫
不大化於自然玄應而義用造之非我理自相
符故曰力生。而功最於吏。王者發政施令而不
於神者也自爲必屬賢以任使
之是故天下和平人知所福歸於君。俊德在官
係此賢吏善最之功也盡心竭力
人效其道俗順其教上下親相而德
交歸爲國士平康而爲君之福者也昔者五帝
之治天下也五帝謂皇帝顓其道昭昭若日月
項高辛唐虞也
之明然若以晝代夜然日月運明明不私照必
須幽顯始終不息故昭
昭然所不舍也夫聖人與天地合德故其道若
日月齊明道大不渝可以常遠也
首然萬世爲福萬世爲教者唯從黃帝以下舜
禹以上而已矣。首者始也言五帝之道常爲萬
代之始後之不能加也夫黃帝

始𦘔衣裳造書契置史官爲舟楫以濟不通服牛乘馬立棟宇重門擊柝以待暴客爲杵臼以利萬姓作弧矢以威天下造律管與封禪顓頊平九黎之亂人神不離萬物有序高辛氏作鞞鞞鍾鼓莞席帝尭茅茨不剪土階三尺夏日葛衣冬日鹿裘蕩蕩乎人無能名焉巍巍乎其有成功也帝舜少而至孝尭聞聰明而用之舜乃舉禹爲司空以平水土弃爲后稷以播百穀契爲司徒以教百姓皐陶爲士師以理獄訟垂爲共工以典衆作益作朕虞以育草木伯夷爲秩宗以典三禮夔爲樂正以和神人舜彈五弦之琴歌南風之詩夏禹櫛風沐雨冠履不顧敷九七乘四載鑿龍門闢伊闕導百川建萬國微禹[illegible]功人皆魚矣帝王之功莫此爲盛故百代不廢爲福爲教也

君王欲緣五帝之道而不失則可以長久。

言君王但因循五帝之道而常行用無所爲替則可以長保宗廟社稷以爲人始也

守道五帝三王周政甲第四

執大象而天下往明道不往則道不可暫離所也

聖人在上賢士百里而有一人則猶無有也。言聖王在上化被蒼生德周萬物雖百里而有一賢士以聖道廣宣賢迹不見其賢雖多則若無有也

王道衰微暴亂在上賢士千里而有一人則猶比肩也。王道衰微暴虐亂政人皆思德雖千里有一賢士其若比肩言賢人不可得也

撰吏五帝三王傳政乙第三

帝王所以安國家行政教其在良吏乎

言必慱廣以取也

政曰民者賢不肖之材也。賢不肖皆具焉。賢者德行之名不肖者頑嚚之謂夫賢與不肖見於行此二者同出於性而異名皆材於最靈各有定分矣天下之廣黎庶之衆賢與不肖自皆具焉

故賢人得賢。不肖人休焉言賢者不自求進而材爲時須王者必任賢人所以得也不肖者非自求退而行無所取不登之事是以休三也

材能側焉。有過人之智必矜其能恃能矜智必違道輕躁所至危僻故曰材能側焉

忠信飾焉懷盡忠之節必修於道修身貴眞履行務實由於正路禮義仁信以文飾其身也故曰忠信飾焉

民者積愚也。冥然無知愚之

謂也雖愚明主擇吏焉。必使民與焉。言明主擇心於人以取良吏而不獨任也士民與之。明上舉之。得於衆心善於政事上所以一用之也士民若之。明上去之。若如入者賢愚之間政既不與所以斥去之也故王者取吏不忘。必使民唱然後和。人主總羣謀以觀衆知明以探風聲察於下言以求得失取賢人以宜政化推己取賢唯聖者能之民者吏之程也。程法式也知之在下是故取吏之法式察之於衆庶人者若之也察吏於民然後隨之人與之主舉之人若之主去之此隨之也政曰民者至卑也。極卑下也而使之取吏焉。必取所愛。聖主不違人以獨用也故十人愛之。則十人之吏也。

人之吏也。千人愛之。則千人之吏也。萬人愛之。則萬人之吏也自此已上皆言人之情好之德行各有所愛樂之多少殊別也故萬人之吏撰卿相矣人愛之多則必堪爲政事赫赫師尹民具爾瞻主之所扳不可失賢也卿相者諸侯之丞也卿相者人主之杖故爲諸侯之丞也故封侯之上秩出焉賢者得之則士封疆得自家臣故曰秩出焉卿相者侯之本也政之興亡在於卿相得賢者和輯失賢者乖散故爲爲侯之職在卿相也

曲阜魯周公政甲第十四

曲阜之地方七百里少昊之墟是魯周

公所封之邑以周公稗益政禮故稱之以爲篇耳

政曰。昔者魯周公曰。吾聞之於政也。（稱周公之言以明政者也）知善不行者謂之狂。（善者體道懷德也人主行善於上百姓變善於下堯之日比屋可封知善道之爲善而不行用者是狂悖之人也）知惡不改者謂之惑。（惡者賊以喪軀人主爲惡於上則百姓爲惡而不悛者是昏惑）夫狂與惑者。聖王之戒也。（知善而不行知惡而不改必至狂惑者此聖王之明戒也）

道符五帝三王傳政甲第二

夫開國崇基必先於道道既符合無往

不真影響相同自然合應甲者先於乙也

不肖者不自謂不肖也

肖者類也言不類不似也自知賢不肖是爲明也不似之人豈自稱哉言不知也

而不肖見於行

丹朱傲虐無捨晝夜領額肆惡晝無休息此則見於外不以隱微者也

雖自謂賢人猶謂之不肖也

不肖者豈自謂不肖哉以賢者視之不肖之迹見矣雖以彼賢以自賢人豈以爲賢乎

愚者不自謂愚而愚見於言

昧道不得之人豈自稱其愚蒙哉而愚迹見於辭說也

雖自謂智人猶謂之愚

愚者豈自以爲愚哉以智視之愚迹見矣雖以彼智以自智人豈以爲智

數始五帝治天下第七

言帝者年數之始以記其佐帝及升位之年數也天下者豈可志理哉亦由積德累葉以有之也言五帝之道相緣爲政故同稱之也

昔者帝顓頊。黃帝次妃曰嫘祖生昌意昌意生顓頊爲高陽氏在位七十八年年十五而佐黃帝。軒轅氏少昊次子父曰帝鴻氏母曰附寶見大電光繞北斗樞星照野感而孕二十五月生以土德王故曰皇帝在位百年顓頊自幼年以翼佐皇帝也二十而治天下。升爲天子也其治天下也。上緣黃帝之道而行之。（因修黃帝之道而行其政令不改華也）學黃帝之道而常之。（此迹不及所以效也效其通道而常用之）昔者帝嚳。（黃帝正妃生玄囂玄囂之子生帝嚳德日新故曰高辛在位七十上賓）年十五而佐帝顓頊。三十而治天下。（佐顓頊以理天下三十而升爲帝也）其治天下也。上緣皇帝之道而明之。（言德稍下不能盡行黃帝之道但明之而已矣）學帝顓頊之道而行之。（政教所爲效顓頊而行其言不能常習之也）

禹政第六

伯禹夏后氏言禹功錫玄圭德諧元始

仁賢立政以致太平可爲法則故以名篇矣

禹之治天下也黃帝玄孫祖顓頊姓姒名文命字高密在位九年受禪成功曰禹受舜禪以臨天下得皋陶。得杜子業。得旣子。得施子黯。得季子甯。得然子堪。得輕子玉。此以上七大夫之姓名也得七大夫以佐其身。以治天下。以天下治。言帝王獨治天下雖則聖德皆俟賢佐以輔之故得天下人安也

湯政天下至紂第七

言成湯放無道之桀以統萬機而理天

下得賢大夫贊佐而致太平至紂昏惑以失國故終始書之以名篇

湯之治天下也湯姓子名履字天乙除虐去殘曰湯征葛伯放桀順取天下以理也得慶輔伊尹湟里且東門蝡南門蝡西門疵北門側伊尹有莘氏媵臣以爲相東門等並姓名也得七大夫佐以治天下而天下治七大夫皆有賢行斥救弼諧故得天下咸人也二十七世自湯至紂父子兄弟相承二十七代也積歲五百七十六歲至紂夏曰歲此除即位之年也

上禹政第六

以五聲聽政克勤于邦可以爲上也

禹之治天下也以五聲聽。九重幽深下言難達所欲百姓反斥救之事故懸置五聲招之以聽政也門懸鍾鼓鐸磬。懸之於簨簴也而置鞀。置於地也以得四海之士。四海之士有進於言者必造五聲以揮擊傳聞也爲銘於簨簴。懸樂器之其刻銘於其上也曰。教寡人以道者擊鼓。鼓以動物故動合於道也教寡人以義者擊鍾。鍾金聲也以合於義故教義者擊鍾也教寡人以事者振鐸。鐸金鈴木舌也所以事務有可行爲所欲言者以振鐸也語寡人以憂者擊磬。憂者聲悲磬聲消燥故近於悲故憂而擊磬也告寡人以獄訟者揮鞀。此之謂五聲。獄訟之事務於疾速故揮鞀以陳之此以上並銘於箕簴之大也是以禹嘗據一饋而七十起。日中而不暇飽食。急於政事無暇安於一食所以示接士之急也曰吾猶恐四海之士留於道路常行之處非所宜憂也是以四海之士皆至。事必得道必合上下應會無不至也是以禹當朝廷間也可以羅爵不暇飽食聽政不疲朝廷閒靜然後無事也

道符五帝三王傳政甲第五

夫君子將入其職旭旭然如日初出入而昭昭然人保其福既去瘖瘖然人失其

警策

鬱鬱名論
堪爲不朽

敎此得政典符合之謂也

夫國者卿相世賢者有之
有國則有卿相賢德者卿相之具人與之王用之不賢者豈能用之哉

有國無國智者治之
夫有國者豈自寧豈自亂也所以安者智謀之力也

智者非一日之志
積功累業行道不倦以成其志

治者非一日之謀
謀者心思也樹德以爲尚寬重道修政作敎以至誠平之咨謀非一日之所能致也

治志治謀在於帝王然後民知所保
夫君上有道化行於下遠近慕義四境無虞百姓淳和盜賊屏息故人知所安也

而知所避
富貴貧賤不相犯仁義禮智由其門無爲政敎下民爲福是知所避也

發敎施令爲天下福者謂之道
先之以博愛陳之以德義先之

以敬讓道之以禮樂不奪人時不干人上下相
利故得禍亂不作爲福之道此之謂歟
親謂之和。至德以教之要道以治民不求而得
之上下同心是謂和矣
所欲謂之信。日出而作日沒而息不勞於事不
苦煩苛甘其食安其居樂其業此
豈外求之哉上有行道之君除去天下之害謂
是所致者可謂之大信矣
之仁兼愛萬物慈惻外施至若成湯征葛伯放
桀於南巢夏禹之別導山川置立州國故
得天下免於暴亂百姓宅其仁。與信。和。與道。帝。
所居仁遠乎哉斯仁至也
王。之。器。此四者帝王有天下之器所以樂用也
苟有違之而天下離叛非其所有也
凡萬物皆有器。所用利之是以爲器而故欲有
違其用豈得其器哉
爲不行其器者。雖欲有爲不成。惟名與器不可
假人其所嘗爲

必以其器用得其用也故違之不行其器於利遠矣豈有成哉諸侯之欲王者亦然不用帝王之器者不成言天下之大神器之重非其王者難以處王之器而未可以幸割必行仁與信和與道然後可招懷萬姓奄有四維西伯以敬讓與邦南陽以仁道得政非其人也豈妄成之哉

天地以好生爲德設

湯政湯治天下理第七

天地設而萬物生陰陽化而四時定分則統理爲政之方極於始終可成法則也

天地闢而萬物生乾其靜也專其動也直坤其靜也翕其動也闢

雖息機即生機也得老氏無爲而無不爲之術董法句法井然整飭

是以廣大而生萬物也 萬物生而人爲政焉 政也者所以正於天地也 言天地生萬物不能相使不能相制須人以爲政以正之無其政也則萬物不理也 無不能生而無殺也 言天地能生而不能無殺 唯天地之所以殺人不能生 天之能生唯天殺之可也夫唯天殺之人豈生之哉是不能生之也 人化而爲善 萬物之中人其爲貴化而爲善理亦天常也 獸化而爲惡 稟氣以生不有知識非人之類豈不惡哉 人而不善者謂之獸 人化而爲善是爲天常今爲不善者與彼非虛渡實亦何以異矣 有天然後有地 天在於上地在於下先天後地理亦自然 有地然後有別 三才克定萬物區別 有別然後有義 夫婦之義著君臣之義彰也 有義然後有教 百官

立政教行父子存家設
敎所以效達於上也
有教。然後有道。教迹既彰約之
以道苟弃其
道物無以安
有道。然後有理。事名各立
而理自存
有理。然後。有數。名理既章數統之矣夫數以一終十乃
至于萬九九之數天之運度亦數之義也
日有冥。有旦。有晝。有夜。然後以爲數。天有三
百六十
度一日一度三百六十日一周天一
日之中晝夜百刻以定之爲數也
月一盈一。
虧月合。月離。以數紀。一歲之中有十二月一月
有虧有盈日月或合於次
或離於次終於一歲日窮於次月窮於紀星廻
於天數將幾終此則日月星辰運行至十一月
皆周匝於故處
紀猶會者也
四者皆陳以爲數治。春夏秋冬
各統於一
歲之日月也此以上
爲政之道當法則也
政者衛也。始終之謂衛。政
者

正也所以正理天下以爲之天周衛始化之終安之無得以也

愼誅魯周公第六

刑法有倫宜於時政好生之德理適典章故明聖之資輔成周室誡勸之道所得稱言國之大經在於賞罰二者或替將何訓焉可爲政先故紀之爲篇目矣

昔者此昔者往日之辭也魯周公使康叔往守於殷。康叔周公毋弟也衛三監之地殷人數叛故使賢以弟工也戒之曰。與殺不辜。寧失有罪。人命所懸理須詳正夫刑或濫其何則焉故不可輕殺不辜寧可失於有罪此亦寬仁之道也無有無罪而見誅。罰而不明雖刑不禁言罰不施於有罪也無有有功而不賞賞而不明雖賞不勸言賞必加於有功也戒之封。重稱戒者所以示於殷勤封康叔名也誅賞之慎焉。討賞者國之柄也怒而加誅未必當罪喜而行賞未必當功賞僭則懼及於淫誅濫則懼及於善賞得其功則賢人以勸罰得其辜則姦人以息此不可不審慎之

鬻子終

齋子

補鬻子七則

益州楊　慎升菴訂輯

文王問一則

周文王問於鬻子曰敢問君子將入其職則其於民也何如鬻子對曰唯疑請以上世之政詔於君王政曰君子將入其職則其於民也旭旭然如日之始出也文王曰受命矣君子既入其職則其於民也何如對曰君子既入其職則其於民也暵暵然如日之正中文王曰受命矣君

子旣去其職則其於民也何若對曰君子旣去其職則其於民也暗暗然如日之已入也故君子將入而旭旭者義先聞也旣入而暯暯者民保其福也旣去而暗暗者民失其教也文王曰受命矣

武王問一則

周武王問於鬻子曰寡人願守而必存攻而必得戰而必勝則吾爲此奈何鬻子曰唯攻守而戰乎同器而和與嚴共備也故曰和可以守而

嚴可以守而嚴不若和之固也和可以攻而嚴可以攻而嚴不若和之得也和可以戰而嚴可以戰而嚴不若和之勝也則唯由和而可也故諸發政施令政平於人者謂之文政矣諸侯接士而使吏禮恭於人者謂文政矣諸侯聽獄斷刑仁於治陳於行其由此守而不存攻而不得戰而不勝者自古而至於今自天地之辟也未之嘗聞也今也君王於守而必存攻而必得戰而必勝則唯由此也爲可也周武王曰受命矣

以簡語括繁義直讀醇古

成王問一則

周成王年六歲卽位享國親以其身見於鬻子之家而問焉曰昔者先王與帝修道而道修寡人之望也亦願以教敢問典國之道奈何鬻子對曰唯疑請以上世之政詔於君王政曰典國之道君思善則行之君聞善則行之君知善則行之位敬而常之行信而長之則典國之道也周成王曰受命矣

成王問二則

陸書治国大道

周成王曰敢問修道之要奈何鬻子對曰唯疑請以上世之政詔於君王政曰爲人下者敬而肅爲人上者恭而仁爲人君者敬士愛民以終其身此道之要也周成王曰受命矣

成王問三則

周成王曰敢問治國之道若何鬻子曰唯疑請以上世之政詔於君王政曰治國之道上忠於主而中敬其士而下愛其民故忠其主者非以道義則無以入忠也而中敬其士不以禮則無

以諭敬也。下愛其民。非以忠信。則無以諭愛也。故忠信行於民。而禮節諭於士。道義入於上。則治國之道也。雖治天下者。由此而已。周成王曰。受命矣。

成王問四則

周成王曰。寡人聞之。有上人者。有下人者。有賢人者。有不肖人者。有智人者。有愚人者。敢問上下之人何以爲異。粥子曰。唯疑。請以上世之政詔於君王。政曰。凡人者。若賤。若貴。若幼。若老。聞道志而藏之知道善而行之上人矣聞道而弗取藏也知道而弗行也則謂之下人也故夫行者善則謂之賢人矣行者惡則謂之不肖矣故夫言者善則謂之智矣言者不善則謂之愚矣故智愚之人有其辭矣賢不肖之人別其行矣上下之人等志矣周成王曰受命矣

成王問五則

周成王曰寡人聞之聖王在上位使民富且壽云若夫富則可爲也若夫壽則不在天乎鬻子

說三王數極實情實理奇縱其綜耳

曰。唯疑請以上世之政詔於君王。政曰。聖王在上位則天下不死軍兵之事故諸侯不私相攻而民不私相鬬閱不私相煞也故聖王在上位則民免於一死而得一生矣聖王在上則臣積於道而吏積於德而民積於用力故婦爲其所衣丈夫爲其所食則民無凍餧矣故聖王在上則民免於二死而得二生矣聖王在上則君積於仁而吏積於愛而民積於順則刑罰廢矣而民無夭遏之誅故聖王在上則民免於三死而得三生矣故聖王在上則使民有時而用之有節則民無厲疾故聖王在上則民免於四死而得四生矣故聖人在上則使盈境內興賢良以禁邪惡故賢人必用而不肖人不作則已得其命矣故夫富且壽者聖王之功也周成王曰受命矣。

右補鬻子凡七則出賈太傅新書修政論想太傅應及見遺書也今錄補冠子書焉

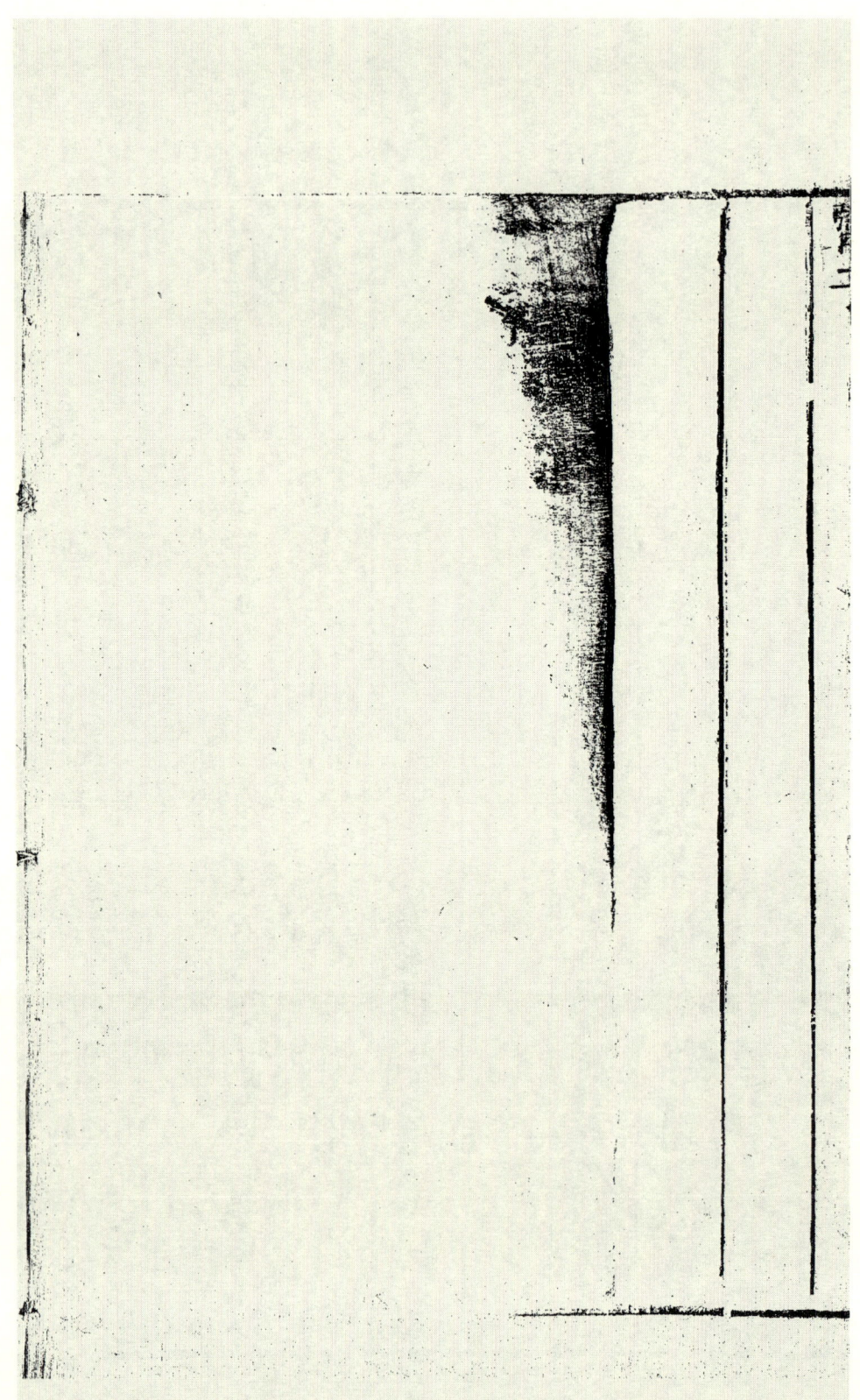

鬻子一卷補鬻子一卷

唐·逄行珪注　明·楊之森校輯

明錢塘楊氏刊《廣成子鬻子合刻》本

鬻子序

鬻子名熊楚人周文王之師也年九十見文王王曰老矣鬻子曰使臣獸逐麋已老矣使臣坐策國事尚少也文王師之著書二十二篇名曰鬻子子者男子之美稱賢

不遠聖不以為經用題紀標子同
據劉氏九流即道流也遭秦暴
虐書記畧盡鬻子雖不預焚燒編
帙由此殘缺依漢書藝文志雖有
六篇今此本乃有十四篇未詳孰
是篇或錯亂文多遺闕至敷演大

道銓撰明史闡域中之教化論刑德之是非雖卷軸不全而其門可見然鄧林之枝荆山之玉君子餘文可得觀矣蠡測子愽懷道德著謨以事故使周文歷節大聖諮詢情存帝王之道辭多斥救之要理致通

遠旨趣愜弘實先達之奧言爲諸
子之首唱織組仁義經緯家邦垂
勸誡之風陳弘濟之術王者覽之
可以理國吏者遵之可以從政至
使賢者勵志不肖者滌心語曰詩
三百一言以蔽之曰思無邪言而

不朽可為龜鏡鬻子論道無邪之謂歟幸以休務之隙披閱子史而書籍實繁不能精備至於此子頗復留心尋其力迹之端探其閫教之旨豈如寓言迂怪馳術飛辯者矣尔乃字重千金辭高萬歲

聊為注解畧起指歸馳心於萬古
之上寄懷於千載之下庶埀道見
志懸諸日月将来君子幸無忽
焉

華州鄭縣尉逢行珪註
錢塘楊之森秀夫校訂

撰吏五帝三王傳政乙第五

撰具也吏者爲政之具也又撰搏也言王者布政施令其在博求於良吏也賢者舉之不賢者不預言五帝三王政道可以百代傳行者乙次於甲以此明政之次也

約束精簡
爲政者法

政曰政者法教也此明帝王之政事以爲法教可稱也君子不與人謀之則巳矣言君子修於內理於外端其形正其影體貞德之安守冲妙之機言出皆成教方謀事必爲法則苟於政而不預豈安危之哉所以止也若與人謀之則非道無由也君子不與人謀則巳矣若與人謀務存大道而言之不以違道飾非不以苟命求王由用也故君子之謀能必用道君子終日言之而不離體要謀於政事而咸由於道故同於道者道亦得之非道之言君子不用也而不能必見受衆目覩於僞不弼視於眞心衆耀於名不能察於實夫庸主必惑於衆豈能受於道教哉故君子之道不必見納也能必忠盡心論道而必竭忠盡道言不邪謫也而不能必入盡忠論道聖君必納庸主所難故有道之君上下親愛忠讜進用智

句法古勁

術無隱以石投水何齟齬哉而不明之主君臣
疏忌小人侍側端正棄遺諂佞是親忠信不用
掩目而視豈不惑能必信言君子不苟合不妄
歎必忠言之不入言正色端辭澄清真
實必存之而不能必見信信言不美而合於道
於信也庸主惑於衆邪豈信
用君子之言乎君子非人者不出之於辭而施
言不以見信也
之於行言君子但爲善將以攻惡善不自是故
惡不非人施之於行不顯之於言說
非非者行是言是非於人是所同也非於人者
人亦非之君子將非於人終不以
非非人自行是惡惡者行善善惡在身是所共
道以論彼之非也君子務善以攻
惡不以惡惡於人所而道諭人謀事必忠出言
以彰惡於行善道也必信行善以攻
惡顯是而明非不苟求
所以知而道德自明也

大道文王問第八

大道者覆天地廓四方斥八極高而無際深不可測綿六合橫四維不可以言象盡不可以指示說應無間之迹終政教之端包萬物之形彰三光之外爲而不有行而不見有道之王動而同之妙用無窮故謂之大文王因用無窮故謂之大師問道可爲永則因以名篇也

政曰昔者文王問於鬻子昔者往日也言雖臨馭億兆而不獨專從

師問道以政敢問人有大志乎尊師道故曰敢問文王思存大術之門曰道以終政事心迹在於經對曰有鬻子前答文王言有大志遠所以先問於大志也

文王曰敢問大志奈何鬻子前不即以楷答者故引成文王之問也文王欲能終大志之理故曰其事奈何矣

鬻子曰知其身之惡而不改也以賊其身乃喪其軀過則勿憚改終日不爲惡惡去於身也豈但墨面髡髮是爲形食哉故其蚩尤見誅四凶就戮夏癸絕祀商辛覆宗賊身害軀破家失國其行如此是爲大志也其行如此是謂之大志終成所答之事

貴道五帝三王周政乙第五

夫爲政以德必貴於道爲化國之福爲

意深語儁

當文王之時而通稱三王者據近以及遠明道以同也周者合也備也言五帝三王貴道其政能合若一也而無所不備也

昔之帝王昔者在昔貴道德之帝王稱曰昔者以遠喻近爲之勸也所以爲明者以其吏也言帝王而有聖明之稱者皆委賢吏在顯職故道化興而萬國寧明聖不獨運也

昔之君子其所以爲功者以其民也人惟邦本得衆斯昌建極乘時必資兆庶人効其力以成其功也力生於神生者有國必先靈祐皇天上帝社稷山川神迹玄符無不來會成湯降神受夏大命武王夢神送大、

駭駭夫寘運兩儀鼓動萬物豈有使之然哉莫不大化於自然玄應而義用造之非我理自相符故曰力生於神者也而功最於吏王者發政施令而不自爲必擇賢以任使之是故天下和平人知所保此賢吏善最之功也福歸於君俊德在官盡心竭力人教其道俗順其教上下親相而德交歸焉國士平康而爲君之福者也昔者五帝之治天下也五帝謂皇帝顓頊高辛唐虞也其道昭昭若日月之明然若以晝代夜然日月運明明不私照必須幽顯始終不息故昭昭然所不舍也夫聖人與天地合德日月齊明道大不渝可以希遠也故其道若首然萬世爲福萬世爲教者唯從黃帝以下舜禹以上而已矣。首者始也言五帝之道常爲萬代之始後之不能加也夫黃帝

始蚩衣裳造書契置史官爲舟楫以濟不通服
牛乘馬立棟宇重門擊柝以待暴客爲杵臼以
利萬姓作弧矢以威天下造律管與封禪顓頊
平九黎之亂人神不離萬物有序高辛氏作鞞
鞞鍾鼓莞席帝堯茅茨不剪土階三尺夏日葛
衣冬日鹿裘蕩蕩乎人無能名焉巍巍乎其有
成功也帝舜少而至孝堯聞聰明而用之舜乃
舉禹爲司空以平水土棄爲后稷以播百穀禼
爲司徒以敎百姓臯陶爲士師以理獄訟垂爲
共工以典衆作作朕虞以育草木伯夷爲秩宗
以典三禮夔爲樂正以和神人舜彈五弦之琴
歌南風之詩夏禹櫛風沐雨冠履不顧數九土
乘四載鑿龍門闢伊闕導百川建萬國微禹之
功人皆魚矣帝王之功莫此爲盛故百代不易
爲福爲敎也

君王欲緣五帝之道而不失。則可以長久。

言君王但因循五帝之道而常行用無所爲替則可以長保宗廟社稷以爲人始也

守道五帝三王周政甲第四

執大象而天下往明道不往則道不可暫離所也

聖人在上賢士百里而有一人則猶無有也。言聖王在上化被蒼生德周萬物雖百里而有一賢士以聖道廣宣賢迹不見其賢雖多則若無有也

王道衰微暴亂在上賢士千里而有一人則猶比肩也。王道衰微暴虐亂政人皆思德雖千里有一賢士其若比肩言賢人不可得也

撰吏五帝三王傳政乙第三

帝王所以安國家行政教其在良吏乎

言必博廣以取也

政曰民者賢不肖之材也賢不肖皆具焉。賢者德行之名不肖者頑嚚之謂夫賢與不肖見於行也二者同出於性而異名皆材於最靈各有定分、矣天下之廣黎庶之衆賢與不肖自皆具焉故賢人得賢不肖人休焉。言賢者不自求進而材爲時須王者必任賢人所以得也不肖者非自求退而行無所取不登政事是以休廢也材能側焉。有過人之智必矜其能恃能矜智必違道輕躁所至危僻故曰材能側焉忠信飾焉。懷盡忠之節必修於道修身貴真履行務實由於正路禮義仁信以文飾其身也故曰忠信飾焉民者積愚也。冥然無知愚之

姯而勁

謂也雖懸明主楔吏焉。必使民與興焉。言明主推心於人以取良吏而不獨任也士民與之明上舉之。得於衆心善於政事上所以舉用之也士民若之明上去之。若如人者賢愚之間政旣不與所以斥去之也故王者取吏不忘。必使民唱然後和。人主總羣謀以觀衆知明以探風聲察於下言以求得失取賢人以宣政化推己取賢唯聖者能之民者吏之程也。程法式也知之在下是故取吏之法式察之於衆庶人者若之也察吏於民然後隨。人與之主舉之人若之主去之此隨之也政曰民者至卑也。極卑下也而使之取吏焉。必取所愛。聖主不違人以獨用也故十人愛之。則十人之吏也。百人愛之。則百人之吏也。千人愛之。則千人之吏也。萬人愛之。則萬人之吏也。自此已上皆言人之情好之德行各有所愛樂之多少殊別也故萬人之吏。撰卿相矣。人愛之多則必堪爲政事赫赫師尹民具爾瞻主之所援不可失賢也卿相者諸侯之丞也。卿相者人主之杖故爲諸侯之丞也故封侯之上秩出焉賢者得之列土封疆得自家臣故曰秩出焉卿相者侯之本也。政之典士在於卿相得賢者和輯失賢者奸散故爲爲侯之職在卿相也

曲阜魯周公政甲第十四

曲阜之地方七百里少昊之墟是魯周

數語扼要 指迷

公所封之邑以周公裨益政禮故稱之以爲篇耳

政曰。昔者魯周公曰。吾聞之於政也。稱周公之言以明政也。知善不行者謂之狂。善者體道懷德也人主行善於上百姓變善於下堯之日比屋可封知善道之爲善而不行用者是狂悖之人也。知惡不改者謂之惑。惡者賊以喪軀人主爲惡於上則百姓爲惡而不悛者是皆惑。夫狂與惑者。聖王之戒也。知善而不行知惡而不改必至狂惑者此聖王之明戒也

道符五帝三王傳政甲第二

夫開國崇基必先於道道既符合無往

不真影響相同自然合應甲者先於乙也

不肖者不自謂不肖也（肖者類也言不類不似也不似之人豈自稱哉言不知也自知賢不肖是為明）而不肖見於行（丹朱傲虐無揜晝夜領額肆惡罔無休息此則見於外不以隱微者也）雖自謂賢人猶謂之不肖也（不肖者豈自謂不肖哉以賢者視之不肖之迹見矣雖以彼賢以自賢人豈以為賢乎）愚者不自謂愚而愚見於言（昧道不得之人豈自稱其愚蒙哉而愚迹見於辭說也）雖自謂智人猶謂之愚（愚者豈自以為愚哉以智視之愚迹見矣雖以彼智以自智人豈以為智

數始五帝治天下第七

言帝者年數之始以記其佐帝及升位之年數也天下者豈可忘理哉亦由積德累葉以有之也言五帝之道相緣爲政故同稱之也

昔者帝顓頊。 黃帝次妃曰嫘祖生昌意昌意生顓頊爲高陽氏在位七十八年

年十五而佐黃帝。 軒轅氏少昊次子父曰帝鴻氏母曰附寶見大電光繞北斗樞星照野感而孕二十五月生以土德王故日皇帝在位百年顓頊自幼年以翼佐皇帝也

二十而治天下。 升爲天子也

其治天下也。上緣黃帝

之道而行之。因修黃帝之道而行其政令不改革也學黃帝之道而常之。此迹不及所以效也效其通道而常用之昔者帝嚳。黃帝正妃生玄囂玄囂之子生帝嚳德日新故曰高辛在位七十上賓年十五而佐帝顓頊三十而治天下。佐顓頊以理天下三十而升爲帝也其治天下也。上緣皇帝之道而明之。言德稍下不能盡行黃帝之道但明之而巳矣學帝顓頊之道而行之。政教所爲效顓頊而行其言不能常習之也

禹政第六

伯禹夏后氏言禹功錫玄圭德諧元始

仁賢立政以致太平可爲法則故以名篇矣

禹之治天下也黄帝玄孫顓頊姓姒名文命字高密在位九年受禪成功曰禹受舜禪以臨天下。得皋陶得杜子業得既子得施子黯得季子甯得然子堪得輕子玉。此以上七大夫之姓名也得七大夫以佐其身以治天下以天下治。言帝王獨治天下雖則聖德皆俟賢佐以輔之故得天下人安也

湯政天下至紂第七

言成湯放無道之桀以統萬機而理天

下得賢大夫贊佐而致太平至紂昏惑以失國故終始書之以名篇

湯之治天下也湯姓子名履字天乙除虐去殘曰湯征葛伯放桀順取天下以理也得慶輔。伊尹。湟里且。東門虛。南門蝡。西門疵。北門側。伊尹有莘氏媵臣以爲相東門等並姓名也得七大夫佐以治天下而天下治。七大夫皆有賢行斥救弼諧故得天下減人也二十七世。自湯至紂父子兄弟相承二十七代也積歲五百七十六歲至紂。夏曰歲此除即位之年也

上禹政第六

以五聲聽政克功于邦可以爲上也

禹之治天下也以五聲聽。九重幽深下言難達所欲百姓又斥救之事故懸置五聲招之以聽政也門懸鍾鼓鐸磬。懸之於簨簴也而置鞀。置於地也以得四海之士。四海之士有進於言者必造五聲以揮擊傳聞也爲銘於簨簴。懸樂器之具刻銘於其上也曰。教寡人以道者擊鼓。鼓以動動物故動合於道也教寡人以義者擊鍾。鍾金聲也以合於義故教義者擊鍾也教寡人以事者振鐸。鐸金鈴木舌也所以事發有可行爲所欲言者以振鐸也語寡人以憂者擊磬。憂者聲悲磬聲消爍故近於悲故憂而擊磬也告寡人以獄訟者揮鞀。此之謂五聲。獄訟之事務於疾速故揮鞀以陳之此以上並銘於筍簴之大也是以禹嘗據一饋而七十起日中而不暇飽食急於政事無暇安於一食所以示接士之急也曰吾猶恐四海之士留於道路常行之處非所宜憂也是以四海之士皆至事必得道必合上下應會無不至也是以禹當朝廷間也可以羅爵不暇飽食聽政不疾朝廷開靜然後無事也

道符五帝三王傳政甲第五

夫君子將入其職旭旭然如日初出入昭昭然人保其福既去暗暗然人失其

警策

鑿鑿名論琅爲不朽

教此得政典符合之謂也

夫國者卿相世賢者有之有國則有卿相賢德者卿相之具人與之王用之不賢者豈能用之哉有國無國智者治之夫有國者豈自寧豈自亂也所以安者智謀之力也智者非一日之志積功累業行道不倦以成其志治者非一日之謀謀者心思也樹德以爲尚寛重道修政作教以至誠平之咨謀非一日之所能致也治志治謀在於帝王然後民知所保夫君上有道化行於下遠近慕義四境無虞百姓淳和盜賊屏息故人知所安也而知所避冨貴貧賤不相犯仁義禮智由其門無爲政教下民爲福是知所避也發號施令爲天下福者謂之道先之以博愛陳之以德義先之

十一

以敬讓道之以禮樂不奪人時不干人上下相利故得禍亂不作爲福之道此之謂歟親謂之和。至德以教之要道以治之上下同心是謂和矣民不求而得所欲謂之信日出而作日沒而息不勞於事不苦煩苛甘其食安其居樂其業此豈外求之哉上有行道之君是所致者可謂之大信矣除去天下之害謂之仁兼愛萬物慈惻外施至若成湯征葛伯放桀於南巢夏禹之別導山川置立州國故得天下免於暴亂百姓宅其所居在遠于哉斯仁至也仁與信和與道帝王之器。此四者帝王有天下之器所以樂用也苟有違之而天下離叛非其所有也凡萬物皆有器。所用利之是以爲器而違其用豈得其器哉故欲有爲不行其器者雖欲有爲不成。惟名與器不可假人其所營爲

段句緊嚴

必以其器用得其用也故違之不行其器於利遠矣豈有成哉

諸侯之欲王者亦然不用帝王之器者不成

言天下之大神器之重非其王者難以處王之器而未可以宰割必行仁與信和與道然後可招懷萬姓奄有四維西伯以敬讓與邦南陽以仁道得政非其人也豈妄成之哉

湯政湯治天下理第七

天地設而萬物生陰陽化而四時定分則統理爲政之方極於始終可成法則也

天地以好生爲德發

天地闢而萬物生

乾其靜也專一其動也直坤其靜也翕歛其動也開闢

雖息機即生機也得老氏無爲而無不爲之術章法句法井然整飭

是以廣大而生萬物也萬物生而人爲政焉政也者所以正於天地也言天地生萬物不能相使不能相制須人以爲政以正之無其政也則萬物不理也無不能生而無殺也言天地能生而不能無殺唯天地之所以殺人人不能生天之能生唯天殺之可也夫唯天殺之人豈生之哉是不能生之也人化而爲善萬物之中人其爲貴化而爲善理亦天常也獸化而爲惡稟氣以生不有知識非人之類豈不惡哉人而不善者謂之獸人化而爲善是爲天常今爲不善者與彼非虛渡實亦何以異矣有天然後有地天在於上地在於下先天後地理亦自然有地然後有別三才克定萬物區別有別然後有義夫婦之義著君臣之義彰也有義然後有敎百官

立政教行父子存家設教所以效達於上也有教然後有道教迹既彰約之以道苟乖其道物無以安有道然後有理事名各立而理自存有理然後有數名理既章數統之矣夫數以一終十乃至千萬九九之數天之運度亦數之義也日有冥有旦有晝有夜然後以爲數天有三百六十度一日一度三百六十日一周天一日之中晝夜百刻以定之爲數也月一盈一虧月合月離以數紀一歲之中有十二月一月有虧有盈日月或合於次或離於次終於一歲日窮於次月窮於紀星迴於天數將幾終此則日月星辰運行至十一月皆周匝於故處紀猶會者也四者皆陳以爲數治春夏秋冬各統於一歲之日月也此以上爲政之道當法則也政者衛也始終之謂衛政者

正也所以正理天下以爲之天周衛始化之終安之無得之也

愼誅魯周公第六

刑法有倫宜於時政好生之德理適典章故明聖之資輔成周室誡勸之道所得稱言國之大經在於賞罰二者或替將何訓焉可爲政先故紀之爲篇目矣

昔者（此昔者往日之辭也）魯周公使康叔往守於殷。（康叔周公毋弟也衛三監之地殷人數叛故使賢以弟王也）戒之曰。與殺不辜。寧失有罪。（人命所懸理須詳正夫刑或濫其何則爲教不可輕殺不辜寧可失於有罪此

亦寬仁之道也

無有無罪而見誅。罰而不明雖刑不禁言罰不施於有罪也

無有有功而不賞。賞而不明雖賞不勸言賞必加於有功也

戒之封。重稱戒者所以示於殷勤封康叔名也

誅。賞之慎焉。誅賞者國之綱也怒而加誅未必當罪喜而行賞未必當功賞僭則懼及於淫誅濫則懼及於善賞得其功則賢人以勸罰得其辜則姦人以息此不可不審慎之

鬻子終

巧喻

補鬻子七則

錢塘楊之森秀夫訂輯

文王問一則

周文王問於鬻子曰敢問君子將入其職則其於民也何如鬻子對曰唯疑請以上世之政詔於君王政曰君子將入其職則其於民也旭旭然如日之始出也文王曰受命矣君子既入其職則其於民也何如對曰君子既入其職則其於民也暯暯然如日之正中文王曰受命矣君

子既去其職則其於民也何若對曰君子既去其職則其於民也暗暗然如日之已入也故君子將入而旭旭者義先聞也既入而暝暝者民保其福也既去而暗暗者民失其教也文王曰受命矣

武王問一則

周武王問於鬻子曰寡人願守而必存攻而必得戰而必勝則吾爲此奈何鬻子曰唯攻守而戰乎同器而和與嚴其備也政曰和可以守而

反覆推詳
愈精愈透

嚴可以守而嚴不若和之固也和可以攻而嚴可以攻而嚴不若和之得也和可以戰而嚴可以戰而嚴不若和之勝也則唯由和而可也故諸發政施令政平於人者謂之文政矣諸侯接士而使吏禮恭於人者謂文政矣諸侯聽獄斷刑仁於治陳於行其由此守而不存攻而不得戰而不勝者自古而至於今自天地之辟也未之嘗聞也今也君王於守而必存攻而必得戰而必勝則唯由此也爲可也周武王曰受命矣

以簡語括繁義直謂簡古

成王問一則

周成王年六歲即位享國親以其身見於鬻子之家而問焉曰昔者先王與帝修道而道修寡人之望也亦願以教敢問典國之道奈何鬻子對曰唯疑請以上世之政詔於君王政曰典國之道君思善則行之君聞善則行之君知善則行之位敬而常之行信而長之則典國之道也周成王曰受命矣

成王問二則

周成王曰敢問於道之要柰何鬻子對曰唯疑請以上世之政詔於君王政曰爲人下者敬而肅爲人上者恭而仁爲人君者敬士愛民以終其身此道之要也周成王曰受命矣

成王問三則

周成王曰敢問治國之道若何鬻子曰唯疑請以上世之政詔於君王政曰治國之道上忠於主而中敬其士而下愛其民故忠其主者非以道義則無以入忠也而中敬其士不以禮節無

未盡治國大道

以諭敬也。下愛其民。非以忠信。則無以諭愛也。故忠信行於民。而禮節諭於士。道義入於上。則治國之道也。雖治天下者。由此而已。周成王曰。受命矣。

成王問四則

周成王曰。寡人聞之。有上人者。有下人者。有賢人者。有不肖人者。有智人者。有愚人者。敢問上下之人何以爲異。鬻子曰。唯。疑請以上世之政詔於君王。政曰。凡人者若賤。若貴。若幼。若老。聞道志而藏之知道善而行之上人矣聞道而弗取藏也知道而弗取行也則謂之下人也故夫行者善則謂之賢人矣行者惡則謂之不肖矣故夫言者善則謂之智矣言者不善則謂之愚矣故智愚之人有其辭矣賢不肖之人别其行矣上下之人等志矣周成王曰受命矣

成王問五則

周成王曰寡人聞之聖王在上位使民富且壽云若夫富則可爲也若夫壽則不在天乎鬻子

說聖王數段實情實理奇縱其餘耳

曰唯疑請以上世之政詔於君王政曰聖王在上位則天下不死軍兵之事故諸侯不私相攻而民不私相鬬閱不私相煞也故聖王在上位則民免於一死而得一生矣聖王在上則臣積於道而吏積於德而民積於用力故婦爲其所衣丈夫爲其所食則民無凍餒矣故聖王在上則民免於二死而得二生矣聖王在上則君積於仁而吏積於愛而民積於順則刑罰廢矣而民無夭遏之誅故聖王在上則民免於三死而

得三生矣故聖王在上則使民有時而用之有節則民無厲疾故聖王在上則民免於四死而得四生矣故聖人在上則使盈境內興賢良以禁邪惡故賢人必用而不肖人不作則已得其命矣故夫富且壽者聖王之功也周成王曰受命矣

右補鬻子凡七則出賈太傅新書修政論想太傅應及見遺書也今錄補冠子書焉

唐·逄行珪注　清·江藩批校

鬻子一卷

明刊《十二子》本

鬻子序

鬻子名熊楚人周文王之師也年九十見文王王曰老矣鬻子曰使臣捕獸逐麋巳老矣使臣坐策國事尚少也文王師之著書二十二篇名曰鬻子子者男子之美稱賢不逮聖不以爲經用題紀標子因據劉氏九流即道流也遭秦暴亂書記畧盡鬻子雖不預焚燒編帙由此残缺依漢書藝文志雖有六篇今此本乃有十四篇未詳孰是篇或錯亂文多遺闕至敷演大道銓撰明史闡域中之教化論刑德之是非雖卷軸不全而其門可見然鄧

林之枝荆山之玉君子餘文可得觀矣鬻子博懷道德善謀政事故使周文屈節大聖諮詢情存帝王之道辭多斥救之要理致通遠旨趣恢弘實先達之奥言爲諸子之首唱織組仁義經緯家邦垂勸誡之風陳弘濟之術王者覽之可以理國吏者遵之可以從政足使賢者勵志不肖者滌心語曰詩三百一言以蔽之曰思無邪言而不朽可爲龜鏡鬻子論道無邪之謂歟幸以休務之隙披閱子史而書籍實繁不能精備至於此子頗復留心尋其立跡之端探其闡教之旨豈如寓言迂恢馳術

道藏本表在序前

飛辯者矣亦乃字重千金辭高萬歲聊爲注解畧
起指歸馳心於萬古之上寄懷於千載之下庶垂
道見志懸諸日月將來君子幸無忽焉

進鬻子表

臣行珪言臣聞結繩以往書䟽蔑然文字之初教
義斯起記言之史設褒貶之跡爰興書事之官置
勸誡之門由啓於是國版稠疊謨訓昭彰唱讃之
道以弘闡揚之理茲暢德業彌縟英華日新雕琢
性情振其徽烈逮乎周文作聖鬻子稱賢意合道
同寔申師傅鬻子以文王降巳大啓心期明宜布

政之方廣立輔成之策足使萬機留想一代咸休稽古有宗發明耳目尋其著述之旨探其斥救之辭莫不原道心以裁章研神聖而啟沃彌綸彝訓經緯區中不徒讚說微言務於遺翰而已鬻熊爲諸子之首文王則聖德之宗熊既文王之師書乃政教之體雖篇軸殘缺提舉猶備紀綱譬彼盤盂發揚有愈臣家傳儒素積習忠良覩明主奉師之蹤覽賢者盡義之道循環徵究妙極機神敢率至愚爲之注解研覃析理以叙私情剪截浮辭用申狂瞽伏惟陛下則天垂訓越極宣風稽太上之至

和興帝王之炯誡股肱訪直獻替無疑大舉賢良
寧濟區宇四海華面八表宅心務本脩文垂拱無
事臣以草萊卑賤識度庸淺荷堯沐舜擊壤謳歌
周於政教之端屬聽太平之詠志存綴輯以述矢
言簡牘難周辭意斯拙謹以繕寫奉獻闕庭無日
月昭明布餘暉於牖隙時雨咸洎灑餘潤於纖枯
望希塵露之資豈議沉舟之楫天威咫尺神魂震
驚謹上表以聞伏聽慈旨謹言永徽四年十一月
二十六日華州鄭縣尉臣逄行珪上

此行頂格下同

鬻子卷上

華州鄭縣尉逄行珪註

撰吏五帝三王傳政乙第五撰具也吏者為政之具也又撰博也言王者布政施令其在博求於良吏也賢者舉之不賢者不預言五帝三王政道可以百代傳行者乙次於甲以此明政之次也

政曰政者法教也此明帝王之政事以為法教可稱也君子不與人謀之則已矣言君子脩於內理於外端其形正其影體眞德之要守冲妙之機言出以成教方謀事必為法則苟於政而不預豈安為之哉所以止也若與人謀之則非道無由也君子不與人謀則已矣若與人謀務存大道布言之不以違道飾非不以苟命求正由用也故君子之謀能必用道君子終日言而不離體要謀於政事而咸由於

道故同於道道者道亦得之非道之言君子不用也而不能必見受衆目視於僞不
留視於真衆心耀於名不能察於實夫庸主必惑於衆豈能受於道教哉故君子之道不必見納也
能必忠盡心論道而必竭忠盡道言不邪諂也而不能必入盡忠盡道聖君
必納庸主所難故有道之君上下親愛忠讜進用智術無隱以石投水何齟齬哉而不明之主君臣
疏忌小人侍側端正棄遺諂佞是親忠信不用掩目而視豈不惑歟必忠言之不必能必信
言君子不苟合不妄言正色端辭澄清真實必存之於信也而不能必見信信言
不美而合於道庸主惑於衆邪豈信用君子之言乎言不以見信也君子非人者不
出之於辭而施之於行言君子但爲善將以攻惡善不自是惡不非人施之
於行不顯之於言說也故非非者行是言是非於人是所同也非於人者人亦非
之君子將非於人終不以非非人自行是道以論彼之非惡惡者行善善惡在身是所

共也君子務善以攻惡不以惡惡於人所以彰惡於行善道也而道諭矣諫事必忠出口必信行善以攻惡顯是而明非不苟求所以知而道德自明也

大道文王問第八夫道者覆天地廓四方斥八極高而無際深不可測綿六合横四維不可以言象盡不可以情求視聽無間之跡終政教之端包萬物之形彰三光之外爲而不有行而不見有道之王動而同之妙用無窮故謂之大文王因用無窮故謂之大師問道可稱求則因以名篇也

政曰昔者文王問於鬻子昔者言往日也雖臨馭億兆而不獨專從師問道以政術之門曰敢問人有大忘乎尊師道故曰敢問文王思存大道以終政事心跡在於經遠所以先問於大忘也對曰有鬻子前答文王言有大忘也文王曰敢問大忘奈何鬻子前不即以指答者故引成文王之問文王欲然終大忘之

理故曰其事柰何矣鬻子曰知其身之惡而不改也以賊其身乃喪其軀過則勿憚改終日不爲惡惡去於身身也豈但墨面髡髮是爲形餘哉故其蚩尤見誅四凶就戮夏癸絕祀商辛覆宗賊身害軀破家失國其行如此是爲大忘也其行如此是謂之大忘終成所答之事

貴道五帝三王周政乙第五夫爲政以德必責於道爲化國之福爲當文王之時而通稱三王者據近以及遠明道以同也周者合也備也言五帝三王貴道其政能合若一也而無所不備也

昔之帝王昔者在昔貴道德之帝王稱昔者以遠論近爲之勸也所以爲明者以其吏也言帝王而有聖明之稱者皆委賢吏使在顯職故道化與而萬國寧明聖不獨運也昔之君子其所以爲功者以其民也人惟邦本得衆

斯昌建極秉特必資兆庶人皆致力以成其功也力生於神王者有國必先靈祐皇天上帝社稷山川神跡玄符無不來會成湯降神受夏大命武王夢神遂大戡殷夫冥運兩儀鼓動萬物豈有使之然哉莫不大化於自然玄應而義用造之非我理自相符故曰力生於神者也而功最於吏王者度政施令而不自爲必屬賢能以任使之故天下和平人知所保此賢吏善最之功也福歸於君俊德在官盡心竭力人敦其道俗順其教上下相親而德交歸焉國土平康而爲君之福者也昔者五帝之治天下也五帝謂黃帝顓頊高辛唐虞也其道昭昭若日月之明然若以晝代夜然日月運明明不私照必須幽顯始終不息故昭昭然所不舍也夫聖人與天地合德日月齊明道大不淪可以崇遠也故其道首首然萬世爲福萬世爲教者唯從黃帝以下舜禹以上而已矣首者始也言五帝之道常爲萬代之

始後之不能加也夫黃帝始垂衣裳造書契置史官爲舟楫以濟不通服牛乘馬立棟宇重門擊柝以待暴客爲杵臼以利萬姓作弧矢以威天下造律管興封禪顓頊平九黎之亂人神不雜萬物有序高辛氏作鞀鞞鐘鼓堯席帝堯茅茨不剪土階三尺夏日葛衣冬日鹿裘蕩蕩乎人無能名焉巍巍乎其有成功也帝舜少而至孝堯聞聰明而用之舜乃舉禹爲司空以平水土棄爲后稷以播百穀禼爲司徒以教百姓皋陶爲士師以理獄訟垂爲共工以典衆作益作朕虞以育草木伯夷爲秩宗以典三禮夔爲樂正以和神人舜彈五絃之琴歌南風之詩夏禹櫛風沐雨冠履不顧數九土乘四載鑿龍門闢伊闕道百川建萬國微禹之功人皆魚矣帝王之功莫此爲盛故百代不易爲福爲教也

君王欲緣五帝之道而不失則可以長久

言君王但因循五帝之道而常行用無所爲替則可以長保宗廟社稷以爲人始也

守道五帝三王周致聖第四

執大象而天下往明道不

往則道不可暫離所也

聖人在上賢士百里而有一人則猶無有也言聖王在上化被蒼生德周萬物雖百里而有一賢士以王畿道廣宣賢跡不見其賢雖多則若無有也道衰微暴亂在上賢士千里而有一人則猶比肩也王道衰微暴虐亂政人皆思德雖千里有一賢士其若比肩言賢人不可得也

撰吏五帝三王傳政乙第三帝王所以安國家行政教其在良吏乎言必博廣以取也

政曰民者賢不肖之杖也賢不肖皆具焉賢者德行之名不肖者頑嚚之謂夫賢與不肖見於行此二者同出於性而異名皆杖於最靈各有定分矣天下之廣黎庶之衆賢與不肖自皆具焉故賢人得焉不肖人徐焉言賢者不

自求進而材爲時須王者必任賢人所以得也不肖者非自求退而行無所取不登政事是以休廢
也**杖能側焉**有過人之智必矜其能恃能矜智必違道輕躁所至危僻故曰杖能側焉
忠信飾焉懷盡忠之節必脩於道脩身貴眞履行務實由於正路禮義仁信以文飾其身
也故曰忠信飾焉**民者積愚也**宜然無知愚之謂也**雖愚明主撰吏**
焉必使民興焉言明主推心於人以取良吏而不獨任也**士民與之明**
上舉之得於衆心善於政事上所以舉用之也**士民若之明上去之**
若如人者賢愚之間政旣不與所以斥去之也**故王者取吏不忘必使民**
唱然後和人主總群謀以觀衆知明以探風聲察於下言以求得失取賢人以宣政化推
已取賢唯聖者能之**民者吏之程也**程法式也知之在下是故取吏之法式察之於
衆庶人者若之也**察吏於民然後隨**人與之主舉之人若之主去之此隨之也

政曰民者至卑也極卑下也而使之取吏焉必取所愛聖主不違人以獨用也故十人愛之則十人之吏也百人愛之則百人之吏也千人愛之則千人之吏也萬人愛之則萬人之吏也自此已上皆言人之情好之德行各有所愛樂之多少殊別也故萬人之吏撰卿相矣人愛之多則必堪爲政事赫赫師尹民具爾瞻主之所授不可失賢也卿相者諸侯之丞也卿相者人主之杖故爲諸侯之丞也故封侯之士秩出焉賢者得之列土封疆得自家臣故曰秩出焉卿相君侯之本也政之興亡在於卿相得賢者和輯失賢者離散故爲侯之職在卿相也

曲阜魯周公政甲第十四曲阜之地方七百里少昊之墟

是曾周公所封之邑以周公裨益政禮故稱之以爲篇耳

政曰昔者曾周公曰吾聞之於政也稱周公之言以明政者也知善不行者謂之狂善者體道懷德也人主行善於上百姓變善於下堯之日比屋可封知善道之爲善而不行用者是狂悖之人也知惡不改者謂之惑惡者賊以喪軀人主爲惡於上則百姓爲惡惡而不悛者是昏惑夫狂與惑者聖王之戒也知善而不行知惡而不改必至狂惑者此聖王之明戒也

道符五帝三王傳政甲第二夫開國崇基必先於道道既符合無往不眞影響相同自然合應甲者先於乙也

不肖者不自謂不肖也肖者類也言不類不似也自知賢不肖是爲明也不似之人豈自稱哉言不知也而不肖見於行丹朱傲虐無捨晝夜額額肆惡曾無

休息此則見於外不以隱微者也雖自謂賢人猶謂之不肖也不肖者豈自謂不肖哉以賢者視之不肖之跡見矣雖以彼賢以自賢人豈以爲賢乎愚者不自謂愚而愚見於言昧道不德之人豈自稱其愚蒙哉而愚跡見於辭說也雖自謂智人猶謂之愚愚者豈自以爲愚哉以智視之愚跡見矣雖以彼智以自智人豈以爲智

數始五帝治天下第七言帝者年數之始以記其佐帝及升位之年數也天下者豈可安理哉亦由積德累業以有之也言五帝之道相緣爲政故同稱之也

昔者帝顓頊黃帝正妃曰嫘祖生昌意昌意生顓頊爲高陽氏在位七十八年年十五而佐黃帝軒轅氏少典次子父曰帝鴻氏母曰附寶見大電光繞北斗樞星照

野感而孕二十五月生以土德王故曰黃帝在位百年顓頊自幼年以翼佐黃帝也二十而治天下升為天子也其治天下也上緣黃帝之道而行之因脩黃帝之道而行其政令不改革也學黃帝之道而常之化跡不及所以效也效其通道而常見之昔者帝嚳黃帝正妃生玄囂玄囂之子生帝嚳德日新故曰高辛在位七十年矣年十五而佐帝顓頊三十而治天下佐顓頊以理天下三十而升為帝也其治天下也上緣黃帝之道而明之言德猶下不能盡行黃帝之道但明之而已矣學帝顓頊之道而行之政教所為效顓頊而行其言不能常習之也

禹政第六

伯禹夏后氏言禹功錫玄圭德譜元始任賢立政以致太平可為法則故以名篇矣

禹之治天下也（黄帝玄孫祖顓頊姓姒名文命字高密在位九年受禪成功曰禹受舜禪以臨天下）得皋陶得杜子業得旣子得施子黯得季子甯得然子堪得輕子王（此以上士大夫之姓名也）得七大夫以佐其身以治天下以天下治（言帝王獨治天下雖則聖德皆俟賢佐以輔之故得天下人安也）

湯政天下至紂第七（言成湯放無道之桀以統萬機而理天下得賢大夫贊佐而致太平至紂昏惑以失國故終始書之以名篇）

湯之治天下也（湯姓子名履字天乙除虐去殘曰湯征葛伯放桀順承天下以理也）得慶誧伊尹湟里且東門虛南門蝡西門疕北門側（伊尹有莘氏媵臣以爲相東門等並姓名也）得七大夫佐以治天下

而天下治七大夫皆有賢行斥救弼諧故得天下咸乂也二十七世自湯至紂父子兄弟相承二十七代也積歲五百七十六歲至紂夏曰歲此除即位之年也

上禹政第六以五聲聽政克勤于邦可以爲上也

禹之治天下也以五聲聽九重幽深下言難進所欲百姓反斥救之事故懸置五聲招之以聽政也門懸鐘鼓鐸磬懸之於簨簴也而置鞀置於地也以得四海之士四海之士有進於言者必造五聲以揮擊傳聞也爲銘於簨簴懸樂器之具刻銘於其上也曰教寡人以道者擊鼓鼓以動物故動合於道也教寡人以義者擊鐘鐘金聲也以合於義故教義者擊鐘也教寡人以事者振鐸鐸金鈴木舌也所以事務有可行爲所欲言者以振鐸也

語寡人以憂者擊磬憂者聲悲磬聲消燥而近於悲故憂而擊磬也語寡人以獄訟者揮鞀此之謂五聲獄訟之事務於疾速故揮鞀以陳之此以上並刻銘於簨簴之文也是以禹嘗據一饋而七十起日中而不暇飽食急於政事無暇安於一食所以不接上之急也曰吾猶恐四海之士留於道路常行之處非所宜憂也是以四海之士皆至事必得道必合上下應會無不至也是以禹當朝廷間也可以羅爵不暇飽食聽政不疲朝廷間靜然後無事也

道符五帝三王傳政用第五夫君子將入其職旭旭然如日初出入昭昭然人承其福既去暗暗然人失其教此得政典符合之謂也

夫國者卿相世賢者有之有國則有卿相賢德者卿相之其人與之主用

之不賢者豈能用之哉有國無國智者治之夫有國者豈自學豈自亂也所以安者智謀之力也智者非一日之志積功累業行道不倦以成其志治者非一日之謀謀者心思也樹德以爲尚寬重道脩政作教以至誠平之咨謀非一日之所能致也治志治謀在於帝王然後民知所保大君上有道化行於下遠近慕義四境無虞百姓淳和盜賊屏息故人知所安也而知所避富貴貧賤不相犯仁義禮則由其門無違政教下民爲福是知所避也發教施令爲天下福者謂之道先之以博愛陳之以德義先之以敬讓道之以禮樂不奪人時不下人利故得禍亂不作爲福之道此之謂歟上下相親謂之和至德以教之要道以治之上下同心是謂和矣民不求而得所欲謂之信日出而作日沒而息不勞於事不苦煩苛甘其食安其居樂其業此豈外求之哉上有行道之君是所致者可謂之大信矣

除去天下之害謂之仁兼愛萬物慈惻外施至若成湯征葛伯放桀保南巢夏禹之別導山川置立州國使得天下免於暴亂百姓宅其所居仁遠乎哉斯仁至也仁與信和與道帝王之器此四者帝王有天下之器所以樂推也苟有違之而天下離叛非其所有也凡萬物皆有器所用利之是以爲器而違其用豈得其器哉故欲有爲不行其器者雖欲有爲不成惟名與器不可假人其所嘗爲必以其器用得其器也故和之不行其器於利遠矣豈有成哉諸侯之欲王者亦然不用帝王之器者不成言天下之大神器之重非其王者難以處之王氣而來可以宰割必行仁與信和與道然後可招懷萬姓奄有四維西伯以敬讓興邦南陽以仁道得政非其人也豈俟成之哉

湯政湯治天下理第七天地設而萬物生陰陽化而四時定

分別統理爲政之方極於始終可成法則也

天地闢而萬物生乾其靜也專一其動也正直坤其靜也翕歛其動也開闢是以廣大而生萬物也萬物生而人爲政焉政也者所以正於天地也言天地生萬物不能相使不能相制須人以爲政以正之無其政也則萬物不理也無不能生而無殺也言天地能生而不能無殺唯天地之所以殺人不能生天之能生唯天殺之可也夫唯天殺之人豈生之哉是不能生之也人化而爲善萬物之中人其爲貴化而爲善理亦天常也獸化而爲惡稟氣以生不有知飾非人之類豈不惡哉人而不善者謂之獸人化而爲善是爲大常今爲不善者與彼飛蟲蹶寶亦何以異矣有天然後有地天在於上地在於下先天後地理亦自然有地然後有別三才克定萬物區別有別然後有義夫婦之義者君臣之

義彰也有義然後有教百官立政教行父子存家設教所以效達於上也有
教然後有道教跡既彰約之以道苟無其道物無以安有道然後有理
事名各立而理自存有理然後有數名理既彰以統之矣夫數以一終十乃至千萬
九九之數天之運度亦數之義也日有冥有旦有晝有夜然後以
爲數天有三百六十度一日一度三百六十日一周天一日之中晝夜百刻以定之爲數也
月一盈一虧月合月離以數紀一歲之中有十二月一月有虧有盈
日月或合於次或離於次終於一歲日窮於次月窮於紀星廻於天數將幾終此則日月星辰運行
至十二月皆周布於故處紀猶會者也四者皆陳以爲數治春夏秋冬各統
於一歲之日月也此以上爲政之道當法則也政者衛也始終之謂衛政者
正也所以正理天下以爲之天周衛始化之終安之無得之也

愼誅曾周公第六刑法有倫宜於時政好生之德理適典章故明聖之資輔成周室誠勸之道可得稱言國之大經在於賞罰二者或昔將何訓焉可爲政先故紀之爲篇目矣

昔者此昔者往日之辭也曾周公使康叔往守於殷康叔周公母弟也衛三監之地殷人數叛故使賢母弟王也戒之曰與殺不辜寧失有罪人命所懸理須詳正夫刑或濫其向則焉故不可輕殺不辜寧可失於有罪此亦寬仁之道也無有無罪而見誅罰而不明雖刑不禁言罰不施於有罪也無有有功而不賞賞而不明雖賞不勸言賞必加於有功也戒之封重稱戒旨所以示於殷勤封康叔名也誅賞之愼焉賞之重國之柄也怒而加誅未必當罪喜而行賞不必當功且賞僭懼及於淫誅濫則懼及於善賞得其功則賢人以勸罰得其辜則姦人以息此不可不審

慎之

嘉慶八年四月借白下朝天宮道藏本校於五笥仙館江藩記

鬻子終

唐·逢行珪注

鬻子一卷

明刊《十子》本

鬻子序

鬻子名熊楚人周文王之師也年九十見文王王曰老矣鬻子曰使臣捕獸逐麋巳老矣使臣坐策國事尚少也文王師之著書二十二篇名曰鬻子子者男子之美稱賢不逮聖不以爲經用題紀標子因據劉氏九流即道流也遭秦暴亂書記略盡鬻子雖不預焚燒編帙由此殘缺依漢書藝文志雖有六篇今此本乃有十四篇未詳孰是篇或錯亂文多遺闕至數演大道銓撰明史闡域中之教化論刑德之是非雖卷軸不全而其門可見然鄧

林之枝荊山之玉君子餘文可得觀矣鬻子博懷道德善謀政事故使周文屈節大聖諮詢情存帝王之道辭多斥救之要理致通遠旨趣恢弘實先達之奧言爲諸子之首唱織組仁義經緯家邦垂勸誡之風陳弘濟之術王者覽之可以理國吏者遵之可以從政足使賢者勵志不肖者滌心語曰詩三百一言以蔽之曰思無邪言而不朽可爲龜鏡鬻子論道無邪之謂歟幸以休務之隙披閱子史而書籍實繁不能精備至於此子頗復留心尋其立跡之端探其闡教之旨豈如寓言迂恢馳術

飛辯者矣亦乃字重千金辭高萬歲聊爲注解畧起指歸馳心於萬古之上寄懷於千載之下庶垂道見志懸諸日月將來君子幸無忽焉

進鬻子表

臣行珪言臣聞結繩以往書疏蔑然文字之初教義斯起記言之史設褒貶之跡聿興書事之官置勸誡之門由啓於是國版稠疊謨訓昭彰唱讚之道以弘闡揚之理玆暢德業彌縟英華日新雕琢性情振其徽烈逮乎周文作聖鬻子稱賢意合道同寔申師傅鬻子以文王降巳大啓心期明宣布

政之方廣立輔成之策足使萬機留想一代咸休
稽古有宗發明耳目尋其著述之旨探其斥救之
辭莫不原道心以裁章研神聖而啟沃彌綸彝訓
經緯區中不徒讚說微言務於遺翰而已鬻熊爲
諸子之首文王則聖德之宗熊旣文王之師書乃
政教之體雖篇軸殘缺提舉猶備紀綱譬彼盤盂
發揚有愈臣家傳儒素積習忠良覩明主奉師之
蹤覽賢者盡義之道循環徵究妙極機神敢率至
愚爲之注解研覃析理以叙私情剪截浮辭用申
狂瞽伏惟陛下則天垂訓越極宣風稽太上之至

和與帝王之炯誡股肱諒直獻替無疑大舉賢良
寧濟區宇四海華面八表宅心務本脩文垂拱無
事臣以草萊卑賤識度庸淺荷堯沐舜擊壤謳歌
周於政教之端屬聽太平之詠志存綴輯以述矢
言簡牘難周辭意斯拙謹以繕寫奉獻闕庭庶曰
月昭明布餘暉於漏隙時雨咸洎灑餘潤於纖枯
望希塵露之資豈議沉舟之楫天威咫尺神魄震
驚謹上表以聞伏聽慈旨謹言永徽四年十一月
二十六日華州鄭縣尉臣逢行珪上

鬻子

華州鄭縣尉逄行珪註

撰吏五帝三王傳政乙第五 撰具也吏者為政之具也又撰博也言王者布政施令其在博求於良吏也賢者舉之不賢者不預言五帝三王政道可以百代博行者乙次於甲以此明政之次也

政曰 政者法教也此明帝王之政事以為法殺可稱也 君子不與人謀之則已矣。言君子脩於內理於外端其形正其影體眞德之要守冲妙之機言出以成教方謀事必為法則苟於政而不預豈安為之哉所以止也 若與人謀之。則非道無由也。君子不與人謀則已矣若與人謀務存大道帝言之不以違道飾非不以苟命求正由用也 故君子之謀能必用道 君子終日言而不離體要謀於政事而咸由於

道故同於道者道亦得之非道之言君子不用也而不能必見受衆目視於僞不
留視於眞衆心耀於名不能察於實夫庸主必惑於衆豈能受於道教哉故君子之道不必見納也
能必忠盡心論道而必竭忠盡道言不邪諂也而不能必入盡忠盡道聖君
必納庸主所難故有道之君上下親愛忠讜進用智術無隱以石投水何齟齬哉而不明之主君臣
疏忌小人侍側端正棄遺諂佞是親忠信不用掩目而視豈不惑歟必忠言之不必能必信
言君子不苟合不妄言正色端辭澄清眞實必存之於信也而不能必見信信言
不美而合於道庸主惑於衆邪豈信用君子之言乎言不以見信也君子非人者不
出之於辭而施之於行言君子但爲善將以攻惡善不自是惡不非人以施之
於行不顯之於言說也故非非者行是言是非於人是所同也非於人者人亦非
之君子將非於人終不以非非人自行是道以論彼之非惡惡者行善善惡在身是所

共也君子務善以攻惡不以惡惡於人所以彰惡於行善道也而道諭矣謀事必忠出户必信行善以攻惡顯是而明非不苟求所以知而道德自明也

大道文王問第八

夫道者覆天地廓四方斥八極高而無際深不可測綿六合橫四維不可以言象盡不可以指示說應無間之跡終政教之端包萬物之形彰三光之外爲而不有行而不見有道之王動而同之妙用無窮故謂之大文王因用無窮故謂之大師問道可爲永則因以名篇也

政曰昔者文王問於鬻子昔者言往日也雖臨馭億兆而不獨專從師問道以政術之門曰敢問人有大忘乎尊師道故曰敢問文王思存大道以終政事心跡在於經遠所以先問於大忘也對曰有鬻子前答文王言有大忘也文王曰敢問大忘柰何鬻子前不即以情答者故引成文王之問文王欲然終大忘之

理故四其事柰何矣鬻子曰知其身之惡而不改也以賊其身乃喪其軀過則忽憚改終日不爲惡惡去於身也豈但墨面髡髮是爲形餘哉故其蚩尤見誅四凶就戮夏癸絶祀商辛覆宗賊身害軀破家失國其行如此是爲大忘也其行如此是謂之大忩終成所答之事

貴道五帝三王周政乙第五夫爲政以德必貴於道爲化國之福焉當文王之時而道稱三王者據近以及遠明道以同也周者合也備也言五帝三王貴道其政能合若一也而無所不備也

昔之帝王昔者在昔貴道德之帝王稱昔者以遠喻近爲之勸也所以爲明者以其吏也言帝王而有聖明之稱者皆委賢吏使在顯職故道化興而萬國寧明聖不獨運也昔之君子其所以爲功者以其民也人惟邦本得衆

斯昌建極秉時必資兆庶人皆致力以成其功也力生於神王者有國必先靈祐皇天上帝社稷山川神跡玄符無不來會成湯降神受夏大命武王夢神遂大戲殷夫冥運兩儀鼓動萬物豈有使之然哉莫不大化於自然玄應而義用造之非我理自相符故曰力生於神者也而功最於吏王者度政施令而不自爲必屬賢能以任使之故天下和平人知所保此賢吏善最之功也福歸於君俊德在官盡心竭力人敷其道俗順其教上下相親而德交歸焉國土平康而爲君之福者也昔者五帝之治天下也五帝謂黃帝顓頊高辛唐虞也其道昭昭若日月之明然若以晝代夜然日月運明明不私照必須幽顯始終不息故昭昭然所不舍也夫聖人與天地合德日月齊明道大不淪可以崇遠也故其道首首然萬世爲福萬世爲教者唯從黃帝以下舜禹以上而已矣首者始也言五帝之道常爲萬代之

始後之不能加也夫黃帝始垂衣裳造書契置史官爲舟楫以濟不通服牛乘馬立棟宇重門擊柝以待暴客爲杵臼以利萬姓作弧矢以威天下造律管興封禪顓頊平九黎之亂人神不雜萬物有序高辛氏作鞀鞞鐘鼓莞席帝堯茅茨不剪土階三尺夏日葛衣冬日鹿裘蕩蕩乎人無能名焉巍巍乎其有成功也帝舜少而至孝堯聞聰明而用之舜乃舉禹爲司空以平水土棄爲后稷以播百穀禼爲司徒以教百姓臯陶爲士師以理獄訟垂爲共工以典衆作酋作朕虞以育草木伯夷爲秩宗以典三禮夔爲樂正以和神人舜彈五絃之琴歌南風之詩夏禹櫛風沐雨冠覆不顧數九土之乘四載鑿龍門闢伊闕道百川達萬國微禹之功人皆魚矣帝王之功莫此爲盛故百代不易爲福爲教也

君王欲緣五帝之道而不失則可以長久

言君王但因循五帝之道而常行用無所爲替則可以長保宗廟社稷以爲人始也

守道五帝三王周政甲第四

執大象而天下往明道不

往則道不可暫離所也

聖人在上賢士百里而有一人則猶無有也言聖王在上化被蒼生德周萬物雖百里而有一賢士以聖道廣宣賢跡不見其賢雖多則若無有也

王道衰微暴亂在上賢士千里而有一人則猶比肩也王道衰微暴虐亂政人皆思德雖千里有一賢士其若比肩言賢人不可得也

擢吏五帝三王傳政乙第三帝王所以安國家行政教其在良吏乎言必傳黃以取也

政曰民者賢不肖之杖也賢不肖皆具焉賢者德行之名不肖者頑嚚之謂夫賢與不肖見於行此二者同出於性而異名皆杖於最靈各有定分矣天下之廣黎庶之衆賢與不肖自皆具焉故賢人得焉不肖人休焉言賢者不

自求進而材爲時須王者必任賢人所以得也不肖者非自求退而行無所取不登政事是以休廢也杖能側焉有過人之智必矜其能恃能矜智必違道輕躁所至危僻故曰杖能側焉忠信飾焉懷盡忠之節必脩於道脩身貴眞復行務實由於正路禮義仁信以文飾其身也故曰忠信飾焉民者積愚也宜然無知愚之謂也雖愚明主擇吏焉必使民興焉言明主推心於人以取良吏而不獨任也士民與之明上舉之得於衆心善於政事上所以舉用之也士民若之明上去之若知人者賢愚之間政旣不與所以斥去之也故王者取吏不忘必使民唱然後和人主總羣謀以觀衆知明以探風聲察於下言以求得失取賢人以宣政化推已取賢唯聖者能之民者吏之程也程法式也知之在下是故取吏之法式察之於衆庶人者若之也察吏於民然後隨人與之主舉之人若之主去之此隨之也

政曰民者至卑也（極卑下也）而使之取吏焉必取所愛（聖主不違人以獨用也）故十人愛之則十人之吏也百人愛之則百人之吏也千人愛之則千人之吏也萬人愛之則萬人之吏也（自此已上皆言人之情好之德行各有所愛樂之多少殊別也）故萬人之吏撰卿相矣（人愛之多則必堪爲政事赫赫師尹民具爾瞻主之所援不可失賢也）卿相者諸侯之丞也（卿相者人主之杖故爲諸侯之丞也）故封侯之土秩出焉（賢者得之列土封疆得自家臣故曰秩出焉）卿相君侯之本也（政之興亡在於卿相得賢者和輯失賢者離散故爲侯之職在卿相也）

曲阜魯周公政甲第十四（曲阜之地方七百里少昊之墟）

是魯周公所封之邑以周公裨益政禮故稱之以爲篇耳

政曰昔者魯周公曰吾聞之於政也稱周公之言以明政者也知善不行者謂之狂善者體道懷德也人主行善於上百姓變善於下堯之日此屋可封知善道之爲善而不行所者是狂悖之人也知惡不改者謂之惑惡者賊以喪軀人主爲惡於上則百姓爲惡而不悛者是昏惑夫狂與惑者聖王之戒也知善而不行知惡而不改必至狂惑者此聖王之明戒也

道符五帝三王傳政甲第二夫開國基必先於道道既符合無往不眞影響相同自然合應甲者先於一也

不肖者不自謂不肖也肖者類也言不類不似也自知賢不肖是爲明也不似之人豈自稱哉言不知也而不肖見於行丹朱傲虐無捨晝夜頟頟肆惡曾無

休息此則見於外不以隱微者也雖自謂賢人猶謂之不肖也不肖者豈自謂不肖哉以賢者視之不肖之跡見矣雖以彼賢以自賢人豈以爲賢乎愚者不自謂愚而愚見於言昧道不德之人豈自稱其愚蒙哉而愚跡見於辭說也雖自謂智人猶謂之愚愚者豈自以爲愚哉以智視之愚跡見矣雖以彼智以自智人豈以爲智

數始五帝治天下第七言帝者年數之始以記其佐帝及升位之年數也天下者豈可妄理哉亦由積德累業以有之也言五帝之道相緣爲政故同稱之也

昔者帝顓頊黃帝正妃曰嫘祖生昌意昌意生顓頊爲高陽氏在位七十八年年十五而佐黃帝軒轅氏少典之子父曰帝鴻氏母曰附寶見大電光繞北斗樞星照

野感而孕二十五月生以土德王故曰黃帝在位百年顓頊自幼年以翼佐黃帝也二十而

治天下子也升為天其治天下也上緣黃帝之道而行

之因脩黃帝之道而行其政令不改革也學黃帝之道而常之化跡不及

所以效也效其通道而常見之昔者帝嚳黃帝正妃生玄囂玄囂之子生帝嚳德日新故

曰高辛在位七十年矣年十五而佐帝顓頊三十而治天下

佐顓頊以理天下三十而升為帝也其治天下也上緣黃帝之道而

明之言德能下不能盡行黃帝之道但明之而已矣學帝顓頊之道而行

之政教所為效顓頊而行其言不能常習之也

禹政第六

伯禹夏后氏言禹功錫玄圭德諧元始任賢立政以致太平可

為法則故以名篇矣

禹之治天下也黃帝玄孫祖顓頊姓姒名文命字高密在位九年受禪成功曰禹受舜禪以臨天下得皋陶得杜子業得既子得施子黯得季子甯得然子堪得輕子玉此以上士大夫之姓名也得七大夫以佐其身以治天下而天下治言帝王獨治天下雖則聖德皆俟賢佐以輔之故得天下人安也

湯政天下至紂第七言成湯放無道之桀以統萬機而理天下得賢大夫贊佐而致太平至紂昏惑以失國故終始書之以名篇

湯之治天下也湯姓子名履字天乙除虐去殘曰湯征葛伯放桀順取天下以理也得慶誧伊尹湟里且東門虛南門蝡西門疵北門側伊尹有莘氏媵臣以爲相東門等並姓名也得七大夫佐以治天下

而天下治（七大夫皆有賢行斥救諂諧故得天下咸乂也）二十七世（自湯至紂父子兄弟相承二十七代也）積歲五百七十六歲至紂（夏曰歲此除即位之年也）

上禹政第六（以五聲聽政克勤于邦可以爲上也）

禹之治天下也以五聲聽（九重幽深下言難進所欲百姓反斥救之事故懸置五聲招之以聽政也）門懸鐘鼓鐸磬（懸之於簨簴也）而置鞀（置於地也）以得四海之士（四海之士有進於言者必造五聲以揮擊傳聞也）爲銘於簨簴（懸樂器之具刻銘於其上也）曰教寡人以道者擊鼓（鼓以動物故動合於道也）教寡人以義者擊鐘（鐘金聲也以合於義故教義者擊鐘也）教寡人以事者振鐸（鐸金鈴木舌也所以事務有可行爲所欲言者以振鐸也）

語寡人以憂者擊磬憂者聲悲磬聲消燥而
近於悲故憂而擊磬也語寡
人以獄訟者揮鞀此之謂五聲獄訟之事務於疾
速故揮鞀以陳之此以上並刻銘
於箕簴之文也是以禹嘗據一饋而七十起日中
而不暇飽食急於政事無暇安於一
食所以示接士之急也曰吾猶恐四
海之士留於道路常行之處非
所宜憂也是以四海之士皆
至事必得道必合上
下應會無不至也是以禹當朝廷間也可以羅
爵不暇飽食聽政不疲朝
廷間靜然後無事也

道符五帝三王傳政甲第五夫若子將入
其職旭旭然如日方出入昭昭然人保其福既去暗
暗然人失其教此得政典符合之謂也

夫國者卿相世賢者有之有國則有卿相賢德者
卿相之其人與之王用

之不賢者豈能用之哉

有國無國智者治之夫有國者豈自寧豈自亂也所以安者智謀之力也智者非一日之志積功累業行道不倦以成其志治者非一日之謀謀者心思也樹德以爲尚寬重道脩政作教以至誠平之咨謀非一日之所能致也治志治謀在於帝王然後民知所保夫君上有道化行於天下遠近慕義四境無虞百姓淳和盜賊屏息故人知所安也而知所避富貴貧賤不相犯仁義禮則由其門無違政教下民爲福是知所避也發教施令爲天下福者謂之道先之以博愛陳之以德義先之以敬讓道之以禮樂不奪人時不干人利故得禍亂不作爲福之道此之謂歟上下相親謂之和至德以教之要道以治之上下同心是謂和矣民不求而得所欲謂之信日出而作日沒而息不勞於事不苦煩苛甘其食安其居樂其業此豈外求之哉上有行道之君是所致者可謂之大信矣

除去天下之害謂之仁兼愛萬物慈惻外施至若成湯征葛伯放桀保南巢夏禹之别導山川置立州國故得天下免於暴亂百姓宅其所居仁遠乎哉斯仁至也仁與信和與道帝王之器此四者帝王有天下之器所以樂推也苟有違之而天下離叛非其所有也凡萬物皆有器所用利之是以爲器而違其用豈得其器哉故欲有爲不行其器者雖欲有爲不成惟各與器不可假人其所嘗爲必以其器用得其器也故和之不行其器於利遠矣豈有成哉諸侯之欲王者亦然不用帝王之器者不成言天下之大神器之重非其王者難以處之王氣而來可以宰割必行仁與信和與道然後可招懷萬姓奄有四維西伯以敬讓興邦南陽以仁道得政非其人也豈妄成之哉

湯政湯治天下理第七天地設而萬物生陰陽化而四時定

分別統理爲政之方極於始終可成法則也

天地闢而萬物生乾其靜也專一其動也正直坤其靜也翕斂其動也開闢是以廣大而生萬物也萬物生而人爲政焉政也者所以正於天地也言天地生萬物不能相使不能相制須人以爲政以正之無其政也則萬物不理也無不能生而無殺也言天地能生而不能無殺唯天地之所以殺人不能生夭之能生唯天殺之可也夫唯天殺之人豈生之哉是不能生之也人化而爲善萬物之中人其爲貴化而爲善理亦天常也獸化而爲惡稟氣以生不有知飾非人之類豈不惡哉人而不善者謂之獸人化而爲善是爲大豈今爲不善者與彼飛走躦寶亦何以異矣有天然後有地天在於上地在於下先天後地理亦自然有地然後有別三才克定萬物區別有別然後有義夫婦之義者君臣之

義彰也有義然後有教百官立政教行父子存家設教所以效達於上也有教然後有道教跡既彰約之以道苟垂其道物無以安有道然後有理事各各立而理自存有理然後有數名理既彰以統之矣夫數以一終十乃至千萬九九之數天之運度亦數之義也日有冥有旦有晝有夜然後以爲數天有三百六十度一日一度三百六十日一周天一日之中晝夜百刻以定之爲數也月一盈一虧月合月離以數紀一歲之中有十二月一月有虧有盈日月或合於次或離於次終於一歲日窮於次月窮於紀星廻於天數將幾終此則日月星辰運行至十二月皆周布於故處紀猶會者也四者皆陳以爲數治春夏秋冬各統於一歲之日月也此以上爲政之道當法則也政者衛也始終之謂衛政者正也所以正理天下以爲之天周衛始化之終安之無得之也

慎誅曾周公第六刑法有倫宜於時政好生之德理適典章故明聖之資輔成周室誠勸之道可得稱言國之大經在於賞罰二者或替將向訓焉可爲政先故紀之爲篇目矣

昔者此昔者往日之辭也曾周公使康叔往守於殷康叔周公母弟也衛三監之地殷人數叛故使賢母弟王也戒之曰與殺不辜寧失有罪人命所懸理須詳正夫刑或濫其何則焉故不可輕殺不辜寧可失於有罪此亦寬仁之道也無有無罪而見誅罰而不明雖刑不禁言罰不施於有罪也無有有功而不賞賞而不明雖賞不勸言賞必加於有功也戒之封重稱戒者所以示於殷勸封康叔名也誅賞之慎焉賞之重國之柄也怒而加誅未必當罪喜而行賞不必當功且賞僭懼及於淫誅濫則懼及於善賞得其功則賢人以勸罰得其辜則姦人以息此不可不審

慎之

鬻子二卷

唐·逄行珪注

明刊本

鬻子序

鬻子名熊楚人周文王之師也年九十見文王王曰老矣鬻子曰使臣捕獸逐麋已老矣使臣坐策國事尚少也文王師之著書二十二篇名曰鬻子子者男子之美稱賢不逮聖不以為經用題紀標子曰據劉氏九流即道流也遭秦暴亂書記畧盡鬻子雖不預焚燒編帙由此殘缺依漢書藝文志雖有六篇今此本有十四篇未詳孰是篇或錯亂文多遺闕至數演大道銓撰明史闡域中之教化

論刑德之是非雖卷軸不全而其門可見然鄧林之枝荆山之玉君子餘文可得觀矣鬻子博懷道德善謀政事故使周文屈節大聖諮詢情存帝王之道辭多斥擻之要理致通遠旨趣恢弘實先達之奧言爲諸子之首唱織組仁義經緯家邦箴勸誡之風陳弘濟之術王者覽之可以理國吏者遵之可以從政足使賢者勵志不肖者滌心語曰詩三百一言以蔽之曰思無邪言而不朽可為龜鏡鬻子論道無邪之謂歟行珪以休務之隙披閱子史而

書籍實繁不能精備至於此子頗復留心尋其立
迹之端探其闡教之旨豈如寓言迂恢馳術飛辯
者矣亦乃字重千金辭高萬歲聊爲注解畧起指
歸融心於萬古之上寄懷於千載之下庶盡道見
志懸諸日月將來君子幸無忽焉

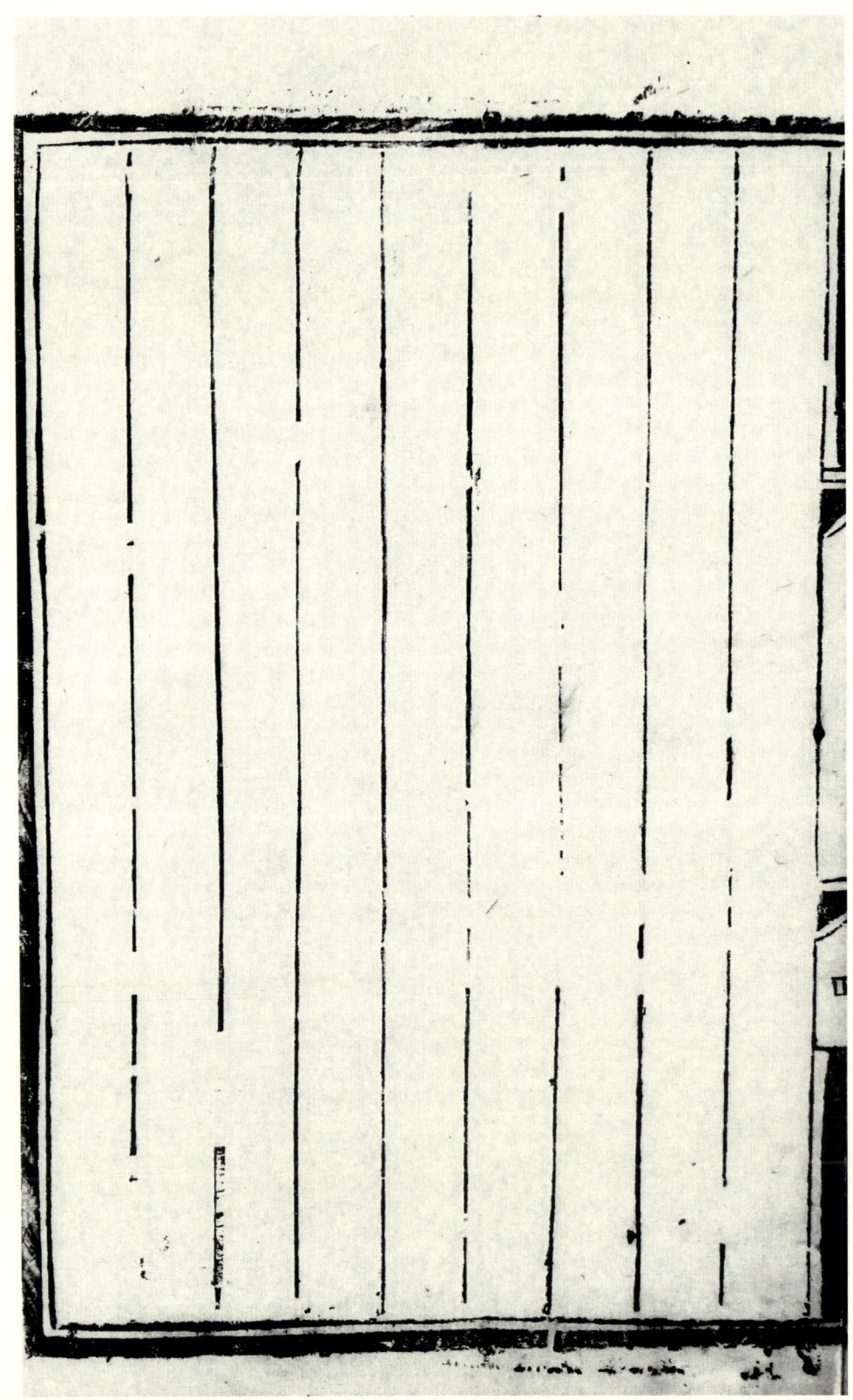

尉繚子卷上

華州鄭縣尉逵行珪註

撰吏五帝三王傳政乙第五撰具也吏者為政之具也又撰傳也言王者布政施令其在傳求於良吏也賢者舉之不賢者不預言五帝三王政道可以百代傳行者乙次於甲以此明政之次也

政曰政者法教也此明帝王之政事以為法教可稱也君子不與人謀之則已矣言君子脩於內理於外端其形正其影體真德之要守沖妙之機言出以成教方謀事必為法則苟於政而不預豈妄為之哉所以止也若與人謀之則非道無由也君子不與人謀則已矣若與人謀務存夫道而言之不以違道飾非不以苟命求正由用

也

故君子之謀能必用道君子終日言而不離道要謀於政事而咸由於道故同於道者道亦得之非道之言君子不用也而不能必見受於衆目視於偽不留視於真衆心耀於名不能察於實夫庸主必惑於衆豈能受於道發哉故君子之道不必見納也

能必忠盡心論道而必竭忠盡道言不邪論也而不能必入盡忠論道聖君必納庸主所難故有道之君上下親愛忠讜進用智術無隱以石投水何齟齬哉而不明之主君臣顚忌小人侍側端正棄遺諂佞是親忠信不用捲目而視豈不惑哉必忠言之不入

能必信言君子不苟合不妄言正色端辭澄清真實必存之於信也而不能必見信信言不美而合於道庸主惑於衆邪豈信用君子之言乎言不以見信也

君子非人者不出之於辭而施之於行言君子但為善將以攻惡善不自是惡不非人施之

於行不顯之於言說也故非非者行是言是非於人是所同也非於人者以亦非之君子將非於人終不以非非人自行是道以論彼之非惡惡者行善善惡在身是所共也君子務善以攻惡不以惡惡於人所以彰惡於行善道也而道諭矣謀事必忠出言必信行善以攻惡顯是而明非不苟求所以知而道德自明也

大道文王問第八

夫道者覆天地廓四方斥八極高而無際深不可測綿六合横四維不可以言象畫不可以指示說應無間之迹終政教之端包萬物之形彰三光之外為而不有行而不見有道之王動而同之妙用無窮故謂之大文王因用無窮故謂之大師問道可為永則因以名篇也

政曰昔者文王問於鬻子昔者言往日也雖臨馭億兆而不獨專從師問

道以政術之門曰敢問人有大忘乎尊師道故曰敢問文王思存大道以終政
事心迹在於經遠所以先問於大忘也對曰有鬻子前荅文王言有大忘也文王
曰敢問大忘柰何鬻子前不即以指荅者故引成文王之問文王欲慾終大忘之
理故曰其事柰何矣鬻子曰知其身之惡而不改也以賊其
身乃喪其軀過則勿憚改終日不為惡惡去於身也豈但墨面髠髮是為形餘戮故其
蚩尤見誅四凶就戮夏癸絕祀商辛覆宗賊身害軀破家失國其行如此是為大忘也其行
如此是謂之大忘終成所荅之事

貴道五帝三王周政乙第五夫為政以德必貴於道為
化國之福焉當文王之時而通稱三王者緣近以及遠明道以同也周者合也

備也言五帝三王貴道其政能合若一也而無所不備也

昔之帝王昔者在昔貴道德之帝王稱昔者以遠喻近爲之勸也所以爲明者以其吏也言帝王而有聖明之稱者皆委賢吏使在顯職故道化興而萬國寧明聖不獨運也昔之君子其所以爲功者以其民也人惟邦本得衆斯昌建極乘時必資兆庶人皆效力以成其功也力生於神王者有國必先靈祐皇天上帝社稷山川神迹玄符無不來會成湯降神受夏大命武王夢神遂大戡殷夫冥運兩儀鼓動萬物豈有使之然哉莫不大化於自然玄應而義用造之非我理自相符故曰力生於神者也而功最於吏王者度政施令而不自爲必屬賢能以任使之故天下和平人知所保此賢吏善最之功也福歸於君俊德在官盡心竭力人敦其道俗順其教上下相親而德交歸

爲國土平康而爲君之福者也昔者五帝之治天下也五帝謂黃帝顓頊高
辛唐虞也其道昭昭若日月之明然若以晝代夜然日月
運明明不私照必須幽顯始終不息故昭昭然所不舍也夫聖人與天地合德日月齊明道大不論
可以崇遠也故其道首首然萬世爲福萬世爲教者唯
從黃帝以下舜禹以上而已矣首者始也言五帝之道常爲萬代之
始後之不能加也夫黃帝始垂衣裳造書契置史官爲舟楫以濟不通服牛乘馬立棟宇重門擊柝
以待暴客爲杵臼以利萬姓作弧矢以威天下造律管興封禪顓頊平九黎之亂人神不雜萬物有
序高辛氏作鞀鞞鐘鼓莞席帝堯茅茨不剪土階三尺夏日葛衣冬日鹿裘蕩蕩乎人無能名焉巍
巍乎其有成功也帝舜少而至孝堯聞聰明而用之舜乃舉禹爲司空以平水土棄爲后稷以播百

殷禼為司徒以教百姓皐陶為士師以理獄訟垂為共工以典衆作益作朕虞以育草木伯夷為秩宗以典三禮夔為樂正以和神人舜彈五絃之琴歌南風之詩夏禹櫛風沐雨飢饉不顧敷九土乘四載鑿龍門闢伊闕道百川建萬國微禹之功人皆魚矣帝王之功莫此為盛故百代不易為福為教也

君王欲緣五帝之道而不失則可以長久 言君王但因循五帝之道而常行用無所為替則可以長保宗廟社稷以為人始也

守道五帝三王周政甲第四 執大象而天下化明道不拙則道不可暫離所也

聖人在上賢士百里而有一人則猶無有也 言聖王在上化被蒼生德周萬物雖百里而有一賢士以王聖道廣宣賢迹不見其賢雖多則若無有也

道衰微暴亂在上賢士千里而有一人則猶比肩也王道衰微暴亂政人皆思德雖千里有一賢士其若比肩言賢人不可得也

撰吏五帝三王傳政乙第三帝王所以安國家行政教其在良吏乎言必博廣以取也

政曰民者賢不肖之杖也賢不肖皆具焉賢者德行之名不肖者頑嚚之謂夫賢與不肖見於行此二者同出於性而異名皆杖於最靈各有定分矣天下之廣黎庶之衆賢與不肖自皆具焉故賢人得焉不肖人休焉言賢者不自求進而材為時須上者必任賢人所以得也不肖者非自求退而行無所取不登政事是以休廢也杖能側焉有過人之智必矜其能恃能矜智必違道輕躁所至危僻故曰杖能側焉

忠信飾焉懷盡忠之飾必循於道循身貴真復行務實由於正路禮義仁信以文飾其身也
故曰忠信飾焉民者積愚也冥然無知愚之謂也雖愚明主選吏焉
必使民興焉言明主推心於人以取良吏而不獨任也士民與之明上
舉之得於衆心善於政事上所以舉用之也士民若之明上去之若如
人者賢愚之間政既不與所以斥去之也故王者取吏不忘必使民唱
然後和人主總羣謀以觀衆知明以採風聲察於下言以求得失取賢人以宣政化推己取
賢唯聖者能之民者吏之程也程法式也知之在下是故取吏之法式察之於衆庶
人者若之也察吏於民然後隨人與之主舉之人若政之主去之此隨之也
曰民者至卑也極卑下也而使之取吏焉必取所愛聖主

不違人以獨用也故十人愛之則十人之吏也百人愛之則百人之吏也千人愛之則千人之吏也萬人愛之則萬人之吏也自此已上皆言人之情好之德行各有所愛樂之多以殊別也

故萬人之吏撰卿相矣人愛之多則必堪為政事赫赫師尹民具爾瞻主之所援不可失賢也卿相者諸侯之丞也卿相者人主之杖故為諸侯之丞也

故封侯之士秩出焉賢者得之列土封疆得卿相自家臣故曰秩出焉

者侯之本也政之興亡在於卿相得賢者和輯失賢者離散故為侯之職在卿相也

鶡子卷上

鬻子卷下　　顛二

華州鄭縣尉逄行珪註

曲阜魯周公政甲第十四　曲阜之地方七百里少昊之墟是魯周公所封之邑以周公禪益政禮故稱之以爲篇耳

政曰昔者魯周公曰吾聞之於政也　稱周公之言以明政者也

知善不行者謂之狂　善者體道懷德也人主行善於上百姓變善於下堯之日比屋可封知善道之爲善而不行用者是狂悖之人也

知惡不改者謂之惑　惡者賊以喪軀人主爲惡於上則百姓爲惡而不悛者是皆惑

夫狂與惑者聖王之戒也　知善而不行知惡而不改必至狂惑若此聖王之明戒也

道符五帝三王傳政甲第二夫開國崇基必先於道道既符合無往不貞影響相同自然合應甲者先於一也

不肖者不自謂不肖也肖者類也言不類不似也自知賢不肖是為明也不似之人豈自稱其言不知也而不肖見於行丹朱傲虐無稽晝夜頟頟罔惡會無休息與則見於外不以隱微者也雖自謂賢人猶謂之不肖也不肖者豈自謂不肖哉以賢者視之不肖之迹見矣雖以彼賢以自賢人豈以為賢乎愚者不自謂愚而愚見於言昧道不德之人豈自稱其愚蒙哉而愚迹見於辭說也雖自謂智人猶謂之愚愚者豈自以為愚哉以智視之愚迹見矣雖以彼智以自智人豈以為智

數始五帝治天下第七 言帝者年數之始以記其佐帝及升位之年數也天下者豈可妄理哉亦由積德累葉以有之也言五帝之道相緣為政故同稱之也

昔者帝顓頊 黃帝正妃曰嫘祖生昌意昌意生顓頊為高陽氏在位七十八年 年十六而佐黃帝 軒轅氏少典次子父曰帝鴻氏母曰附寶見大電光繞北斗樞星照野感而孕二十五月生以上德王故曰黃帝在位百年顓頊自幼年以翼佐黃帝也 二十而治天下 升為天子也 其治天下也上緣黃帝之道而行之 因脩黃帝之道而行其政令不改革也 學黃帝之道而常之 化迹不及所以效也效其通道而常用之

昔者帝嚳 黃帝正妃生玄囂玄囂之子生帝嚳德日新故

曰高辛在位七十年矣年十五而佐帝顓頊三十而治天下佐顓頊以理天下三十而升為帝也其治天下也上緣黃帝之道而明之言德稍下不能盡行黃帝之道但明之而已矣學帝顓頊之道而行之政教所為效顓頊而行其言不能常冒之也

禹政第六伯禹夏后氏言禹功錫玄圭德譜元始任賢立政以致太平可為法則故以名篇矣

禹之治天下也黃帝玄孫祖顓頊姓姒名文命字高密在位九年受禪成功曰禹受舜禪以臨天下得皐陶得杜子業得既子得施子黯得季子甯得然子堪得輊子玉此以上七大夫之姓名也得七大夫

以佐其身以治天下以天下治言帝王獨治天下雖則聖德皆假賢佐以輔之故得天下人安也

湯政天下至紂第七言成湯放無道之桀以統萬機而理天下得賢大夫贊佐而致太平至紂皆咸以失國故終始書之以名篇

湯之治天下也湯姓子名履字天乙除虐去殘曰湯征葛伯放桀幡取天下以理也得慶誧伊尹湟里且東門虛南門蝡西門疵北門側伊尹有莘氏媵臣以為相東門等並姓名也得七大夫佐以治天下而天下治七大夫皆有賢行乎故弼諧故得天下咸乂也二十七世自湯至紂父子凡弟相承二十七代也積歲五百七十六歲至紂夏日歲此除即

佐之年也

上禹政第六以五聲聽政克勤于邦可以為上也

禹之治天下也以五聲聽凡重壅滯下言難進所欲百姓反本教之卓故懸置五聲招之以聽政也門懸鍾鼓鐸磬懸之於簨簴也而置鞀置於地也以得四海之士四海之士有進於言者必造五聲以揮撃傳聞也為銘於簨簴懸樂器之具刻銘於其上也曰教寡人以道者撃鼓鼓以動物故勤合於道也教寡人以義者撃鍾鍾金聲也以合於義故教義者撃鍾也教寡人以事者振鐸鐸金鈴木舌也所以事務有可行為所欲言者以振鐸也語寡人以憂者撃磬憂者聲悲磬聲消燥而近於悲故憂而撃磬也語寡

以獄訟者揮鞀此之謂五聲（獄訟之事務於疾速故揮鞀以陳之）（此以上並刻銘於簨簴之文也）是以禹嘗據一饋而七十起日中而不暇飽食（急於政事無暇安於一食所以示接士之急也）曰吾猶恐四海之士留於道路（常行之處非所宜憂也）是以四海之士皆至（事必得道必合上下應會無不至也）是以禹當朝廷間也可以羅爵（不暇飽食聽政不疲朝廷閒靜然後無事也）

道符五帝三王傳政甲第五（夫君子將入其職旭旭然如日初出入昭昭然人保其福既去腤暗然人失其數此得政與符合之謂也）

夫國者卿相世賢者有之（有國則有卿相賢德者卿相之具人與之王用）

之不賢者豈能用之哉有國無國智者治之夫有國者豈自寧豈自亂也所

以安者智謀之力也智者非一日之志積功累業行道不倦以成其志治者

非一日之謀謀者心思也樹德以為尚寬重道脩政作教以至誠平之咨謀非一日之

所能致也治志治謀在於帝王然後民知所保夫若上有道化

行於下遠近慕義四境無虞百姓淳和盜賊屏息故人知所安也而知所避當貴貧賤

不相犯仁義禮則內其門無違政教下民為福是知所避也發教施令為天下

福者謂之道先之以博愛陳之以德義先之以敬讓道之以禮樂不奪人時不干人利

故得禍亂不作為福之道此之謂歟上下相親謂之和至德以教之要道以治之

上下同心是謂和矣民不求而得所欲謂之信日出而作日沒而息不勞

求事不苦煩苛甘其食安其居樂其業此豈外求之哉上有行道之君是所致者可謂之大信矣

除去天下之害謂之仁兼愛萬物慈惻外施至若成湯征葛伯放桀保南巢夏禹之别尊山川置五州國故得天下免於暴亂百姓宅其所居仁遠乎哉斯仁至也仁與信和與道帝王之器此四者帝王有天下之器可以樂推也苟有違之而天下離叛非其所有也凡萬物皆有器所用利之是以為器而違其用豈得其器哉故欲有為不行其器者雖欲有為不成惟名與器不可假人其所營為必以其器用得其器也故和之不行其器於利遠矣豈有成哉諸侯之欲王者亦然不用帝王之器者不成言天下之大神器之重非其王者難以處之王氣而來可以喻創必行仁與信和與道然後可招懷萬姓奄有四維西伯以敬讓興邦南

陽以仁道得政非其人也豈妄成之哉

湯政湯治天下理第七 天地設而萬物生陰陽化而四時定

分別綂理爲政之方極於始終可成法則也

天地闢而萬物生 乾其靜也專一其動也正直坤其靜也翕歛其動也開闢是以廣大而生萬物也

萬物生而人爲政焉 政也者所以正於天地也言天地生萬物不能相使不能相制須人以爲政以正之無其政也則萬物不理也

無不能生而無殺也 言天地能生而不能無殺

唯天地之所以殺人不能生 天之能生唯天殺之可也夫唯天殺之人豈生之哉是不能生之也

人化而爲善 善萬物之中人其爲貴化而爲善理亦天常也

獸化而爲惡 稟氣以生不育知飾非人之類

亦悲哉人而不善者謂之獸人化而為善是為天常人為不善者與彼飛走號實亦何以異矣有天然後有地天在於上地在於下先天後地理亦自然有地然後有別三才克定萬物區別有別然後有義夫婦之義者君臣之義彰也有義然後有敎百官立政敎行父子存家設敎所以敎達於上也有敎然後有道敎迹既彰約之以道苟乖其道物無以安有道然後有理事名各立而理自存有理然後有數名理既彰以統之矣夫數以一終十乃至千萬九九之數天之運度亦數之義也日有宵有旦有晝有夜然後以為數天有三百六十度一日一度三百六十日一周天一日之中晝夜百刻以定之為數也月一盈一虧月合月離以數紀一歲之中有十二月一月有虧有盈

日月或合於次或離於次終於一歲日窮於次月窮於紀星迴于天數將幾終此則日月星辰運行至十二月皆周帀於故處紀猶會者也四者皆陳以爲數治春夏秋冬各數

於一歲之日月也此以上爲政之道當法則也政者衛也始終之謂衛政者正也所以正理天下以爲之天周衛始從之終安之無得之也

慎誅魯周公第六刑法有倫宜於時政好生之德理適典章故明聖之資輔成周室誠勸之道可得稱言國之大經在於賞罰二者或替將何訓爲可爲政先故紀之爲篇目矣

昔者此昔者往日之辭也魯周公使康叔往守於殷康叔周公母弟也衛三監之地殷人數叛故使賢母弟主也戒之曰與殺不辜寧失有

罪人命所懸理須詳正夫刑戮濫其何則爲故不可輕殺不辜寧可失於有罪此帝寛仁之道也

無有無罪而見誅罰而不明雖刑不禁言罰不施於有罪也無有有功

而不賞賞而不明雖賞不勸戒之封重錫戒者所言賞必加於有功也以示於衆勸

封康叔誅賞之慎焉賞之重國之大也怒而加誅名也未必當罪喜而不賞不必當

功則且賞僭懼及於淫誅濫則懼及於善賞得其功賢人以勸罰得其辜則蔽人以息此不可不審

慎之

鬻子卷下

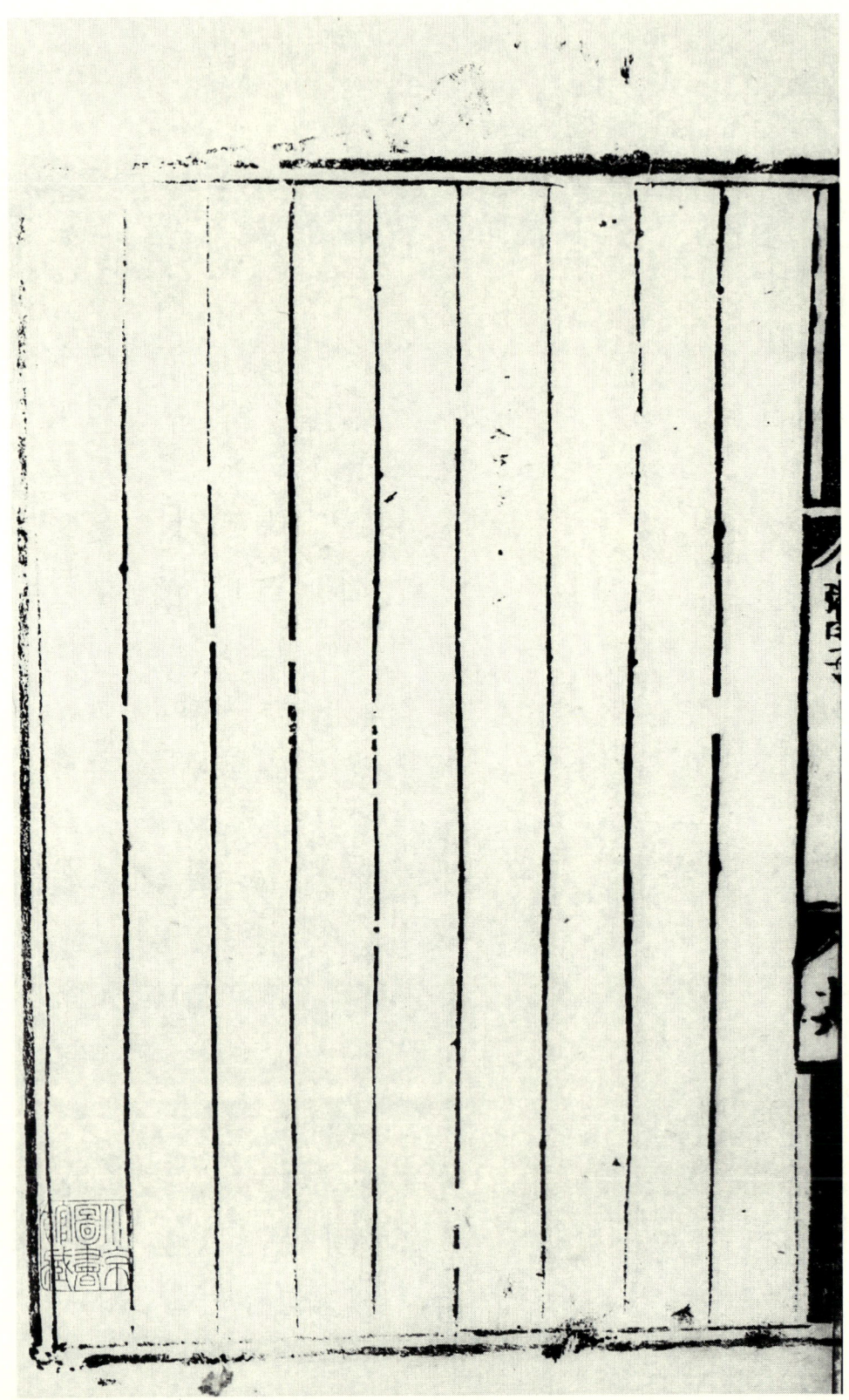

鬻子二卷

唐·逢行珪注　清·嚴可均跋　沈宗疇批校

清嘉慶七年(1802)嚴可均抄本《子書六種》

進鬻子表

臣行珪言臣聞結繩以往書跡茂然文字之初教義斯起記言之史設褒貶之迹聿興書事之官置勸誡之門由啓於是國版稠疊謨訓昭彰唱讃之道以引闡揚之理茲暢德業彌縟英華日新雕琢性情振其徽烈逮乎周文作聖鬻子稱賢意合道同寔申師傅鬻子以文王降己大啓心期明宣布政之方廣立輔成之策足使萬機留想一代咸休稽古有宗發明耳目尋其著述之旨探其斥救之辭莫不原道心以裁章研神理而啓沃彌綸彝訓經緯區中不徒讃說微言務於遺翰而已鬻熊爲諸子之首文王則聖德之宗熊既文王之師書乃政教之體雖篇軸殘缺提舉猶備紀綱譬彼盤盂發揚有愈臣家傳儒素積習忠良覩明主奉師之蹤覽賢者盡義之道循環徵究妙極機神敢率

顛一

至愚爲之註解研覃折理以叙私情剪截浮辭用申狂瞽伏惟
陛下則天垂訓越極宣風稽太上之至和興帝王之烱誡股肱
諒直獻替无疑大舉賢良寧濟區宇四海華面八表宅心務本
修文垂拱無事臣以草萊卑賤識度庸淺荷堯沐舜擊壤謳歌
周施政教之端屬聽太平之詠志存綴輯以述矢言簡牘難周
辭意斯拙謹以繕寫奉獻闕庭庶日月昭明布餘暉於漏隙時
雨咸洎灑餘潤於纖枯望希塵露之資豈議沉舟之楫天威咫
尺神魄震驚謹上表以聞伏聽慈旨謹言
永徽四年十一月二十六日華州鄭縣尉臣逢行珪上

鬻子序

鬻子名熊，楚人，周文王之師也。年九十，見文王。王曰：「老矣！」鬻子曰：「使臣捕獸逐麋，已老矣。使臣坐策國事，尚少也。」文王師之，著書二十二篇，名曰《鬻子》。子者，男子之美稱。賢不逮聖，不以爲經，用題紀標子。因攄劉氏九流，即道流也。遭秦暴亂，書記畧盡，鬻子雖不預焚燒，編秩由此殘缺。依《漢書·藝文志》雖有六篇，今此本乃有十四篇，未詳孰是。篇或錯亂，文多遺闕，至數演大道，銓撰明史，闡域中之教化，論刑德之是非，雖卷軸不全，而其門可見。然鄧林之枝，荆山之玉，君子餘文，可得觀矣。鬻子博懷道德，善謀政事，故使周文屈節，大聖諮詢，情存帝王之道，辭多斥救之要，理致通遠，旨趣恢弘，實先達之奥言，爲諸子之首唱。織組仁義，經緯家邦，垂勸誡之風，陳弘濟之術，王者覽之，可以理國吏者遵之可以從政足使賢者勵志不肖者滌心語曰詩三百一言以蔽之曰思無邪言而不朽可爲龜鏡覩子論道無邪之謂歟幸以休務之隙披閱子史而書籍實繁不能精備至於此子頗復留心尋其立迹之端探其闡教之旨豈如寓言言[迂]恢馳術飛辯者矣亦乃字重千金辭高萬歲聊爲注解畧起指歸馳心於萬古之上寄懷於千載之下庶垂道見志懸諸日月將來君子幸無忽焉

妄或作安

鬻子卷上

華州鄭縣尉逄行珪註

撰吏五帝三王傳政乙第五

撰具也吏者爲政之具也又撰博也言王者布政施令其在博求於良吏也賢者舉之不賢者不預言五帝三王政道可以百代傳行者乙次於甲以此明政之次也

政曰

政者法教也此明帝王之政事以爲法教可稱也

君子不與人謀之則已矣

言君子修於內理於外端其形正其影體眞德之要守沖妙之機言出以成教方謀事必爲法則苟於政而不預豈妄爲之哉所以止也

以叙作與

命叙作合

言字下一本有之字

若與人謀之則非道無由也

君子不以人謀則已矣若與人謀務存大道而言之不以違道飾非不以苟命求正由用也

故君子之謀能必用道

君子終日言而不離體要謀於政事而慼由於道故同於道者道亦得之非道之言君子不用也

慼荀作感

而不能必見受

衆目視於僞不留視於眞衆心耀於名不能察於實夫庸主必惑於衆豈能受於道教哉故君子之道不必見納也

治要作受也
藝文類聚十一作受也
長短經君德作受也

能必忠

盡心論道而必竭忠盡道言不邪譎也

而不能必入

治要作入也
藝文類聚十一作入也
長短經君德作入也

治要作信也
藝文類聚十一作信也
長短經君德作信也

一本下有也字

盡忠論道、聖君必納、庸主所難、故有道之君、上下親愛、忠讜進用、智術無隱、以石投水、何齟齬哉、而不明之主、君臣疏忌、小人侍側、端正棄遺、諂佞是親、忠信不用、掩目而視、豈不惑歟、必忠言之不入、

能必信

言君子不苟合、不妄言、正色端辭、澄清眞實、必存之於信也、

而不能必見信

信言不美、而合於道、庸主惑於衆邪、豈信用君子之言乎、言不以見信也、

君子非人者、不出之於辭、而施之於行、

言君子但爲善、將以攻惡、善不自是、惡不非人、施之於行、不顯之於言説也、

故非非者行是

言是非於人、是所同也、非於人者、人亦非之、君子將非於人終不以非非人、自行是道、以論彼之非、

惡惡者行善

善惡在身、是所共也、君子務善以攻惡、不以惡惡於人、所以彰惡於行善道也、

而道諭矣

謀事必忠、出言必信、行善以攻惡、顯是而明非、不苟求所以知、而道德自明也、

大道文王問第八

夫道者覆天地、廓四方、斥八極、高而無際、深不可測、綿六合、横四維、不可以言象盡、不可以指示說、應無間之迹、終政教

之端、包萬物之形、彰三光之外、爲而不有、行而不見、有道之
王動而同之、妙用無窮、故謂之大、文王因用無窮、故謂之大
師問道、可爲永則、因以名篇也、
政曰、昔者文王問於鬻子曰、
昔者、言往日也、雖臨馭億兆、而不獨專、從師問道、以政術之
門曰、
敢問人有大忘乎、
尊師道、故曰敢問、文王思存大道、以終政事、心迹在於經遠、
所以先問於大忘也、
對曰、有、
鬻子前答文王言有大忘也、
文王曰、敢問大忘奈何、

然當作無

矣當作也

御覽四百九十作對曰大忘知其

害

御覽四百九十作有行如此之謂大忘

鬻子前不即以指答者故引成文王之問文王欲然終大忘

之理故曰其事奈何矣

鬻子曰知其身之惡而不改也以賊其身乃喪其軀

過則勿憚改終日不爲惡惡去於身也豈但墨面髡髮是爲

形餘哉故其蚩尤見誅四凶就戮夏癸絶祀商辛覆宗賊身

害軀破家失國其行如此是爲大忘也

其行如此是謂之大忘

終成所答之事

貴道五帝三王周政乙第五

夫爲政以德必貴於道爲化國之福焉當文王之時而通稱

三王者據近以及遠明道以同也周者合也備也言五帝三

王貴道其政能合若一也而無所不備也

稱字下有賢字

昔之帝王

昔者、在昔貴道德之帝王、稱昔者、以遠喻近、爲之勸也、

所以爲明者、以其吏也、

言帝王而有聖明之稱者、皆委賢吏使在顯職、故道化興而萬國寧、明聖不獨運也

昔之君子、其所以爲功者、以其民也、

人惟邦本、得衆斯昌、建極秉時、必資兆庶、人皆效力、以成其功也

力生於神

王者有國、必先靈祐、皇天上帝、社稷山川、神迹玄符、無不來會、成湯降神、受夏大命、武王夢神、遂大戡殷、夫冥運兩儀、鼓動萬物、豈有使之然哉、莫不大化於自然、玄應而義用、造之

非我、理自相符故曰力生於神者也

而功最於吏

王者度政施令、而不自爲、必屬賢能以任使之、故天下和平

人知所保、此賢吏善最之功也

福歸於君

俊德在官、盡心竭力、人敦其道、俗順其教、上下相親、而德交

歸焉國土平康、而爲君之福者也

昔者五帝之治天下也

五帝、謂黄帝顓頊高辛唐虞也

其道昭昭、若日月之明然、若以晝代夜然、

日月運明、明不私照、必須幽顯始終不息、故昭昭然、所不舍

也、夫聖人與天地合德、日月齊明、道大不淪、可以崇遠也、

故其道首首然萬世爲福萬世爲教者唯從黄帝以下舜禹以

上而已矣

首者始也言五帝之道常爲萬代之始後之不能加也夫黄

帝始垂衣裳造書契置史官爲舟楫以濟不通服牛乘馬立

棟宇重門擊柝以待暴客爲杵臼以利萬姓作弧矢以威天

下造律管興封禪顓頊平九黎之亂人神不雜萬物有序高

辛氏作鞀鞞鐘鼓莞席帝堯茅茨不剪土階三尺夏日葛衣

冬日鹿裘蕩蕩乎人無能名焉巍巍乎其有成功也帝舜少

而至孝堯聞聰明而用之舜乃舉禹爲司空以平水土棄爲

后稷以播百穀卨爲司徒以教百姓皋陶爲士師以理獄訟

垂爲共工以典衆作益作朕虞以育草木伯夷爲秩宗以典

三禮夔爲樂政以和神人舜彈五絃之琴歌南風之詩夏禹

文選恨賦注作君王欲緣五常之道而不失則可以歸矣

意林作聖王在位百里有一士猶無有也

意林作王道衰千里一士則猶比肩也

櫛風沐雨、冠履不顧、敷九土、乘四載、鑿龍門、闢伊闕、導百川、建萬國、徹禹之功、人皆魚矣、帝王之功、莫此爲盛、故百代不易、爲福爲教也、

君王欲緣五帝之道而不失、則可以長久、

言君王但因循五帝之道、而常行用、無所爲替、則可以長保宗廟社稷、以爲人始也、

守道五帝三王周政甲第四

執大象而天下往、明道不往、則道不可暫離所也

聖人在上、賢士百里而有一人、則猶無有也

言聖王在上、化被蒼生、德周萬物、雖百里而有一賢士、以聖道廣宣、賢跡不見、其賢雖多、則若無有也、

王道衰微、暴亂在上、賢士千里而有一人、則猶比肩也

王道衰微、暴虐亂政、人皆思德、雖千里有一賢士、其若比肩、

言賢人不可得也

撰吏五帝三王傳政乙第三

帝王所以安國家、行政教、其在良吏乎、言必博廣以取也

故曰、民者賢不肖之杖也、賢不肖皆具焉、

賢者、德行之名、不肖者、頑嚚之謂、夫賢與不肖見於行、此二者、同出於性而異名、皆杖於最靈、各有定分矣、天下之廣、黎庶之衆、賢與不肖、自皆具焉、

故賢人得焉、不肖人休焉、

言賢者不自求進、而材爲時須、王者必任、賢人所以得也、不肖者非自求退、而行無所取、不登政事、是以休廢也、

杖能側焉

有過人之智、必矜其能恃能矜智、必違常道、輕躁所至危僻、

故曰杖能側焉、

忠信飾焉

懷盡忠之節、必修於道、修身貴眞、履行務實、由於正路禮義

仁信以文飾其身也、故曰忠信飾焉

民者積愚也

冥然無知愚之謂也、

雖愚明主撰吏焉、必使民與焉、

言明主推心於人、以取良吏、而不獨任也、

士民與之明上舉之

得於衆心、善於政事、上所以舉用之也

士民若之、明上去之、

若如人者、賢愚之間、政既不與、所以斥去之也

故王者取吏不忘、必使民唱然後和、

人主總羣謀、以觀衆知明、以探風聲、察於下言、以求得失、取

賢人以宣政化、推己取賢、唯聖者能之

民者、吏之程也、

程、法式也、知之在下、是故取吏之法式、察之於衆庶人者、若

之也、

察吏於民然後隨、

人與之、主舉之、人若之、主去之、此隨之也、

政曰、民者至卑也、

極卑下也

而使之取吏焉、必取所愛、

聖主不違人以獨用也

故十人愛之、則十人之吏也、百人愛之、則百人之吏也、千人愛之、則千人之吏也、萬人愛之、則萬人之吏也、

自此已上、皆言人之情好之、德行各有所愛樂之多少殊別也

故萬人之吏、撰卿相矣、

人愛之多、則必堪爲政事、赫赫師尹、民具爾瞻、主之所拔、不可失賢也、

卿相者、諸侯之丞也

卿相者、人主之杖、故為諸侯之丞也

故封侯之土秩出焉

賢者得之、列土封疆、得自家臣、故曰秩出焉

卿相者、侯之本也、

政之興亡、在於卿相、得賢者和輯、失賢者離散、故為侯之職在卿相也、

鬻子卷上

意林作知善不信謂之狂

鬻子卷下　　　　　　顛二

華州鄭縣尉逢行珪註

曲阜魯周公政甲第十四

曲阜之地、方七百里、少昊之墟、是魯周公所封之邑、以周公裨益政禮、故稱之以爲篇耳

政曰、昔者魯周公曰、吾聞之於政也、

稱周公之言、以明政者也

知善不行者、謂之狂

善者、體道懷德也、人主行善於上、百姓變善於下、堯之日比屋可封、知善道之爲善、而不行用者、是狂悖之人也

知惡不改者、謂之惑

惡者、賊以喪軀、人主爲惡於上、則百姓爲惡而不悛者、是昏

文選報任少卿書注作聖人
御覽七百三十九作聖人

惑

夫狂與惑者、聖王之戒也

知善而不行、知惡而不改、必至狂惑者、此聖王之明戒也

道符五帝三王傳政甲第二

夫開國崇基、必先於道、道既符合、無往不貞、影響相同、自然合應、甲者、先於乙也

不肖者、不自謂不肖也、

肖者、類也、言不類、不似也、自知賢不肖、是爲明也、不似之人、豈自稱哉、言不知也、

而不肖見於行

丹朱傲虐、無捨晝夜、頟頟肆惡、曾無休息、此則見於外、不以隱微者也、

御覽四百九十九作愚者雖自爲智人皆謂之愚也

雖自謂賢，人猶謂之不肖也，

不肖者，豈自謂不肖哉，以賢者視之，不肖之迹見矣，雖以彼賢以自賢，人豈以爲賢乎，

愚者不自謂愚，而愚見於言，

昧道不德之人，豈自稱其愚蒙哉，而愚迹見於辭說也

雖自謂智，人猶謂之愚，

愚者豈自以爲愚哉，以智視之，愚迹見矣，雖以彼智以自智，人豈以爲智，

數始五帝治天下第七

言帝者年數之始，以記其佐帝及升位之年數也，天下者，豈可妄理哉，亦由積德累業以有之也，言五帝之道，相緣爲政，故同稱之也，

黄、帝年十歲知神農之非而改其政 御覽七十九
黄、帝使四面從五聖 北堂書鈔十一用賢、

昔者帝顓頊

黄帝正妃曰嫘祖、生昌意、昌意生顓頊、爲高陽氏、在位七十八年

年十五而佐黄帝

軒轅氏、少典次子、父曰帝鴻氏、母曰附寶、見大電光繞北斗樞星照野、感而孕、二十五月生、以土德王、故曰黄帝、在位百年、顓頊自幼年以翼佐黄帝也

二十而治天下

升爲天子也

其治天下也、上緣黄帝之道而行之、

因修黄帝之道、而行其政令、不改革也

學黄帝之道而常之

化迹不及、所以效也、效其通道而常用之、

昔者帝嚳

黄帝正妃生玄囂、玄囂之子生帝嚳、德日新、故曰高辛、在位七十年矣

年十五而佐帝顓頊、三十而治天下、

佐顓頊以理天下、三十而升爲帝也

其治天下也、上緣黄帝之道而明之

言德稍下、不能盡行黄帝之道、但明之而已矣

學帝顓頊之道而行之

政教所爲效、效顓頊而行其言、不能常習之也、

禹政第六

伯禹夏后氏、言禹功錫玄珪、德諧元始、任賢立政、以致太平、

北堂書鈔未改本四十九作德皐陶秋子葉尸子黔尸子機季子湛寧用子恕堪卿子玉、

北堂書鈔四十九作德七大夫以左其身天下大治

可爲法則、故以名篇矣、

禹之治天下也

黄帝玄孫、祖顓頊、姓姒、名文命、字高密、在位九年、受禪成功曰禹、受舜禪以臨天下

得皐陶、得杜子業、得既子、得施子黯、得季子寧、得然子堪、得輕子玉、

此以上七大夫之姓名也

得七大夫以佐其身、以治天下、以天下治

言帝王獨治天下、雖則聖德、皆俟賢佐以輔之、故得天下人安也

湯政天下至紂第七

言成湯放無道之桀、以統萬機而理天下、得賢大夫贊佐而

致太平、至紂昏惑、以失國、故終始書之以名篇

湯之治天下也

湯姓子、名履、字天乙、除虐去殘、曰湯、征葛伯、放桀、順取天下

以理也、

北堂書鈔未改本作慶誧伊尹湟理且　又蝡作儒側作測

得慶誧、伊尹、湟里且、東門虛、南門蝡、西門疵、北門側、

伊尹有莘氏媵臣以為相東門等並姓名也

北堂書鈔作天下大理

得七大夫佐以治天下、而天下治

七大夫皆有賢行、斥救弼諧、故得天下咸乂也

二十七世

自湯至紂、父子兄弟相承、二十七代也

積歲五百七十六歲至紂

夏曰歲、此除即位之年也

文選永明九年策秀才文注作
昔大禹治天下以五聲聽治

御覽五百七十五作大禹治天下
也以五聲聽之

御覽八十二作鼓鐸鐘磬

以得治要作以待

上禹政第六

以五聲聽政、克勤于邦、可以爲上也

禹之治天下也、以五聲聽、

九重幽深、下言難進、所欲百姓反斥救之事、故懸置五聲招
之以聽政也

門懸鐘鼓鐸磬

懸之以簨簴也

而置鞀

置於地也

以得待四海之士

四海之士、有進於言者、必造五聲以揮擊傳聞也

爲銘於簨簴

御覽八十二作鼓鐘藝文類聚四十四作擊鐘

藝文類聚四十四作訟獄

懸樂器之具、刻銘於其上也、

曰、教寡人以道者擊鼓

鼓以動物、故動合於道也

教寡人以義者擊鐘

鐘、金聲也、以合於義、故教義者擊鐘也

教寡人以事者振鐸

鐸、金鈴木舌也、所以事務有可行爲、所欲言者、以振鐸也

語寡人以憂者擊磬

憂者聲悲、磬聲消燥而近於悲、故憂而擊磬也

語寡人以獄訟者揮鞀、此之謂五聲

訟獄之事、務於疾速、故揮鞀以陳之、此以上並刻銘於簨虡之文也

藝文類聚十一作禹飯一饋而七起
御覽八十二作據饋而七起
御覽八百四十九作據一饋而七起
治要作七起
藝文類聚十一作吾不恐四海之士
留於道路也恐其留吾門也
治要作吾不恐四海之士留於
道路吾恐其留吾門廷也
御覽四百七十五作吾不恐四海之
士留於道路也吾恐其留門廷
八百四十九作吾恐其留吾門廷
御覽八十二作于是四海之士
四百七十五作是以
治要作是以
治要作是以禹朝廷間可以
羅雀者
藝文類聚十一作禹當朝廷門
可以羅雀
文選謝靈運齋中讀書注作
禹治天下朝廷之間可以羅雀也
治要作夫卿相無世賢者有
之

是以禹嘗據一饋而七十起、日中而不暇飽食
急於政事、無暇安於一食、所以示接士之急也
曰吾猶恐四海之士留於道路、
常行之處、非所宜憂也、
是以四海之士皆至
事必得、道必合、上下應會、無不至也
是以禹當朝廷間也、可以羅爵、
不暇飽食、聽政不疲、朝廷閑靜、然後無事也
道符五帝三王傳政甲第五
夫君子將入其職、旭旭然如日初出、入昭昭然人保其福、既
去暗暗然人失其教、此得政典符合之道謂也
夫國者卿相世賢者有之、

治要作國無國智者理之

治要作志也

治要作謀也

有國則有卿相，賢德者，卿相之具，人與之，主用之，不賢者豈能用之哉

有國無國，智者治之

夫有國者，豈自寧豈自亂也，所以安者，智謀之力也

智者非一日之志

積功累業，行道不倦，以成其志

治者非一日之謀

謀者，心思也，樹德以爲尚，寬重道，修政作教，以至誠平之咨

謀非一日之所能致也

智志治謀，在於帝王，然後民知所保

夫君上有道，化行於下，遠近慕義，四境無虞，百姓淳和，盜賊屏息，故人知所安也

治要作發政
意林作發政施令天下福謂之道
御覽四百三作發政施仁爲天下福
謂之道

而知所避

富貴貧賤不相犯仁義禮則由其門無違政教下民爲福是
知所避也

發教施令爲天下福者謂之道

先之以博愛陳之以德義先之以敬讓道之以禮樂不奪人
時不干人利故得禍亂不作爲福之道此之謂歟

上下相親謂之和

至德以教之要道以治之上下同心是謂和矣

民不求而得所欲謂之信

日出而作日没而息不勞於事不苦煩苛甘其食安其居樂
其業此豈外求之哉上有行道之君是所致者可謂之大信
矣

治要無去字
意林無去字
御覽四百十九無去字

治要作之器也
長短經君德引作之器也

故欲有爲下治要有而字
不行治要作而不行
治要作不成也

除去天下之害謂之仁

兼愛萬物慈惻外施至若成湯征葛伯放桀保南巢夏禹之別尊山川置立州國故得天下免於暴亂百姓宅其所居仁遠乎哉斯至仁也

仁與信和與道帝王之器

此四者帝王有天下之器所以樂推也苟有違之而天下離叛非其所有也

凡萬物皆有器

所用利之是以爲器而違其用豈得其器哉

故欲有爲不行其器者雖欲有爲不成

惟名與器不可假人其所營爲必以其器用得其器也故和之不行其器於利遠矣豈有成哉

治要無諸侯之三字
治要作亦不成也

御覽三百六十作正焉

諸侯之欲王者亦然、不用帝王之器者不成

言天下之大、神器之重、非其王者難以處之、王氣而來、可以宰割、必行仁與信、和與道、然後可招懷萬姓、奄有四維、西伯以敬讓興邦、南陽以仁道得政、非其人也、豈妄成之哉

湯政湯治天下理第七

天地設而萬物生、陰陽化而四時定、分別統理、爲政之方、極於始終、可成法則也、

天地闢而萬物生

乾、其靜也專一、其動也正直、坤、其靜也翕斂、其動也開闢、是以廣大而生萬物也

萬物生而人爲政焉

政也者、所以正於天地也、言天地生萬物、不能相使、不能相

制、須人以爲政以正之、無其政也、則萬物不理也、

無不能生而無殺也

言天地能生、而不能無殺、

唯天地之所以殺、人不能生、

天之能生、唯天殺之可也、夫唯天殺之、人豈生之哉、是不能生之也、

人化而爲善

萬物之中人其爲貴、化而爲善、理亦天常也

御覽三百六十作禽獸化

獸化而爲惡

稟氣以生、不有知飾、非人之類、豈不惡哉

御覽三百六十作謂之禽獸

人而不善者謂之獸

人化而爲善、是曰天常、今爲不善者、與彼飛虛蹠實、亦何以

異矣

有天然後有地

天在於上，地在於下，先天後地，理亦自然。

有地然後有別

三才克定，萬物區別

有別然後有義

夫婦之義著，君臣之義彰也。

有義然後有教

百官立，政教行，父子存，家設教，所以效達於上也

有教然後有道

教迹既彰，約之以道，苟乖其道，物無以安。

有道然後有理

事名各立、而理自存、
有理然後有數
名理既彰以統之、夫數以一終十、乃至千萬、九九之數、天之
運度亦數之義也
曰有冥有旦、有晝有夜、然後以爲數
天有三百六十度、一日一度、三百六十日一周天、一日之中、
晝夜百刻、以定之爲數也、
月一盈一虧、月合月離、以數紀、
一歲之中有十二月、一月有虧有盈、日月或合於次或離於
次、終於一歲、日窮於次、月窮於紀、星迴于天、數將幾終、此則
日月星辰運行、至十二月皆周帀於故處、紀猶會者也、
四者皆陳、以爲數治、

春夏秋冬各統於一歲之日月也此以上爲政之道當法則也

政者衞也始終之謂衞

政者正也所以正理天下以爲之天周衞始化之終安之無得之也

愼誅魯周公第六

刑法有倫宜於時政好生之德理適典章故明聖之資輔成周室誡勸之道可得稱言國之大經在於賞罰二者或替將作訓焉可爲政先故紀之爲篇目矣

昔者

此昔者往日之辭也

魯周公使康叔往守於殷

藝文類聚二十三御覽四百五十九作無殺不辜

藝文類聚二十三御覽四百五十九作亦有

御覽四百五十九作亦有

康叔、周公母弟也、衛三監之地、殷人數叛、故使賢母弟王也

戒之曰、與殺不辜、寧失有罪、

人命所懸、理須詳正、夫刑或濫、其何則焉、故不可輕殺不辜、寧可失於有罪、此亦寬仁之道也

無有無罪而見誅

罰而不明、雖刑不禁、言罰不施於有罪也、

無有有功而不賞

賞而不明、雖賞不勸、言賞必加於有功也

戒之封

重稱戒者、所以示於殷勤、封康叔名也、

誅賞之慎焉

賞之重、國之柄也、怒而加誅、未必當罪、喜而行賞、不必當功、

且賞僭懼及於淫、誅濫則懼及於善、賞得其功、則賢人以勸、
罰得其辜、則姦人以息、此不可不審慎之

右鬻子二卷十四篇從道藏䫨字一號録出漢藝文志二十二篇隋唐志一卷意林目録一卷六篇今此篇卷由後人强復分析以羣書治要文選注意林等書校對無甚異同文選宣德皇后令注引武王率兵車以伐紂紂虎旅百萬陣于商郊起自黄烏至于赤斧三軍之士靡不失色武王乃命太公把白旄以麾之紂軍反走今本無之則視唐本又多殘闕矣嘉慶壬戌歲十月烏程嚴可均跋

鬻子卷下

唐·逢行珪注

鬻子一卷

清嘉慶十四年(1809)刊《墨海金壺》本

鬻子

原序

鬻子名熊楚人周文王之師也年九十見文王王曰老矣鬻子曰使臣捕獸逐麋已老矣使臣坐策國事尚少也文王師之著書二十二篇名曰鬻子子者男子之美稱賢不逮聖不以爲經用題紀標子因據劉氏九流卽道流也遭秦暴亂書記畧盡鬻子雖不預焚燒編帙由此殘缺僅漢書藝文志雖有六篇今此本乃有十四篇未詳孰是篇或錯亂文多遺闕至敷演大道銓撰明吏闡域中之教化論刑德之是非雖卷軸不全而其門可見然鄧林之枝荆山之玉君子餘文可得觀矣鬻子博懷道德善謀政事故使周文屈節大聖諮詢情存帝王之道辭多斥救之要理致通遠旨趣恢弘實先達之

與言爲諸子之首唱織組仁義經緯家邦垂勸誡之風陳弘濟之術王者覽之可以理國吏者遵之可以從政足使賢者勵志不肖者滌心語曰詩三百一言以蔽之曰思無邪言而不朽可爲龜鏡鬻子論道無邪之謂歟幸以休務之隙披閱子史而書籍實繁不能精備至于此子頗復留心尋其立迹之端探其闡發之旨豈如寓言迂誕馳衒飛辯者矣亦乃宇重于金薛高萬歲聊爲注解畧起指歸馳心於萬古之上寄懷于千載之下庶垂道見志懸諸日月將來君子幸無忽焉

逢行珪序

進鬻子表

臣行珪言臣聞結繩以往書疏蔑然文字之初教義斯起記言之史設褒貶之迹聿興書事之官置勸戒之門由啟於是國版稠疊謨訓昭彰唱讚之道以弘闡揚之理茲暢德業彌縟英華日新雕琢性情振其徽烈逮乎周文傳聖鬻子稱賢意合道同實申師傅鬻子以文王降已大啟心期明宣布政之方廣立輔成之策足使萬機留想一代咸休稽古有宗發明耳目尋其著述之旨採其斥救之辭莫不原道心以裁章研神理而啟沃彌綸彝訓經緯區中不徒讚說微言務于遺翰而已鬻熊為諸子之首文王則聖德之宗熊既文王之師書乃政教之體雖篇軸殘缺提舉猶備紀綱譬彼盤盂發揚

有愈臣家傳儒素積習忠良覩明主奉師之蹤覽賢者盡義之道循環徵究妙極機神敢率至愚爲之注解研覃析理以敘私情翦截浮辭用申狂瞽伏惟陛下則天垂訓越極宣風稽太上之至和與帝王之炯誡股肱諒直獻替無疑大舉賢良寧濟區宇四海革面八表宅心務本修文垂拱無事臣以草萊卑賤識度庸陋荷堯沐舜擊壤謳歌周施政教之端屬聽太平之詠志存綴輯以述矢言簡牘難周辭意斯拙謹以繕寫奉獻闕庭庶日月昭明布餘暉于漏隙時雨咸消灑餘潤於纖枯望希塵露之資豈議沈舟之楫天威咫尺神魄震驚謹上表以聞伏聽慈旨謹言永徽四年十一月二十六日

華州鄭縣尉臣逢行珪上

鬻子提要

鬻子一卷舊本題周鬻熊撰崇文總目作十四篇高似孫子略作十二篇陳振孫書錄解題稱陸佃所校十五篇此本題唐逄行珪注凡十四篇蓋即崇文總目所著錄也考漢書藝文志道家有鬻子二十二篇又小說家有鬻子說十九篇是當時本有二書列子引鬻子凡三條皆黃老清淨之說與今本不類疑即道家二十二篇之文今本所載與賈誼新書所引六條文格略同疑即小說家之鬻子說也杜預左傳注稱鬻熊為祝融十二世孫史記載鬻熊子事文王早卒漢書載魏相奏記霍光稱文王見鬻子年九十餘雖所說小異然大約文武

時人今其書乃有昔者魯周公詔又有昔者魯周公使康叔往守于殷諸語而賈誼新書亦引其成王問答凡五條時代殊不相及劉勰文心雕龍云鬻熊知道文王諮詢遺文餘事錄爲鬻子則裒輯成編當不出熊之手流傳附益或構虛詞故漢志別入小說家歟獨是僞四八目一書見北齊陽休之序錄凡古來帝王佐輔有數可紀者靡不具載而此書所列禹七大夫湯七大夫皆具有姓名獨不見收似乎六朝之末尚無此本或唐以來好事之流依仿賈誼所引撰爲此冊亦未可知觀其標題甲乙故爲佚脫錯亂之狀而誼書所引則無一條之偶合豈非有心相避而巧匿其文使讀者互相檢驗生

其信心歟且其篇名冗贅古無此體又每篇寥寥數言詞旨膚淺决非三代舊文姑以流傳既久存備一家耳

墨海金壺　子部

周　鬻熊　撰

唐　逄行珪　注

撰吏五帝三王傳政乙第五

撰具也吏者爲政之具也又撰博也言王者布政施令其在博求于良吏也賢者舉之不賢者不預言五帝三王政道可以百代傳行者乙次于甲以此明政之也

政曰 政者法教也此明帝王之政事以爲法教可稱也 君子不與人謀之則已矣 言君子修于內理于外端其形正其影體眞德之要守沖妙之機言出以成敎方謀事必爲法則苟于政而不須豈妄爲之哉所以正也 若與人謀之則非道無由也 君子不與人謀則已矣若與人謀務存大道而言之不以違道飾非不以苟命求正由用也 故君子之謀能必用道 君子終日言之而不離體要謀于政事而咸由于道故同于道者道亦得之非道之言君子不用也 而不能必見受 衆目視于僞不留視

于眞衆心耀于名不能察于實夫庸主必惑于衆豈能受于道教哉故君子之道不必見納也**能必忠**盡心論道

而必竭忠盡道言不邪諂也**而不能必入**盡忠論道聖君必納庸主所難故有道之君上下親愛忠讜進

用智術無隱以石投水何齟齬哉而不明之主君臣疏忌小人侍側端正棄遺諂佞是親忠信不用掩目而視豈不惑歟

能必信言君子不苟合不妄言正色端辭澄清眞實必存之于信也**而不能必見信**信言不美

而合于道庸主惑于衆邪豈信用君子之言乎言不以見信也**君子非人者不出之於辭而**

施之于行言君子但為善將以攻惡善不自是惡不非人施之于行不顯之于言說**故非非者行**

是言是非于人是所同也非于人者人亦非之君子將非于人終不以非非人自行是道以論彼之非**惡惡者**

行善善惡在身是所其也君子務善以攻惡不以惡惡于人所以彰惡于行善道也**而道諭矣**謀事必忠

出言必信行善以攻惡顯是而明非不苟求所以知而道德自明也

大道文王問第八

夫道者覆天地廓四方斥八極高而無際深不可測綿六合橫四維不可以言象盡不可以指示說應無間之迹終政教之端包萬物之形彰三光之外為而不有行而不見有道

之王動而同之妙用無窮故謂之大文王因用無窮故謂之大師問道可為示則因以名篇也

政曰昔者文王問于鬻子昔者言往日也雖臨馭億兆而不獨專從師問道以政術之門曰敢問人有大忘乎尊師道故曰敢問文王思存大道以終政事心迹在于經遠所以先問於大忘也對曰有鬻子前答文王言有大忘也文王曰敢問大忘奈何鬻子前不即以指答者故引成文王之問文王欲熊終大忘之理故曰其事奈何矣鬻子曰知其身之惡而不改也以賊其身乃喪其軀過則勿憚改終日不為惡惡去于身也豈但墨面髡髮是為形餘哉故其蚩尤見誅四凶就戮夏癸絕祀商辛覆宗賊身害軀破家失國其行如此是為大忘也其行如此是謂之大忘終成所答之事

貴道五帝三王周政乙第五夫為政以德必貴于道為化國之福焉當文王之時而通稱三王者據近以及遠明道以同也周者合也備也言五帝三王貴道其政雖合若一也而無所不備也

昔之帝王 昔者在昔貴道德之帝王稱昔以遠喻近爲之勸勉也 所以爲明者以其吏也 言帝王而有聖明之稱者皆委賢吏使在顯職故道化興而萬國寧明聖不獨運也 昔之君子其所以爲功者以其民也 民惟邦本得衆斯昌建極乘時必資兆庶人効其力以成其功也 力生于神 王者有國必先靈祐皇天上帝社稷山川神迹元符無不來會成湯降神受夏大命武王夢神遂大戡殷夫冥運兩儀鼓動萬物豈有使之然哉莫不大化于自然元應而義用造之非我理自相符故曰力生于神者也 而功最于吏 王者發政施令而不自爲必屬賢能以任使之故天下和平人知所保此賢吏善最之功也 福歸于君 俊德在官盡心竭力人敦其道俗順其教上下相親而德交歸焉國土平康而爲君之福者也 昔者五帝之治天下也 五帝謂黃帝顓頊高辛唐虞也 其道昭昭若日月之明然若以晝代夜然 日月運明明不私照必須幽顯始終不息故昭昭然所不舍也夫聖人與天地合德日月齊明道大不淪可以崇遠也 故其道若首然萬世爲福萬世爲教者唯從黃帝以下舜禹以上而已矣 首者始也言五帝之道常爲萬代之始後之不能加也夫黃帝始垂

衣裳造書契置史官爲舟楫以濟不通服牛乘馬立棟宇重門擊柝以待暴客爲杵臼以利萬姓作弧矢以威天下造律管與封禪顓頊平九黎之亂人神不雜萬物有序高辛氏作鞞磬鐘鼓堯茅茨不翦土階三尺夏日葛衣冬日鹿裘蕩蕩乎民無能名焉巍巍乎其有成功也帝舜少而至孝堯聞聰明而用之舜乃舉禹爲司空以平水土棄爲后稷以播百穀禼爲司徒以教百姓皋陶爲士師以理獄訟垂爲共工以與衆作益作朕虞以育草木伯夷爲秩宗以典三禮夔爲樂正以和神人舜彈五絃之琴歌南風之詩夏禹櫛風沐雨冠履不顧敷九土乘四載鑿龍門闢伊闕道百川建萬國微禹之功人其魚矣帝王之功莫此爲盛故百代不易爲福爲教也

君王欲緣五帝之道而不失則可以長久言君王但因循五帝之道而常行用無所爲替則可以長保宗廟社稷以爲人始也

守道五帝三王周政甲第四執大象而天下往明道不往則道不可暫離所也

聖人在上賢士百里而有一人則猶無有也言聖王在上化被蒼生德周萬物雖百里而有一賢士以聖道廣宣賢迹不見其賢雖多則若無有也

王道衰微暴亂在上賢士千里而有一人則猶比肩也王道衰微暴虐亂政人皆思德雖千里有一賢士其若比

肩言賢人不可得也

撰吏五帝三王傳政乙第三

帝王所以安國家行政教其在艮吏乎言必博廣以取也

政曰民者賢不肖之杖也賢不肖皆具焉賢者德行之名不肖者頑嚚之謂伕賢與不肖見于行此二者同出于性而異名皆杖于最靈各有定分矣天下之廣黎庶之衆賢與不肖自皆具焉故賢人得焉不肖人休焉言賢者不自求進而材爲時須王者必任賢人所以得也不肖者非自求退而行無所取不登政事是以休廢也杖能側焉有過人之智必矜其能恃能矜智必違道輕躁所至危僻故曰杖能側焉忠信飾焉懷盡忠之節必修于道修身貴眞履行務實由于正路禮義仁信以文飾其身也故曰忠信飾焉民者積愚也冥然無知愚之謂也雖愚明主撰吏焉必使民與焉言明主推心于人以取艮吏而不獨任也士民與之明上舉之得于衆心善于政事上所以舉用之也士民若之明上去之若如人者賢愚之間政既不與所以斥去之也故王者取

吏不忘必使民唱然後和人主總羣諫以觀政知明以採風聲察于下言以求得失取賢人以宣政化推己取賢唯聖者能之民者吏之程也程法式也知之在下是故取吏之法式察之于衆庶人者若之也察吏于民然後隨人與之主舉之人若之主去之此隨之也政曰民者至卑也極卑下也而使之取吏焉必取所愛聖主不違人以獨用也故十人愛之則十人之吏也百人愛之則百人之吏也千人愛之則千人之吏也萬人愛之則萬人之吏也自此以上皆言人之情好之德行各有所愛樂之多少殊別也故萬人之吏擇卿相矣人愛之多則必堪為政事赫赫師尹民具爾瞻主之所拔不可失賢也卿相者諸侯之丞也卿相者人主之杖故為諸侯之丞也故封侯之士秩出焉賢者得之列土封疆得自家臣故曰秩出焉卿相者侯之本也政之興亡在于卿相得賢者和輯失賢者離散故為侯之職在卿相也

曲阜魯周公政甲第十四

曲阜之地方七百里少昊之墟是魯周公所封之邑以周

公禆益政禮故稱之以爲篇耳

政曰昔者魯周公曰吾聞之於政也稱周公之言以明政者也知善不行者謂之狂善者體道懷德也人主行善于上百姓變善于下堯之日比屋可封知善道之爲善而不行用者是狂悖之人也知惡不改者謂之惑惡者賊以喪軀人主爲惡于上則百姓爲惡而不悛者是昏惑夫狂與惑者聖王之戒也知善而不行知惡而不改必至狂惑者此聖王之明戒也

道符五帝三王傳政甲第二

夫開國崇基必先于道道既符合無往不眞影響相同自然合應甲者先于乙也

不肖者不自謂不肖也肖者類也言不類不似也自知賢不肖是爲明也不似之人豈自稱哉言不知也而不肖見於行丹朱傲虐無舍晝夜頟頟肆惡會無休息此則見于外不以隱微者也雖自謂賢人猶謂之不肖也不肖者豈自謂之不肖哉以賢者視之不肖之迹見矣雖以被賢以自賢人豈以爲賢乎愚者不自謂愚而愚見于言昧道不德之人豈自稱其愚蒙哉而愚迹

見于辭說也雖自謂智人猶謂之愚愚者豈自以爲愚哉以智視之愚迹見矣雖以彼智以自智人豈以爲智

數始五帝治天下第七言帝者年數之始以記其佐帝及升位之年數也天下者豈可忘理哉亦由積德累葉以有之也言五帝之道相緣爲政故同稱之也

昔者帝顓頊黃帝次妃曰嫘祖生昌意昌意生顓頊爲高陽氏在位七十八年年十五而佐黃帝軒轅氏少典次子父曰帝鴻氏母曰附寶見大電光繞北斗樞星照野感而孕二十五月生以土德王故曰黃帝在位百年顓頊自幼年以翼佐黃帝也二十而治天下升爲天子也其治天下也上緣黃帝之道而行之因脩黃帝之道而行其政令不改革也學黃帝之道而常之化迹不及所以效也效其通道而常用之昔者帝嚳黃帝正妃生元囂元囂之子生帝嚳德日新故曰高辛在位七十餘年年十五而佐帝顓頊三十而治天下佐顓頊以理天下三十而升爲帝也其治天下也上緣黃帝之道而明之言德稍下不能盡行黃帝之道但明

之而己矣學帝顓頊之道而行之政教所爲效顓頊而行其言不能常習之也

禹政第六伯禹夏后氏言禹功錫元圭德諧元始任賢立政以致太平可爲法則故以名篇矣

禹之治天下也黄帝元孫祖顓頊姓姒名文命字高密在位九年受禪成功曰禹受舜禪以臨天下得皐陶得杜子業得既子得施子黯得季子甯得然子堪得輕子王此以上七大夫之姓名也得七大夫以佐其身以治天下而天下治言帝王獨治天下雖則聖德皆俟賢佐以輔之故得天下人安也

湯政天下至紂第七言成湯放無道之桀以統萬機而理天下得賢大夫贊佐而致太平至紂昏惑以失國故終始書之以名篇

湯之治天下也湯姓子名履字天乙除虐去殘曰湯征葛伯放桀順取天下以理也得慶輔伊尹湟里且東門虛南門蠙西門疵北門側伊尹有莘氏媵臣以爲相東門等並姓名也得七大夫佐以治天下而天下治七大夫皆有賢行斥救弼諧故得天下或

又也二十七世自湯至紂父子兄弟相承二十七代也積歲五百七十六歲至紂夏日歲此除即位之年也

上禹政第六以五聲聽政克勤于邦可以爲上也

禹之治天下也以五聲聽九重幽深下言難達所欲百姓反斥救之事故懸置五聲招之以聽政也門懸鐘鼓鐸磬懸之于簨簴也而置鞀置于地也以得四海之士四海之士有進于言者必造五聲以揮擊傳聞也爲銘于簨簴懸樂器之具刻銘于其上也曰教寡人以道者擊鼓鼓以動物故動合于道也教寡人以義者擊鐘鐘金聲也以合于義故教義者擊鐘也教寡人以事者振鐸鐸金鈴木舌也所以事務有語可行爲所欲言者以振鐸也語寡人以憂者擊磬憂者聲悲磬聲消燥而近于悲故憂而擊磬也語寡人以獄訟者揮鞀獄訟之事務於疾速故揮鞀以陳之此以上並銘于簨簴之文也此之謂五聲是以禹嘗據一饋而七十起日中而不暇飽食急于政事無暇安于一食所以示接士之

急也曰吾猶恐四海之士留于道路常行之處非所宜憂也是以四海之士皆至事必得道必合上下應會無不至也是以禹當朝廷閒也可以羅爵不暇飽食聽政不疲朝廷閒靜然後無事也

道符五帝三王傳政甲第五夫君子將人其職旭旭然如日初出入昭昭然人保其福既去暗暗然人失其教此得政典符合之謂也

夫國者卿相也賢者有之有國則有卿相賢德者卿相之具人與之王用之不賢者豈能用之哉有國無國智者治之夫有國者豈自寧豈自亂也所以安者智謀之力也智者非一日之志積功累業行道不倦以成其志治者非一日之謀謀者心思也樹德以爲尚寬重道脩政作教以至誠平之各謀非一日之所能致也治志治謀在于帝王然後民知所保夫君上有道化行于下遠近慕義四境無虞百姓淳和盜賊屏息故人知所安也而知所避富貴貧賤不相犯仁義禮智由其門無違政教下民爲禍是知所避也發教施令爲天下福者謂之道

先之以博愛陳之以德義先之以敬讓道之以禮樂不奪人時不干人利故得禍亂不作爲福之道此之謂歟**上下相親謂之和**至德以教之要道以治之上下同心是謂和矣**民不求而得所欲謂之信**日出而作日沒而息不勞于事不苦煩苛甘其食安其居樂其業此豈外求之哉上有行道之君是所致者可謂之大信矣**除去天下之害謂之仁**兼愛萬物慈惻外施至若成湯征葛伯放桀于南巢夏禹之別導山川置立州國故得天下免于暴亂百姓宅其所居仁遠乎哉斯仁至也**仁與信和與道帝王之器**此四者帝王有天下之器所以樂用也苟有違之而天下離叛非其所有也**凡萬物皆有器**所用利之是以爲器而違其用豈得其器哉**故欲有爲不行其器者雖欲有爲不成**雖名與器不可假人其所營爲必須以其器用得其用也故違之不行其器于利遠矣豈有成哉**諸侯之欲王者亦然不用帝王之器者不成**言天下之大神器之重非其王者雖以處王之器而未可以宰割必行仁與信和與道然後可招懷萬姓奄有四維西伯以敬讓與邦南陽以仁道得政非其人也豈安成之哉

湯政湯治天下理第七天地設而萬物生陰陽化而四時定分別統理爲政之方極于始終可成法則也

天地闢而萬物生乾其靜也專其動也直坤其靜也翕斂其動也闢是以廣大而生萬物也萬物生而人爲政焉政也者所以正于天地也言天地生萬物不能相使不能相制須人以爲政以正之無其政也則萬物不理也無不能生而無殺也言天地能生而不能無殺唯天地之所以殺人不能生天之能生唯天殺之可也夫唯天殺之人豈生之哉是不能生之也人化而爲善萬物之中人其爲貴化而爲善理亦天常也獸化而爲惡稟氣以生不有知識非人之類豈不惡哉人而不善者謂之獸人化而爲善是爲天常今爲不善者與彼飛虛蹠實亦何以異矣有天然後有地天在于上地在于下先天後地理亦自然有地然後有別三才克定萬物區別有別然後有義夫婦之義著君臣之義彰也有義然後有教百官立政教行父子存家設教所以效達于上也有教然後有道教迹既彰納之以道苟乖其道物無以安有道然後

有理事名名立而理自存有理然後有數名理既彰數繞之矣夫數以一終十乃至千萬九九之數天之運度亦數之義也日有冥有旦有晝有夜然後以爲數天有三百六十度一日一度三百六十日一周天一日之中晝夜百刻以定之爲數也月一盈一虧月合月離以數紀一歲之中有十二月一月有虧有盈日月或合于次或離于次終于一歲日窮于次月窮于紀星迴于天數將幾終此則日月星辰運行至十二月皆周匝于故處紀猶會者也四者皆陳以爲數治春夏秋冬皆統于一歲之日月也此以上爲政之道當法則也政者衛也始終之謂衛政者正也所以正理天下以爲之天周衛始化之終安之無得之也

愼誅魯周公第六

刑法有倫宜于時政好生之德理適典章故明聖之資輔成周室誡勸之道所得稱言國之大經在于賞罰二者或督將何訓焉可爲政先故紀之爲篇目矣

昔者此昔者往日之辭也魯周公使康叔往守于殷康叔周公母弟也衛三監之地殷人數叛故使賢母弟往也戒之曰與殺不辜寧失有罪人命所懸理須詳正夫刑或濫其何

則焉故不可輕殺不辜寧可失于有罪此亦寬仁之道也**無有無罪而見誅**罰而不明雖刑不禁言罰必施于有罪也**無有有功而不賞**賞而不明雖賞不勸言賞必加於有功也**戒之封**重稱戒者所以示于殷勤封康叔名也**誅賞之慎焉**誅賞者國之柄也怒而加誅未必當罪喜而行賞不必當功賞僭則懼及于淫誅濫則懼及于善賞得其功則賢人以勸罰得其辜則姦人以息此不可不審慎之

鬻子終

皇清嘉慶十有三年歲在著雍執徐陽月昭文張海鵬較梓

子藏

道家部

鬻子卷

2

華東師範大學「子藏」編纂中心編

總編纂　方勇

副總編纂　吴平

國家圖書館出版社

第二册目録

鬻子一卷附校勘記逸文一卷　唐・逢行珪注　清・錢熙祚校勘並輯逸文　清道光二十四年（1844）金山錢氏依《墨海金壺》版重編增刊《守山閣叢書》本……一

鬻子一卷補鬻子一卷　唐・逢行珪注　明・楊之森補　清道光十三年（1833）王氏棠蔭館刊《二十二子全書》本……三三

鬻子一卷補鬻子一卷　唐・逢行珪注　明・楊之森補　傅增湘批校　清光緒元年（1875）湖北崇文書局刊《百子全書》本……七九

鬻子一卷　唐・逢行珪注　清・黄丕烈批校　清抄本……一〇九

鬻子一卷補鬻子一卷　唐・逢行珪注　明・楊之森補　清抄本《養素軒叢書》……一三七

鬻子一卷　唐・逢行珪注　民國十二年（1923）沔陽盧氏慎始基齋刊《湖北先正遺書》本……一八九

鬻子一卷　元・陶宗儀輯　明抄本《説郛》……二一九

唐・逄行珪注　清・錢熙祚校勘並輯逸文

鬻子一卷附校勘記逸文一卷

清道光二十四年(1844)金山錢氏依《墨海金壺》版重編增刊《守山閣叢書》本

鬻子

附校勘記逸文

欽定四庫全書提要

鬻子一卷舊本題周鬻熊撰崇文總目作十四篇高似孫子畧作十二篇陳振孫書錄解題稱陸佃所校十五篇此本題唐逢行珪注凡十四篇蓋卽崇文總目所著錄也考漢書藝文志道家有鬻子二十二篇又小說家有鬻子說十九篇是當時本有二書列子引鬻子凡三條皆黃老清淨之說與今本不類疑卽道家二十二篇之文今本所載與賈誼新書所引六條文格畧同疑卽小說家之鬻子說也杜預左傳注稱鬻熊爲祝融十二世孫史記載鬻熊子事文王早卒漢書載魏相奏記霍光稱文王見鬻子年九十餘雖所說小異然大約文武

時人今其書乃有昔者魯周公語又有昔者魯周公使康叔往守于殷語而賈誼新書亦引其成王問答凡五條時代殊不相及劉勰文心雕龍云鬻熊知道文王諮詢遺文餘事錄爲鬻子則裒輯成編當不出熊之手流傳附益或構虛詞故漢志别入小說家歟獨是僞四八目一書見北齊陽休之序錄凡古來帝王佐輔有數可紀者靡不具載而此書所列禹七大夫湯七大夫皆具有姓名獨不見收似乎六朝之末尚無此本或唐以來好事之流依仿賈誼所引撰爲此冊亦未可知觀其標題甲乙故爲佚脫錯亂之狀而誼書所引則無一條之偶合豈非有心相避而巧匿其文使讀者互相檢驗生

其信心歟且其篇名冗贅古無此體又每篇寥寥數言詞旨膚淺決非三代舊文姑以流傳旣久存備一家耳

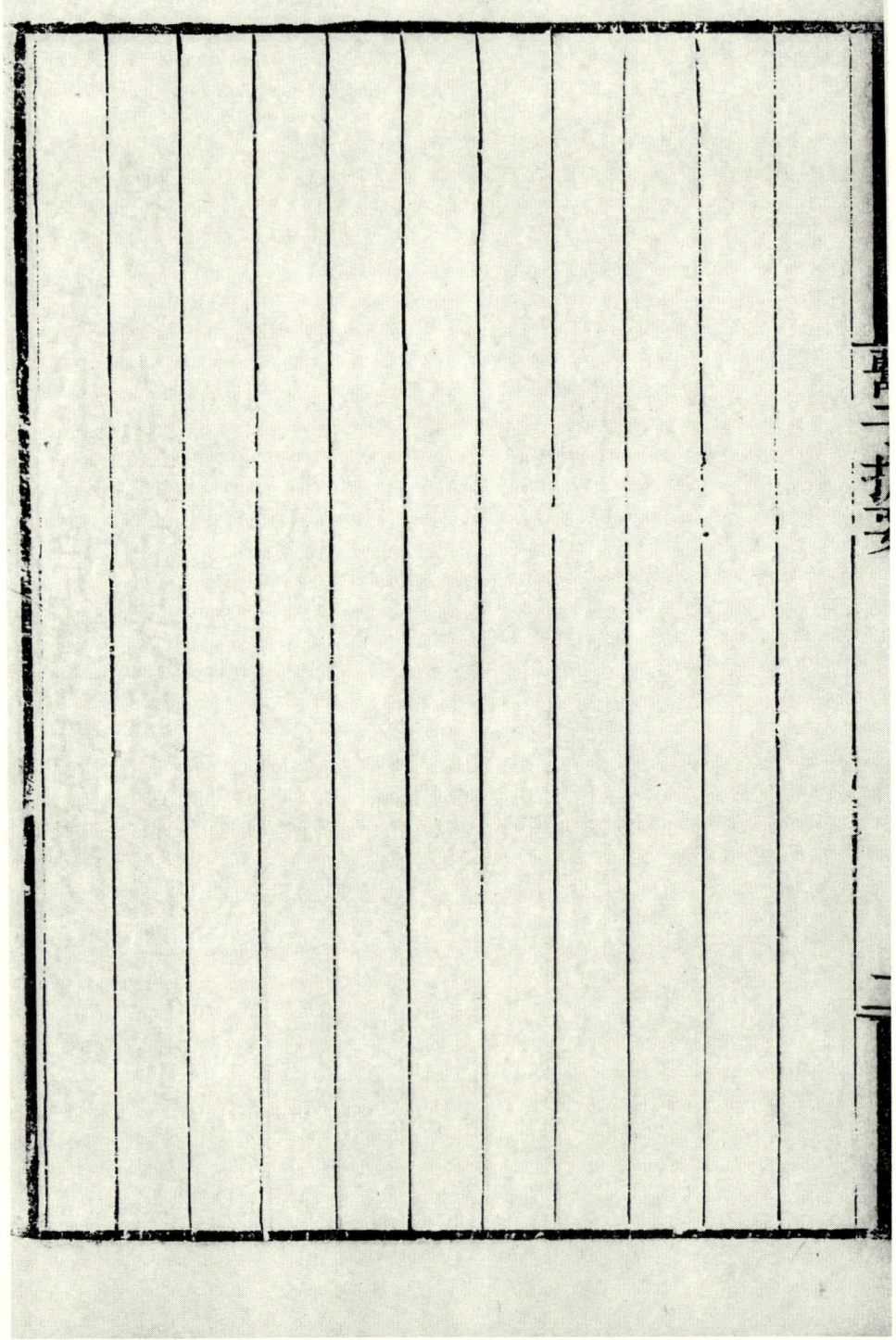

原序

鬻子名熊楚人周文王之師也年九十見文王王曰老矣鬻子曰使臣捕獸逐麋已老矣使臣坐策國事尚少也文王師之著書二十二篇名曰鬻子子者男子之美稱賢不逮聖不以爲經用題紀標子因據劉氏九流卽道流也遭秦暴亂書記畧盡鬻子雖不預焚燒編帙由此殘缺依漢書藝文志雖有六篇今此本乃有十四篇未詳孰是篇或錯亂文多遺闕至敷演大道銓撰明吏闡域中之教化論刑德之是非雖卷軸不全而其門可見然鄧林之枝荊山之玉君子餘文可得觀矣鬻子博懷道德善謀政事故使周文屈節大聖諮詢情存帝王之道辭多斥救之要理致通遠旨趣恢弘實先達之

與言爲諸子之首唱織組仁義經緯家邦垂勸誡之風陳弘濟之術王者覽之可以理國吏者遵之可以從政足使賢者勵志不肖者滌心語曰詩三百一言以蔽之曰思無邪言而不朽可爲龜鏡鬻子論道無邪之謂歟幸以休務之隙披閱子史而書籍實繁不能精備至于此子頗復留心尋其蹤迹之端探其閫教之旨豈如寓言迂恢馳衒飛辯者矣亦乃字重千金辭高萬歲聊爲注解略起指歸馳心於萬古之上寄懷于千載之下庶垂道見志懸諸日月將來君子幸無忽焉

逢行珪序

進鬻子表

臣行珪言臣聞結繩以往書疏蔑然文字之初敎義斯起記言之史設褒貶之迹聿興書事之官置勸戒之門由啟於是國版稠疊謨訓昭彰唱讚之道以弘闡揚之理茲暢德業彌縟英華日新雕琢性情振其徽烈逮乎周文傳聖鬻子稱賢意合道同實申師傅鬻子以文王降巳大啟心期明宣布政之方廣立輔成之策足使萬機留想一代咸休稽古有宗發明耳目尋其著述之旨探其斥救之辭莫不原道心以裁章研神理而啟沃彌綸彝訓經緯區中不徒讚說微言務于遺翰而已鬻熊爲諸子之首文王則聖德之宗熊旣文王之師書乃政敎之體雖篇軸殘缺提舉猶備紀綱譬彼盤盂發揚

有愈臣家傳儒素積習忠良覩明主奉師之蹤覽賢者蓋義
之道循環徵究妙極機神敢率至愚爲之注解研覃析理以
敘私情翦截浮辭用申狂瞽伏惟陛下則天垂訓越極宣風
稽太上之至和興帝王之炯誡股肱諒直獻替無疑大舉賢
良寧濟區宇四海革面八表宅心務本修文垂拱無事臣以
草萊早賤識度膚淺荷堯沐舜擊壤謳歌周施政教之端屬
聽太平之詠志存綴輯以述矢言簡牘雖周辭意斯拙謹以
繕寫奉獻闕庭庶日月昭明布餘暉于漏隙時雨咸消灑餘
潤於纖枯望希塵露之資豈議沈舟之楫天威咫尺神魄震
驚謹上表以聞伏聽慈旨謹言永徽四年十一月二十六日
華州鄭縣尉臣逢行珪上

周鬻熊撰　金山錢熙祚錫之校

唐逢行珪注

撰吏五帝三王傳政乙第五

撰具也吏者爲政之具也又撰博也言王者布政施令其在博求于良吏也賢者舉之不賢者不預言五帝三王政道可以百代傳行者乙次于甲以此明政之也

政曰 政者法教也此明帝王之政事以爲法法教可稱也 君子不與人謀之則已矣 言君子修于內理于外端其形正其影體眞德之要守沖妙之機言出以成教方謀事必爲法則苟于政而不預豈妄爲之哉所以止也 若與人謀之則非道無由也 君子不與人謀則已矣若與人謀務存大道而言之不以違道飾非不以苟命求正由用也 故君子之謀能必用道 君子終日言之而不離體要謀于政事而咸由于道同于道者道亦得之非道之言君子不用也 而不能必見受 衆目視于僞不留視

于眞衆心耀于名于能察于實夫庸主必惑于衆豈能受于道教哉故君子之道不必見納也**能必忠**盡心論道而必竭忠盡道言不邪譎也**而不能必入**盡忠論道聖君必納庸主所難故有道之君上下親愛忠讜進用智術無隱以石投水何齟齬哉而不明之主君臣疏忌小人侍側端正棄遺諂佞是親忠信不用掩目而視豈不惑歟**能必信**言君子不苟合不妄言正色端辭澄清眞實必存之于信也**而不能必見信**信言不美而合于道庸主惑于衆邪豈信用君子之言乎言不以見信也**君子非人者不出之於辭而施之于行**言君子但爲善將以攻惡善不自是惡不非人施之于行不顯之于言說**故非非者行是**言是非于人是所同也非于人者人亦非之君子將非于人終不以非非人自行是道以論彼之非**惡惡者行善**善惡在身是所共也君子務善以攻惡不以惡惡于人所以彰惡于行善道也**而道諭矣**謀事必忠出言必信行善以攻惡顯是而明非不苟求所以卹而道德自明也

大道文王問第八

夫道者覆天地廓四方斥八極高而無際深不可測綿六合横四維不可以言象盡不可以指示說應無間之迹終政教之端包萬物之形彰三光之外爲而不有行而不見有道

之王動而同之妙用無窮故謂之大文王因用無窮故謂之大師問道可爲永則因以名篇也

政曰昔者文王問于鬻子昔者言往日也雖臨馭億兆而不獨專從師問道以政術之門曰敢問人有大忘乎尊師道故曰敢問文王思存大道以終政事心迹在于經遠所以先問於大忘也對曰有鬻子前答文王言有大忘也文王曰敢問大忘柰何鬻子前不卽以指答者故引成文王之問文王欲熊終大忘之理故曰其事柰何矣鬻子曰知其身之惡而不改也以賊其身乃喪其軀過則勿憚改終日不爲惡惡去于身也豈但墨面髡髮是爲形餘哉故其蚩尤見誅四凶就戮夏癸絕祀商辛覆宗賊身害軀破家失國其行如此是爲大忘也其行如此是謂之大忘終成所答之事

貴道五帝三王周政乙第五

夫爲政以德必貴于道爲化國之福焉當文王之時而通稱三王者據近以及遠明道以同也周者合也備也言五帝三王貴道其政能合若一也而無所不備也

昔之帝王昔者在昔貴道德之帝王稱昔以遠喻近爲之勸勉也所以爲明者以其吏
也言帝王而有聖明之稱者皆委賢吏使在顯職故道化興而萬國寧明聖不獨運也昔之君子其所
以爲功者以其民也民惟邦本得衆斯昌建極乘時必資兆庶人効其力以成其功也力生
于神王者有國必先靈祐皇天上帝社稷山川神迹元符無不來會成易降神受夏大命武王夢神遂大戡殷夫冥
運兩儀鼓動萬物豈有使之然哉莫不大化于自然元應而義用造之非我理自相符故曰力生于神者也而功
最于吏王者發政施令而不自爲必屬賢能以任使之故天下和平人知所保此賢吏善最之功也福歸
于君俊德在官盡心竭力人敦其道俗順其教上下相親而德交歸爲國土平康而爲君之福者也昔者五
帝之治天下也五帝謂黃帝顓頊高辛唐虞也其道昭昭若日月之明然若
以晝代夜然日月運明明不私照必須幽顯始終不息故昭昭然所不舍也夫聖人與天地合德日月齊明
道大不淪可以崇遠也故其道若首然萬世爲福萬世爲教者唯從黃
帝以下舜禹以上而已矣首者始也言五帝之道常爲萬代之始後之不能加也夫黃帝如垂

衣裳造書契置史官爲舟楫以濟不通服牛乘馬立棟宇重門擊柝以待暴客爲杵臼以利萬姓作弧矢以威天下造律管興封禪顓頊平九黎之亂人神不雜萬物有序高辛氏作鞞磬鐘鼓莞席帝堯茅茨不翦土階三尺夏日葛衣冬日鹿裘蕩蕩乎民無能名焉巍巍乎其有成功也帝舜少而至孝堯聞聰明而用之舜乃舉禹爲司空以平水土棄爲后稷以播百穀禼爲司徒以敎百姓皋陶爲士師以理獄訟垂爲共工以典衆作益作朕虞以育草木伯夷爲秩宗以典三禮夔爲樂正以和神人舜彈五絃之琴歌南風之詩夏禹櫛風沐雨冠履不顧敷九土乘四載鑿龍門闢伊闕道百川建萬國微禹之功人其魚矣帝王之功莫此爲盛故百代不易爲福爲敎也

君王欲緣五帝之道而不失則可以長久言君王但因循五帝之道而常行用無所爲替則可以長保宗廟社稷以爲人始也

守道五帝三王周政甲第四

執大象而天下往明道不往則道不可暫離所也

聖人在上賢士百里而有一人則猶無有也言聖王在上化被蒼生德周萬物雖百里而有一賢士以聖道廣宣賢迹不見其賢雖多則若無有也

王道衰微暴亂在上賢士千里而有一人則猶比肩也王道衰微暴虐亂政人皆思德雖千里有一賢士其若比

肩言賢人不可得也

撰吏五帝三王傳政乙第三帝王所以安國家行政教其在良吏乎言必博廣以取也

政曰民者賢不肖之杖也賢不肖皆具焉賢者德行之名不肖者頑嚚之謂夫賢與不肖見于行此二者同出于性而異名皆杖于最靈各有定分矣天下之廣黎庶之衆賢與不肖自皆具焉故賢人得焉不肖人休焉言賢者不自求進而材爲時須王者必任賢人所以得也不肖者非自求退而行無所取不登政事是以休廢也杖能側焉有過人之智必矜其能恃能矜智必違道輕躁所至危辟故曰杖能側焉忠信飾焉懷盡忠之節必修于道修身貴真履行務實由于正路禮義仁信以文飾其身也故曰忠信飾焉民者積愚也冥然無知愚之謂也雖愚明主撰吏焉必使民興焉言明主推心于人以取良吏而不獨任也士民與之明上舉之得于衆心善于政事上所以舉用之也士民苦之明上去之若如人者賢愚之間政旣不與所以斥去之也故王者取

吏不忘必使民唱然後和人主總羣諫以觀政知明以採風聲察于下言以求得失取賢人以宣政化推已取賢唯聖者能之民者吏之程也程法式也知之在下是故取吏之法式察之于衆庶人者若之也察吏于民然後隨人與之主舉之人若之上去之此隨之也政曰民者至畢也極畢下也而使之取吏焉必取所愛聖主不違人以獨用也故十人愛之則十人之吏也百人愛之則百人之吏也千人愛之則千人之吏也萬人愛之則萬人之吏也自此以上皆言人之情好之德行各有所愛樂之多少殊別也故萬人之吏擢卿相矣人愛之多則必堪為政事赫赫師尹民具爾瞻主之所拔不可失賢也卿相者諸侯之丞也卿相者人主之杖故為諸侯之丞也故封侯之土秩出焉賢者得之列土封疆得自家臣故曰秩出焉卿相者侯之本也政之興亡在于卿相得賢者和輯失賢者離散故為侯之職在卿相也

曲阜魯周公政甲第十四

曲阜之地方七百里少昊之墟是魯周公所封之邑以周

公裨益政禮故稱之以為篇耳

政曰昔者魯周公曰吾聞之於政也稱周公之言以明政者也知善不行者謂之狂善者體道懷德也人主行善于上百姓變善于下堯之日比屋可封知善道之為善而不行用者是狂悖之人也知惡不改者謂之惑惡者賊以喪軀人主為惡于上則百姓為惡而不悛者是昏惑夫狂與惑者聖王之戒也知善而不行知惡而不改必至狂惑者此聖王之明戒也

道符五帝三王傳政甲第二夫開國崇基必先于道道既符合無往不真影響相同自然合應甲者先于乙也

不肖者不自謂不肖也肖者類也言不類不似也自知賢不肖是為明也不似之人豈自稱哉言不知也而不肖見於行丹朱傲虐無舍晝夜領領肆惡曾無休息此則見于外不以隱微者也雖自謂賢人猶謂之不肖也不肖者豈自謂之不肖哉以賢者觀之不肖之迹見矣雖以彼賢以自賢人豈以為賢乎愚者不自謂愚而愚見于言昧道不德之人豈自稱其愚蒙哉而愚迹

見于辭說也雖自謂智人猶謂之愚（愚者豈自以爲愚哉以智觀之愚迹見矣雖以彼智以自智人豈以爲智）

數始五帝治天下第七（言帝者年數之始以記其佐帝及升位之年數也天下者豈可忘理哉亦由積德累業以有之也言五帝之道相緣爲政故同稱之也）

昔者帝顓頊（黃帝次妃曰嫘祖生昌意昌意生顓頊爲高陽氏在位七十八年）年十五而佐黃帝（軒轅氏少典次子父曰帝鴻氏母曰附寶見大電光繞北斗樞星照野感而孕二十五月生以土德王故曰黃帝在位百年顓頊自幼年以翼佐黃帝也）二十而治天下（升爲天子也）其治天下也上緣黃帝之道而行之（因脩黃帝之道而行其政令不改革也）學黃帝之道而常之（化迹不及所以效也效其通道而常用之）昔者帝嚳（黃帝正妃生元囂元囂之子生帝嚳德日新故曰高辛在位七十餘年）年十五而佐帝顓頊三十而治天下（佐顓頊以理天下三十而升爲帝也）其治天下也上緣黃帝之道而明之（言德稍下不能盡行黃帝之道但明

之而已矣學帝顓頊之道而行之政教所爲效顓頊而行其言不能常習之也

禹政第六伯禹夏后氏言禹功錫元圭德諧元始任賢立政以致太平可爲法則故以名篇矣

禹之治天下也黃帝元孫祖顓頊姓姒名文命字高密在位九年受禪成功曰禹受舜禪以臨天下得皐陶得杜子業得旣子得施子黯得季子甯得然子堪得輕子玉此以上七大夫之姓名也得七大夫以佐其身以治天下而天下治言帝王獨治天下雖則聖德皆俟賢佐以輔之故得天下人安也

湯政天下至紂第七言成湯放無道之桀以統萬機而理天下得賢大夫贊佐而致太平至紂昏惑以失國故終始書之以名篇

湯之治天下也湯姓子名履字天乙除虐去殘曰湯征葛伯放桀順取天下以理也得慶輔伊尹湟里且東門虛南門蠙西門疵北門側伊尹有莘氏媵臣以爲相東門等並姓名也得七大夫佐以治天下而天下治七大夫皆有賢行斥救弼諧故得天下咸

又也二十七世自湯至紂父子兄弟相承二十七代也積歲五百七十六歲至紂夏日歲此除即位之年也

上禹政第六以五聲聽政克勤于邦可以為上也

禹之治天下也以五聲聽九重幽深下言難達所欲百姓反斥救之事故懸置五聲招之以聽政也門懸鐘鼓鐸磬懸之于簨簴也而置鞀置于地也以得四海之士四海之士有進于言者必造五聲以揮擊傳聞也為銘于簨簴懸樂器之具刻銘于其上也曰教寡人以道者擊鼓鼓以動物故動合于道也教寡人以義者擊鐘鐘金聲也以合于義故教義者擊鐘也教寡人以事者振鐸鐸金鈴木舌也所以事務有語可行為所欲言者以振鐸也語寡人以憂者擊磬憂者聲悲磬聲消燥而近于悲故憂而擊磬也語寡人以獄訟者揮鞀獄訟之事務於疾速故揮鞀以陳之此以上並銘于簨簴之文也此之謂五聲是以禹嘗據一饋而七十起日中而不暇飽食急于政事無暇安于一食所以示接士之

急也曰吾猶恐四海之士留于道路常行之處非所宜憂也是以四海之士皆至事必得道必合上下應會無不至也是以禹當朝廷閒也可以羅爵不暇飽食聽政不疲朝廷閒靜然後無事也

道符五帝三王傳政甲第五夫君子將入其職旭旭然如日初出入昭昭然人保其福既去晻晻然人失其教此得政典符合之謂也

夫國者卿相也賢者有之有國則有卿相賢德者卿相之具人與之王用之不賢者豈能用之哉有國無國智者治之夫有國者豈自寧豈自亂也所以安者智謀之力也智者非一日之志積功累業行道不倦以成其志治者非一日之謀謀者心思也樹德以爲尚寬重道脩政作教以至誠平之者謀非一日之所能致也治志治謀在于帝王然後民知所保夫君上有道化行于下遠近慕義四境無虞百姓淳和盜賊屏息故人知所安也而知所避富貴貧賤不相犯仁義禮智由其門無違政教下民爲禍是知所避也發教施令爲天下福者謂之道

先之以博愛陳之以德義先之以敬讓道之以禮樂不奪人時不干人利故得禍亂不作爲福之道此之謂歟

上下相親謂之和至德以教之要道以治之上下同心是謂和矣

民不求而得所欲謂之信日出而作日沒而息不勞于事不苦煩苛甘其食安其居樂其業此豈外求之哉上有行道之君是所致者可謂之大信矣

除去天下之害謂之仁兼愛萬物慈惻外施至若成湯征葛伯放桀于南巢夏禹之別導山川置立州國故得天下免于暴亂百姓宅其所居仁遠乎哉斯仁至也

仁與信和與道帝王之器此四者帝王有天下之器所以樂用也苟有違之而天下離叛非其所有也

凡萬物皆有器所用利之是以爲器而違其用豈得其器哉

故欲有爲不行其器者雖欲有爲不成惟名與器不可假人其所營爲必須以其器用得其用也故違之不行其器于利遠矣豈有成哉

諸侯之欲王者亦然不用帝王之器者不成言天下之大神器之重非其王者難以處王之器而未可以宰割必行仁與信和與道然後可招懷萬姓奄有四維西伯以敬讓與邦南陽以仁道得政非其人也豈妄成之哉

湯政湯治天下理第七

天地設而萬物生陰陽化而四時定分別統理爲政之方極于始終可成法則也

天地闢而萬物生乾其靜也專一其動也正直坤其靜也翕歛其動也闢闢是以廣大而生萬物也萬物生而人爲政焉政也者所以正于天地也言天地生萬物不能相使不能相制須人以爲政以正之無其政也則萬物不理也無不能生而無殺也言天地能生而不能無殺唯天地之所以殺人不能生天之能生唯天殺之可也夫唯天殺之人豈生之哉是不能生之也人化而爲善萬物之中人其爲貴化而爲善理亦天常也獸化而爲惡稟氣以生不有知識非人之類豈不惡哉有人而不善者謂之獸人化而爲善是爲天常今爲不善者與彼飛虛蹠實亦何以異矣有天然後有地天在于上地在于下先天後地理亦自然有地然後有別三才克定萬物區別有別然後有義夫婦之義著君臣之義彰也有義然後有教百官立政教行父子存家設教所以效達于上也有教然後有道教迹既彰約之以道苟乖其道物無以安有道然後

有理事名各立而理自存有理然後有數名理既彰數統之矣夫數以一終十乃至千萬九九之數天之運度亦數之義也日有冥有旦有晝有夜然後以爲數天有三百六十度一日一度三百六十日一周天一日之中晝夜百刻以定之爲數也月一盈一虧月合月離以數紀一歲之中有十二月一月有虧有盈日月或合于次或離于次終于一歲日窮于次月窮于紀星迴于天數將幾終此則日月星辰運行至十二月皆周匝于故處紀猶會者也四者皆陳以爲數治春夏秋冬皆統于一歲之日月也此以上爲政之道當法則也政者衛也始終之謂衛政者正也所以正理天下以爲之天周衛始化之終安之無得之也

慎誅魯周公第六刑法有倫宜于時政好生之德理適典章故明聖之資輔成周室誠勸之道所得稱言國之大經在于賞罰二者或替將何訓焉可爲政先故紀之爲篇目矣

昔者此昔者往日之辭也魯周公使康叔往守于殷康叔周公母弟也衛三監之地殷人數叛故使賢母弟往也戒之曰與殺不辜寧失有罪人命所懸理須詳正夫刑或濫其何

則焉故不可輕殺不幸寧可失于有罪此亦寬仁之道也**無有無罪而見誅**罰而不明雖刑不禁言罰必施于有罪也**無有有功而不賞**賞而不明雖賞不勸言賞必加於有功也**戒之封**重稱戒者所以示于殷勸封康叔名也**誅賞之慎焉**誅賞者國之柄也怒而加誅未必當罪喜而行賞不必當功賞借則懼及于淫誅濫則懼及于善賞得其功則賢人以勸罰得其辜則姦人以息此不可不審慎之

管子十終

鬻子校勘記

鬻子十四篇篇名冗贅每篇多不逮二百言少或止五六句人皆以贋本疑之然馬總意林其目一遵庾仲容子鈔所引鬻子與今本同則非唐人僞撰明甚惟意林稱一卷六篇而今本反多於前由傳寫脫誤文義不相屬俗儒遂意爲釐析强立篇名觀唐人引鬻子有出今本外者知當時原本必不爾也今依舊本付梓別爲札記附後亦傳疑不敢自信之意云熙祚識

進鬻子表

周文傳聖（藏本作作聖）識庾肅陋（藏本陋作淺）

原序

年九十見文王王曰老矣鬻子曰使臣捕獸逐麋已老矣使臣坐策國事尚少也文王師之意林引鬻子云昔文王見鬻子年九十文王曰嘻老矣鬻子曰若使臣捕虎逐麋臣已矣坐策國事臣年尚少御覽三百八十三所引與意林同末有因立爲師四字古八引書多有以序混入正文者疑二書所引即此文也繹史以爲逸句恐未然依漢書藝文志雖有六篇按漢志道家鬻子二十二篇又小說家鬻子十九篇後世所加並無六篇之說此語殊不可解必有脫誤

撰吏五帝三王傳政乙第五

而不能必見受羣書治要引有也字下二句同

大道文王問第八

文王問于鬻子此下原有曰字誤在注末

貴道五帝三王周政乙第五

力生於神 鈔本北堂書鈔七十七引作民似旳然逢注已作神字解矣

撰吏五帝三王傳政乙第三

杖能側焉 此句費解當依賈誼新書作技能輸焉技與杖輸與側皆形似而誤逢注乃以恃能矜智所至危併釋之甚爲荒謬然可見逢氏之前此書流傳已久展轉傳寫故有此誤書有顯然之誤而不可擅改者此類是也

故王者取吏不忘 忘字誤賈誼新書作妄

士民若之 若當作苦

曲阜魯周公政甲第十四

知善不行者 意林行作信

湯政天下至紂第七

慶輔 藏本輔作誧

西門疵 藏本疵作疷

土禹政第六

以五聲聽 文選策秀才文注薦士表注引此下並有治字

一饋而七十起 十字衍治要作

一饋而七起與藝文類聚十一引此文合吾猶恐四海之士留于道路治要引此文云吾不恐四海之士留于道路吾恐其留吾門廷也藝文類聚所引並同不知何時脫去下句又改不爲猶以泯其迹妄謬已甚觀逄注云常行之處非所宜憂也正釋不恐二字之義知其誤在逄氏後矣

道符五帝三王傳政甲第五

夫國者卿相也賢者有之此文有誤注乃強爲訓釋何耶治要云夫卿相無世賢者有之有國無國智者治之此文益不可解當依治要作國無因治智者理之智者非一日之志治要引有也字下句同發教施令意林教作政

附逸文

黄帝十歲知神農之非而改其政御覽七十九

武王率兵車以伐紂紂虎旅百萬陳於商郊起自黄鳥至于赤斧御覽作甫走如疾風聲如振霆此二句文選注無三軍之士靡不失

邑武王乃命太公把白旄以麾之紂軍反走文選宣德皇后令注御覽三百

一

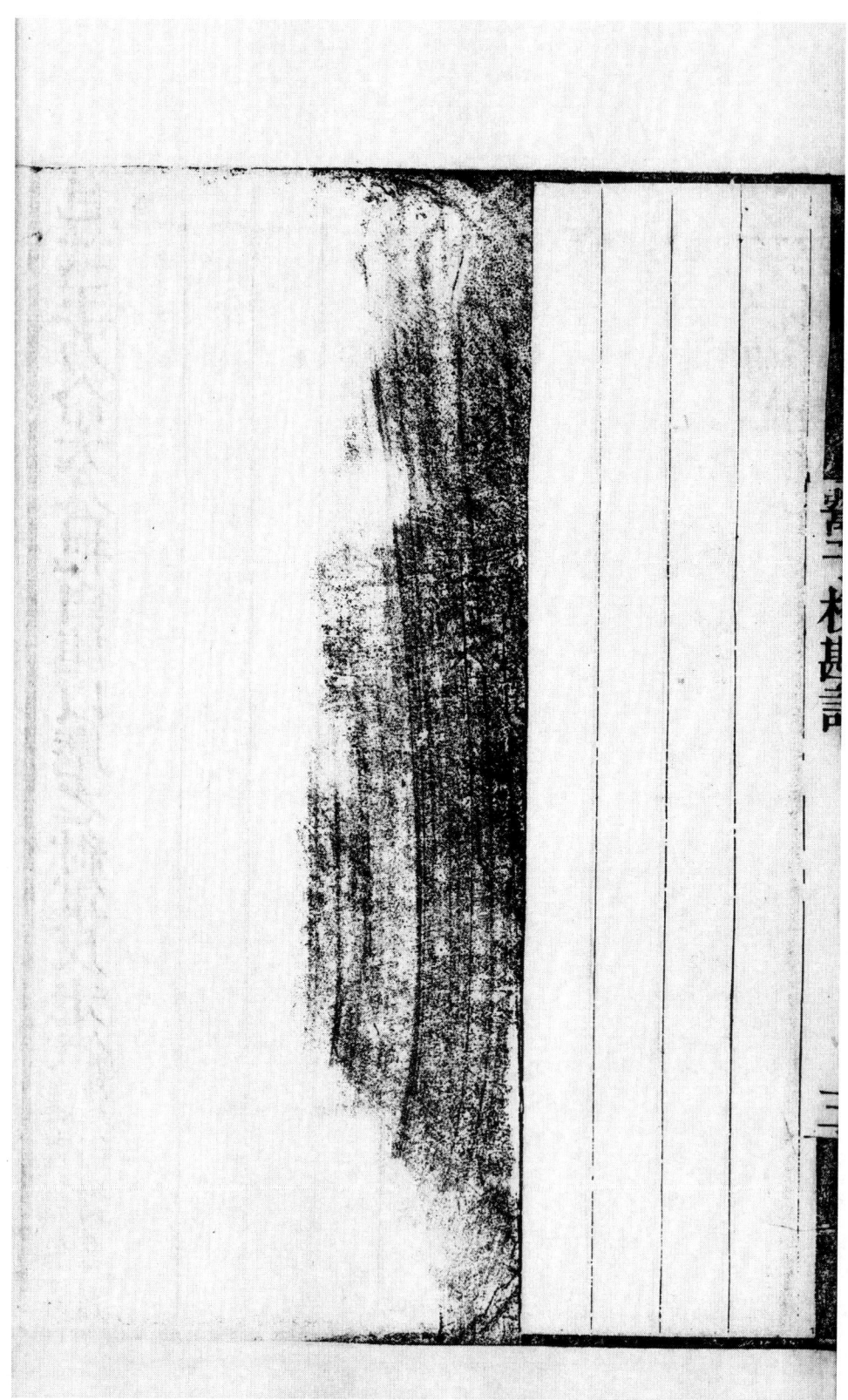

鬻子一卷補鬻子一卷

唐·逄行珪注　明·楊之森補

清道光十三年(1833)王氏棠蔭館刊《二十二子全書》本

鬻子序

鬻子名熊楚人周文王之師也年九十見文王王曰老矣鬻子曰使臣捕獸逐麋已老矣使臣坐策國事尚少也文王師之著書二十二篇名曰鬻子子者男子之美稱賢不逮聖不以爲經用題紀標子因據劉氏九流卽道流也遭秦暴亂書記畧盡鬻子雖不預焚燒編帙由此殘缺依漢書藝文志雖有六篇今此本乃有十四篇未詳孰是篇或錯亂文多遺闕至敷演大道銓

撰明史闡域中之教化論刑德之是非雖卷軸不全而其門可見然鄧林之枝荆山之玉君子餘文可得觀矣鬻子博懷道德善謀政事故使周文屈節大聖諮詢情存帝王之道辭多斥救之要理致通遠旨趣恢弘實先達之奥言爲諸子之首唱織組仁義經緯家邦垂勸誡之風陳弘濟之術王者覽之可以理國吏者遵之可以從政足使賢者勵志不肖者滌心語曰詩三百一言以蔽之曰思無邪言而不朽可爲龜鏡鬻

子論道無邪之謂歟幸以休務之隙披閱子史而書籍實繁不能精備至於此子頗復留心尋其立跡之端探其闡教之旨豈如寓言迂怪馳術飛辯者矣亦乃字重千金辭高萬歲聊爲注解畧起指歸馳心於萬古之上寄懷於千載之下庶垂道見志懸諸日月將來君子幸無忽焉

進鬻子表

臣行瑾言臣聞結繩以往書疏蔑然文字之初教義斯起記言之史設褒貶之跡聿興書事之

官置勸誡之門由啓於是國版稠疊謨訓昭彰唱讚之道以弘闡揚之理茲暢德業彌縟英華日新雕琢性情振其徽烈逮乎周文作聖鬻子稱賢意合道同實申師傅鬻子以文王降巳大啓心期明宣布政之方廣立輔成之策足使萬機留想一代咸休稽古有宗發明耳目尋其著述之旨探其斥救之辭莫不原道心以裁章研神聖而啓沃彌綸彝訓經緯區中不徒讚說微言務於遺翰而已鬻熊爲諸子之首文王則聖

德之宗熊既文王之師書乃政教之體雖篇軸
殘缺提舉猶備紀綱譬彼盤盂發揚有愈臣家
傳儒素積習忠良覩明主奉師之蹤覽賢者盡
義之道循環徵究妙極機神敢率至愚爲之注
解研覃析理以敘私情剪截浮辭用申狂瞽伏
惟陛下則天垂訓越極宣風稽太上之至和興
帝王之炯誡股肱諒直獻替無疑大舉賢良寧
濟區宇四海革面八表宅心務本脩文垂拱無
事臣以草萊卑賤識度庸淺荷堯沐舜擊壤謳

歌周於政教之端屬聽太平之詠志存綴輯以述矢言簡牘難周辭意斯拙謹以繕寫奉獻闕庭庶日月昭明布餘暉於漏隙時雨咸洎灑餘潤於纖枯望希塵露之資豈議沉舟之檝天威咫尺神魄震驚謹上表以聞伏聽慈旨謹言永徽四年十一月二十六日華州鄭縣尉臣逢行珪上

按漢志鬻子二十二篇列之道家別出小說十九篇今小說亡逸而二十二篇者止存十四篇唐逄行珪所獻也熊爲周師自文王以下問焉不知何以名道家又世傳熊九十餘始遇文王而書乃載三監曲阜事篇目次第皆錯亂不可曉蓋殘闕書也第篇中所載大忘狂惑與夫禹政道符者悉簡奥不類後世語鄧林一枝斯可珍矣賈傳大政篇多載之別有對三王問政或卽二十二篇之遺也劉

緫云鬻熊知道而文王咨諫諸子肇始莫先
於斯今取以冠儒家逢註甚疎蔓存而弗削
者備考也丁丑夏日潛菴子志

補鬻子七則

明錢塘楊之森秀夫訂輯

文王問一則

周文王問於鬻子曰敢問君子將入其職則其於民也何如鬻子對曰唯疑請以上世之政詔於君王政曰君子將入其職則其於民也旭旭然如日之始出也文王曰受命矣君子既入其職則其於民也何如對曰君子既入其職則其於民也暯暯然如日之正中文王曰受命矣君

子既去其職則其於民也何若對曰君子既去其職則其於民也暗暗然如日之已入也故君子將入而旭旭者義先聞也既入而暝暝者民保其福也既去而暗暗者民失其敎也文王曰受命矣

武王問一則

周武王問於鬻子曰寡人願守而必存攻而必得戰而必勝則吾爲此奈何鬻子曰唯攻守而戰乎同器而和與嚴其備也政曰和可以守而

嚴可以守而嚴不若和之固也和可以攻而嚴
可以攻而嚴不若和之得也和可以戰而嚴可
以戰而嚴不若和之勝也則唯由和而可也故
諸侯發政施令政平於人者謂之文政矣諸侯接
士而使吏禮恭於人者謂之文禮矣諸侯聽獄斷
治刑仁於治陳於刑由此守而不存攻而不得
戰而不勝者自古而至於今自天地之辟也未
之嘗聞也今也君王欲守而必存攻而必得戰
而必勝則唯由此也爲可也周武王曰受命矣

成王問一則

周成王年六歲即位享國親以其身見於鬻子之家而問焉曰昔者先王與帝修道而道修寡人之望也亦願以教敢問典國之道奈何鬻子對曰唯疑請以上世之政詔於君王政曰典國之道君思善則行之君聞善則行之君知善則行之位敬而常之行信而長之則典國之道也周成王曰受命矣

成王問二則

周成王曰敢問於道之要奈何鬻子對曰唯疑請以上世之政詔於君王政曰爲人下者敬而肅爲人上者恭而仁爲人君者敬士愛民以終其身此道之要也周成王曰受命矣

成王問三則

周成王曰敢問治國之道若何鬻子曰唯疑請以上世之政詔於君王政曰治國之道上忠於主而中敬其士而下愛其民故上忠其主者非以道義則無以入忠也而中敬其士不以禮節則無

以諭敬也下愛其民非以忠信則無以諭愛也故忠信行於民而禮節諭於士道義入於上則治國之道也雖治天下者由此而已周成王曰受命矣

成王問四則

周成王曰寡人聞之有上人者有下人者有賢人者有不肖人者有智人者有愚人者敢問上下之人何以爲異鬻子曰唯疑請以上世之政詔於君王政曰凡人者若賤若貴若幼若老聞

道志而藏之知道善而行之上人矣聞道而弗取藏也知道而弗取行也則謂之下人也故夫行者善則謂之賢人矣行者惡則謂之不肖矣故夫言者善則謂之智矣言者不善則謂之愚矣故智愚之人有其辭矣賢不肖之人別其行矣上下之人等其志矣周成王曰受命矣

成王問五則

周成王曰寡人聞之聖王在上位使民富且壽云若夫富則可爲也若夫壽則不在天乎鬻子

曰唯疑請以上世之政詔於君王政曰聖王在上位則天下不[illegible]軍兵之事故諸侯不私相攻而民不私相鬪鬩不私相煞也故聖王在上位則民免於一死而得一生矣聖王在上則君積於道而吏積於德而民積於用力故婦爲其所衣丈夫爲其所食則民無凍餒矣故聖王在上則民免於二死而得二生矣聖王在上則君積於仁而吏積於愛而民積於順則刑罰廢矣而民無夭遏之誅故聖王在上則民免於三死而

得三生矣故聖王在上則使民有時而用之有節則民無厲疾故聖王在上則民免於四死而得四生矣故聖王在上則使盈境内興賢良以禁邪惡故賢人必用而不肖人不作則已得其命矣故夫富且壽者聖王之功也周成王曰受命矣

右補鬻子凡七則出賈太傅新書修政論想太傅應及見遺書也今錄補冠子書焉

鬻子

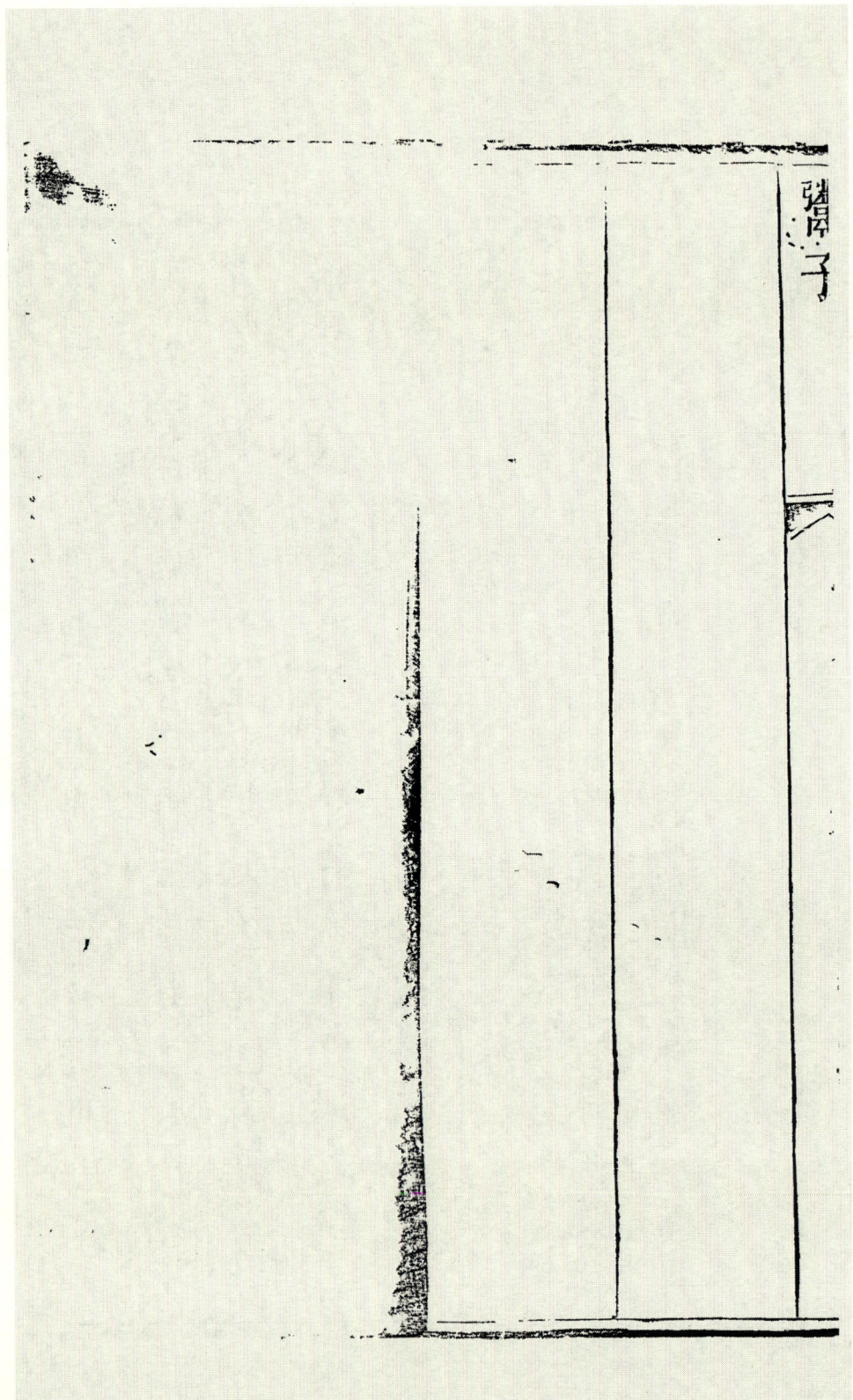

鬻子

周　熊　撰

唐　逢行珪　注

撰吏五帝三王傳政乙第五

撰具也吏者爲政之具也又譔博也言王者布政施令其在博求於良吏也賢者舉之不賢者不預言五帝三王政道可以百代傳行者乙次於甲以此明政之次也

政曰政者法教也此明帝王之政事以爲法教可稱也君子不與人謀之則已矣言君子修於內理於外端其形正其影體眞德之要守冲妙之機言出以成教方謀事必爲法則苟於政而不預豈安爲之哉所以止也若與人謀之則非道無由也君子不與人謀則已矣若與人謀務存大道而言之不以違道飾非不以苟合求正由用也故君子之謀能必用道君子終日言之而不離體要謀於政事而成由於道故同於道者道亦得之非道之言君子不用也而不能必見受衆目視於僞不留視於眞衆心耀於名不能察於實夫庸主必惑於衆豈能受於道教哉故君子之道不必見納也能必忠盡心論道而必竭忠盡道言不邪諂也而不能必入盡忠論道聖君必納庸主所難故有道之君上下親愛忠讜進用智

術無隱以石投水何齟齬哉而不明之主君臣
疏忌小人侍側端正棄遺諂佞是親忠信不用
掩目而視豈不惑
歟必忠言之不入

能必信

言君子不苟合不妄
言正色端辭澄清眞
實必存之
於信也

而不能必見信

信言不美而合於道
庸主惑於衆邪豈信
用君子之言乎
言不以見信也

君子非人者不出之於辭而施之於行

言君子但爲善將以攻惡善不自是
惡不非人施之於行不顯之於言說

故非非者行是

言是非於人是所同也非於人者
人亦非之君子將非於人終不以
非非人自行是
道以論彼之非

惡惡者行善

善惡在身是所共
也君子務善以攻
惡不以惡惡於人所
以彰惡於行善道也

而道諭矣

謀事必忠出言
必信行善以攻
惡顯是而明非不苟求
所以知而道德自明也

大道文王問第八

夫道者覆天地廓四方斥八極高而無際深不可測綿六合橫四維不可以言象盡不可以指示說應無間之迹終政教之端包萬物之形彰三光之外爲而不有行而不見有道之王動而同之妙用無窮故謂之大文王因用無窮故謂之大師問道可爲永則因以名篇也

政曰昔者文王問於鬻子昔者往日也言雖臨馭億兆而不獨專從

師問道以政術之門曰　敢問人有大志乎　尊師道故曰敢問文王思存大道以終政事心迹在於經遠所以先問於大志也　對曰有　鬻子前答文王言有大志也　文王曰敢問大志奈何　鬻子前不即以指答者故引上文王之問文王欲熊終大志之理故曰其事奈何矣　鬻子曰知其身之惡而不改也以賊其身乃喪其軀　過則勿憚改終日不爲惡惡去於身也豈但墨面髡髮是爲形餘哉故其蚩尤見誅四凶就戮夏癸絕祀商辛覆宗賊身害軀破家失國其行如此是爲大志也　其行如此是謂之大志　終成所答之事

貴道五帝三王周政乙第五

夫爲政以德必貴於道爲化國之福焉

當文王之時而通稱三王者據近以及遠明道以同也周者合也備也言五帝三王貴道其政能合若一也而無所不備也

昔之帝王昔者在昔貴道德之帝王稱曰昔者以遠喻近爲之勸也所以爲明者以其吏也言帝王而有聖明之稱者皆委賢吏使在顯職故道化興而萬國寧明聖不獨運也昔之君子其所以爲功者以其民也人惟邦本得衆斯昌建極乘時必王資兆庶人皆效力以成其功也力生於神者有國必先靈祐皇天上帝社稷山川神迹玄符無不來會成湯降神受夏大命武王夢神遂大

哉殷夫寘運兩儀鼓動萬物豈有使之然哉莫不大化於自然玄應而義用造之非我理自相符故曰力生於神者也

而功最於吏 王者發政施令而不自爲必屬賢能以任使之是故天下和平人知所保此賢吏善最之功也

福歸於君 俊德奮官盡心竭力人敎其道俗順其敎上下相親而德交歸焉國土平康而爲君之福者也

昔者五帝之治天下也 五帝謂黃帝顓頊高辛唐虞也

其道昭昭若日月之明然若以晝代夜然 日月運明明不私照必須幽顯始終不息故昭昭然所不舍也夫聖人與天地合德日月齊明道大不淪可以崇遠也

故其道首首然萬世爲福萬世爲敎者唯從黃帝以下舜禹以上而巳矣 首者始也言五帝之道常爲萬代之始後之不能加也夫黃帝

始垂衣裳造書契置史官爲舟楫以濟不通服
牛乘馬立棟宇重門擊柝以待暴客爲杵臼以
利萬姓作弧矢以威天下造律管典封禪顓頊
平九黎之亂人神不雜萬物有序高辛氏作鞀
鞞鐘鼓莞箎帝堯茅茨不剪土階三尺夏日葛
衣冬日鹿裘蕩蕩乎人無能名焉巍巍乎其有
成功也帝舜少而至孝堯聞聰明而用之舜乃
舉禹爲司空以平水土棄爲后稷以播百穀卨
爲司徒以敎百姓臯陶爲士師以理獄訟垂爲
共工以典衆作益作朕虞以育草木伯夷爲秩
宗以典三禮夔爲樂正以和神人舜彈五絃之
琴歌南風之詩夏禹櫛風沐雨冠履不顧數九
土乘四載鑿龍門闢伊闕導百川建萬國微禹
之功人皆魚矣帝王之功莫此爲盛故百代不
易爲福
爲敎也君王欲緣五帝之道而不失則可以長
久言君王但因循五帝之道而常行用無所
爲替則可以長保宗廟社稷以爲人始也

守道五帝三王周政甲第四

執大象而天下往明道不往則道不可暫離所也

聖人在上賢士百里而有一人則猶無有也言聖王在上化被蒼生德周萬物雖百里而有一賢士以聖道廣宣賢迹不見其賢雖多則若無有也

王道衰微暴亂在上賢士千里而有一人則猶比肩也王道衰微暴虐亂政人皆思德雖千里有一賢士其若比肩言賢人不可得也

撰吏五帝三王傳政乙第三

帝王所以安國家行政教其在良吏乎

言必博廣以取也

政曰民者賢不肖之杖也賢不肖皆具焉 賢者德行之名不肖者頑嚚之謂夫賢與不肖見於行此二者同出於性而異名皆杖於最靈各有定分矣天下之廣黎庶之衆賢與不肖自皆具焉 **故賢人得焉不肖人休焉** 言賢者不自求進而材爲時須王者必任賢人所以得也不肖者非自求退而行無所取不登政事是以休廢也 **杖能側焉** 有過人之智必矜其能恃能矜智必違道輕躁所至危僻故曰杖能側焉 **忠信飾焉** 懷盡忠之節必修於道修身貴眞履行務實由於正路禮義仁信以文飾其身也故曰忠信飾焉 **民者積愚也** 冥然無知愚之

謂也雖愚明主擇吏焉必使民與焉（言明主推心於人以取良吏而不獨任也）士民與之明上舉之（得於衆心善於政事上所以舉用之也）士民若之明上去之（若如人者賢愚之間政既不與所以斥去之也）故王者取吏不忘必使民唱然後和（人主總羣謀以觀衆知明以探風聲於下言以求得失取賢人以宣政化推已取賢唯聖者能之）民者吏之程也（程法式也知之在下是故取吏之法式察之於衆庶人者若之也）察吏於民然後隨（人與之主舉之人若之主去之此隨之也）政曰民者至卑也（極卑下也）而使之取吏焉必取所愛（聖主不違人以獨用）也故十人愛之則十人之吏也百人愛之則百

人之吏也，千人愛之則千人之吏也，萬人愛之則萬人之吏也。自此已上皆言人之情好之德行各有所愛樂之多少殊別也

故萬人之吏撰卿相矣。人愛之多則必堪爲政事，赫赫師尹，民具爾瞻，主之所援，不可失賢也。

卿相者，諸侯之丞也。卿相者人主之杖，故爲諸侯之丞也。

故封侯之士秩出焉。賢者得之，列土封疆，得自家臣，故曰秩出焉。

卿相，君侯之本也。政之興亡在於卿相，得賢者和輯，失賢者離散，故爲君侯之職在卿相也。

曲阜魯周公政甲第十四

曲阜之地方七百里，少昊之墟，是魯周

公所封之邑以周公裨益政禮故稱之以爲篇耳

政曰昔者魯周公曰吾聞之於政也稱周公之言以明政者也知善不行者謂之狂善者體道懷德也人主行善於上百姓變善於下堯之日比屋可封知善道之爲善而不行用者是狂悖之人也知惡不改者謂之惑惡者賊以喪軀人主爲惡於上則百姓爲惡而不悛者是昏惑夫狂與惑者聖王之戒也知善而不行知惡而不改必至狂惑者此聖王之明戒也

道符五帝三王傳政甲第二

夫開國崇基必先於道道既符合無徃

不真影響相同自然合應甲者先於乙也

不肖者不自謂不肖也肖者類也言不類不似也自知賢不肖是爲明也不似之人豈自稱哉言不知也而不肖見於行丹朱傲虐無捨晝夜頷頷肆惡曾無休息此則見於外不以隱微者也雖自謂賢人猶謂之不肖也不肖者豈自謂不肖哉以賢者視之不肖之迹見矣雖以彼賢以自賢人豈以爲賢乎

愚者不自謂愚而愚見於言昧道不德之人豈自稱其愚蒙哉而愚迹見於辭說也雖自謂智人猶謂之愚愚者豈自以爲愚哉以智視之愚迹見矣雖以彼智以自智人豈以爲智

數始五帝治天下第七

言帝者年數之始以記其佐帝及升位之年數也天下者豈可妄理哉亦由積德累業以有之也言五帝之道相緣爲政故同稱之也

昔者帝顓頊黃帝次妃曰嫘祖生昌意昌意生顓頊顓頊爲高陽氏在位七十八年年十五而佐黃帝軒轅氏少典之子父曰帝鴻氏母曰附寶見大電光繞北斗樞星照野感而孕二十五月生以土德王故曰黃帝在位百年顓頊自幼年以翼佐黃帝也二十而治天下子也升爲天其治天下也上緣黃帝

之道而行之因修黃帝之道而行其政令不改革也學黃帝之道

而常之化迹不及所以效也效其通道而常見之昔者帝嚳黃帝正妃生玄

囂玄囂之子生帝嚳德日新故曰高辛在位七十上賓年十五而佐帝顓

項三十而治天下佐顓項以理天下三十而升爲帝也其治天下

也上緣黃帝之道而明之言德稍下不能盡行黃帝之道但明之而

已矣學帝顓項之道而行之政教所爲效顓項而行其言不能常習之

也

禹政第六

伯禹夏后氏言禹功錫玄圭德諧元始

任賢立政以致太平可爲法則故以名篇矣

禹之治天下也黃帝玄孫祖顓頊姓姒名文命字高密在位九年受禪成功曰禹受舜禪以臨天下得皐陶得杜子業得旣子得施子黯得季子甯得然子堪得輕子玉此以上七大夫之姓名也得七大夫以佐其身以治天下以天下治言帝王獨治天下雖則聖德皆俟賢佐以輔之故得天下人安也

湯政天下至紂第七

言成湯放無道之桀以統萬機而理天

下得賢大夫贊佐而致太平至紂昏惑以失國故終始書之以名篇

湯之治天下也湯姓子名履字天乙除虐去殘曰湯征葛伯放桀順取天下以理也得慶誧伊尹湟里且東門虛南門蝡西門疵北門側伊尹有莘氏媵臣以爲相東門等並姓名也得七大夫佐以治天下而天下治七大夫皆有賢行斥救弼諧故得天下咸乂也二十七世自湯至紂父子兄弟相承二十七代也積歲五百七十六歲至紂夏曰歲此除即位之年也

上禹政第六

以五聲聽政克勤于邦可以爲上也

禹之治天下也以五聲聽九重幽深下言難達所欲百姓反斥救之事故懸置五聲招之以聽政也門懸鐘鼓鐸磬懸之於簨簴也而置鞀置於地也以得四海之士四海之士有進於言者必造五聲以揮擊傳聞也爲銘於簨簴懸樂器之具刻銘於其上也曰教寡人以道者擊鼓鼓以動物故動合於道也教寡人以義者擊鐘鐘金聲也以合於義故教義者擊鐘也教寡人以事者振鐸鐸金鈴木舌也所以事務有可行爲所欲言者以振鐸也語寡人以憂者擊磬憂者聲悲磬聲消燥而近於悲故憂而擊磬也告寡人以獄訟者揮鞀此之謂五

聲獄訟之事務於疾遽故揮鞀以陳之此以上並銘於簨簴之文也是以禹嘗據一饋而七十起日中而不暇飽食急於政事無暇安於一食所以示接士之急也曰吾猶恐四海之士留於道路常行之處非所宜憂也是以四海之士皆至事必得道必合上下應會無不至也是以禹當朝廷間也可以羅爵不暇飽食聽政不疲朝廷間靜然後無事也

道符五帝三王傳政甲第五

夫君子將入其職旭旭然如日初出入

昭昭然人保其福既去暗暗然人失其

教此得政典符合之謂也

夫國者卿相世賢者有之有國則有卿相賢德者卿相之具人與之王用之不賢者豈能用之哉有國無國智者治之夫有國者豈自寧豈自亂也所以安者智謀之力也智者非一日之志積功累業行道不倦以成其志治者非一日之謀謀者心思也樹德以爲尚寬重道修政作教以至誠不之咨謀并一日之所能致也治志治謀在於帝王然後民知所保夫君上有道化行於下遠近慕義四境無虞百姓淳和盜賊屏息故人知所安也而知所避富貴貧賤不相犯仁義禮智由其門無違政教下民爲福是知所避也發教施令爲天下福者謂之道先之以博愛陳之以德義先之

以敬讓道之以禮樂不奪人時不干人上下相利故得禍亂不作爲福之道此之謂歟

親謂之和至德以教之要道以治之上下同心是謂和矣民不求而得所欲謂之信日出而作日沒而息不勞於事不若煩苛甘其食安其居樂其業此豈外求之哉上有行道之君是所致者可謂之大信矣除去天下之害謂之仁兼愛萬物慈惻外施至若成湯征葛伯放桀於南巢夏禹之別導山川置立州國故得天下免於暴亂百姓宅其所居仁遠乎哉斯仁至也仁與信和與道帝王之器此四者帝王有天下之器所以樂推也苟有違之而天下離叛非其所有也

凡萬物皆有器所用利之是以爲器而違其用豈得其器哉故欲有爲不行其器者雖欲有爲不成惟名與器不可假人其所營爲

必以其器用得其器也故利之不行其器於利遠矣豈有成哉諸侯之欲王者亦然不用帝王之器者不成言天下之大神器之重非其王者雖以處王之器而未可以宰割必行仁與信和與道然後可招懷萬姓奄有四維西伯以敬讓與邦南陽以仁道得政非其人也豈妄成之哉

湯政湯治天下理第七

天地設而萬物生陰陽化而四時定分別統理爲政之方極於始終可成法則也

天地闢而萬物生乾其靜也專一其動也直坤其靜也翕斂其動也開闢

是以廣大而生萬物也萬物生而人爲政焉政也者所以正於天地也言天地生萬物不能相使不能相制須人無不以爲政以正之無其政也則萬物不理也

能生而無殺也言天地能生而不能無殺唯天地之所以殺人不能生天之能生唯天殺之可也夫唯天殺之人豈生之哉是不能生之也人化而爲善萬物之中人其爲貴化而爲善理亦天常也獸化而爲惡稟氣以生不有知識非人之類豈不惡哉人而不善者謂之獸人化而爲善是爲天常今爲不善者與彼飛虛膻實亦何以異矣有天然後有地天在於上地在於下先天後地理亦自然有地然後有別三才克定萬物區別有別然後有義夫婦之義著君臣之義彰也有義然後有敎百官

立政教行父子存家設有教然後有道教迹既
敎所以效達於上也彰約之
以道苟乖其事名各立
道物無以安有道然後有理而理自存有理然
名理既章數統之矣夫數以一終十乃
後有數至千萬九九之數天之運度亦數之義
也日有冥有旦有晝有夜然後以爲數天有三
百六十
度一日一度三百六十日一周天一
日之中晝夜百刻以定之爲數也月一盈一
一歲之中有十二月一月
虧月合月離以數紀
有虧有盈日月或合於次
或離於次終於一歲日窮於次月窮於紀星廻
於天數將幾終此則日月星辰運行至十二月
皆周匝於故處春夏秋冬
四者皆陳以爲數治
紀猶會者也各統於一
歲之日月也此以上政
政者衛也始終之謂衛
爲政之道當法則也者

正也所以正理天下以爲之天周衛始化之終安之無得之也

愼誅魯周公第六

刑法有倫宜於時政好生之德理適典章故明聖之資輔成周室誡勸之道所得稱言國之大經在於賞罰二者或替將何訓焉可爲政先故紀之爲篇目矣

昔者（此昔者往日之辭也）魯周公使康叔往守於殷（康叔周公毋弟也衛三監之地殷人數叛故使賢毋弟王也）戒之曰與殺不辜寧失有罪（人命所懸理須詳正夫刑或濫其何則焉故不可輕殺不辜寧可失於有罪此

亦寬仁之道也無有無罪而見誅罰而不明雖刑不禁言罰必施於有罪也

無有有功而不賞賞而不明雖賞不勸言賞必加於有功也戒之封重稱戒者所以示於殷勤封康叔名也誅賞之慎焉誅賞者國之柄也怒而加誅未必當罪喜而行賞未必當功賞僭則懼及於淫誅誅濫則懼及於善賞得其功則賢人以勸罰得其辜則姦人以息此不可不審慎之

鬻子終

鬻子一卷補鬻子一卷

唐·逢行珪注　明·楊之森補　傅增湘批校

清光緒元年(1875)湖北崇文書局刊《百子全書》本

鬻子

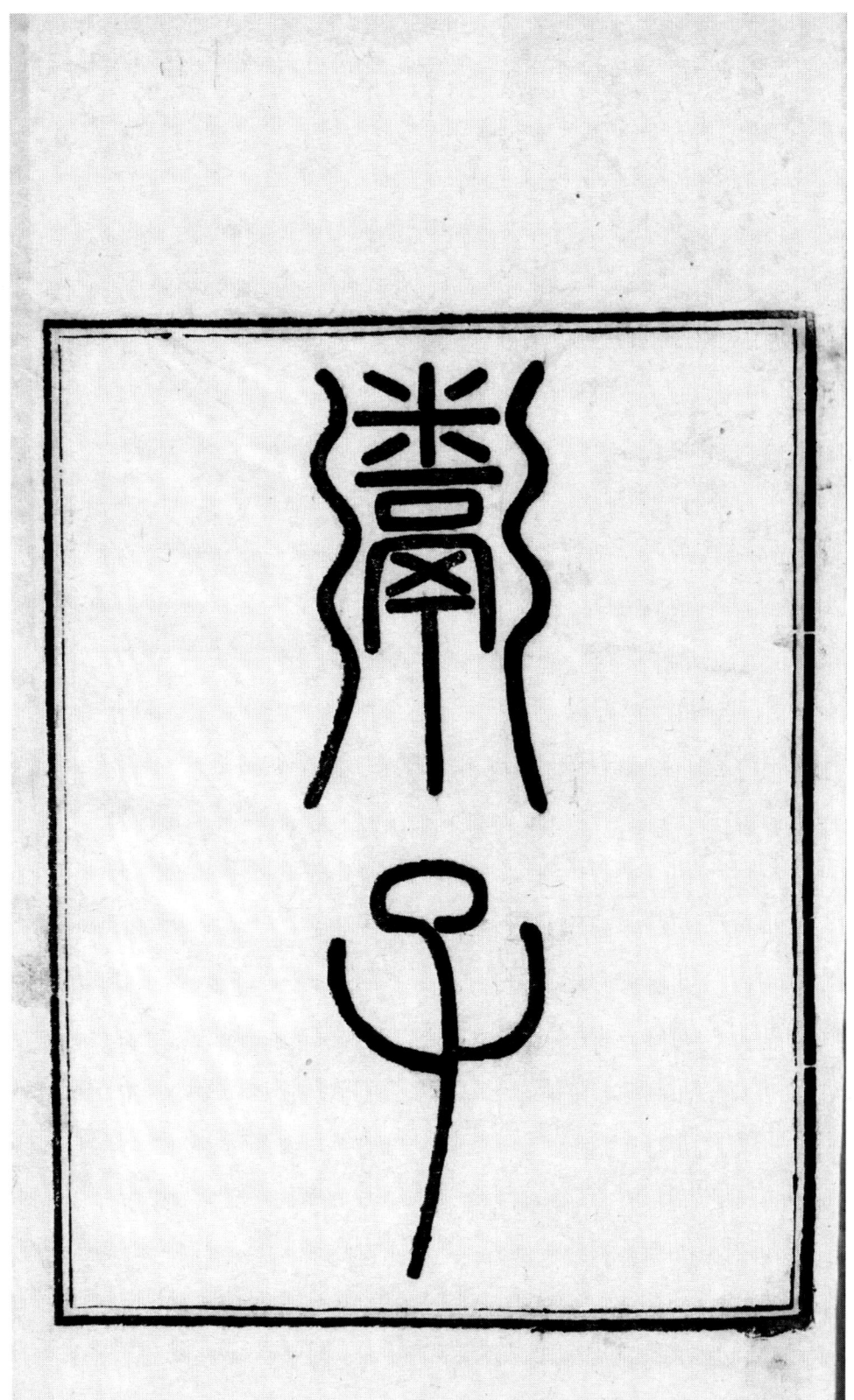

校明弘治鈔說郛本 丁巳七月十四日沅叔

光緒紀元夏月湖北崇文書局開雕

鬻子序

鬻子名熊楚人周文王之師也年九十見文王王曰老矣鬻子曰使臣捕獸逐麋已老矣使臣坐策國事尚少也文王師之著書二十二篇名曰鬻子子者男子之美稱賢不逮聖不以爲經用題紀標子因據劉氏九流卽道流也遭秦暴亂書記略盡鬻子雖不預焚燒編帙由此殘缺依漢書藝文志雖有六篇今此本乃有十四篇未詳孰是篇或錯亂文多遺闕至敷演大道銓撰明契闡域中之教化論刑德之是非雖卷軸不全而其門可見然鄧林之枝荆山之玉君子餘文可得觀矣鬻子博懷道德善謀政事故使周文屈節大聖諮詢情存帝王之道辭多斥敘之要理致通遠旨趣恢弘實先達之奧言爲諸子之首唱織組仁義經緯家邦垂勸誡之風陳弘濟之術王者覽之可以理國

吏者遵之可以從政足使賢者勵志不肖者滌心語曰詩三百一言以蔽之曰思無邪言而不朽可爲龜鏡鬻子論道無邪之謂歟幸以休務之隙披閱于史而書籍實繁不能精備至於此子頗復留心尋其立跡之端探其闡教之旨豈如寓言迂恠馳術飛纖者矣亦乃字重千金辭高萬歲聊爲注解略起指歸馳心於萬古之上寄懷於千載之下庶垂道見志懸諸日月將來君子幸無怨焉 華州鄭縣尉逄行珪序

臣行珪言臣聞結繩以往書疏蔑然文字之初教義斯起記言之史設褒貶之跡聿興書事之官置勸誡之門由啓於是國版稠疊謨訓昭彰唱讃之道以弘闡揚之理兹暢德業彌縟英華日新雕琢性情振其徽烈逮乎周文作聖鬻子稱賢意合道同實申師傅鬻子以文王降已大啓心期明宣布政之方廣立輔

成之策足使萬機留想一代咸休稽古有宗發明耳目尋其著述之旨探其斥救之辭莫不原道心以裁章研神聖而啓沃彌綸彝訓經緯區中不徒讚説微言務於遺翰而已鬻熊爲諸子之首文王則聖德之宗熊既文王之師書乃政教之體雖篇軸殘缺提舉猶備紀綱譬彼盤盂發揚有愈臣家傳儒素積習忠良覩明主奉師之蹤覽賢者蘊義之道循環徵究妙極機神敢率至愚爲之注解研尋析理以敘私情剪截浮辭用申狂贊伏惟陛下則天垂訓越極宣風稽太上之至和興帝王之炯誡股肱諒直獻替無疑大舉賢良寧濟區宇四海革面八表宅心務本修文垂拱無事臣以草萊卑賤識度庸淺荷堯沐舜擊壤謳歌周於政教之端屬聽太平之詠志存綴緝以述矢言簡牘難周辭意斯拙謹以繕寫奉獻闕庭庶日月照明俯餘暉於漏隙

時雨咸洎灑餘潤於纖枯望希塵露之資豈議沈舟之楫天威咫尺神魄震驚謹上表以聞伏聽慈旨謹言永徽四年十一月二十六日華州鄭縣尉臣逢行珪上

按漢志鬻子二十二篇列之道家別出小說十九篇今小說亡逸而二十二篇者止存十四篇唐逢行珪所獻也熊爲周師自文王以下問焉不知何以名道家又世傳熊九十餘始遇文王而書乃載三監曲阜事篇目次第皆錯亂不可曉蓋殘闕書也第篇中所載大忘狂惑與夫禹政道符者恐僞與不類後世語鄧林一枝斯可珍矣賈傅大政篇多載之別有對三王問政或卽二十二篇之遺也劉勰云鬻熊知道而文王咨謀諸子肇始莫先於斯今取以冠儒家逢註甚疎姑存而弗削者備考也丁丑夏日潛菴子志

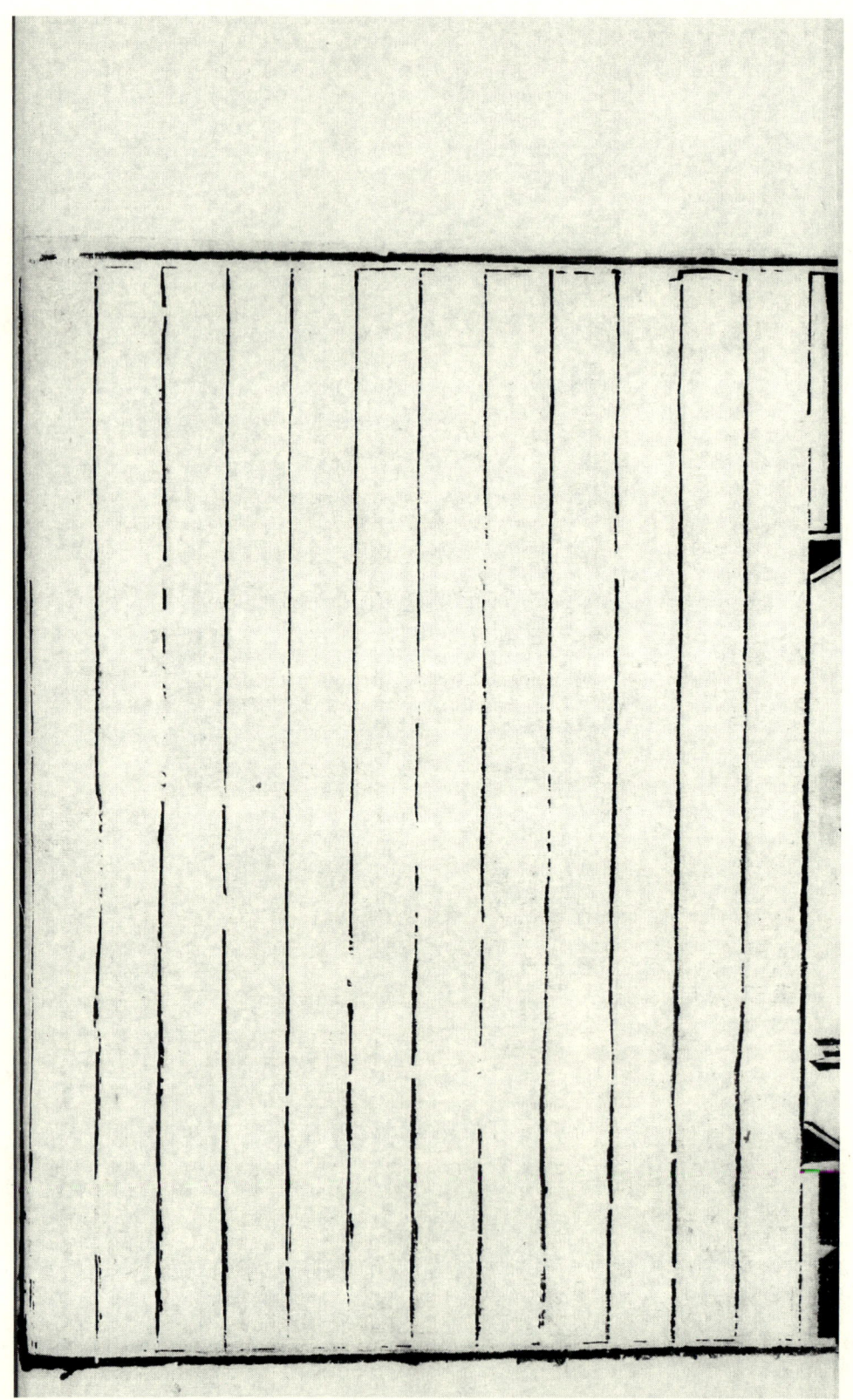

鬻子

周　鬻熊撰　　唐　逢行珪注

撰吏五帝三王傳政乙第五　篇之七

撰具也吏者爲政之具也又撰博也言王者布政令行其在博求於良吏也賢者舉之不賢者不預言五帝三王政道可以百代傳行者乙次於甲以此明政之次也

政曰政者法教也此明帝王之政事以爲法教可稱也**君子不與人謀之則已矣**言君子修於內埋於外端其形正其影體眞德之要守冲妙之機言出以成教方謀事必爲法則苟於政而不預豈安爲之哉所以卅也**若與人謀之則非道無由也**君子不與人謀則已矣若與人謀務存大道而言之不以違道循非不以苟合求正由用也**故君子之謀能必用道**君子終日言之而不離體要謀於政事而咸由於道故同於道者道亦得之非道之言君子不用也**而不能必見受**眾目視於僞不瞀視於眞眾心耀於名不能察於實夫庸主必惑於眾豈能受於道教哉故君子之道不必見納也**能必忠**盡心論道而必竭忠盡道言不邪讇也

而不能必入盡忠論道聖君必納庸主所難故有道之君上下親愛忠讜進用智術無隱以石投水何齟齬哉而不明之主君臣疏忌小人侍側端正棄遺詔佞是親忠信不用掩目而視豈不惑歟必忠言之不入能必信言君子不苟合不妄言正色端辭澄清貞實必存之於信也而不能必見信信言不美而合於道庸主惑於衆邪豈信用君子之言乎言不以見信也君子非人者不出之於辭而施之於行言君子但爲善將以攻惡善不自是惡不非人施之於行不顯之於言說故非非者行是言是非於人是所厭也非於人者人亦非之君子將非於人終不以非非人自行是道以論彼之非惡惡者行善善惡在身是所共也君子務善以攻惡不以惡惡於人所以彰惡於行善道也而道諭矣謀事必忠出言必信行善以攻惡惡顯是而明非不苟求所以知而道德自明也

大道文王問第八　篇之一

夫道者覆天地廓四方斥八極高而無際深不可測綿六合橫四維不可以言象盡不可以指示說應無間之迹終政教之端包萬物之形彰三光之外爲而不有行

而不見有道之王動而同之妙用無窮故謂之大文王因用無窮故謂之大師問道可爲永則因以名篇也

政曰昔者文王問於鬻子昔者往日也言雖臨馭億兆而不獨專從師問道以政術之門曰敢問人有大忘乎尊師道故曰敢問文王思存大道以終政事心迹在於經遠所以先問於大忘也對曰有鬻子前答文王言有大忘也文王曰敢問大忘奈何鬻子前不即以指答者故引成文王之問文王欲能終大忘之理故曰其事奈何矣鬻子曰知其身之惡而不改也以賊其身乃喪其軀過則勿憚改終日不爲惡惡去於身也豈但墨面髡髮是爲形餘哉故其蚩尤見誅四凶就戮夏癸絕祀商辛覆宗賊身害軀破家國其行如此是爲大忘也失其行如此是謂之大忘終成所答之事

貴道五帝三王周政乙第五　篇之五

夫爲政以德必貴於道爲化國之福焉當文王之時而通稱三王者據近以及遠明道以同也周者合也備也言五帝三王貴道其政能合若一也而無所不備也

昔之帝王昔者在昔貴道德之帝王稱曰昔者以遠喻近爲之勸也**所以爲明者以其吏也**言帝王而有聖明之稱者皆委賢吏使在顯職故道化興而萬國寧明聖不獨運也**昔之君子其所以爲功者以其民也**人惟邦本得衆斯昌建極乘時必資兆庶人人皆劾力以成其功也**力生於神**王者有國必先褒祐皇天上帝社稷山川神迹玄符無不來會成湯降神受夏大命武王夢神遂大戩殷大寶運兩儀鼓動萬物豈有使之然哉莫不大化於自然玄應而義用造之非我理自相符故曰力生於神者也**而功最於吏**王者發政施令而不自爲必篩賢能以任使之是故天下和不人知所保此賢吏善最之功也**福歸於君**儉德在官盡心竭力人敦其道俗順其敎上下相親而德交歸焉國上下康而爲君之福者也**昔者五帝之治天下也**五帝謂黃帝顓頊高辛唐虞也**其道昭昭若日月之明然若以晝代夜然**日月運明明不私照必須幽顯始終不息故昭昭然所不舍也夫聖人與天地合德日月齊明道大不淪可以崇遠也**故其道首首然萬世爲福萬世爲敎者唯從黃帝以下舜禹以上而已矣**首者始也言五帝之道常爲萬代之始後之不能加也夫黃帝始垂衣裳造書契置史官爲舟楫以濟不通服牛乘馬立棟宇重門擊柝以待暴客爲杵臼以利萬姓作弧矢以威天下造律管典封禪顓頊平九黎之亂人神不雜萬物有序高辛氏作韶

鞞鐘鼓莞席帝堯茅茨不剪土階三尺夏日葛衣冬日鹿裘蕩蕩乎人無能名焉巍巍乎其有成功也帝舜少而至孝堯聞聰明而用之舜乃舉禹爲司空以平水土棄爲后稷以播百穀禼爲司徒以敎百姓皋陶爲士師以理獄訟垂爲共工以典衆作益作朕虞以育草木伯夷爲秩宗以典三禮夔爲樂正以和神人舜彈五絃之琴歌南風之詩禹櫛風沐雨冠履不顧數九十乘四載鑿龍門闢伊闕導百川建萬國微禹之功人皆魚矣帝王之功莫此爲盛故百代不易爲福爲敎也

君王欲緣五帝之道而不失則可以長久言君王但因循五帝之道而常行用無所爲替則可以長保宗廟社稷以爲人始也

守道五帝三王周政甲第四　篇之四

執大象而天下往明道不往則道不可暫離所也

聖人在上賢士百里而有一人則猶無有也言聖王在上化被蒼生德周萬物雖百里而有一賢士以聖道廣宣賢迹不見其賢雖多則若無有也

王道衰微暴亂在上賢士千里而有一人則猶比肩也王道衰微暴虐亂政人皆思德雖千里有一賢士其若比肩言賢人不可得也

撰吏五帝三王傳政乙第三　篇之六

帝王所以安國家行政教其在選吏乎言必博廣以取也

政曰民者賢不肖之材也賢不肖皆具焉 賢者德行之名不肖者頑嚚之謂夫賢與不肖見於行此二者同出於性而異名皆材於最靈各有定分矣天下之廣黎庶之衆賢與不肖自皆具焉 故賢人得焉不肖人休焉 言賢者不自求進而材為時須王者必任賢人所以得也不肖者非自求退而行無所取不登政事是以休廢也 杖能側焉 有過人之智必矜其能恃能矜智必遊道整躁所至危僻故曰杖能側焉 忠信飾焉 懷盡忠之節必修於道修身貴眞履行務實由於正路禮義仁信以文飾其身也故曰忠信飾焉 民者積愚也 冥然無知愚之謂也 雖愚明主撰吏焉必使民興焉 言明主推心於人以取良吏而不獨任也 士民與之明主舉之 得於衆心善於政事上所以舉用之也 士民若之明主去之 若如人者賢愚之間政既不與所以斥去之也 故王者取吏不忘必使民唱然後和 人主總羣謀以觀衆知明以採風聲察於下言以求得失取賢人以宜政化推已取賢唯聖者能之 民者吏

之程焉程式法也知之在下是故取吏之察吏於民然後隨與人

之主舉之人若之也主去之此隨之也故曰民者至卑也極卑下也而使之取吏焉必取

所愛聖主不違人以獨用也故十人愛之則十人之吏也百人愛之則百

人之吏也千人愛之則千人之吏也萬人愛之則萬人之吏也

自此已上皆言人之情好之德行各有所愛樂之多少殊別也故萬人之吏撰卿相矣人愛之多則必

堪爲政事赫赫師尹民具爾瞻主之所拔不可失賢也卿相者諸侯之丞也卿相者人主之杖故爲諸

侯之丞也故封侯之士秩出焉賢者得之列土封疆得自家臣故曰秩出焉卿相君侯之

本也政之興亡在於卿相得賢者和輯失賢者離散故爲君侯之職在卿相也

曲阜魯周公政甲第十四

篇之十三

曲阜之地方七百里少昊之墟是魯周公所封之邑以

周公裨益政禮故稱之以爲篇耳

政曰昔者魯周公曰吾聞之於政也稱周公之言以明政者也知善不行者

謂之狂善者體道懷德也人主行善於上百姓變善於下堯之日比屋可封知善道之爲善而不行用者是狂悖之人也知惡不改者謂之惑惡者賊以喪軀人主爲惡於上則百姓爲惡而不悛者是昏惑夫狂與惑者聖王之戒也知善而不行知惡而不改必至狂惑者此聖王之明戒也

四

道符五帝三王傳政甲第二　篇之二

夫開國崇基必先於道道既符合無往不眞影響相同自然合應甲者先於乙也

不肖者不自謂不肖也肖者類也言不類不似也自知賢不肖是爲明也不似之人豈自稱哉言不知也而不肖見於行丹朱傲虐無捨晝夜額額肆惡會無休息此則見於外不以隱微者也雖自謂賢人猶謂之不肖也不肖者豈自謂不肖哉以賢者視之不肖之迹見矣雖以彼賢以自賢人豈以爲賢乎愚者不自謂愚而愚見於言昧道不德之人豈自稱其愚懞哉而愚迹見於辭說也雖自謂智人猶謂之愚愚者豈自以爲愚哉以智視之愚迹見矣雖以彼智以自智人豈以爲智

數始五帝治天下第七　篇之八

言帝者年數之始以記其佐帝及升位之年數也天下者豈可妄理哉亦由積德累業以有之也言五帝之道相緣爲政故同稱之也

昔者帝顓頊黃帝次妃曰嫘祖生昌意昌意生顓頊爲高陽氏在位七十八年年十五而佐黃帝軒轅氏少典次子父曰帝鴻氏母曰附寶見大電光繞北斗樞星照野感而孕二十五月生以土德王故曰黃帝在位百年顓頊自幼年以翼佐黃帝也二十而治天下升爲天子也其治天下也上緣黃帝之道而行之因修黃帝之道而行其政令不改革也學黃帝之道而常之化迹不及所以效也效其遺道而常見之昔者帝嚳黃帝正妃生玄囂玄囂之子生帝嚳德日新故曰高辛在位七十上賓年十五而佐帝顓頊三十而治天下佐顓頊以理天下三十而升爲帝也其治天下也上緣黃帝之道而明之言德稍下不能盡行黃帝之道但明之而已矣學帝顓頊之道而行之政教所爲效顓頊而行其言不能常習之也

禹政第六

篇之九

伯禹夏后氏言禹功錫玄圭德諧元始任賢立政以致大平可爲法則故以名篇矣

禹之治天下也（黄帝玄孫祖顓頊姓姒名文命字高密在位九年受禪成功曰禹受舜禪以臨天下）得臯陶得杜子業得旣子得施子黯得季子甯得然子堪得輕子玉（此以上七大夫之姓名也）得七大夫以佐其身以治天下盡天下治（言帝王獨治天下雖則聖德皆俟賢佐以輔之故得天下人安也）

湯政天下至紂第七　篇之十二

言成湯放無道之桀以統萬機而理天下得賢大夫贊佐而致太平至紂昏惑以失國故終始書之以名篇

湯之治天下也（湯姓子名履字天乙除虐去殘曰湯征葛伯放桀順取天下以理也）得慶誧伊尹湟里且東門虛南門蠙西門疵北門側（伊尹有莘氏媵臣以爲相東門等並姓名也）得七大夫佐以治天下而天下治（七大夫皆有賢行斥救彌諸故得天下咸乂也）二十

七世自湯至紂父子兄弟相承二十七代也積歲五百七十六歲至紂夏曰歲此除即位之年也

上禹政第六　　篇之十

以五聲聽政克勤于邦可以爲上也

禹之治天下也以五聲聽九重幽深下言難達所欲百姓反斥救之事故懸置五聲招之以聽政也門懸鐘鼓鐸磬懸之於簨虡也而置鞀置於地也以得四海之士四海之士有進於言者必造五聲以撣擊傳聞也爲銘於簨虡懸樂器之其刻銘於其上也曰教寡人以道者擊鼓鼓以動物故動合於道也教寡人以義者擊鐘鐘金聲也以合於義故教義者擊鐘也教寡人以事者振鐸鐸金鈴木舌也所以事務有可行爲所欲言者以振鐸也語寡人以憂者擊磬憂者聲悲磬聲消燥而近於悲故憂而擊磬也語寡人以獄訟者揮鞀此之謂五聲獄訟之事務於疾速故揮鞀以陳之此以上並銘於簨虡之文也是以禹嘗據一饋而七十起日中而不暇飽食急於政事無暇安於一食所以不接士之急也曰吾猶恐四海之士留於道路常行之處非所宜憂也是以四海之士皆至事必得道必合上下應會無不

至也是以禹當朝廷間也可以羅爵不暇飽食聽政不疲朝廷閒靜然後無事也

道符五帝三王傳政甲第五　篇之三

夫君子將入其職旭旭然如日初出人昭昭然人保其

福既去暗暗然人失其教此得政與符合之謂也

夫國者有卿相世賢者有之有國則有卿相賢德者兼相之具人與之王用之不賢者豈能用之哉

有國無國智者治之夫有國者豈自寧豈自亂也所以安者智謀之力也智者非一日之

志積功累業行道不倦以成其志治者非一日之謀謀者心思也樹德以爲尚寬重道修政作教以至誠

平之咨謀非一日之所能致也治志治謀在於帝王然後民知所保夫君上有道化行於

下遠近慕義四境無虞百姓渲和盜賊屏息故人知所安也而知所避富貴貧賤不相犯仁義禮智由其門無違

政教下民爲福是知所避也發教施令爲天下福者謂之道先之以博愛陳之以德義先之

以敬讓道之以禮樂不奪人時不干人利故得禍亂不作爲福之道此之謂歟上下相親謂之和至德以教

之要道以治之上下同心是謂和矣民不求而得所欲謂之信日出而作日沒而息不勞於事不苦

煩苛甘其食安其居樂其業此豈外求之哉上有行道之君是所致者可謂之大信矣除去天下之害謂之仁兼愛萬物慈惻外施若成湯征葛伯放桀於南巢夏禹之別導山川置立州國故得天下免於暴亂百姓宅其所居仁遠乎哉斯仁至也仁與信和與道帝王之器此四者帝王有天下之器所以樂推也苟有進之而天下離叛非其所有也凡萬物皆有器所用利之是以爲器而遺其用豈得其器哉故欲有爲不行其器者雖欲有爲不成惟名與器不可假人其所營爲必以其器用得其器也故利之不行其器於利遠矣豈有成哉諸侯之欲王者亦然不用帝王之器者不成言天下之大神器之重非其王者難以處王之器而未可以宰割必行仁與信和與道然後可招懷萬姓奄有四維西伯以敬讓興邦南陽以仁道得政非其人也豈妄成之哉

湯政湯治天下理第七

篇之十一

天地設而萬物生陰陽化而四時定分別統理爲政之方極於始終可成法則也

天地闢而萬物生乾其靜也專一其動也直坤其靜也翕歛其動也開闢是以廣大而生萬物也萬

物生而人為政焉政也者所以正於天地也言天地生萬物不能相使不能相制須人以為政以正之無其
政也則萬物不理也無不能生而無殺也言天地能生而不能無殺唯天地之所以殺
人不能生天之能生唯天殺之可也夫唯天殺之人豈生之哉是不能生之也人化而為善萬物之中
人其為貴化而為善理亦天常也獸化而為惡稟氣以生不有知識非人之類豈不惡哉人而不善
者謂之獸人化而為善是為天常今為不善者與彼飛虛蹠實亦何以異矣有天然後有地天在
於上地在於下先天後地理亦自然有地然後有別三才克定萬物區別有別然後有義夫婦
之義若君臣之義彰也有義然後有教自官立政教行父子存家設教所以效達於上也有教然
後有道教迹既彰約之以道苟乖其道物無以安有道然後有理事各各立而理自存有理然
後有數名理既章數統之矣夫數以一終十乃至下萬九九之數天之運度亦數之義也有有實有旦
有晝有夜然後以為數天有三百六十度一日一度三百六十日一周天一日之中晝夜一百刻以定之
為數也月一盈一虧月合月離以數紀一歲之中有十二月一月有虧有盈日月或合於次
或離於次終於一歲日窮於次月窮於紀星迴於天數將幾終此則日月星辰運行至十二月皆周匝於故處紀猶會者也

四者皆陳以爲數治春夏秋冬各統於一歲之日月也此以上爲政之道當法則也政者衞也始終之謂衞政者正也所以正理天下以爲之天周衞始化之終安之無得之也

愼誅魯周公第六　　篇之十四

刑法有倫宜於時政好生之德理適典章故明聖之資輔成周室誠勸之道所得稱言國之大經在於賞罰二者或替將何訓焉可爲政先故紀之爲篇目矣

政曰

昔者此昔者往日之辭也魯周公使康叔往守於殷康叔周公母弟也衞三監之地殷人數叛故使賢母弟往也戒之曰與殺不辜寧失有罪人命所懸明須詳正夫刑或濫其何則焉故不罰而不明雖刑不禁言罰必施於有罪也可輕殺不辜寧可失於有罪此亦寛仁之道也無有無罪而見誅無有有功而不賞賞而不明雖賞不勸言賞必加於有功也戒之曰重稱戒者所以示於殷勤封康叔名也誅賞之愼焉誅賞者國之柄也怒而加誅未必當罪喜而行賞未必當功賞僭則懼及於淫誅濫則懼及於善賞得其功則賢人以勸罰得其辜則姦人以息此不可不審愼之

鷺子終

補鬻子七則

明　錢塘楊之森秀夫訂輯

文王問一則

周文王問於鬻子曰敢問君子將入其職則其於民也何如鬻子對曰唯疑請以上世之政詔於君王政曰君子將入其職則其於民也旭旭然如日之始出也文王曰受命矣君子既入其職則其於民也何如對曰君子既入其職則其於民也暯暯然如日之正中文王曰受命矣君子既去其職則其於民也何若對曰君子既去其職則其於民也暗暗然如日之已入也故君子將入而旭旭者義先聞也既入而暯暯者民保其福也既去而暗暗者民失其教也文王曰受命矣

武王問一則

周武王問於鬻子曰寡人願守而必存攻而必得戰而必勝則吾爲此奈何鬻子曰唯攻守而戰乎同器而和與嚴其備也政曰和可以守而嚴可以守而嚴不若和之固也和可以攻而嚴可以攻而嚴不若和之得也和可以戰而嚴可以戰而嚴不若和之勝也則唯由和而可也故諸侯發政施令政平於人者謂之文政矣諸侯接士而使吏禮恭於人者謂之文禮矣諸侯聽獄斷治刑仁於治陳於刑由此守而不存攻而不得戰而不勝者自古而至於今自天地之辟也未之嘗聞也今也君王欲守而必存攻而必得戰而必勝則唯由此也爲可也周武王曰受命矣

成王問一則

周成王年六歲即位享國親以其身見於鬻子之家而問焉曰

昔者先王與帝修道而道修寡人之望也亦願以教敢問興國之道奈何鬻子對曰唯疑請以上世之政詔於君王政曰興國之道君思善則行之君聞善則行之君知善則行之位敬而常之行善而長之則興國之道也周成王曰受命矣

成王問二則

周成王曰敢問於道之要奈何鬻子對曰唯疑請以上世之政詔於君王政曰爲人下者敬而肅爲人上者恭而仁爲人君者敬士愛民以終其身此道之要也周成王曰受命矣

成王問三則

周成王曰敢問治國之道若何鬻子曰唯疑請以上世之政詔於君王政曰治國之道上忠於主而中敬其士而下愛其民故上忠其主者非以道義則無以入忠也而中敬其士不以禮節

則無以論敬也下愛其民非以忠信則無以論愛也故忠信行於民而禮節諭於士道義入於上則治國之道也雖治天下者由此而已周成王曰受命矣

成王問四則

周成王曰寡人聞之有上人者有下人者有賢人者有不肖人者有智人者有愚人者敢問上下之人何以爲異鬻子曰唯疑請以上世之政詔於君王政曰凡人者若賤若貴若幼若老聞道志而藏之知道善而行之上人矣聞道而弗取藏也知道而弗取行也則謂之下人也故夫行者善則謂之賢人矣行者惡則謂之不肖矣故夫言者善則謂之智矣言者不善則謂之愚矣故智愚之人有其辭矣賢不肖之人別其行矣上下之人等其志矣周成王曰受命矣

成王問五則

周成王曰寡人聞之聖王在上位使民富且壽云若夫富則可爲也若夫壽則不在天乎鬻子曰唯疑請以上世之政詔於君王政曰聖王在上位則天下不死軍兵之事故諸侯不私相攻而民不私相鬬鬩不私相煞也故聖王在上位則民免於一死而得一生矣聖王在上則君積於道而吏積於德而民積於用力故婦爲其所衣丈夫爲其所食則民無凍餒矣故聖王在上則民免於二死而得二生矣聖王在上則君積於仁而吏積於愛而民積於順則刑罰廢矣而民無夭遏之誅故聖王在上則民免於三死而得三生矣故聖王在上則使民有時而用之有節則民無厲疾故聖王在上則民免於四死而得四生矣故聖王在上則使盜境內興賢良以禁邪惡故賢人必用而不肖人

不作則已得其命矣故夫富且壽者聖王之功也周成王曰受
命矣
右補鬻子凡七則出賈太傅新書修政論想太傅應及見
遺書也今錄補冠子書焉

唐·逢行珪注　清·黄丕烈批校

鬻子一卷

清抄本

鬻子序

鬻子名熊楚人周文王之師也年九十見文王王曰老矣鬻子曰使臣捕獸逐麋已老矣使臣坐策國事尚少也文王師之著書二十二篇名曰鬻子子者男子之美稱賢不逮聖不以爲經用題紀標子因據劉氏九流即道流也遭秦暴亂書記畧盡鬻子雖不預焚燒編帙由此殘缺依漢書藝文志雖有六篇今此本乃有十四篇未詳孰是篇或錯亂文多遺闕至數演大道銓撰明史闡域中之教化論刑德之是非雖卷軸不全而其門可見然鄧

林之枝荊山之玉君子餘文可得觀矣鬻子博懷道德善謀政事故使周文屈節大聖諮詢情存帝王之道辭多斥救之要理致通遠旨趣恢弘實先達之奧言爲諸子之首唱織組仁義經緯家邦垂勸誡之風陳弘濟之術王者覽之可以理國吏者遵之可以從政足使賢者勵志不肖者滌心語曰詩三百一言以蔽之曰思無邪言而不朽可爲龜鏡鬻子論道無邪之謂歟幸以休務之隙披閱子史而書籍實繁不能精備至於此子頗復留心尋其立跡之端探其闡教之旨豈如寓言迂恢馳術

飛辯者矣亦乃字重千金辭高萬歲聊爲注解畧起指歸馳心於萬古之上寄懷於千載之下庶垂道見志懸諸日月將來君子幸無忽焉

進鬻子表

臣行珪言臣聞結繩以往書疏蔑然文字之初教義斯起記言之史設褒貶之跡聿興書事之官置勸誡之門由啓於是國版稠疊謨訓昭彰唱讃之道以弘闡揚之理玆暢德業彌縟英華日新雕琢性情振其徽烈逮乎周文作聖鬻子稱賢意合道同寔申師傅鬻子以文王降巳大啓心期明宣布

政之方廣立輔成之策足使萬機留想一代咸休
稽古有宗發明耳目尋其著述之旨探其斥救之
辭莫不原道心以裁章研神聖而啟沃彌綸彝訓
經緯區中不徒讚說微言務於遺翰而已鬻熊爲
諸子之首文王則聖德之宗熊既文王之師書乃
政教之體雖篇軸殘缺提舉猶備紀綱譬彼盤盂
發揚有愈臣家傳儒素積習忠良覩明主奉師之
蹤覽賢者盡義之道循環徵究妙極機神敢率至
愚爲之注解研覃析理以叙私情剪截浮辭用申
狂瞽伏惟陛下則天垂訓越極宣風稽太上之至

和興帝王之炯誡股肱諒直獻替無疑大舉賢良寧濟區宇四海華面八表宅心務本脩文垂拱無事臣以草萊卑賤識度庸淺荷充沐舜擊壤謳歌周於政教之端屬聽太平之詠志存綴輯以述矢言簡牘難周辭意斯拙謹以繕寫奉獻闕庭庶日月昭明布餘暉於漏隙時雨咸洎灑餘潤於纖枯望希塵露之資豈議沉舟之楫天威咫尺神魄震驚謹上表以聞伏聽慈旨謹言永徽四年十一月二十六日華州鄭縣尉臣逢行珪上

鬻子

華州鄭縣尉逄行珪註

撰吏五帝三王傳政乙第五撰具也吏者爲政之具也

又撰博也言王者布政施令其在博求於良吏也賢者舉之不賢者不預言五

帝三王政道可以百代傳行者乙次於甲以此明政之次也

政曰政者法教也此明帝王之政事以爲法教可稱也君子不與人謀之

則已矣言君子脩於內理於外端其形正其影體眞德之要守冲妙之機言出以成教方謀

事必爲法則苟於政而不預豈妄爲之哉所以止也若與人謀之則非道無

由也君子不與人謀則已矣若與人謀務存大道而言之不以違道飾非不以苟命求正由用

也故君子之謀能必用道君子終日言而不離體要謀於政事而咸由於

道故同於道者道亦得之非道之言君子不用也而不能必見受衆目視於偽不
留視於真衆心耀於名不能察於實夫庸主必惑於衆豈能受於道教哉故君子之道不必見納也
能必忠盡心論道而必竭忠盡道言不邪諂也而不能必入盡忠盡道聖君
必納庸主所難故有道之君上下親愛忠讜進用智術無隱以石投水何齟齬哉而不明之主君臣
疏忌小人待則端正棄遺諂佞是親忠信不用掩目而視豈不惑歟必忠言之不入能必信
言君子不苟合不妄言正色端辭澄清真實必存之於信也而不能必見信信諂
不美而合於道庸主惑於衆邪豈信用君子之言乎言不以見信也君子非人者不
出之於辭而施之於行言君子但爲善將以攻惡善不自是惡不非人施之
於行不顯之於言説也故非非者行是言是非於人是所同也非於人者人亦非
之君子將非於人終不以非非人自行是道以論彼之非惡惡者行善善惡在身是所

共也君子務善以攻惡不以惡惡於人所以彰惡於行善道也而道論矣諫事必忠出啗
必信行善以攻惡顯是而明非不苟求所以知而道德自明也
大道文王問第八夫道者覆天地廓四方斥八極高而無際深不
可測綿六合橫四維不可以言象盡不可以栝示說應無間之跡終政教之端
包萬物之形彰三光之外爲而不有行而不見有道之王動而同之妙用無窮
故謂之大文王因用無窮故謂之大師問道可爲永則因以名篇也
政曰昔者文王問於鬻子昔者言往日也雖臨駁億兆而不獨專從師問
道以政衛之門曰敢問人有大忘乎尊師道故曰敢問文王思有大道以終政
事心跡在於經遠所以先問於大忘也對曰有鬻子前答文王言有大忘也文王
曰敢問大忘柰何鬻子前不即以指答者故引成文王之問文王欲能終大忘之

理故曰其事柰何矣

鬻子曰知其身之惡而不改也以賊其身乃喪其軀過則勿憚改終日不爲惡惡去於身也豈但墨面髡髮是爲刑餘哉故其蚩尤見誅四凶就戮夏癸絶祀商辛覆宗賊身害軀破家失國其行如此是爲大忘也其行如此是謂之大忘終成所答之事

貴道五帝三王周政乙第五夫爲政以德必貴於道爲化國之福焉當文王之時而通稱三王者據近以及遠明道以同也周者合也備也言五帝三王貴道其政能合若一也而無所不備也

昔之帝王昔者在昔貴道德之帝王稱昔者以遠喻近爲之勸也所以爲明者以其吏也言帝王而有聖明之稱者皆委賢吏使在顯職故道化興而萬國寧明聖不獨運也昔之君子其所以爲功者以其民也人惟邦本得衆

斯昌建極乘時必資兆
人皆效力以成其功也
庶力生於神
王者有國必
先靈祐皇天
上帝社稷山川神跡玄符無不來會成湯降神受
夏大命武之王神遂大戡殷夫冥運兩儀鼓動萬
物豈有使之然哉莫不大化於自然玄應而義而
用造之非我理自相符故曰力生於神者也
功最於吏
王者慶政施令而不自爲必屬賢能以
任使之故天下和平人知所保此賢吏
善最之
功也
福歸於君
後德在官盡心竭力人敦其道
俗順其教上下相親而德交歸
焉國土平康而
爲君之福者也
昔者五帝之治天下也
五帝謂黃
帝顓項高
辛唐
虞也
其道昭昭若日月之明然若以晝代夜然
日
月
運明明不私照必須幽顯始終不息故昭昭然所
不舍也夫聖人與天地合德日月齊明道大不淪
可以崇
遠也
故其道首首然萬世爲福萬世爲教者唯
從黃帝以下舜禹以上而已矣
首者始也言五帝
之道常爲萬代之

始後之不能加也夫黃帝始垂衣裳造書契置史
官爲舟楫以濟不通服牛乘馬立棟宇重門擊柝
以待暴客爲杵臼以利萬姓作弧矢以威天下造
律管興封禪顓頊平九黎之亂人神不雜萬物有
序高辛氏作鞀鞞鐘鼓莞席帝堯茅茨不剪土階
三尺夏日葛衣冬日鹿裘蕩蕩乎人無能名焉巍
巍乎其有成功也帝舜少而至孝堯聞聰明而用
之舜乃舉禹爲司空以平水土棄爲后稷以播百
穀卨爲司徒以教百姓皋陶爲士師以理獄訟垂
爲共工以典衆作益作朕虞以育草木伯夷爲秩
宗以典三禮夔爲樂正以和神人舜彈五絃之琴
歌南風之詩夏禹櫛風沐雨冠復不顧敷九土乘
四載鑿龍門闢伊闕道百川建萬國微禹之功人
皆魚矣帝王之功莫此爲盛故百代不易爲福爲
教也

君王欲緣五帝之道而不失則可以長久

言君王但因循五帝之道而常行用無所爲替則可以長保宗廟社稷以爲人始也

守道五帝三王周政甲第四

執大象而天下往明道不

往則道不可暫離所也

聖人在上賢士百里而有一人則猶無有也言聖王在上化被蒼生德周萬物雖百里而有一賢士以王聖道廣宣賢跡不見其賢雖多則若無有也

道衰微暴亂在上賢士千里而有一人則猶比肩也王道衰微暴虐亂政人皆思德雖千里有一賢士其若比肩言賢人不可得也

撰吏五帝三王傳政乙第三帝王所以安國家行政教其在良吏乎言必博廣以取也

政曰民者賢不肖之杖也賢不肖皆具焉賢者德行之名不肖者頑嚚之謂夫賢與不肖見於行此二者同出於性而異名皆杖於最靈各有定分矣天下之廣黎庶之衆賢與不肖自皆具焉

故賢人得焉不肖人休焉言賢者不

自求進而材爲時須王者必任賢人所以得也不肖者非自求退而行無所取不登政事是以休廢
也杖能側焉有過人之智必矜其能恃能矜智必遠道輕躁所至危僻故曰杖能側焉
忠信飾焉懷盡忠之節必脩於道脩身貴真復行務實由於正路禮義仁信以文飾其身
也故曰忠信飾焉民者積愚也寘然無知愚之謂也雖愚明主撰吏
焉必使民興焉言明王推心於人以取良吏而不獨任也士民與之明
上舉之得於衆心善於政事上所以舉用之也士民若之明上去之
若如人者賢愚之間政既不與所以斥去之也故王者取吏不忘必使民
唱然後和人主總群謀以觀衆知明以採風聲察於下言以求得失取賢人以宣政化推
已取賢唯聖者能之民者吏之程也程法式也知之在下是故取吏之法式察之於
衆庶人者若之也察吏於民然後隨人與之主舉之人若之主去之此隨之也

政曰民者至卑也（極卑下也）而使之取吏焉必取所愛（聖主不違人以獨用也）故十人愛之則十人之吏也百人愛之則百人之吏也千人愛之則千人之吏也萬人愛之則萬人之吏也（自此已上皆言人之情好之德行各有所愛則樂之多少殊別也）故萬人之吏撰卿相矣（人愛之多則必堪爲政事赫赫師尹民具爾瞻主之所拔不可失賢也）卿相者諸侯之丞也（卿相者人主之叔故爲諸侯之丞也）故封侯之土秩出焉（賢者得之列土封疆得自家臣故曰秩出焉）卿相者侯之本也（政之興亡在於卿相得賢者和輯失賢者離散故爲侯之職在卿相也）

曲阜魯周公政甲第十四（曲阜之地方七百里少昊之墟）

是魯周公所封之邑以周公裨益政禮故稱之以爲篇耳

政曰昔者魯周公曰吾聞之於政也稱周公之言以明政者也知善不行者謂之狂善者體道懷德也人主行善於上百姓變善於下堯之日比屋可封知善道之爲善而不行用者是狂悖之人也知惡不改者謂之惑惡者賊以喪軀人主爲惡於上則百姓爲惡而不悛者是昏惑夫狂與惑者聖王之戒也知善而不行知惡而不改必至狂惑者此聖王之明戒也

道符五帝三王傳政甲第二夫開國崇基必先於道道既符合無往不眞影響相同自然合應甲者先於乙也

不肖者不自謂不肖也肖者類也言不類不似也自知賢不肖是爲明也不似之人豈自稱哉言不知也而不肖見於行丹朱傲虐無捨晝夜頟頟肆惡曾無

休息此則見於外不以隱微者也

雖自謂賢人猶謂之不肖也

不肖者豈自謂不肖哉以賢者視之不肖之跡見矣雖以彼賢以自賢人豈以爲賢乎

愚者不自謂愚而愚見於言

昧道不德之人豈自稱其愚蒙哉而愚跡見於辭說也

雖自謂智人猶謂之愚

愚者豈自以爲愚哉以智視之愚跡見矣雖以彼智以自智人豈以爲智

數始五帝治天下第七

言帝者年數之始以記其佐帝及升位之年數也天下者豈可安理哉亦由積德累業以有之也言五帝之道相緣爲政故同稱之也

昔者帝顓頊

黃帝正次妃曰嫘祖生昌意昌意生顓頊爲高陽氏在位七十八年

年十五而佐黃帝

軒轅氏少典次子父曰帝鴻氏母曰附實見大電光繞北斗樞星照

（野感而孕二十五月生以土德王故曰黃帝在位百年顓頊自幼年以翼佐黃帝也）二十而治天下（升爲天子也）其治天下也上緣黃帝之道而行之（因脩黃帝之道而行其政令不改革也）學黃帝之道而常之（化跡不及所以效也效其通道而常是之）昔者帝嚳（黃帝正妃生玄囂玄囂之子生帝嚳德日新故日高辛在位七十年矣）年十五而佐帝顓頊三十而治天下（佐顓頊以理天下三十而升爲帝也）其治天下也上緣黃帝之道而明之（言德稍下不能盡行黃帝之道但明之而已矣）學帝顓頊之道而行之（政教所爲效顓頊而行其言不能常習之也）

禹政第六

（伯禹夏后氏言禹功錫玄圭德諧元始任賢立政以致太平可爲法則故以名篇矣）

禹之治天下也（黃帝玄孫祖顓頊姓姒名文命字高密在位五年受禪成功曰禹受舜禪以臨天下）以得皋陶得杜子業得旣子得施子黯得季子甯得然子堪得輕子玉（此以上士七大夫之姓名也）得七大夫以佐其身以治天下以天下治（言帝王獨治天下雖則聖德皆俟賢佐以輔之故得天下人安也）

湯政天下至紂第七（言成湯放無道之桀以統萬機而理天下得賢大夫贊佐而致太平至紂昏惑以失國故終始書之以名篇）

湯之治天下也（湯姓子名履字天乙除虐去殘日湯征葛伯放桀順取天下以理也）得慶誧（輔）伊尹湟里且東門虛南門蜓西門疵北門側（伊尹有莘氏媵臣以爲相東門等並姓名也）得七大夫佐以治天下

而天下治七大夫皆有賢行斥救弼諸故得天下咸乂也二十七世自湯至紂
父子兄弟相承二十七代也積歲五百七十六歲至紂夏曰歲此除即
位之年也

上禹政第六以五聲聽政克勤于邦可以爲上也

禹之治天下也以五聲聽九重幽深下言難進所欲百姓反斥救之事故
懸置五聲招之以聽政也門懸鍾鼓鐸磬懸之於簨簴也而置鞀置於地也
以得四海之士四海之士有進於言者必造五聲以揮擊傳聞也爲銘於
簨簴懸樂器之具刻銘於其上也曰教寡人以道者擊鼓鼓以動物
故動合於道也教寡人以義者擊鐘鐘金聲也以合於義故教義者擊鐘也
教寡人以事者振鐸鐸金鈴木舌也所以事務有可行爲所欲言者以振鐸也

語寡人以憂者擊磬憂者聲悲磬聲消爍而近於悲故憂而擊磬也語寡
人以獄訟者揮鞀此之謂五聲獄訟之事務於疾速故揮鞀以陳之
此以上並刻銘於簨簴之文也是以禹嘗據一饋而七十起日中
而不暇飽食急於政事無暇安於一食所以示接士之急也曰吾猶恐四
海之士留於道路常行之處非所宜憂也是以四海之士皆
至事必得道必合上下應會無不至也是以禹當朝廷間也可以羅
爵不暇飽食聽政不疲朝廷間靜然後無事也

道符五帝三王傳政甲第五夫君子將入其職旭旭然
如日初出入昭昭然人保其福既去暗暗然人失其教此得政典符合之謂也

夫國者卿相世賢者有之有國則有卿相賢德者卿相之具人與之王用

之不賢者豈能用之哉

有國無國智者治之

夫有國者豈自寧豈自亂也所以安者智謀之力也

智者非一日之志

積功累業行道不倦以成其志

治者非一日之謀

謀者心思也樹德以爲尚寛重道脩政作教以至誠平之咨謀非一日之所能致也

治志治謀在於帝王然後民知所保

夫君上有道化行於下遠近慕義四境無虞百姓淳和盜賊屏息故人知所安也

而知所避

富貴貧賤不相犯仁義禮則由其門無違政教下民爲福是知所避也

發教施令爲天下福者謂之道

先之以博愛陳之以德義先之以敬讓道之以禮樂不奪人時不干人利故得禍亂不作爲福之道此之謂歟

上下相親謂之和

至德以教之要道以治之上下同心是謂和矣

民不求而得所欲謂之信

日出而作日沒而息不勞於事不苦煩苛甘其食安其居樂其業此豈外求之哉上有行道之君是所致者可謂之大信矣

除去天下之害謂之仁兼愛萬物慈惻外施至若成湯征葛伯放桀保南巢
夏禹之別導山川置立州國故得天下免於暴亂百姓宅其所居仁遠乎哉斯仁至也仁與
信和與道帝王之器此四者帝王有天下之器所以樂推也苟有違之而天下
離叛非其所有也凡萬物皆有器所用利之是以爲器而違其用豈得其器哉
故欲有爲不行其器者雖欲有爲不成惟名與器不可假人
其所營爲必以其器用得其器也和之不行其器於利遠矣豈有成哉故諸侯之欲王
者亦然不用帝王之器者不成言天下之大神器之重非其王者難
以處王之器而未可以宰割必行仁與信和與道然後可招懷萬姓奄有四維西伯以敬讓興邦南
陽以仁道得政非其人也豈妄成之哉

湯政湯治天下理第七

天地設而萬物生陰陽化而四時定

分別統理爲政之方極於始終可成法則也

天地闢而萬物生乾其靜也專一其動也正直坤其靜也翕斂其動也開闢是以廣大而生萬物也萬物生而人爲政焉政也者所以正於天地也言天地生萬物不能相使不能相制須人以爲政以正之無其政也則萬物不理也無不能生而無殺也言天地能生而不能無殺唯天地之所以殺人不能生天之能生唯天殺之可也夫唯天殺之人豈生之哉是不能生之也人化而爲善萬物之中人其爲貴化而爲善理亦天常也獸化而爲惡稟氣以生不有知飾非人之類豈不惡哉人而不善者謂之獸人化而爲善是爲天常今爲不善者與彼飛虛曠實亦何以異矣有天然後有地天在於上地在於下先天後地理亦自然有地然後有別三才克定萬物區別有別然後有義夫婦之義著君臣之

義彰也 有義然後有教 百官立政教行父子存家設教所以效達於上也 有

教然後有道 教跡既彰約之以道苟乖其道物無以安 有道然後有理

事名各立而理自存 有理然後有數 名理既彰以數統之矣夫數以一終十乃至千萬

九九之數天之運度亦數之義也 日有冥有旦有晝有夜然後以

爲數 天有三百六十度一日一度三百六十日一周天一日之中晝夜百刻以定之爲數也

月一盈一虧月合月離以數紀 一歲之中有十二月一月有虧有盈

日月或合於次或離於次終於一歲日窮於次月窮於紀星迴於天數將幾終此則日月星辰運行

至十二月皆周布於故處紀猶會者也 四者皆陳以爲數治 春夏秋冬各統

於一歲之日月也此以上爲政之道當法則也 政者衛也始終之謂衛 政者

正也所以正理天下以爲之天周衛始化之綜安之無得之也

慎誅魯周公第六

刑法有倫宜於時政好生之德理適典章故明聖之資輔成周室誠勸之道可得稱言國之大經在於賞罰二者或替將何訓焉可爲政先故紀之爲篇目矣

昔者

此昔者往日之辭也

魯周公使康叔往守於殷

康叔周公母弟也衛三監之地殷人數叛故使賢母弟王也

戒之曰與殺不辜寧失有罪

人命所懸理須詳正失刑或濫其何則焉故不可輕殺不辜寧可失於有罪此亦寬仁之道也

無有無罪而見誅

罰而不明雖刑不禁言罰不施於有罪也

無有有功而不賞

賞而不明雖賞不勸言賞必加於有功也

戒之封

重稱戒者所以示於殷勤封康叔名也

誅賞之慎焉

賞之重國之柄也怒而加誅未必當罪喜而行賞不必當功且賞僭懼及於淫誅濫則懼及於善賞得其功則賢人以勸罰得其辜則姦人以息此不可不審

慎之

鬻子終

天啟乙丑除夜録完

書中黃色校筆乃蕘翁蹟也戊子秋日

唐·逢行珪注　明·楊之森補

鬻子一卷補鬻子一卷

清抄本《養素軒叢書》

鬻子

篇

四庫全書提要

鬻子一卷

舊本題周鬻熊撰崇文總目作十四卷

高似孫子略作十二篇陳振孫書録解

題稱陸佃所校十五篇此本題唐逢行珪

註凡十四篇蓋即崇文總目所著録也考漢

書藝文志道家鬻子說二十二篇又小說家

提要 一 養素軒

鬻子說十九篇是當時本有二書列子引
鬻子凡三條皆黄老清淨之説與今本不類
疑即道家二十二篇之文今本所載與賈誼
新書所引六條文略同格疑即小説家之鬻
子説也杜預左傳註稱鬻熊為祝融十二世
孫孔穎達疏謂不知出何書史記載鬻熊
子事文王早卒其曰熊麗熊麗生熊狂熊狂

生熊繹成王時舉文武勤勞之後嗣受封
於楚漢書載魏相奏記霍光稱文王見鬻子
年九十餘雖所說小異然大約文武時人
今其書乃有昔者魯周公語又有昔者
魯周公使康叔往守於殷語而賈誼新
書亦引其成王問答凡五條時代殊不
相及劉勰文心雕龍云鬻熊知道文王

文王詢遺文餘事録為鬻子則裒輯成
編不出熊手流傳附益或搆虛詞故漢志
别入小說家歟獨是偽四八目一書見北
齊陽休之序録凡古來帝王輔佐有數可
紀者靡不具載而此書所列禹七大夫皋
陶杜子業旣子施子黯季子甯然子堪輕子
王湯七大夫慶輔伊尹湟里且東門虛

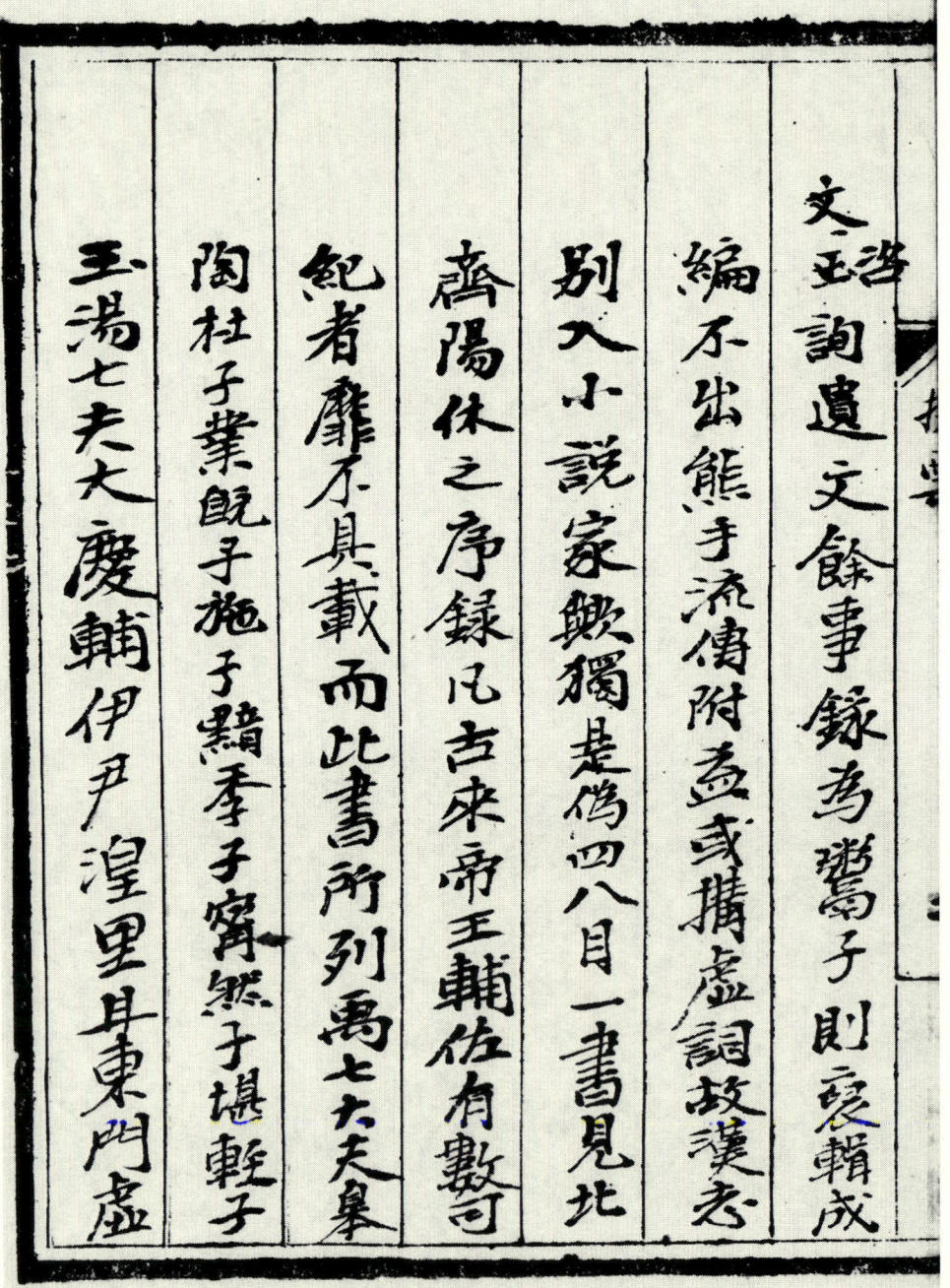

南門蝡北門側皆有姓名獨不見收似
于六朝之末尚無此本或唐以來好事之
流依仿賈誼所引撰為贋本亦未可知
觀其標題甲乙故為佚脱錯亂之狀而誼
而誼書所引則無一條之偶合豈非有
意相避而巧匿其文使讀者檢驗互相
生其信心歟且其篇名冗贅古無此體

又每篇寥寥數言詞旨膚淺决非三代舊文姑以流傳既久存備一家目卷首有逢行珪序及永徽四年進書表自署華州鄭縣尉里居未詳

鬻子序

鬻子名熊楚人周文王之師也年九十見文王王曰老矣鬻子曰使臣捕獸逐麋已老矣使臣策國事尚少也文王師之著書二十二篇名曰鬻子子者男子之美稱頗不逮聖不以為經用題紀標子因據劉氏九流即道流也遭秦暴亂書紀略盡鬻子雖不預焚燒編帙由此殘缺依

漢書藝文志雖有六篇今此本乃有十四篇未詳孰是篇或錯亂文多遺闕至數演大道銓撰明史闡域中之教化論刑德之是非雖卷軸不全而其門可見然鄧林之枝荊山之玉君子餘文可得觀矣鬻子博懷道德善謀政事故使周文屈節大聖諮詢情存帝王之道辭多斥救之要理致通遠旨趣恢弘先達之奧言為諸子之

首唱織組仁義經緯家邦垂勸誡之風陳弘濟之術王者覽之可以理國吏者遵之可以從國政足使賢者勵志不肖者滌心語曰詩三百一言以蔽之曰思無辭言而不朽可為龜鏡鬻子論道無邪之謂歟幸以休務之隙披閱子史而書籍賾繁不能精備至於此子頗復留心尋其立跡之端探其閫教之旨豈如寓言迂怪馳術

飛辯者矣亦乃字重千金辭高萬歲聊為注解
略起指歸馳心於萬古之上寄懷千載之下庶
垂道見志縣諸日月將來君子幸無忽焉
臣行珪言臣聞結繩以往書疏蔑然文字之初
教義斯起記言之史設褒貶之跡聿興書事之
官置勸戒之門由啓於是國版稠疊謨訓昭彰
唱讚之道以弘闡揚之理茲暢德業彌縟英華

日新雕琢性情振其徽烈逮乎周文作聖鬻子稱賢意合道同實申師傳鬻子以文王降己大啓期心明宣布政之方廣立輔成之策足使萬機留想一代咸休稽古有宗發明耳目尋其著述之旨探其斥救之辭莫不原道心以裁章研神聖而啓沃彌綸彝訓經緯區中不徒讚說徽言務於遺翰而已鬻熊爲諸子之首文王則聖

德之宗態既文王之師書乃政教之體雖篇軸
殘缺提舉猶備紀綱譬彼盤盂撥發揚有愈臣
家傳儒素積習忠良覩明主奉師之蹤覽賢者
盡義之道循環微究妙極機神敢率至愚爲之
注解研覃析理以敍私情剪截浮辭用申狂瞽
伏惟陛下則天垂訓越極宣風稽太上之至和
興帝王之炯誡股肱諒直獻替無疑大舉賢良

寧濟區宇四海革面八表宅心務本修文垂拱
無事臣以草萊卑賤識度庸淺荷堯沐舜擊壤
謳歌周於政教之端屬聽太平之詠志存綴輯
以述矢言簡牘難周辭意斯拙謹以繕寫奉獻
闕庭庶日月昭明布餘輝於漏隙時雨咸洎灑
餘潤於纖枯望希塵露之資豈議沈舟之楫天
威咫尺神魄震驚謹上表以聞伏聽慈旨謹言

永徽四年十一月二十六日華州鄭縣尉臣逢
行珪上

鬻子

周　鬻　熊　撰

撰吏五帝三王傳政乙第五

撰具也吏者為政之具也又撰博也言王者布政令行其在博求於良吏也賢者舉之不賢者不預言五帝三王政道可以百代傳行者乙次於甲　以此明政

之次也

政曰君子不與人謀之則已矣若與人謀則非道無由也故君子之謀必能用道而不能必見受能必忠而不能必入能必信而不能必見信君子非人者不出之於辭而施之於行故非非者行是惡惡者行善而道諭矣

大道文王問第八

夫道者覆天地廓四方斥八極高而無
際深不可測綿六合橫四維不可以言
象盡不可以指示說應無閒之迹終政
教之端包萬物之形彰三光之外為而
不有行而不見有道之王動而用之妙
用無窮故謂之大文王因用無窮故謂
之大師問道可為永則因以名篇也

政曰昔者文王問於鬻子敢問人有大忘乎對

曰有文王曰敢問大忘奈何鬻子曰知其身之

惡而不改也以賊其身乃喪其軀其行如此是

謂之大忘

貴道五帝三王周政乙第五

夫爲政以德必貴于道爲化國之福焉

當文王之時而通稱三王者據近以及

遠明道以同也周者合也備也言五帝
三王其貴道其政能合若一也而無所
不備也
昔之帝王所以為明者以其吏也昔之君子其
所以為功者以其民也力生於神而功最於吏
昔者五帝之治天下也其道昭昭若日月之明
若以晝代夜然故其道首首然萬世為福萬世

為教者唯從黄帝以下舜禹以上而已矣君王
欲緣五帝之道而不失則可以長久

守道五帝三王周政甲第四

執大象而天下往明道不往則道不可
暫離所也

聖人在上賢士百里而有一人則猶無有也王
道衰微暴亂在上賢士千里而有一人則猶比

肩也

撰吏五帝三王傳政乙第三

帝王所以安國家行政教者具在良吏

乎言必博廣以取也

政曰民者賢不肖之杖也賢不肖皆具焉故賢

人得焉不肖人休焉杖能側焉忠信飾焉民者

積愚也雖愚明主撰吏焉必使民與焉士民與

之明上去之士民若之明上去之故王者取吏不忘必使民唱然後和民者吏之程焉察吏於民然後隨政曰民者至卑也而使之取吏焉必取所愛故十人愛之則十人之吏也百人愛之則百人之吏也千人愛之則千人之吏也萬人愛之則萬人之吏也故萬人之吏撰卿卽相矣卿相者諸侯之丞也故封侯之土秩出焉卿相

君侯之本也

曲阜魯周公政甲第十四

曲阜之地方七里百少昊之墟是魯周公所封之邑以周公裨益政禮故稱之以爲篇耳

政曰昔者魯周公曰吾聞之於政也知善不行者狂謂之狂知惡不改者謂之惑夫狂與惑者

聖王之戒也

道符五帝三王傳政甲第二

夫開國崇基必先於道既符合無往不

真影響相同自然合應甲者必先於乙

也

不肖者不自謂不肖也而不肖見於行雖自謂

賢人猶謂之不肖也愚者不自謂愚而愚見於

言雖自謂智人猶謂之愚

數始五帝治天下第七

言帝者年數之始以記其佐帝及升位之年數也天下者豈可妄理哉亦由積德累業以有之也言五帝之道相緣為政故同稱之也

昔者帝顓頊年十五而佐黃帝二十而治天下

治天下也上緣黃帝之道而行之學黃帝之道
而常之昔者帝嚳年十五而佐帝顓頊三十而
治天下其治天下也上緣黃帝之道而明之學
帝顓頊之道而行之

禹政第六

伯禹夏后氏言禹功錫玄圭德諧元始
任賢立政以致太平可為法則故以名

篇矣

禹之治天下也得皋陶得杜子業得既子得施子黯得季子甯得然子堪得輕子玉得七大夫以佐其身以治天下以天下治

湯政天下至紂第七

言成湯於放無道之桀以統萬機而理天下得賢大夫贊佐而致太平至紂昏

惑以失國故終始書之名以篇

湯之治天下也得慶誧伊尹湟里且東門虛南門蝡西門疵北門側得七大夫佐以治天下而天下治二十七世積歲五百七十六歲至紂

上禹政第六

以五聲聽政克勤于邦可以為上也

禹之治天下也以五聲聽門縣鏡鐘鼓鐸磬而

置鞀以得四海之士曰爲銘於筍簴曰教寡人以道者擊鼓教寡人以義者擊鐘教寡人以事者振鐸語寡人以憂者擊磬告寡人以獄訟者揮鞀此之謂五聲是以禹嘗據一饋而七十起日中而不暇飽食曰吾猶恐四海之士留於道路是以四海之士皆至是以禹當朝廷閒可以羅爵

道符五帝三王傳政甲第五

夫君子將入其職旭旭然如日初出入

昭昭然人保其福既去暗暗然人失其

教此得政典符合之謂也

夫國者鄉相世賢者有之有國無國智者治之

智者非一日之志治者非一日之謀治志治謀

在於帝王然後民知所保而知所避發教施令

為天下福者謂之道上下相親謂之和民不求而得所欲謂之信除去天下之害謂之仁仁與信和與道帝王之器凡萬物皆有器故欲有為不行其器者雖欲有為不成諸侯之欲王者亦然不用帝王之器者不成

湯政湯治天下理第七

天地設而萬物生陰陽化而四時定分

別統理為政之方極於始終可成法則

也

天地闢而萬物生萬物生而人為政焉無不能

生而無殺也唯天地之所以殺人不能生人化

而為善獸化而為惡有天然後有地有地然後

有別有別然後有義有義然後有教有教然後

有道有道然後有理有理然後有數日有冥有

旦有晝有夜然後以為數月一盈一虧月合月
離以數紀四者皆陳以為數治政者衛也始終
之謂衛

慎誅魯周公第六

刑法有倫宜於時政好生之德理適典
章故明聖之資輔成周室誠勸之道所
得稱言國之大經在於賞罰二者或替

將何訓焉可為政先故紀之為篇目矣

昔者魯周公使康叔往守於殷戒之曰與殺不辜寧失有罪無有無罪而見誅無有有功而不賞戒之封誅賞之慎焉

鬻子終

養素軒

右鬻子十四篇唐逢行珪所獻也序
稱鬻熊九十餘始遇文王而書乃載三監
曲阜事篇目次第皆錯亂不可曉蓋
殘闕書也第篇中所載大忠在感與
夫禹政道符者悉蕳奥不類後世語
鄧林一枚斯可珍矣劉勰云鬻熊知
道而文王咨謀諸子肇始莫先於斯

行挂於每句用夾注辭甚疏蔓今削
而弗録其篇目下注存之以備考焉 蓮舫
氏識

補鬻子

明　錢塘楊之森秀夫訂輯

文王問

周文王問於鬻子曰敢問君子將入其職則其於民也何如鬻子對曰唯疑請以上世之政詔於君王政曰君子將入其職則其於民也旭旭然如日之始出也文王曰受命矣既君子既入

其職則其於民也何如對曰君子既入其職則其民也何若暯暯然如日之正中文王曰受命矣君子既去其職則其於民也何若對曰君子既去其職則其於民也暗暗然如日之已入也故君子將入而旭旭者義先聞也既入而暯暯者民保其福也既去而暗暗者民失其教也文王曰受命矣

武王問

周武王問於鬻子曰寡人願守而必存攻而必得戰而必勝則吾爲此奈何鬻子唯攻守而戰乎同器而和與嚴其備也政曰和可以守而嚴可以守而嚴不若和之固也和可以攻而嚴可以攻而嚴不若和之得也和可以戰而嚴可以戰而嚴不若和之勝也則唯由和而可也故諸

侯發政施令政平於人者謂之文政矣諸侯接士而使吏禮恭於人者謂之文禮矣諸侯聽獄斷治刑仁於治陳於刑由此守而不存攻而不得戰而不勝者自古而至於今自天地之辟也未之嘗聞也今也君王欲守而必存攻而必得則戰而必勝則唯由此也為可也周武王曰受命矣

成王問一

周成王年六歲即位享國親以其身見於鬻子之家而問焉曰昔者先王與帝修道而道修寡人之望也亦願以教敢問興國之道柰何鬻子對曰唯疑請以上世之政詔於君王政曰興國之道君思善則行之君聞善則行之君知善則行之位敬而常之行善而長之則興國之道也

周成王曰受命矣

成王問二

周成王曰敢問於道之要奈何鬻子曰對唯疑請以上世之政詔於君王政曰為人下者敬而肅為人上者恭而仁為人君者敬士愛民以終其身此道之要也周成王曰受命矣

成王問三

周成王曰敢問治國之道若何鬻子曰唯疑請以上世之政詔於君王政曰治國之道上忠於主而中敬其士而下愛其民故上忠其主者非以道義則無以入忠也而中敬其士者不以禮節則無以諭敬也下愛其民非以忠信則無以諭愛也故忠信行於民而禮節諭於士道義入於上則治國之道也雖治天下者由此而已周

成王曰受命矣

成王問四

周成王曰寡人聞之有上人者有下人者有賢人者有不肖人者有愚人者有智人者敢問上下之人何以為異鬻子曰唯疑請以上世之政詔於君王政曰凡人者若賤若貴若幼若老聞道志而藏之知道善而行之上人矣聞道而弗

取藏也知道而弗取行也則謂之下人也故夫行者善則謂之賢人矣行者惡則謂之不肖矣故夫言者善則謂之智矣言者不善則謂之愚矣故智愚之人有其辭矣賢不肖之人別其行矣上下之人等其志矣周成王曰愛受命矣

成王問五

周成王曰寡人聞之聖王在上使民富且壽云

若夫富則可為也若夫壽則不夭在乎鬻子曰唯疑請以上世之政詔於君王政曰聖王在上位則天下不死軍兵之事故諸侯不私相攻而民不私相鬬閱不私相煞也故聖王在上位則民免於一死而得一生矣聖王在上則君積於道而吏積於德矣而積民於用力則婦為其所衣丈夫為其所食則民無凍餧矣故聖王在

上則民免於二死而得二生矣聖王在上則君
積於仁而積於愛而民積於順則刑罰廢矣而
民無夭遏之誅故聖王在上則民免於三死而
得三生矣故聖王在上則使民有時而用之有
節則民無癘疾故聖王在則上民免於四死而
得四生矣故聖王在上則使盈境內興賢良以
禁邪惡故賢人必用而不肖人不作則已得其

命矣故夫富且壽者聖王之功也周成王曰受
命矣

鬻子一卷

唐·逢行珪注

民國十二年（1923）沔陽盧氏慎始基齋刊《湖北先正遺書》本

鬻子

湖北先正遺書　子部

沔陽盧氏慎始
基齋借江安傅
氏雙鑑樓藏明
刊本影印

鬻子序

鬻子名熊楚人周文王之師也年九十見文王王曰老矣鬻子曰使臣捕獸逐麋已老矣使臣坐策國事尚少也文王師之著書二十二篇名曰鬻子子者男子之美稱賢不逮聖不以爲經用題紀標子因據劉氏九流即道流也遭秦暴亂書記畧盡鬻子雖不預焚燒編帙由此殘缺依漢書藝文志雖有六篇今此本乃有十四篇未詳孰是篇或錯亂文多遺闕至敷演大道銓撰明史闡域中之教化論刑德之是非雖卷軸不全而其門可見然鄧

林之枝荆山之玉君子餘文可得觀矣鬻子博懷道德善謀政事故使周文屈節大聖諮詢情存帝王之道辭多斥救之要理致通遠旨趣恢弘實先達之奧言爲諸子之首唱織組仁義經緯家邦垂勸誡之風陳弘濟之術王者覽之可以理國吏者遵之可以從政足使賢者勵志不肖者滌心語曰詩三百一言以蔽之曰思無邪言而不朽可爲龜鏡鬻子論道無邪之謂歟幸以休務之隙披閱子史而書籍實繁不能精備至於此子頗復留心尋其立跡之端探其闡教之旨豈如寓言迂恢馳術

飛辯者矣亦乃字重千金辭高萬歲聊爲注解畧起指歸馳心於萬古之上寄懷於千載之下庶垂道見志懸諸日月將來君子幸無忽焉

進鬻子表

臣行珪言臣聞結繩以往書疏蔑然文字之初教義斯起記言之史設褒貶之跡聿興書事之官置勸誡之門由啓於是國版稠疊謨訓昭彰唱讚之道以弘闡揚之理兹暢德業彌縟英華日新雕琢性情振其徽烈逮乎周文作聖鬻子稱賢意合道同寔申師傅鬻子以文王降巳大啓心期明宣布

政之方廣立輔成之策足使萬機留想一代咸休
稽古有宗發明耳目尋其著述之旨探其斥救之
辭莫不原道心以裁章研神聖而啟沃彌綸彝訓
經緯區中不徒讚說微言務於遺翰而已嚮熊爲
諸子之首文王則聖德之宗熊既文王之師書乃
政教之體雖篇軸殘缺提舉猶備紀綱譬彼盤盂
發揚有愈臣家傳儒素積習忠良覩明主奉師之
蹤覽賢者盡義之道循環徵究妙極機神敢率至
愚爲之注解研覃析理以叙私情剪截浮辭用申
狂瞽伏惟陛下則天垂訓越極宣風稽太上之至

和興帝王之炯誡股肱諒直獻替無疑大舉賢良
寧濟區宇四海華面八表宅心務本脩文垂拱無
事臣以草萊卑賤識度庸淺荷堯沐舜擊壤謳歌
周於政教之端屬聽太平之詠志存綴輯以述矢
言簡牘難周辭意斯拙謹以繕寫奉獻闕庭庶日
月昭明布餘暉於漏隙時雨咸洎灑餘潤於纖枯
望希塵露之資豈議沉舟之楫天威咫尺神魄震
驚謹上表以聞伏聽慈旨謹言永徽四年十一月
二十六日華州鄭縣尉臣逄行珪上

鬻子

華州鄭縣尉逄行珪註

撰吏五帝三王傳政乙第五 撰具也吏者為政之具也又撰博也言王者布政施令其在博求於良吏也賢者舉之不賢者不預言五帝三王政道可以百代博行者乙次於甲以此明政之次也

政曰 政者法教也此明帝王之政事以為法殺可稱也 君子不與人謀之則已矣 言君子脩於內理於外端其形正其影體真德之要守沖妙之機言出以成教方謀事必為法則苟於政而不預豈安為之哉所以止也 若與人謀之則非道無由也 君子不與人謀則已矣若與人謀務存大道而言之不以達道飾非不以苟命求正由用也 故君子之謀能必用道 君子終日言而不離體要謀於政事而咸由於

道故同於道者道亦得之非道之言君子不用也而不能必見受衆目視於偽不留視於眞衆心耀於名不能察於實夫庸主必惑於衆豈能受於道教哉故君子之道不必見納也能必忠盡心論道而必竭忠盡道言不邪諂也而不能必入盡忠盡道聖君必納庸主所難故有道之君上下親愛忠讜進用智術無隱以石投水何齟齬哉而不明之主君臣疏忌小人侍側端正棄遺諂佞是親忠信不用掩目而視豈不惑歟以忠言之不必能必信言君子不苟合不妄言正色端辭澄清眞實必存之於信也而不能必見信信言不美而合於道庸主惑於衆邪豈信用君子之言乎言不以見信也君子非人者不出之於辭而施之於行言君子但爲善將以攻惡善不自是惡不非人施之於行不顯之於言說也故非非者行是言是非於人是所同也非於人者人亦非之君子將非於人終不以非非人自行是道以論彼之非惡惡者行善善惡在身足所

共也君子務善以攻惡不以惡惡於人所以彰惡於行善道也而道諭矣謀事必忠出口必信行善以攻惡顯是而明非不茍求所以知而道德自明也

大道文王問第八夫道者覆天地廓四方斥八極高而無際深不可測綿六合橫四維不可以言象盡不可以指示說應無間之跡絲政教之端包萬物之形彰三光之外爲而不有行而不見有道之王動而同之妙用無窮故謂之大文王因用無窮故謂之大師問道可爲永則因以名篇也

政曰昔者文王問於鬻子昔者言往日也雖臨馭億兆而不獨專從師問道以政術之門曰敢問人有大忘乎尊師道故曰敢問文王思存大道以終政事心跡在於經遠所以先問於大忘也對曰有鬻子前答文王言有大忘也文王曰敢問大忘奈何鬻子前不即以情答者故引成文王之問文王欲然終大忘之

理故曰其事禁何矣鬻子曰知其身之惡而不改也以賊其
身乃喪其軀過則勿憚改終日不爲惡惡去於身也豈但墨面髡髮是爲形餘哉故其
寅危見誅四凶就戮夏癸絶祀商辛覆宗賊身害軀破家失國其行如此是爲大忘也其行
如此是謂之大忘終成所答之事

貴道五帝三王周政乙第五夫爲政以德必貴於道爲
化國之福焉當文王之時而道稱三王者據近以及遠明道以同也周者合也
備也言五帝三王貴道其政能合若一也而無所不備也
昔之帝王昔者在昔貴道德之帝王稱昔者以遠喻近爲之勸也所以爲明
者以其吏也言帝王而有聖明之稱者皆委賢吏使在顯職故道化興而萬國寧明聖
不獨運也昔之君子其所以爲功者以其民也人惟邦本本得衆

斯昌建極秉時必資兆庶人皆戮力以成其功也力生於神王者有國必先靈祐皇天上帝社稷山川神跡玄符無不來會成湯降神受夏大命武王夢神遂大戡殷夫寘運兩儀鼓動萬物豈有使之然哉莫不大化於自然玄應而義用造之非我理自相符故曰力生於神者也而功最於吏王者度政施令而不自為必屬賢能以任使之故天下和平人知所保此賢吏善最之功也福歸於君俊德在官盡心竭力人敦其道俗順其教上下相親而德交歸焉國土平康而為君之福者也昔者五帝之治天下也五帝謂黃帝顓頊高辛唐虞也其道昭昭若日月之明然若以晝代夜然日月運明明不私照必須幽顯始終不息故昭昭然所不含也夫聖人與天地合德日月齊明道大不渝可以崇遠也故其道首首然萬世為福萬世為教者唯從黃帝以下舜禹以上而已矣首者始也言五帝之道常為萬代之

始後之不能加也夫黃帝始垂衣裳造書契置史官爲舟楫以濟不通服牛乘馬立棟宇重門擊柝以待暴客爲杵臼以利萬姓作弧矢以威天下造律管興封禪顓頊平九黎之亂人神不雜萬物有序高辛氏作鞀鞞鐘鼓莞席帝堯茅茨不剪土階三尺夏日葛衣冬日鹿裘蕩蕩乎人無能名焉巍巍乎其有成功也帝舜少而至孝堯聞聰明而用之舜乃舉禹爲司空以平水土棄爲后稷以播百穀禼爲司徒以教百姓皐陶爲士師以理獄訟垂爲共工以典衆作酋作朕虞以育草木伯夷爲秩宗以典三禮夔爲樂正以和神人舜彈五絃之琴歌南風之詩夏禹櫛風沐雨冠穨不顧數九土乘四載鑿龍門闢伊闕道百川建萬國微禹之功人皆魚矣帝王之功莫此爲盛故百代不易爲福爲教也

君王欲緣五帝之道而不失則可以長久言君王但因循五帝之道而常行用無所爲皆則可以長保宗廟社稷以爲人始也

守道五帝三王周政甲第四

謂大象而天下往明道不

往則道不可暫離所也

聖人在上賢士百里而有一人則猶無有也言聖王在上化被蒼生德周萬物雖百里而有一賢士以王聖道廣宣賢跡不見其賢雖多則若無有也

道衰微暴亂在上賢士千里而有一人則猶比肩也王道衰微暴虐亂政人皆思德雖千里有一賢士其若比肩言賢人不可得也

撰吏五帝三王傳政乙第三帝王所以安國家行政教其在良吏乎言必博廣以取也

政曰民者賢不肖之杖也賢不肖皆具焉賢者德行之名不肖者頑嚚之謂夫賢與不肖見於行此二者同出於性而異名皆杖於最靈各有定分矣天下之廣黎庶之衆賢與不肖自皆具焉故賢人得焉不肖人休焉言賢者不

自求進而材爲時須王者必任賢人所以得也不肖者非自求退而行無所取不登政事是以休廢也枚能側焉有過人之智必矜其能恃能矜智必違道輕躁所至危僻故曰枚能側焉忠信飾焉懷盡忠之節必脩於道脩身貴眞須行務實由於正路禮義仁信以文飾其身也故曰忠信飾焉民者積愚也冥然無知愚之謂也雖愚明主撰吏焉必使民興焉言明主推心於人以取良吏而不獨任也士民與之明上舉之得於衆心善於政事上所以舉用之也士民若之明上去之若如人者賢愚之間政既不與所以斥去之也故王者取吏不忘必使民唱然後和人主總群謀以觀衆知明以探風聲察於下言以求得失取賢人以宣政化推已取賢唯聖者能之民者吏之程也程法式也知之在下是故取吏之法式察之於衆庶人者若之也察吏於民然後隨人與之主舉之人若之主去之此隨之也

政曰民者至卑也極卑下也而使之取吏焉必取所愛之聖主不違人以獨用也故十人愛之則十人之吏也百人愛之則百人之吏也千人愛之則千人之吏也萬人愛之則萬人之吏也自此已上皆言人之情好之德行各有所愛樂之多少殊別也故萬人之吏撰卿相矣人愛之多則必堪爲政事赫赫師尹民具爾瞻主之所拔不可失賢也卿相者諸侯之丞也卿相者人主之杖故爲諸侯之丞也故封侯之土秩出焉賢者得之列土封疆得自家臣故曰秩出焉卿相君侯之本也政之興亡在於卿相得賢者和輯失賢者離散故爲侯之職在卿相也

曲阜魯周公政甲第十四曲阜之地方七百里少昊之墟

是魯周公所封之邑以周公裨益政禮故稱之以爲篇耳

政曰昔者魯周公曰吾聞之於政也稱周公之言以明政者也

知善不行者謂之狂善者體道懷德也人主行善於上百姓變善於下堯之日比屋可封知善道之爲善而不行用者是狂悖之人也

知惡不改者謂之惑惡者賊以喪軀人主爲惡於上則百姓爲惡惡而不悛者是昏惑

夫狂與惑者聖王之戒也知善而不行知惡而不改必至狂惑者此聖王之明戒也

道符五帝三王傳政甲第二

夫開國崇基必先於道道既符合無往不眞影響相同自然合應甲者先於一也

不肖者不自謂不肖也肖者類也言不類不似也自知賢不肖是爲明也不似之人豈自稱哉言不知也

而不肖見於行丹朱傲虐無捨晝夜頟頟肆惡罔無

休息此則見於外不以隱微者也雖自謂賢人猶謂之不肖也不肖者豈自謂不肖哉以賢者視之不肖之跡見矣雖以彼賢以自賢人豈以爲賢乎愚者不自謂愚而愚見於言昧道不德之人豈自稱其愚蒙哉而愚跡見於辭說也雖自謂智人猶謂之愚愚者豈自以爲愚哉以智視之愚跡見矣雖以彼智以自智人豈以爲智

數始五帝治天下第七言帝者年數之始以記其佐帝及升位之年數也天下者豈可安理哉亦由積德累業以有之也言五帝之道相緣爲政故同稱之也

昔者帝顓頊黃帝正妃曰嫘祖生昌意昌意生顓頊爲高陽氏在位七十八年年十五而佐黃帝軒轅氏少典次子父曰帝鴻氏母曰附寶見大電光繞北斗樞星照

野感而孕二十五月生以土德王故曰黃帝在位百年顓頊自幼年以翼佐黃帝也二十而治天下升爲天子也其治天下也上緣黃帝之道而行之因脩黃帝之道而行其政令不改革也學黃帝之道而常之化跡不及所以效也效其通道而常見之昔者帝嚳黃帝正妃生玄囂玄囂之子生帝嚳德日新故曰高辛在位七十年矣年十五而佐帝顓頊三十而治天下佐顓頊以理天下三十而升爲帝也其治天下也上緣黃帝之道而明之言德稍下不能盡行黃帝之道但明之而已矣學帝顓頊之道而行之政教所爲效顓頊而行其言不能常習之也

禹政第六伯禹夏后氏言禹功錫玄圭德諧元始任賢立政以致太平可爲法則故以名篇矣

禹之治天下也黄帝玄孫祖顓頊姓姒名文命字高密在位九年受禪成功曰禹受舜禪以臨天下得皐陶得杜子業得旣子得施子黯得季子甯得然子堪得輕子玉此以上七大夫之姓名也得七大夫以佐其身以治天下以天下治言帝王獨治天下雖則聖德皆俟賢佐以輔之故得天下人安也

湯政天下至紂第七言成湯放無道之桀以統萬機而理天下得賢大夫贊佐而致太平至紂昏惑以失國故終始書之以名篇

湯之治天下也湯姓子名履字天乙除虐去残曰湯征葛伯放桀順衆天下以理也得慶誧伊尹湟里且東門虛南門蝡西門疵北門側伊尹有莘氏媵臣以爲相東門等並姓名也得七大夫佐以治天下

而天下治七大夫皆有賢行斥救爲諧故得天下咸乂也二十七世自湯至紂父子兄弟相承二十七代也積歲五百七十六歲至紂夏曰歲此除即位之年也

上禹政第六以五聲聽政克勤于邦可以爲上也

禹之治天下也以五聲聽九重幽深下言難進所欲百姓反斥救之事故懸置五聲招之以聽政也門懸鐘鼓鐸磬懸之於簨簴也而置鞀置於地也以得四海之士四海之士有進於言者必造五聲以撣擊傳聞也爲銘於簨簴懸樂器之具刻銘於其上也曰教寡人以道者擊鼓鼓以動物故動合於道也教寡人以義者擊鐘鐘金聲也以合於義故義者擊鐘也教寡人以事者振鐸鐸金鈴木舌也所以事務有可行爲所欲言者以振鐸也

語寡人以憂者擊磬憂者聲悲磬聲消燥而近於悲故憂而擊磬也語寡人以獄訟者揮鞀此之謂五聲獄訟之事務於疾速故揮鞀以陳之此以上並刻銘於簨簴之文也是以禹嘗據一饋而七十起日中而不暇飽食急於政事無暇安於一食所以示接士之急也曰吾猶恐四海之士留於道路常行之處非所宜憂也是以四海之士皆至事必得道必合上下應會無不至也是以禹當朝廷間也可以羅爵不暇飽食聽政不疲朝廷閒靜然後無事也

道符五帝三王傳政甲第五夫君子將入其職旭旭然如日初出入招昭然人保其福既去暗晴然人失其教此得政典符合之謂也

夫國者卿相世賢者有之有國則有卿相賢德者卿相之具人與之王用

之不賢者豈能用之哉**有國無國智者治之**夫有國者豈自寧豈自亂也所以安者智謀之力也**智者非一日之志**積功累業行道不倦以成其志**治者非一日之謀**謀者心思也樹德以爲尚寬重道脩政作教以至誠平之咨謀非一日之所能致也**治志治謀在於帝王然後民知所保**夫君上有道化行於下遠近慕義四境無虞百姓淳和盜賊屏息故人知所安也**而知所避**富貴貧賤不相犯仁義禮則由其門無違政教下民爲福是知所避也**發教施令爲天下福者謂之道**先之以博愛陳之以德義先之以敬讓道之以禮樂不奪人時不下人利故得禍亂不作爲福之道此之謂歟**上下相親謂之和**至德以教之要道以治之上下同心是謂和矣**民不求而得所欲謂之信**日出而作日没而息不勞於事不苦煩苛甘其食安其居樂其業此豈外求之哉上有行道之君是所致者可謂之大信矣

除去天下之害謂之仁兼愛萬物慈惻外施至若成湯征葛伯放桀保南巢夏禹之別導山川置立州國俾得天下免於暴亂百姓宅其所居仁遠乎哉斯仁至也仁與信和與道帝王之器此四者帝王有天下之器所以樂推也苟有遵之而天下離叛非其所有也凡萬物皆有器所用利之是以為器而違其用豈得其器哉故欲有為不行其器者雖欲有為不成惟名與器不可假人其所當為必以其器用得其器也故和之不行其器於利遠矣豈有成哉諸侯之欲王者亦然不用帝王之器者不成言天下之大神器之重非其王者難以處之王氣而來可以宰割必行仁與信和與道然後可招懷萬姓奄有四維西伯以謙讓興邦南陽以仁道得政非其人也豈能成之哉

湯政湯治天下理第七

天地設而萬物生陰陽化而四時定

分別統理爲政之方極於始終可成法則也

天地闢而萬物生乾其靜也專其動也直坤其靜也翕其動也闢是以廣大而生萬物也萬物生而人爲政焉政也者所以正於天地也言天地生萬物不能相使不能相制須人以爲政以正之無其政也則萬物不理也無不能生而無殺也言天地能生而不能無殺唯天地之所以殺人不能生天之能生唯天殺之可也夫唯天殺之人豈上之哉是不能生之也人化而爲善萬物之中人其爲貴化而爲善理亦天常也獸化而爲惡稟氣以生不有如斯非人之類豈不惡哉人而不善者謂之獸人化而爲善是爲大常今爲不善者與彼飛虛聽實亦何以異矣有天然後有地天在於上地在於下先天後地理亦自然有地然後有別三才克定萬物區別有別然後有義夫婦之義者君臣之

義彰也有義然後有教百官立政教行父子存家設教所以効逹於上也有教然後有道教跡既彰約之以道苟垂其道物無以安有道然後有理事各各立而理自存有理然後有數名理既彰以統之矣夫數以一終十乃至于萬九九之數天之運度亦數之義也日有冥有旦有晝有夜然後以爲數天有三百六十度一日一度三百六十日一周天一日之中晝夜百刻以定之爲數也月一盈一虧月合月離以數紀一歲之中有十三月一月有虧有盈日月或合於次或離於次終於一歲日窮於次月窮於紀星廻於天數將幾終此則日月星辰運行至十二月皆周布於故處紀猶會者也四者皆陳以爲數治春夏秋冬各統於一歲之日月也此以上爲政之道當法則也政者衛也始終之謂衛政者正也所以正理天下以爲之天周衛始化之終安之無得之也

慎誅曾周公第六

刑法有倫宜於時政好生之德理適典章故明聖之資輔成周室誠勸之道可得稱言國之大經在於賞罰二者或替將何訓焉可爲政先故紀之爲篇目矣

昔者此昔者往日之辭也曾周公使康叔往守於殷康叔周公母弟也衛三監之地殷人數叛故使賢母弟王也戒之曰與殺不辜寧失有罪人命所懸理須詳正夫刑或濫其向則焉故不可輕殺不辜寧可失於有罪此亦寬仁之道也無有無罪而見誅罰而不明雖刑不禁言罰不施於有罪也無有有功而不賞賞而不明雖賞不勸言賞必加於有功也戒之封重稱戒者所以示於殷勤封康叔名也誅賞之慎焉賞之重國之柄也怒而加誅未必當罪喜而行賞不必當功且賞僭懼及於淫誅濫則懼及於善賞得其功則賢人以勸罰得其辜則姦人以息此不可不審

慎之

鬻子一卷

元·陶宗儀輯

明抄本《説郛》

鬻子 一卷又全

鬻子名熊楚人也周文王之師年九十見王王曰老矣鬻子曰使臣捕獸逐麋已老矣使坐策國事尚少也文王師之著書二十二篇名曰鬻子鬻子者男子美称賢不逮聖不以爲

經用顯紀標子曰據刘氏九流即道流也遭秦漢暴乱書記略
盡鬻子雖不預焚燒編帙由此殘缺依漢書藝文志虽有文
篇今此本乃有十四篇未詳孰是篇或錯乱文多遺缺志數
演大道銓撰明史闡域中之教化論刑德之是非雖卷軸不
全而其門可見然鄧林之桂荊山之玉君子餘文可得觀矣鬻子
博懷道得善謀政事故使周文王屈節大聖諮詢存帝王之道
辞多匡救之要理致通遠旨趣恢弘寔元達之興言存為諸子
之首倡織組仁義經綸邦家垂勸戒之風陳弘濟之術王者覽之
可以理国史者遵之可以存政足使賢者勵志不肖者滌
心語曰詩三百一言以蔽之曰思無邪言而不朽可為龜鑑矣
子論道無邪之謂欤幸以休務之隙披閱子史而書籍寔
繁不能精備至於此子頗復留心尋其立跡之端探其閫
教之旨豈如寓言迂恢馳術飛辯者矣亦乃字重千金

辭高万嵗馳為註解略啓指歸馳心於万古之上寄懷於千
載之下庶垂道見志懸諸日月将來君子幸毋忽焉華州鄭
縣尉逢行珪序

鬻子大道文王第八　篇之一

政曰昔者文王問於鬻子曰敢問人有大忘乎對曰有文王
曰敢問大忘柰何鬻子曰知其身之惡而不改也以賊其身
乃喪軀其終成所之事

鬻子道符五常三王傳政甲第二　篇之二

不肖者不自謂不肖也而不肖見於行雖自謂賢人猶謂之
不肖也愚者不自謂之愚見於言自謂知人猶謂之愚

鬻子道符五常三王傳政甲第五三　篇之五

夫国有鄉相世賢者有之有国無国智者治之智者非一日
之志治者非一日之謀治志治謀在於帝王然後民知所保

而知所避發教施令為天下福者謂之道士不相親謂之和
民不求而得所欲謂之信除去天下之害謂之仁仁與信和
与道帝王之器凡万萬皆有器故欲有為不行其器者雖欲
有為不成諸侯之欲王者亦然不用帝王器者不成

鬻子守道五帝三王周政甲第四　篇之四

聖人在上賢士百里而有一人則猶無有也王道衰暴乱在
上賢士千里而有一人則有比肩也

鬻子貴道五帝三王周政乙第一　篇之五

昔者之帝王其所以為明者以其吏也昔之君子其所以為
功者以其明也力生於神而功寂於吏福歸於君昔者五帝
之治天下也其道昭昭若日月之明然若以晝代夜然故其
道道然万世為福万世為教者唯從黃帝以下舜禹以上而
已矣君王欲緣五帝之道而不失則可以長久

鬻子撰吏五帝三王傳政乙第三　篇之六

政曰民不賢不肖之杖也賢不肖皆具焉故賢人得賢不肖人休焉杖能則爲忠信飾焉故曰民曰積愚也雖愚明主撰吏爲必使民與焉而民与之明主奉之士民若之明主去之故王者取吏不忘必使民唱然後和民者吏之程也察吏於民然後隨爲故曰民者上之也而使之取吏爲必取所受聖主不遺人以獨用也自此以上皆言人之情好吏之德行各有所受樂之多少殊別也卿相者諸侯之丞也故封侯之士秩出爲卿相者侯之本也

鬻子撰吏五帝三王傳政乙第五　篇之七

政曰君子不與小人謀則已矣若與人謀之則非道無由也政君子之謀能必用道而不能必見受能必忠而不能必見入能必信而不能必見信君子非入者不出之於辭而施之

行於故非〻者行是惡〻者行善而道論矣

鬻子數始五帝治天下第七篇　篇之八

昔者帝高陽年十五而佐黃帝二十而治天下其治天下也
工緣黃帝之道而行其政令不改革也昔有帝嚳年十五而
佐帝高陽三十而治天下也工緣黃帝之道其治天下而明
子嚳帝顓頊之道而行之

鬻子上帝禹政第六　篇之九

禹之治天下也得皇陶得杜子業得既子黙得施子黙得季
子寧得然子堪輕子王七大夫以佐其身以治天下而天下治

鬻子上弟禹政第七　篇之十

禹之治天下也以五声听門懸鍾鼓鐸磬而置鞀以得四海
之士曰教寡人以道者擊鼓教寡人以義者擊鍾教寡人以
事者展鐸語寡人以憂者擊磬語寡人以訟者揮鞀比之

謂五声是以禹嘗據一饋而七十起日中而不暇飽食曰
吾猶恐四海之士留於道路是以四海之士皆至而以禹當
朝廷閒也可以羅爵〻与雀同可以羅爵朝廷之閒靜治而無事也

鬻子易治天下理第七　　篇之十一

天地闢而万物生而人為政言無不能生而不敢無殺也唯
天地之所以殺人而不能生人化而為善獸化而為惡人
而不善者謂之獸有天然後有地有地然後有別〻〻然後
有義〻〻然後有教〻〻然後有道〻〻然後有理〻〻然後有數
故有宜有旦有晝有夜然後以為數月一盈一虧合日月
禹以數紀四者皆陳以為數名政者衛也始終之謂衛

鬻政湯政天下至紂第七　　篇之十二

湯之治天下也得慶輔伊尹湟里東門虛南門蠋西門疕
北門側得七大夫佐以治天下而天下治二十七世積歲

五百七十六載至紂

鬻子曲阜魯周公政甲第十四　篇之十三

政曰昔者魯周公曰吾聞之於政也知善不行謂之狂知惡不改謂之惑失狂與惑者聖王之戒也

鬻子慎誅魯周公第六　篇之十四

政曰昔者此言昔者往日之詞也康叔周公母弟也衛三監之地殷人數叛故使賢母弟王戒之曰與殺不辜寧失有罪無罪而見誅有功而不賞戒之惟誅賞之慎焉

元·陶宗儀輯　張宗祥重校

鬻子一卷

民國十六年（1927）上海商務印書館排印《説郛》本

鬻子 一卷文金

鬻子名熊楚人也周文王之師年九十見王王曰老矣鬻子曰使臣捕獸逐麋已老矣使臣坐策國事尚少也文王師之著書二十二篇名曰鬻子子者男子美稱賢不逮聖不以爲經用題紀標子

因據劉氏九流卽道流也遭秦漢暴亂書記略盡鬻子雖不預焚燒編帙由此殘缺依漢書藝文志雖有六篇今此本乃有十四篇未詳孰是篇或錯亂文多遺缺志敷演大道銓撰明史闡域中之教化論刑德之是非雖卷軸不全而其門可見然鄧林之桂荊山之玉君子餘文可得觀矣鬻子博懷道德善謀政事故使周文屈節大聖諮詢情存帝王之道辭多斥救之要理致通遠旨趣恢弘實元達之奧言爲諸子之首倡織組仁義經緯邦家垂勸戒之風陳弘濟之術王者覽之可以理國吏者遵之可以從政足使賢者勵志不肖者滌心語曰詩三百一言以蔽之曰思無邪言而不朽可爲龜鑑鬻子論道無邪之謂歟幸以休務之隙披閱子史而書籍實繁不能精備至于此子頗復留心尋其立跡之端探其闡教之旨豈如寓言迂恢馳術飛談者矣亦乃字重千金辭高萬歲聊爲註解略啓指歸馳心于萬古之上寄懷于千載之下庶垂道見

志懸諸日月將來君子幸毋忽焉華州鄭縣尉逢行珪序

鬻子大道文王問第八　篇之一

政曰昔者文王問于鬻子曰敢問人有大忘乎對曰有文王曰敢問大忘奈何鬻子曰知其身之惡而不改也以賊其身乃喪其軀其行如此是謂之大忘

鬻子道符五帝三王傳政甲第二　篇之二

不肖者不自謂不肖也而不肖見于行雖自謂賢人猶謂之不肖也愚者不自謂之愚而愚見于言雖自謂知人猶謂之愚

鬻子道符五帝三王傳政甲第三　篇之三

夫國有卿相世賢者有之有國無國智者治之智者非一日之志治者非一日之謀治志治謀在于帝王然後民知所保而知所避發教施令爲天下福者謂之道上下相親謂之和民不求而得所欲謂之信除去天下之害謂之仁仁與信和與道帝王之器凡萬

物皆有器故欲有爲不行其器者雖欲有爲不成諸侯之欲王者亦然不用帝王器者不成

鬻子守道五帝三王周政甲第四　篇之四

聖人在上賢士百里而有一人則猶無有也王道衰微暴亂在上賢士千里而有一人則猶比肩也

鬻子貴道五帝三王周政乙第一　篇之五

昔之帝王其所以爲明者以其吏也昔之君子其所以爲功者以其明也力生于神而功最于吏福歸于君昔者五帝之治天下也其道昭昭若日月之明然若以晝代夜然故其道首首然萬世爲福萬世爲教者唯從黃帝以下舜禹以上而已矣君王欲緣五帝之道而不失則可以長久

鬻子撰吏五帝三王傳政乙第三　篇之六

政曰民者賢不肖之杖也賢不肖皆具焉故賢人得焉不肖人休

焉杖能側焉忠信飾焉故曰民者積愚也雖愚明主撰吏焉必使民興焉士民與之明主舉之士民若之明主去之故王者取吏不忘必使民唱然後和民者吏之程也察吏于民然後隨焉故曰民者至卑也而使之取吏焉必取所愛（聖主不遂人以獨用也）故十人愛之則十人之吏也百人愛之則百人之吏也千人愛之則千人之吏也萬人愛之則萬人之吏也故萬人之吏撰卿相矣（自此以上皆言人之情好吏之德行各有所愛樂之多少殊別也）卿相者諸侯之丞也故封侯之土秩出焉卿相君侯之本也

鬻子撰吏五帝三王傳政乙第五　篇之七

政曰君子不與人謀則已矣若與人謀之則非道無由也故君子之謀能必用道而不能必見受能必忠而不能必見入能必信而不能必見信君子非人者不出之于辭而施之于行故非非者行是惡惡者行善而道論矣

鬻子數始五帝治天下第七　篇之八

昔者帝高陽年十五而佐黃帝二十而治天下其治天下也上緣黃帝之道而行之學黃帝之道而常之其政令不改革也昔者帝嚳年十五而佐帝高陽三十而治天下其治天下也上緣黃帝之道而明之學帝顓頊之道而行之

鬻子上禹政第六　篇之九

禹之治天下也得皋陶得杜子業得既子蹻得施子黯得季子寧得然子堪得輕子玉得七大夫以佐其身以治天下而天下治

鬻子上禹政第七　篇之十

禹之治天下也以五聲聽門懸鐘鼓鐸磬而置鞀以得四海之士為銘於簨簴曰教寡人以道者擊鼓教寡人以義者擊鐘教寡人以事者振鐸語寡人以憂者擊磬語寡人以獄訟者揮鞀此之謂五聲是以禹嘗據一饌而七十起日中而不暇飽食曰吾猶恐四海之士留于道路是以四海之士皆至而以禹當朝廷間也可以

羅爵爵與雀同可以羅爵朝廷之間靜治而無事也

鬻子湯政湯治天下理第七　篇之十一

天地闢而萬物生而人爲政焉無不能生而不敢無殺也唯天地之所以殺人而不能生人化而爲善獸化而爲惡人而不善者謂之獸有天然後有地有地然後有別有別然後有義有義然後有教有教然後有道有道然後有理有理然後有數故有冥有旦有晝有夜然後以爲數月一盈一虧合月離以數紀四者皆陳以爲數治政者衞也始終之謂衞

鬻子湯政天下至紂第七　篇之十二

湯之治天下也得愛輔伊尹湟里且東門虛南門蝡西門蚍北門側得七大夫佐以治天下而天下治二十七世積歲五百七十六載至紂

鬻子曲阜魯周公政甲第十四　篇之十三

政曰昔者魯周公曰吾聞之于政也知善不行謂之狂知惡不改謂之惑夫狂與惑者聖王之戒也

鬻子愼誅魯周公第六　篇之十四

政曰昔者（此言昔者往日之謂也）魯周公使康叔往守於殷（康叔周公母弟也衞三監之地殷人數叛故使賢母弟）王戒之曰與殺不辜寧失有罪無有無罪而見誅有功而不賞戒之封誅賞之愼焉

明·黎堯卿輯

鬻子纂要

明刊《諸子纂要》本

鬻子

鬻子名熊楚人年九十見文王王曰老矣熊曰使臣捕獸逐麋已老矣使臣坐策國事尚少也文王遂師之故其書首之以文王問此必戰國處士假託之辭蓋自漢藝文志已有其篇目其語亦多可采如知其身之惡而不改爲大忘如曰察吏於民凡皆足以警世其餘則載五帝禹湯之政皆主得人文亦不煩異乎諸子之寓言虛誕者逢行珪釋以爲政術之間則非辭矣

君子不與人謀之則已矣若與人謀之則非道

無由也故君子之謀能必用道而不能必見受
能必忠而不能必入能必信而不能必見信
知其身之惡而不改也以賊其身乃喪其軀其
行如此是謂之大忘
發政施令天下福謂之道上下相親謂之和不
求而得謂之信除天下之害謂之仁信而能和
者帝王之器
知善而不行者謂之狂知惡不改者謂之惑夫
狂與惑者聖人之戒也
教寡人以道者擊鼓教寡人以義者擊鐘教寡
人以事者振鐸語寡人以憂者擊磬語寡人以

獄訟者揮鞀

鬻子一卷

明·楊慎評注、張懋寀校

明天啓五年(1625)武林張懋寀横秋閣刊《楊升庵先生評注先秦五子全書》本

鬻子序

明聖遠道術裂處士乃議百家
迺作凡子之所撰皆一人之私
言也或杖策辭世而玄文始留
或著績匡夏而餘業自敘或陽
陰其術以鈎釣時辟或誕誣厥

指以喑啞羣口甚至篡竊大義
蓁蕪人路恣肆空譚剽剝儒宿
皆繇季末鼓扇都無盛隆制作
鬻子不然獨以既耄師至德緒
言襄大業賓名守弱居然道德
之祖狂惑大忘允矣侯王之箴

定若非〻惡〻之論自賢自智之譏誰子之堪與乃如四死三和之親杖民仁器之誦何治之不臻覃所云語爛明珪詞彰聲緯者矣玩之既珎餐之可飽王明固當望雲鐵而肅拜吉士占

宜抽湘管以書紳然則鬻子者
其萬世之公言與行珪序表極
所讚頌其文辭雅縟亦稱觀覽
並識以丹鉛藏之中笥
成都楊慎撰

鬻子序

鬻子名熊楚人周文王之師也年九十見文王王曰老矣鬻子曰使臣捕獸逐麋已老矣使臣坐策國事尚少也文王師之著書二十二篇名曰鬻子子者男子之美稱賢不逮聖不以爲經用題紀標子因據劉氏九流即道流也遭秦暴亂書記略盡鬻子雖不預焚燒編帙由此殘缺依漢書藝文志雖有六篇今此本乃有十四篇未詳孰是篇或錯亂文多遺闕至敷演大道銓撰明史闡域中之教化論刑德之是非雖

甚盛譽而非誇

卷軸不全而其門可見然鄧林之枝荆山之玉君子餘文可得觀矣鬻子博懷道德善謀政事故使周文屈節大聖諮詢情存帝王之道辭多斥救之要理致通遠旨趣恢弘實先達之奥言爲諸子之首唱織組仁義經緯家邦垂勸誡之風陳弘濟之術王者覽之可以理國吏者遵之可以從政足使賢者勵志不肖者滌心語曰詩三百一言以蔽之曰思無邪言而不朽可爲龜鏡鬻子論道無邪之謂與幸以休務之隙披閲子史而書籍實繁不能精備至於此子頗復留

心尋其立跡之端探其門教之旨豈如寓言迂恢馳術飛辯者矣若乃字重千金辭高萬歲聊爲注解略起指歸馳心於萬古之上寄懷於千載之下庶垂道見志懸諸日月將來君子幸無忽焉

唐逢行珪序

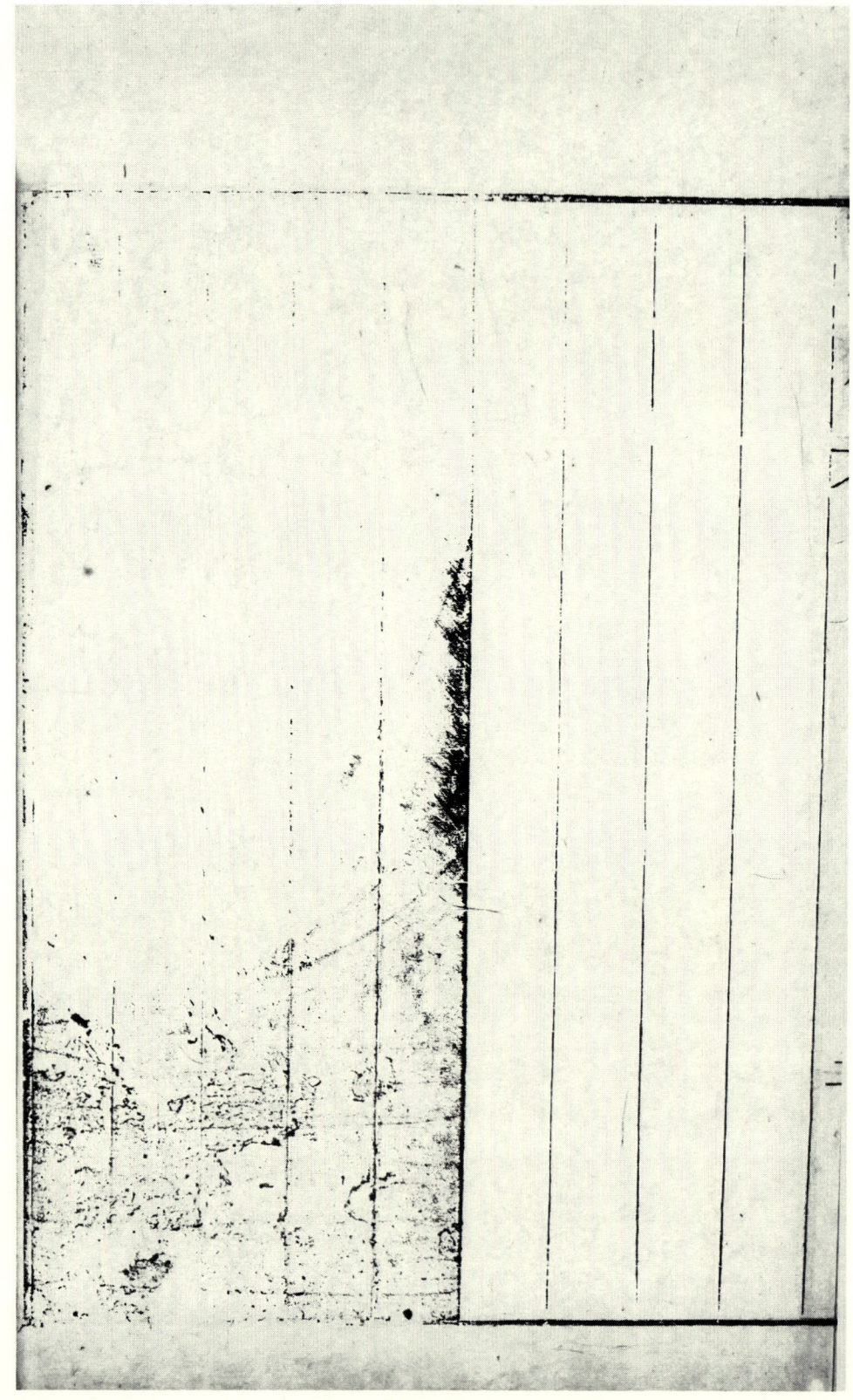

進鬻子表

臣行珪言臣聞結繩以往書疏蔑然文字之初敎義斯起記言之使設褒貶之跡聿興書事之官置勸誡之門由啓於是國版稠疊謨訓昭彰唱讚之道以弘闡揚之理茲暢德業彌縟英華日新雕琢性情振其徽烈逮乎周文作聖鬻子稱賢意合道同實申師傅鬻子以文王降已大啓心期明宣布政之方廣立輔成之策足使萬機畱想一代咸休稽古有宗發明耳目尋其著述之旨探其斥救之辭莫不原道心以裁

數語視序更簡盡

兩言更是啓心

章研神聖而啓沃彌綸彝訓經緯區中不徒讚說微言務於遺翰而已鬻熊爲諸子之首文王則聖德之宗熊既文王之師書乃政教之體雖篇軸殘缺提舉猶備紀綱譬彼盤盂發揚有愈臣家傳儒素積習忠良覩明主奉師之蹤覽賢者盡義之道循環徵究妙極機神敢率至愚爲之注解研覃析理以敘私情剪截浮辭用申狂瞽伏惟陛下則天垂訓越極宣風稽太上之至和興帝王之炯誡股肱亮直獻替無疑大舉賢良寧濟區宇四海革命八表宅心務本修文垂

拱無事臣以草萊卑賤識度庸淺荷堯沐舜擊壤謳歌周於政教之端屬聽太平之咏志存綴輯以述矢言簡牘難周辭意斯拙謹以繕寫奉獻闕庭庶日月昭明布餘暉於漏隙時雨咸洎灑餘潤於纖枯望希塵露之資益議沉舟之楫天威咫尺神鬼震驚謹上表以聞伏聽慈旨謹言永徽四年十一月二十六日

華州鄭縣尉臣逄行珪上

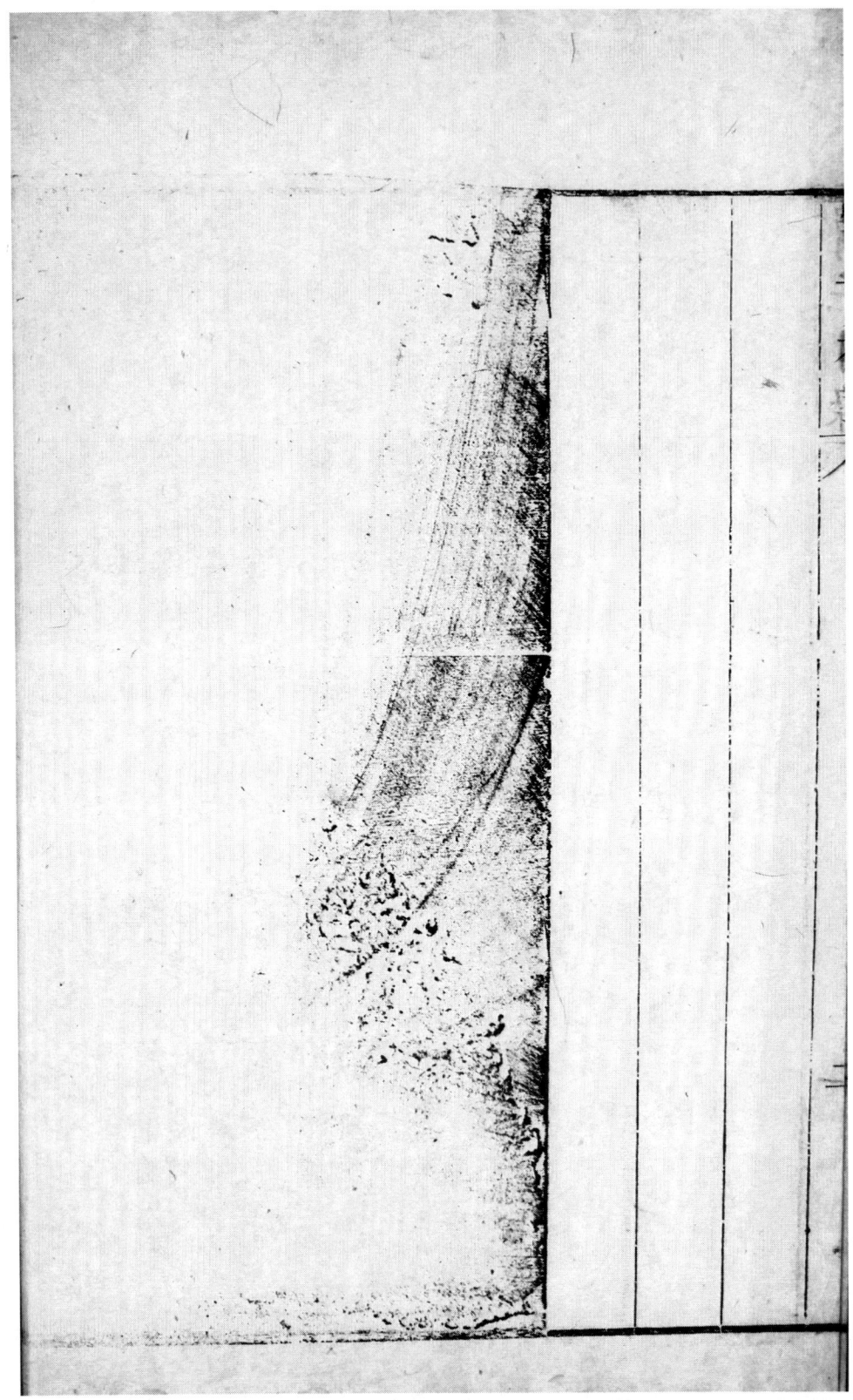

鬻子目錄

明　楊愼　評註

楚鬻熊撰　張懋寀　校梓

　

道符五帝三王傳政甲第二
數始五帝治天下第七
禹政第六
湯政天下至紂第七
上禹政第六
道符五帝三王傳政甲第五
湯政湯治天下理第七
愼誅魯周公第六
附
列子引用鬻子四條

賈誼引用鬻子七條

鬻子目錄終

指沉舟而不知泛權笑折軸而不知還轅君子非人而忌其非豈得不省

二有忌其妻侯有忌其國

撰吏五帝三王傳政乙第五

政曰君子不與人謀之則已矣若與人謀之則非道無由也故君子之謀能必用道而不能必見受能必忠而不能必入能必信而不能必見信君子非人者不出之於辭而施之於行故非非者行是惡惡者行善而道諭矣

大道文王問第八

政曰昔者文王問於鬻子敢問人有大忌乎對曰有

王有怨其天下皆自怨其惡始故此爲大怨

製衣調羹之喻吏之職也得輿承舟之勢民之功也

文王曰敢問大怨奈何鬻子曰知其身之惡而不改也以賊其身乃喪其軀其行如此是謂之大怨

貴道五帝三王周政乙第五

昔之帝王所以爲明者以其吏也昔之君子其所以爲功者以其民也力生於民而功最於吏福歸於君

昔者五帝之治天下也其道昭昭若日月之明然若以晝代夜然故其道首首然萬世爲福萬世爲教者唯從黃帝以下舜禹以上而已矣君王欲緣五帝之道而不失則可以長久

芳風相聞何其可喜

杖者所以為扶扶賢則虎豹之變也扶不肖則心面之革也

守道五帝三王周政甲第四

聖人在上賢士百里而有一人則猶無有也王道衰微暴亂在上賢士千里而有一人則猶比肩也

撰吏五帝三王傳政乙第三

政曰民者賢不肖之杖也賢不肖皆具焉故賢人得焉不肖人休焉杖能側焉忠信飾焉民者積愚也雖愚明主選吏焉必使民興焉士民與之明上舉之士民苦之明上去之故王者取吏不忘必使民唱然後和民者吏之程也察吏於民然後隨政曰民者至卑

公無渡河之歌可以哀狂素絲岐路之悲可以弔惑醜婦美嬪而里人逃哀駘

也而使之取吏焉必取所愛故十人愛之則十人之吏也百人愛之則百人之吏也故萬人之吏選卿相矣卿相者諸侯之丞也故封侯之土秩出焉卿相君侯之本也

曲阜魯周公政甲第十四

政曰昔者魯周公曰吾聞之於政也知善不行者謂之狂知惡不改者謂之惑夫狂與惑者聖王之戒也

道符五帝三王傳政甲第二

不肖者不自謂不肖也而不肖見於行雖自謂賢人

無者而雌雄
合固見于人
者殊耳

鵠雖翰方弱
不集于蒿枝
驥雖齒未齊
不逐于駑跡
帝者之道不
師于凡審矣

猶謂之不肖也愚者不自謂愚而愚見於言雖自謂智人猶謂之愚

數始五帝治天下第七

昔者帝顓頊年十五而佐黃帝二十而治天下其治天下也上緣黃帝之道而行之學黃帝之道而常之

昔者帝嚳年十五而佐帝顓頊三十而治天下其治天下也上緣黃帝之道而明之學帝顓頊之道而行之

禹政第六

諸人多史所不載蓋皆逸亡
耶

禹之治天下也、得皐陶、得杜子業、得旣子、得施子黯、得季子甯、得然子堪、得輕子玉、得七大夫以佐其身。以治天下、以天下治。

湯政天下至紂第七

湯之治天下也、得慶誧、伊尹、湟里且、東門虛、南門蠉、西門疵、北門側、得七大夫佐以治天下、而天下治。二十七世積歲五百六十七歲至紂。

上禹政第六

禹之治天下也、以五聲聽、門懸鐘、鼓、鐸、磬、而置鞀、以

禹之治水也相其宜通其壅水之所以始歸也據一饋而七十起通士進耳

得四海之士爲銘於簨簴曰教寡人以道者擊鼓教寡人以義者擊鐘教寡人以事者振鐸語寡人以憂者擊磬語寡人以獄訟者揮鞀此之謂五聲是以禹嘗據一饋而七十起日中而不暇飽食曰吾猶恐四海之士留於道路是以四海之士皆至是以禹當朝廷間也可以羅爵

道符五帝三王傳政甲第五

夫國者卿相世賢者有之有國無國智者治之智者非一日之志治者非一日之謀治志治謀在於帝王

水非有期于蛟龍鯨鮪也而我有期于虎豹狻狸也林藪非有期于明敞之族也帝王非有期于端嘗之民也器在而物自藏矣

天地之數人物之故政治之原晰如指掌○語纔盈百而三才之蘊已後無餘

然後民知所保而知所避發政施令爲天下福者謂之道上下相親謂之和民不求而得所欲謂之信除去天下之害謂之仁仁與信和與道帝王之器凡萬物皆有器故欲有爲不仁其器者雖欲有爲不成諸侯之欲王者亦然不用帝王之器者不成

湯政湯治天下理第七

天地闢而萬物生萬物生而人爲政焉無不能生而無殺也惟天地之所以殺人不能生人化而爲善獸化而爲惡人而不善者謂之獸有天然後有地有地

可謂明者之甚矣

然後有別有別然後有義有義然後有敎有敎然後有道有道然後有理有理然後有數日有冥有旦有晝有夜然後以爲數月一盈一虧月合月離以數紀四者皆陳以爲數治政者衞也始終之謂衞

愼誅魯周公第六

昔者魯周公使康叔往守於殷、戒之曰、與殺不辜寧失有罪無有無罪而見誅無有有功而不賞戒之封誅賞之愼焉

附　列子引用鬻子

坐蘭若聽溪聲使人無夢閱此亦應捐夢

鬻熊曰運轉亾已天地密移疇覺之哉故物損於彼者盈於此成於此者虧於彼損益成虧隨世隨死往來相接閒不可省疇覺之哉凡一氣不頓進一形不頓虧亦不覺其成亦不覺其虧亦如人自世至老貌色智態亾日不異皮膚爪髮隨世隨落非嬰孩時有停而不易也閒不可覺俟至後知

鬻子曰欲剛必以柔守之欲强必以弱保之積於柔必剛積於弱必强觀其所積以知禍福之鄉强勝不若已至於若已者剛柔勝出於已者其力不可

此是老子之註鬻

量老聃曰兵强則滅木强則折柔弱者生之徒堅强者死之徒

鬻熊語文王曰自長非所增自短非所損算之所亾若何

鬻子曰去名者無憂老子曰名者實之賓而悠悠者趨名不已名固不可去名固不可賓耶今有名則尊榮無名則卑辱尊榮則逸樂卑辱則憂苦憂苦犯性者也逸樂順性者也斯實之所係矣名胡可去名胡可賓但惡夫守名而累實守名而累實將

恤危亾之不可救豈徒逸憂樂苦之間哉

附　賈誼引用鬻子

周文王問於鬻子曰敢問君子將入其職則其於民也何若鬻子對曰唯疑請以上世之政詔於君王政曰君子將入其職則其於民也旭旭然如日之始出也周文王曰受命矣曰君子既入其職則其於民也何若對曰君子既入其職則其於民也暯暯然如日之正中也周文王曰受命矣曰君子既去其職則其於民也何若對曰君子既去其職則

其於民也暗暗然如日之已入也故君子將入而
旭旭者義先聞也既入而暯暯者民保其福也既
去而暗暗者民失其教也周文王曰受命矣
周武王問於鬻子曰寡人願守而必存攻而必得戰
而必勝則吾爲此奈何鬻子曰唯攻守而戰乎同
器而和與嚴其備也政曰和可以守而嚴可以守
而嚴不若和之固也和可以攻而嚴可以攻而嚴
不若和之得也和可以戰而嚴可以戰而嚴不若
和之勝也則惟由和而可也故諸侯發政施令政

平於人者謂之文政矣。諸侯接士而使吏禮恭於人者謂之文禮矣。諸侯聽獄斷刑仁於治陳於刑其由此守而不存攻而不得戰而不勝者自古而至於今自天地之辟也未之嘗聞也今也君王欲守而必存攻而必得戰而必勝則惟由此爲可也

周武王曰受命矣

周成王年六歲即位享國親以其身見於鬻子之家而問焉曰昔日先王與帝修道而道修寡人之望也亦願以教敢問與國之道奈何鬻子對曰唯疑

請以上世之政、詔於君王、政曰、興國之道、君思善則行之、君聞善則行之。君知善則行之。位敬而常之。行信而長之、則興國之道也、周成王曰、受命矣、

周成王曰、敢問於道之要奈何、鬻子對曰、唯疑、請以上世之道、詔於君王、曰、爲人下者敬而肅。爲人上者恭而仁。爲人君者敬士愛民。以終其身。此道之要也、周成王曰、受命矣、

周成王曰、敢問治國之道若何、鬻子對曰、唯疑、請以上世之政、詔於君王、政曰、治國之道、上忠其主。而

如此等語自可參悟

中敬其士而下愛其民故上忠其士者非以道義則無以入忠也中敬其士者非以禮節則無以諭敬也下愛其民者非以忠信則無以諭愛也故忠信行於民而禮節諭於士道義入於上則治國之道雖治天下者由此而已周成王曰受命矣

周成王曰寡人聞之有上人者有下人者有賢人者有不肖人者有智人者有愚人者敢問上下之人何以爲異鬻子對曰唯疑請以上世之政詔於君王政曰凡人者若賤若貴若幼若老聞道志而藏

之知道善而行之上人矣聞道而弗取藏也知道
而弗取行也則謂之下人矣故夫行者善則謂之
賢人矣行者惡則謂之不肖矣故夫言者善則謂
之智矣言者不善則謂之愚矣故智愚之人有其
辭矣賢不肖之人別其行矣上下之人等其志矣

周成王曰受命矣

周成王曰寡人聞之聖王在上位使民富且壽云若
夫富則可爲也若夫壽則不在天乎鬻子對曰唯
疑請以上世之政詔於君王政曰聖王在上位則

酒死四生語奇而情惻

天下不死軍兵之事故諸侯不私相攻而民不私相鬭鬩不私相煞也故聖王在上位則民免於一死而得一生矣聖王在上位則君積於道而吏積於德而民積於用力故婦人為其所衣丈夫為其所食則民無凍餒矣故聖王在上位則民免於二死而得二生矣聖王在上位則君積于仁而吏積於愛而民積於順則刑罰廢矣而民無夭遏之誅故聖王在上位則民免於三死而得三生矣聖王在上位則使民有時而用之有節則民無厲疾故

聖王在上位則民免於四疢而得四生矣聖王在

上位則使盈境內興賢良以禁邪惡故賢人必用

而不肖人不作則已得其命矣故夫富且壽者聖

王之功也周成王曰受命矣

天啓乙丑冬日武林

張氏槓秋閣藏板

鬻子終

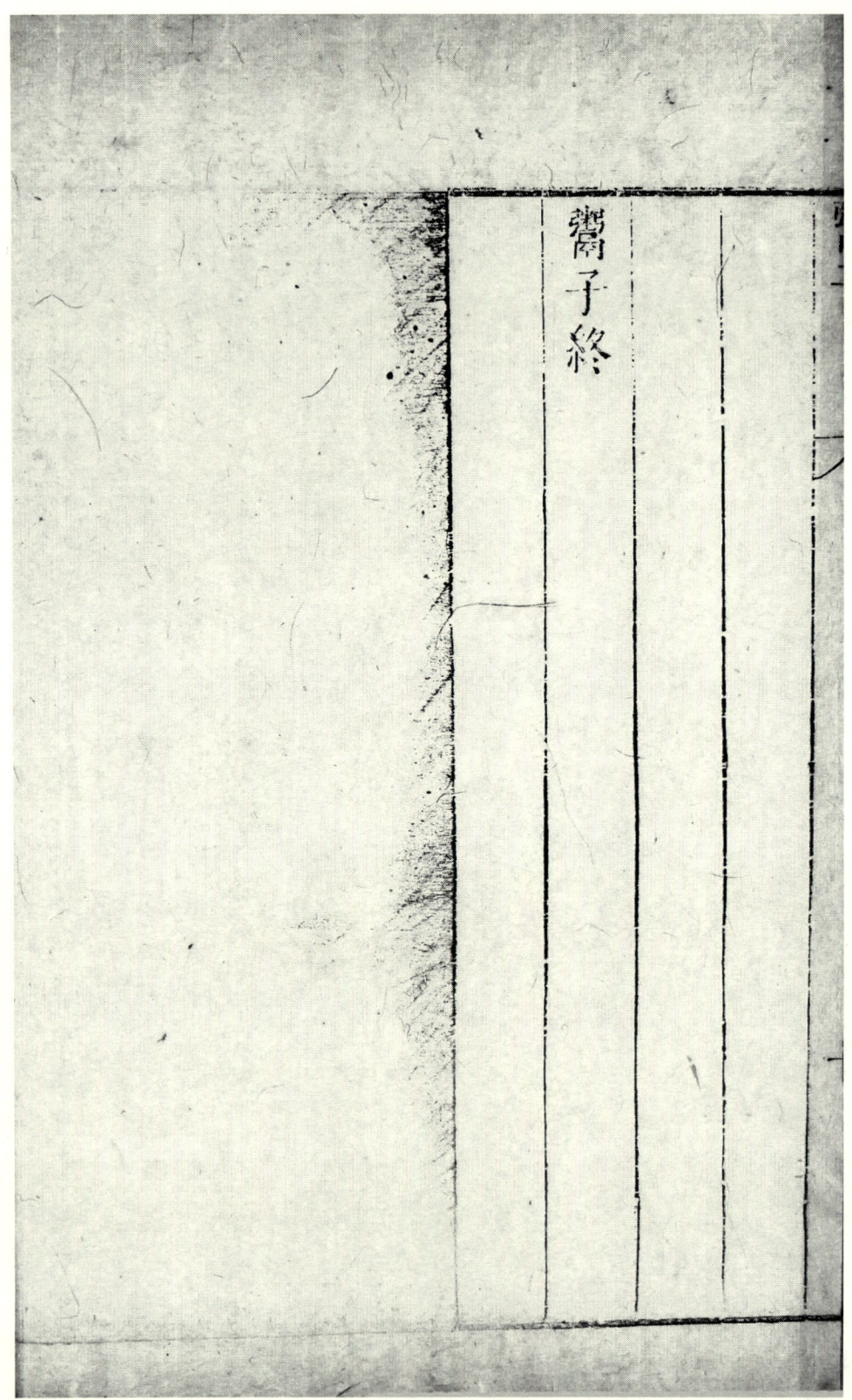

鬻子

明·歸有光輯評、文震孟參訂

明天啓五年（1625）刊《諸子彙函》本

于鳳洲曰此言帝王之政可以行之永久

諸子彙函卷之一

崑山 歸有光熙甫 蒐輯

長洲 文震孟文起 參訂

鬻子

名熊楚人周文王之師也年九十見文王王曰老矣鬻子曰使臣捕獸逐麋已老矣使臣坐策國事尚少也文王師焉著書二十二篇名曰鬻子遭秦火故多殘缺

○○撰吏五帝三王傳政（言王者布政施令其在傳求于良吏也賢者衆也不賢者不預言五帝三王政道可以百代傳行者）政曰（此明帝王之政事以爲法教可稱也）君子不與人謀之則已○

余紫芝曰有道之君上下親愛忠說進用智術無隱以石投水何齟齬哉

矣。言君子修于內理于外端其形正其影體貞德之要守沖妙之機言出以成教方謀事必爲法則苟于政而不頗豈安爲之哉所以止也若與人謀之則非道無由也。若與人謀務存大道而言之不以違道飾非不以苟合求正由用也故君子之謀。能必用道。君子終日言而不離體要謀于政事而成由于道故同于道者道亦得之非道之言君子不用也而不能必見受。庸君惑于衆豈能受道教能必忠。而不能必入。盡忠盡道聖君必納庸主所難庸主君臣疏忌小人侍側端正棄遺諂佞是親忠信不用掩目而視豈不惑歟能必信。而不能必見信。言君子不苟合不妄言必存以信即言不美而合于道庸主惑于衆邪豈信用之乎君子非人者必出之於詞而施之於行。君子爲善將以

卢鮑菴曰言是非于人所同善惡在身所共

攻惡善不自是惡不非人施之于行不顯之于言也故非非者行是惡惡者行善。故非人之非者自行其是惡人之惡者自行其善君子將非于人終不以非非人務善以攻惡不以惡惡于人所以彰惡所以行善道也而道諭矣。謀事必忠出口必信行善以攻惡顯是而明非不苟求所以知而道德自明也

楊升菴曰。此言帝王之政可以行之永久而連用能必不能必。文勢古質生動。真商彝周鼎之文。其大道篇云。文王問於鬻子。敢問人有大忘乎。在于經遠對曰。有。曰。敢問大忘奈何。鬻子曰。知其身之惡而不改也。以賊其身。乃喪

其軀其行如此。是謂大忘。終所答之事此段終政教之端。言道不可以言象盡。不可以指示說。有道之主。動而同之。妙用無窮。故謂之大。

陸貞山曰在昔貴道德之帝王以遠喻近為之勸也

王鳳洲曰力生于神即成湯降神受夏大命武王夢神遂大戕殷也

○○貴道五帝三王周政當文王之時而通稱三王者據近以及遠明道以同也

鬻子

昔之帝王所以為明者以其吏也。言帝王有聖明者皆委賢吏使在顯職故道化興而萬國寧明聖不獨運也昔之君子其所以為功者以其民也。人皆效力以成其功力生於神。上有有國冥會兩儀鼓動萬物豈有使之然哉莫不人化于自然玄應而義用造之非我理自相符而功最于吏。王者度政施令而不自為必爲賢能以使之故天下和平人知所保此賢吏善最之功也福歸於君。俊德在官盡心竭力人敦其道俗順其教上下相親國家平康而為君之福昔者五帝之治天下也其道昭昭若日

趙粟夫曰首首猶言兆始

月之明然若以晝代夜然。日月運明始終不息故昭昭然聖人與天地合德日月齊明若道大不淪可以崇遠故其道首首然萬世爲福。萬世爲教者唯從黃帝以下舜禹以上而已矣。首者始也言五帝之道常爲萬代之始後世不能加也帝王之功莫此爲盛故百代不易爲福爲教君王欲緣五帝之道而不失則可以長久。言君王但因循五帝之道而常行用無所爲督則可以長保宗廟社稷以爲人始也

楊升菴曰爲政以德必貴于道爲化國之福。

周者合也言五帝三王貴道其政能合若一也見知帝王之所以明知君子之所以功是

乃爲君之福。下守道一段云。聖人在上。賢士百里而有一人。則猶無有也。王道衰微。暴亂在上。賢士千里而有一人。則猶比肩也。此段正應上篇以其吏也。亦見道不可暫離也。

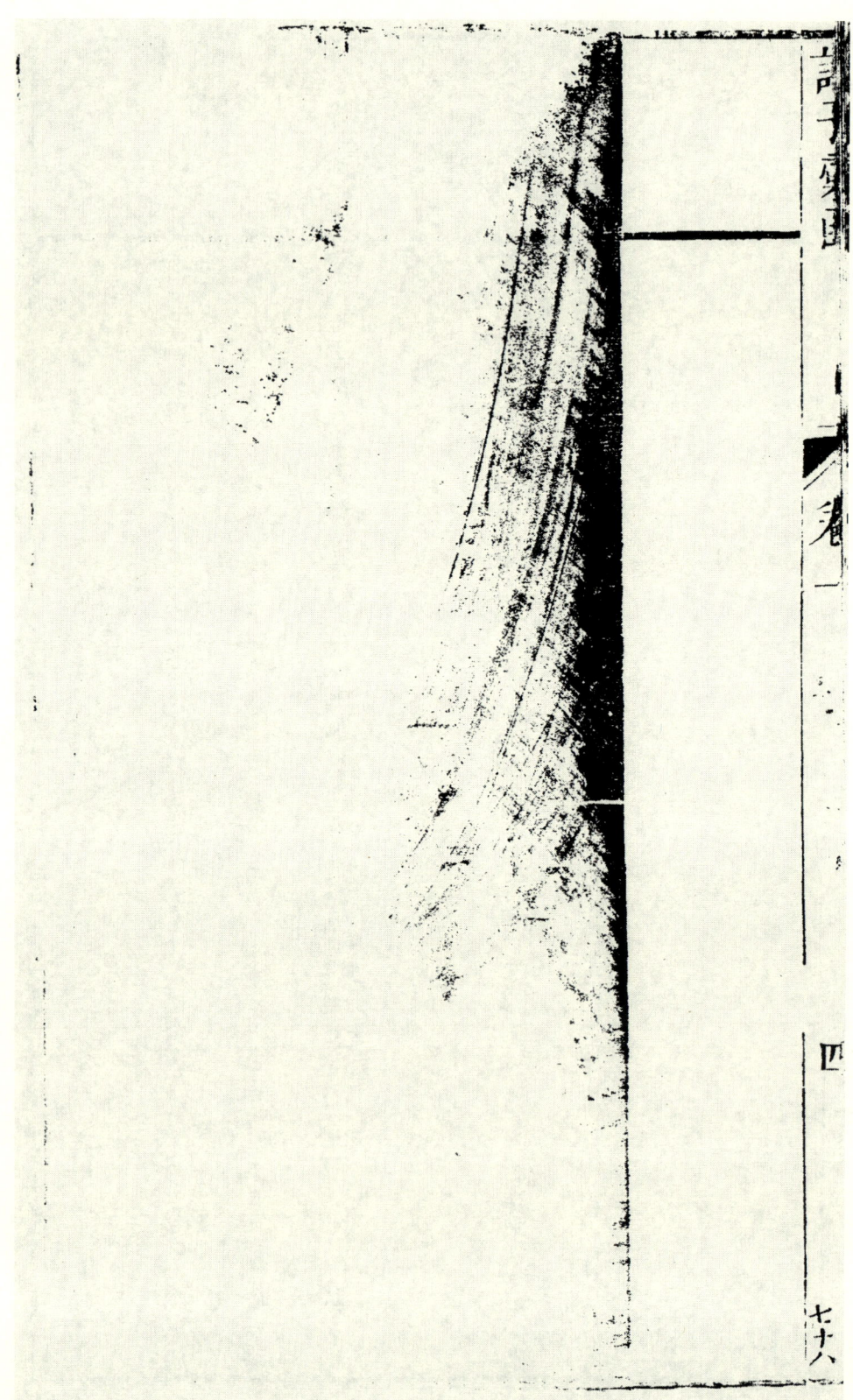

楊升菴曰此論用舍關民心簡健有法

○○撰吏五帝三王傳政（又○帝王所以安國家行政教其在良吏乎言必博廣以取也）

鬻子

政曰民者賢不肖之杖也賢不肖皆具焉（賢與不肖見于行此二者同出于性而異名皆杖于最靈各有定分矣）故賢人得焉不肖人休焉（言賢者不自求進而材爲時須王者必任賢人所以得也不肖者非自求退而行無所取不登政事是以休廢也）杖能側焉忠信飾焉（有過人之智必矜其能恃能矜智必違道輕躁所至危僻故曰杖能側焉懷盡忠之節必修于道修身貴眞履行務實由于正路禮義仁以文飾其身也故曰忠信飾焉）民者積愚也（愚民冥然無知）雖愚明主撰吏焉必使民興焉（言明主推心于人以

余同麓曰聖主不違人以獨用

取良而不獨任士民與之明上舉之得于衆心善于政事上所以舉用之士民若之明上舉之若知人者賢愚之間既不與所以斥去之故王者取吏不忘必使民唱然後和人主摠羣謀以觀衆知明以探風聲察於下言以求得失取賢人以宣政化惟已取賢唯聖者能之民者吏之程也察吏于民然後隨程法式也人與之主舉之人若之主去之此隨政曰民者至卑也而使之取吏焉必取所愛故十人愛之則十人之吏也百人愛之則百人之吏也千人愛之則千人之吏也萬人愛之則萬人之吏也皆言人之情好之德行各有所愛樂之多少殊別也故萬人之

陳白沙曰政之與亾在于卿相

吏撰卿相矣人愛之多則必堪爲政事主之所拔不可失賢卿相者諸侯之丞也卿相人主之杖故爲諸侯之丞故封侯之土秩出焉賢者得之列土封疆得自家臣故曰秩出焉卿相君侯之本也得賢者和輯失賢者離散故爲侯之職在卿相也

楊升菴曰此篇首見天下之廣黎庶之衆賢與不肖皆自具焉中見人之德有大小故愛有多寡之殊末見卿相而賢則封秩因之按賈誼新書引鬻子云治國之道上忠于主而中敬其士而下愛其民故上忠其主者非以

道義則無以入忠也而中敬其士非以禮節則無以諭敬也下敬其民非以忠信則無以行愛也此論隱然責重卿相以亨國長久之道然使王者覽之可以理國吏者遵之可以從政足使賢者勵志不肖者滌心云

陸貞山曰五帝之道相緣為政故同稱之

○○○數始五帝治天下言帝者年數之始以記其佐帝及升位之年數也天下者豈可妄理哉亦由積德累業以有之也鬻子

昔者帝顓頊高陽氏在位七十八年年十五而佐黃帝軒轅氏以土德王故曰黃帝在位百年顓頊自幼年以翼佐黃帝升為天子二十而治天下其治天下也上緣黃帝之道而行之因修黃帝之道而行其政令不改革也學黃帝之道而常之敎其通道而常見之

昔者帝嚳黃帝生玄囂玄囂之子生帝嚳德日新故曰高辛在位七十年年十五而佐帝顓頊三十而治天下佐顓頊以理天下三十而升為帝其治天下也上緣黃帝之道而明之言德稍下不能

陸天池曰此言軒頊鈞玄圭德諸玄始任賢立政以致太平可爲治法

吳燕叔曰以五聲聽政克勤王亦處

盡行黃帝之道但明之而已學帝顓頊之道而行之。政教所爲效顓頊而行其言不能常君之禹之治天下也。黃帝玄孫祖顓頊姒姓名文命字高密在位九年受舜禪以臨天下得皋陶。得杜子業。得既子。得施子黶。得季子甯。得然子㒈。得輕子玉。以上七大夫之姓名得七大夫以佐其身。以治天下。以天下治。言帝王獨治天下雖則聖德皆侯賢佐以輔之故得天下安也禹之治天下也以五聲聽。九重幽深下言難進欲百姓救正人上之過故懸置五聲招之以聽政也門懸鐘鼓鐸磬。而置鞀以得四海之士。四海之士有進言者必造五聲以揮擊之得問爲銘于簨簴。懸五聲之具刻銘于其上曰。教寡人

陸天池曰此所以示接士之急

王鳳洲曰湯無道之紂以理天下得賢人輔助而致太平至紂竟以昏惑失國

以道者擊鼓教寡人以義者擊鐘教寡人以事者振鐸告寡人以憂者擊磬語寡人以獄訟者揮鞀此之謂五聲（此以上並刻銘于簨簴之文）是以禹嘗一饋而七十起日中而不暇飽食（急于政事無暇及于一食）曰吾猶恐四海之士留于道路是以四海之士皆至（事必得道必合上下應會無不至也）是以禹當朝廷間也可以羅爵（聽政不疲朝廷閒靜而無事也）湯之治天下也（湯姓子名履字太乙）（除虐去殘以順取天下）得慶誧伊尹湟里且東門虛南門蝡西門疵北門側（並姓名）得七大夫佐以治天下

而下治。七大夫皆賢人以爲弼諧故得天下。減又二十七世。相承二十七代積歲五百七十六歲至紂。夏曰歲此除即位之年也楊升菴曰。篇中凡三段。昔者帝顓頊一段。禹之治天下兩段而實一段。湯之治天下一段。言顓頊帝嚳少年佐君。少年治天下。以政教行也。至禹一饋而七十起。非三吐之戹言乎。且七大夫杜季施皆非夏氏因生之姓。至湯七大夫如東門虛。南門蝡。西門疵。非門側幾乎戲矣。然博懷道德。善政事。故使周文屈節。

大聖諮詢情存帝王之道辭多斥收之要理
致通遠旨趣恢弘實先達之奥言爲諸子之
首唱云

宗方城曰此賢德之必見用

楊升菴曰見治在保民

○○○道符五帝三王傳政　鬻子

夫國者卿相世賢者有之（有國則有卿相賢德者卿相之與人與之王用之不賢者豈能用之哉）有國無國智者治之（夫國豈自寧自亂所以安者智謀之力也）智者非一日之志（積功累業行道不倦以成其志）治者非一日之謀（謀者心思也樹德以爲尚寬重道修政作教以至誠平之咨謀非一日之所能致也）治志治謀在于帝王然後民知所保（君上有道化行于下遠近慕義四境無虞故人知所安也）而知所避（無違政教下民爲禍是知所避也）發教施令爲天下福者謂之道（先之以博愛陳之以德義先之以敬讓道之以禮樂不奪人時不干人利故得禍亂不作爲福之道此之

茅鹿門曰不求而得所欲即日出而作日入而息帝力何有也

王鳳洲曰結上四者

林見素曰西伯以敬讓興邦南陽以仁道得政是也

謂歟

上下相親謂之和。至德以教之要道以治民之上下同心是謂和矣

不求而得所欲謂之信。安其居井其食樂其業上有行道之君是所致者可謂之大信

除去天下之害謂之仁。如征葛放紂免于暴亂百姓安其所處謂之仁

仁與信和與道帝王之器。此四者帝王有天下之器所以樂維也

凡萬物皆有器。所用利之是以爲器

故欲有爲不行其器者雖欲有爲不成。惟名與器不可假人其所營爲必以其器用得其器也故和之不行其器于利遠矣豈有成哉

諸侯之欲者亦然不用帝王之器者不成。言天下之大神器之重非其王者難以處之王氣而來可以宰割必行仁與信和與道然後可招懷萬姓奄有四海苟非其人也豈妄成之也哉

王鳳洲曰鬻子爲諸子之首文王爲聖德之宗熊旣文王之師書乃政教之體雖篇軸殘缺紀綱猶備接新書引鬻子和可以守而嚴可以守而嚴不若和之固也和可以攻而嚴可以攻而嚴不若和之德也和可以戰而嚴可以戰而嚴不若和之勝也則惟由和而可也此語意絕勝韜略素書故附于道符之篇雖非全段文聊記以識不朽

卷一

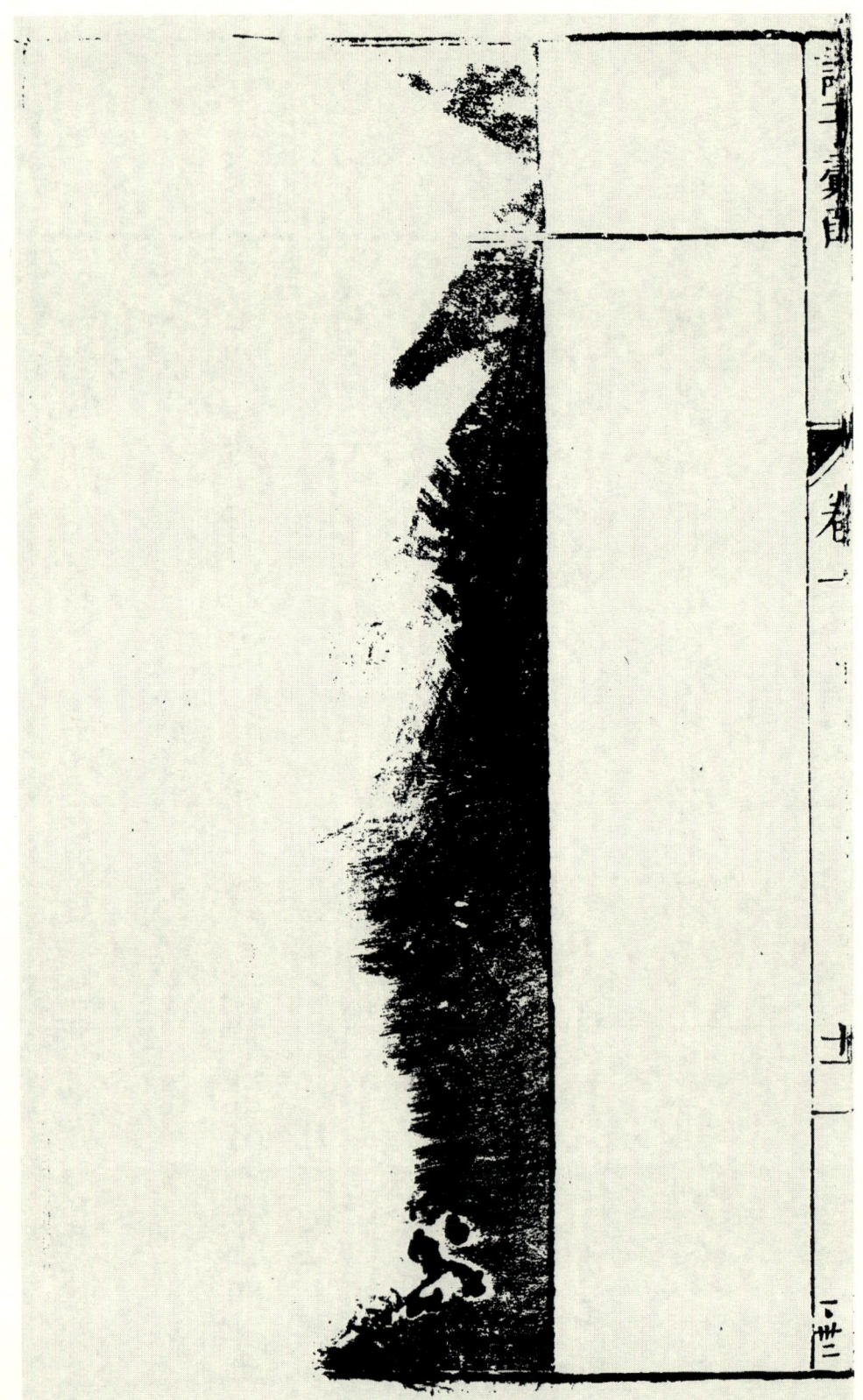

王鳳洲曰天地設而萬物生陰陽化而四時定分別統理為政之方極于始終可成法則

○○○治理　　鬻子

天地闢而萬物生。乾其靜也專一其動也正直坤其靜也翕歛其動也闢闔是以廣大而生萬物也萬物生而人為政焉。政也者所以正於天地也言天地生萬物不能相使不能制須人以為政以正之無其政也則萬物不理無不能生而無殺也。言天地能生而不能無殺唯天地之所以殺人，不能生。天之能生雖天殺之可也夫唯天殺之人豈生之哉是不能生之也人化而為善。萬物之中人為貴化而為善理常也獸化而為惡。稟氣以生不有知飾非人之類豈不惡哉人而不善者謂之獸。人化而為善是為大常今為不善者與彼飛虛蹠實亦何以異矣有天然後有地。先天後地理之自然

楊升菴曰織組仁義經緯邦家垂勸誡之風陳弘濟之術可見矣

陸貞山曰自有天至以數紀如纍纍貫珠末一段尤整齊

有地然後有別。三才克定萬物區別有別然後有義。夫婦之義君臣之義有義然後有教。百官立政教行父子存家設教所以效達於上也有教然後有道。教跡既彰約之以道有道然後有理。事名各立而理自存有理然後有數。名理既彰以統之矣夫數以一終十乃至千萬九九之數天之運度亦數之義也日有冥有旦有晝有夜然後以爲數。天有三百六十度一月一度三百六十日一周天一日之中晝夜百刻以定之爲數月一盈一虧月合月離以數紀。一歲之中有十二月一月有虧有盈日月或合于次或離于次終于一歲日窮于次月窮于紀星廻于天數將九終此則日月星辰運行至十二月皆周布于故處紀猶會者也四者皆陳以爲數治。

春夏秋冬冬綫于一歲之日月也此以上爲政之道當法則也政者衛也始終之謂衛政者正也所以正理天下以爲之天周衛始化之終安之無得之也

揚升菴曰新書引鬻子云聖王在上位則天下不死軍兵之事民免於一死而得一生矣聖王在上位而民無凍餒民免於二死而得二生矣聖王在上位民無夭閼之誅民免於三死而得三生矣聖王在上位則民無癘疾民免於四死而得四生矣讀是書者尋其立跡之端揣其闡教之旨豈如寓言迂恢馳術

飛辯者哉。看上篇論數。不減腐史天官書矣。

鬻子終

鬻子類纂

明·沈津撰

明隆慶元年（1567）含山縣儒學刊《百家類纂》本

雜家類總題

漢藝文志雜家者流蓋出於議官兼儒墨合名法知國體之有此見王治之無不貫此其所長也及盪者爲之則漫羨而無所歸心

隋經籍志雜者兼儒墨之道通衆家之意以見王者之化無所不貫者也古者司史歷記前言德行禍福存亡之道然則雜者蓋出史官之職也放者爲之不求其本材少而多學言非而博是以雜錯漫羨而無所指歸矣

鬻子題辭

楚鬻熊撰熊年九十見周文王王曰老矣鬻子曰使臣捕獸逐麋已老矣使臣坐策國事臣尚少也文王師之封爲楚祖著書二十二篇蓋子書之始也藝文志屬之道家宋志列于雜黄氏疑爲戰國處士所託不然熊既年九十始遇文王胡乃尚說三監曲阜時事邪或者其徒名政者之所記與然不可考矣

鬻子題辭畢

百家類纂卷之二十八

雜家類　　鬻子

政曰君子不與人謀之則已矣若與人謀之則非道無由也故君子之謀能必用道而不能必見受能必忠而不能必入能必信而不能必見信君子非人者不出之於辭而施之於行故非非者行是惡惡者行善而道諭矣

政曰昔者文王問於鬻子敢問人有大忘乎對曰有文王曰敢問大忘柰何鬻子曰知其身之惡而不改也以賊其身乃喪其軀其行如此是謂之大忘

昔之帝王所以爲明者以其吏也昔之君子其所以爲功者以其民也力生於神而功最於吏福歸於君昔者五帝

之治天下也其道昭昭若日月之明然若以晝代夜然故其道首首然萬世爲福萬世爲教者唯從黄帝以下舜禹以上而已矣君王欲緣五帝之道而不失則可以長久聖人在上賢士百里而有一人則猶無有也王道衰微暴亂在上賢士千里而有一人則猶比肩也政曰吏者至卑也而使之取吏焉必取所愛故十人愛之則十人之吏也百人愛之則百人之吏也千人愛之則千人之吏也萬人愛之則萬人之吏也故萬人之吏擇卿相矣卿相者諸侯之丞也故封侯之土秩出焉卿相君侯之本也

不肖者不自謂不肖也而不肖見於行雖自謂賢人猶謂

之不肖也愚者不自謂愚而愚見於言雖自謂智人猶謂之愚

禹之治天下也得皋陶得杜子業得既子得施子黯得季子寗得然子堪得輕子玉得七大夫以佐其身以治天下以天下治

湯之治天下也得慶誧伊尹湟里且東門虛南門蠉西門疵北門側得七大夫佐以治天下而天下治二十七世積歲五百七十六歲至紂

禹之治天下也以五聲聽門懸鐘鼓鐸磬而置鞀以得四海之士爲銘於簨簴曰教寡人以道者擊鼓教寡人以義者擊鐘教寡人以事者振鐸語寡人以憂者擊磬語寡人

以獄訟者揮鞀此之謂五聲是以禹嘗據一饋而七十起日中而不暇飽食曰吾猶恐四海之士留於道路是以四海之士皆至是以禹嘗朝廷間也可以羅爵

夫國者卿相世賢者有之有國無國智者治之智者非一日之志治者非一日之謀治志治謀在於帝王然後民知所保而知所避發教施令爲天下福者謂之道上下相親謂之和民不求而得所欲謂之信除去天下之害謂之仁仁與信和與道帝王之器凡萬物皆有器故欲有爲不行其器者雖欲有爲不成諸侯之欲王者亦然不用帝王之器者不成

天地闢而萬物生萬物生而人爲政焉無不能生而無殺

也唯天地之所以殺人不能生人化而爲善獸化而爲惡人而不善者謂之獸有天然後有地有地然後有别有别然後有義有義然後有教有教然後有道有道然後有理有理然後有數日有冥有旦有晝有夜然後以爲數月一盈一虧月合月離以數紀四者皆陳以爲數治政者衛也始終之謂衛

昔者魯周公使康叔往守於殷戒之曰與殺不辜寧失有罪無有無罪而見誅無有有功而不賞戒之封誅賞之慎焉

鬻子終

明·陳繼儒選

鬻子粹言

明刊《藝林粹言》本

藝林粹言卷之十四

鬻子

名熊楚人年九十見文王文王遂師之著書二十篇孟子書之始也

君子不與人謀之則已矣若與人謀之則非道無由也故君子之謀能必用道而不能必見受能必忠而不能必入能必信而不能必見信

民者至卑也而使之取吏焉必取所愛故十人愛之則十人之吏也百人愛之則百人之吏也千人愛之則千人之吏也萬人愛之則萬人之吏也故萬人之吏撰鄉相矣

禹嘗據一饋、而七十起。日中不暇飽食。曰吾猶恐四海之士。留於道路。是以四海之士皆至。

明·焦竑纂注、陳懿典評閱

鬻子折衷彙錦

明萬曆間金陵少岡三衢書林刊《兩翰林纂解諸子折衷彙錦》本

兩翰林纂解諸子折衷彙錦卷之一

秣陵焦竑弱侯纂註　就李陳懿典孟常評閱

儒家

鬻子

名熊楚人周文王之師也年九十見文王王曰老矣鬻子曰使臣捕獸逐麋已老矣使臣坐策國事尚少也文王師之著書二十二篇名曰鬻子遭秦火不預焚燒亦多殘缺其書博懷道德善謀政事故使周文屏節實先達之輿言爲諸子之首唱

撰吏五帝三王傳政

此言帝王之政可以行之永久

政曰此明帝王之政事　君子不與人謀之則已矣若與人謀之則非道無繇也與人謀務存大道而言之不以違道而飾非　故君子之

連用能必不能必丈有法程

謀能必用道，同於道者道亦得之而不能必見受。庸君惑於衆豈能受道教

能必忠而不能必入，盡忠論道聖君必納庸君所難能必信而不能必見信。庸主注一作贅惑於衆邪豈信用君子之言君子非人者，不出之於辭而施之於行，故非非者行是，君子將非非於人終不以非非人自行是道以論彼之非惡惡者行善，君子務善以攻惡不以惡惡於人所以行善也而道諭矣。

帝王周政篇

知帝王之所以明知君子之所以功見乃為君之福

昔之帝王所以為明者，以其吏也。委任賢吏昔之君子其所以為功者，以其民也。資兆庶效力力生於神而功最於吏。福歸於君。王者有國必先靈佑故民効力吏最功而天下平庸君蒙其福也昔者

有句法

此段論用舍關民心簡健有法

五帝之治天下也。其道昭昭。若日月之明。然若以晝代夜。然故其道首首（始也）。然萬世為福。萬世為教者。惟從黃帝以下。舜禹以上而已矣。（言五帝之道為萬代始也）君主欲緣五帝之道而不失。則可以長久。

撰吏傳政篇

民者賢不肖之杖也。（言賢否皆自民出）賢不肖皆具焉。故賢人得焉。不肖人休焉。（得用也。休廢也）杖能側焉。忠信飾焉。（言矜恃智能必至危側。飾謂文飾其身也）民者積愚也。雖愚明主選吏焉。必使民興焉。士民與之。明上舉之。士民苦之。明上去之。

說理透而詞亦昌達

故王者取吏不忘必使民唱然後和民者吏之程也法式也察吏於民然後隨民者至卑也而使之取吏焉必取所愛故十人愛之則十人之吏也百人愛之則百人之吏也千人愛之則千人之吏也萬人愛之則萬人之吏也此上皆言人之情好德行各有所愛樂之多少殊別也故萬人之吏撰卿相矣卿相者諸侯之丞也卿相者人主之杖故爲諸侯之丞故封侯之土秩出焉卿相者侯之本也爲侯之職在卿相也

禹政篇

此段典實有法

禹之治天下也以五聲聽聽言也門懸鍾鼓鐸磬懸於簨簴

摹寫帝王盛世氣象可掬

此言誅賞不可不慎

也而置鞀（置于地也）以得四海之士。爲銘於筍簴曰：教寡人以道者擊鼓，教寡人以義者擊鐘，教寡人以事者振鐸，語寡人以憂者擊磬，語寡人以獄訟者揮鞀。此之謂五聲。（鼓動物合道，鐘金聲合義，鐸金鈴木舌若有事務，磬聲近悲，鞀聲疾速，各有所取，並列于筍簴也）是以禹嘗據一饋而七十起，日中而不暇飽食，曰：吾猶恐四海之士畱於道路。是以四海之士皆至。是以禹當朝廷間也，可以羅爵。（言無事可張雀也）

慎誅篇

（見此條明非此書所當有，豈亦後人添入之也，博雅君子當必有辨之者）

昔者魯周公使康叔往守於殷。（康叔周公母弟也）戒之曰：與殺不辜，寧失有罪；無有無罪而見誅，無有有功而不賞。戒之。封。封康叔封名也 誅賞之慎焉。

明·謝汝韶校

鬻子一卷

明萬曆六年(1578)吉藩崇德書院刊《二十家子書》本

鬻子序

鬻子名熊楚人周文王之師也年九十見文王王曰老矣鬻子曰使臣捕獸逐麋已老矣使臣坐策國事尚少也文王師之著書一十二篇名曰鬻子子者男子之美稱賢不逮聖不以爲經用題紀標子因據劉氏九流即道流也遭秦暴亂書記畧盡鬻子雖不預焚燒編袟由此殘缺漢書藝文志雖有六篇今此本乃有十四篇未詳孰是篇或錯亂文多遺闕至最演大道銓撰明要闡域中之教化論刑德之是非雖卷軸不全而其門可見然鄧林之木荆山之玉君子餘文可得觀矣鬻子博懷道德善謀政事欲使周文屈節大聖諮詢情存帝王之道辭多斥敎之要理致

遹遠旨趣恢弘實並達之與言爲諸子之首唱織組仁義經綸家邦垂勸誡之風陳弘濟之術王者覽之可以理國吏者遵之可以從政足使賢者勵志不肖者滌心語曰詩三百一言以蔽之曰思無邪言而不朽可爲龜鏡鬻子論道無邪之謂歟幸以休務之隙披閱子史而書籍實繁不能精備至於此子頗復留心尋其立迹之端探其闡教之旨豈如寓言迂恢馳術飛辯者乎亦乃字重千金辭高萬歲聊爲注解略起指歸馳心於萬古之上寄懷於千載之下庶垂道見志懸諸日月將來君子幸無忽焉逢行珪序

撰吏五帝三王傳政乙第五

政曰君子不與人謀之則已矣若與人謀之則非道無由也故君子之謀能必用道而不能必見受能必忠而不能必入能必信而不能必見信君子非人者不出之於辭而施之於行故非非者行是惡惡者行善而道諭矣

大道文王問第八

政曰昔者文王問於鬻子敢問人有大忘乎對曰有文王曰敢問大忘奈何鬻子曰知其身之惡而不改也以賊其身乃喪其軀其行如此是謂之大忘

貴道五帝三王周政乙第五

喜也

昔之帝王。所以爲明者。以其吏也。昔之君子。其所以爲功者。以其民也。力生於神。而功最於吏。福歸於君。昔者五帝之治天下也。其道昭昭若日月之明。然若以晝代夜。然故其道者首然萬世爲福。萬世爲教者。唯從黃帝以下。舜禹以上而已矣。君王欲緣五帝之道而不失。則可以長久。

守道五帝三王周政甲第四

聖人在上。賢士百里而有一人。則猶無有也。王道衰微。暴亂在上。賢士千里而有一人。則猶比肩也。

撰吏五帝三王傳政乙第三

故曰。民者賢不肖之杖也。賢不肖皆具焉。故賢人得焉。不肖人休焉。杖能側焉。忠信飾焉。民者積愚也。雖愚明主撰

吏焉必使民興焉士民與之明上舉之士民苦之明上去

之故王者取吏不忘必使民唱然後和民者吏之程也察

吏於民然後隨政曰民者至卑也而使之取吏焉必取所

愛故十人愛之則十人之吏也百人愛之則百人之吏也

千人愛之則千人之吏也萬人愛之則萬人之吏也故萬

人之吏撰卿相矣卿相者諸侯之丞也故封侯之士秩出

焉卿相者侯之本也

曲阜魯周公政甲第十四

政曰昔者魯周公曰吾聞之於政也知善不行者謂之狂

知惡不改者謂之惑夫狂與惑者聖王之戒也

道符五帝三王傳政甲第十二

不肖者不自謂不肖也、而不肖見、於行、雖自謂賢人猶謂之不肖也、愚者不自謂愚而愚見、於言雖自謂智人猶謂之愚、

數始五帝治天下第七

昔者帝顓頊年十五而佐黃帝、二十而治天下、其治天下也、上緣黃帝之道而行之、學黃帝之道而常之、昔者帝嚳年十五而佐帝顓頊、三十而治天下、其治天下也、上緣黃帝之道而明之、學帝顓頊之道而行之、

禹政第六

禹之治天下也、得皐陶、得杜子業、得既子、得施子黯、得季子甯、得然子堪、得輕子玉、得七大夫以佐其身以治天下

而天下治、

湯政天下至紂第七

湯之治天下也得慶輔伊尹湟里且東門虛南門蝡西門疵北門側得七大夫佐以治天下而天下治二十七世積歲五百七十六歲至紂

上禹政第六

禹之治天下也以五聲聽門懸鐘鼓鐸磬而置鞀以得四海之士爲銘於筍簴曰教寡人以道者擊鼓教寡人以義者擊鐘教寡人以事者振鐸語寡人以憂者擊磬語寡人以獄訟者揮鞀此之謂五聲是以禹嘗據一饋而七十起日中而不暇飽食曰吾猶恐四海之士留於道路是以四

海之士皆至是以爲當朝廷間也可以羅爵、

道符五帝三王傳政甲第五

夫國者鄉洞世賢者有之有國無國智者治之智者非一日之志治者非一日之謀治志治謀在於帝王然後民知所保而知所避發教施令爲天下福者謂之道上下相親謂之和民不求而得所欲謂之信除去天下之害謂之仁仁與信和與道帝王之器凡萬物皆有器故欲有爲不行其器者雖欲有爲不成諸侯之欲王者亦然不用帝王之器者不成

湯致湯治天下理第七

天地闢而萬物生萬物生而人爲政焉無不能生而無殺

封康叔名

也唯天地之所以殺人不能生人、化而爲善、獸化而爲惡、人而不善者謂之獸、有天然後有地、有地然後有別、有別然後有義、有義然後有教、有教然後有道、有道然後有理、有理然後有數、日有冥、有旦有晝有夜、然後以爲數、月一盈一虧、月合月離、以數紀、四者皆陳以爲數、治政者衞也、始終之謂衞、

慎誅魯周公第六

昔者魯周公使康叔往守於殷、戒之曰、與殺不辜、寧失有罪、無有無罪而見誅、無有有功而不賞、戒之封、誅賞之慎焉、

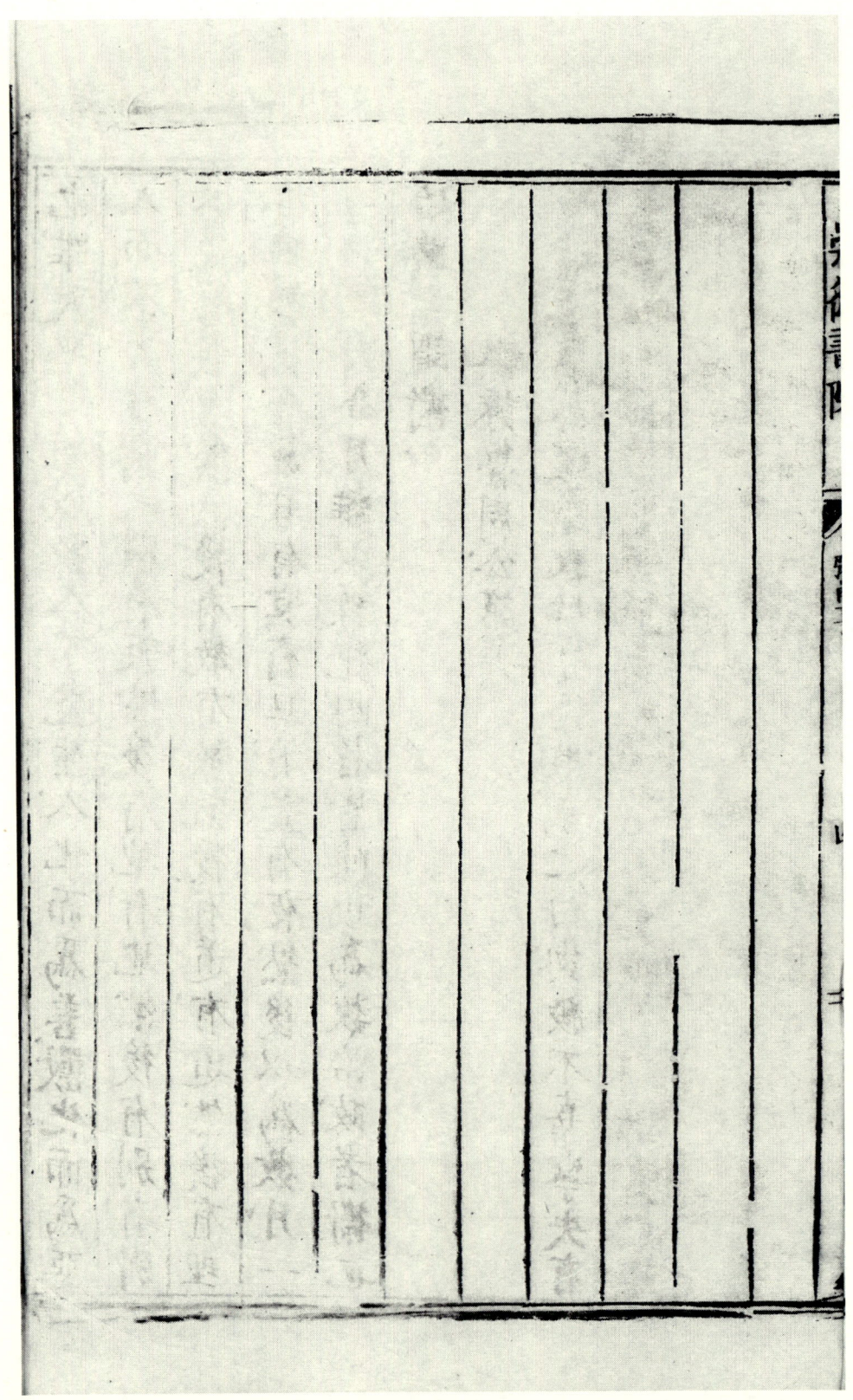

鬻子玄言評苑

明·李廷機選

明刊《鍥九我李先生續選諸子玄言評苑》本

周政傳政言五帝三王之政道可以周遍傳行者乙次於甲曰甲乙者所以明政之次也

禍固崇基必先於道〻既合符則无往不應故曰道符

續選鬻子玄言評苑卷之一　儒家

温陵　九我　李廷機　選

守道五帝三王周政甲第四

聖人在上賢士百里而有一人則猶無有也王道衰微暴亂在上賢士千里而有一人則猶比肩也

道符五帝三王傳政甲第二

不肖者不自謂不肖也而不肖見於行雖自謂賢人猶謂之不肖也愚者不自謂愚而愚見於言雖自謂智人猶謂之愚

道符五帝三王傳政甲第五

道與和信與仁帝王之所以成天下也故曰器

撰博也吏者爲政之具言王者布德施令其在博求於良吏也

夫國者卿相世賢者有之有國無國智者治之智者非一日之志治者非一日之謀治志治謀在於帝王然後民知所保而知所避發教施令爲天下福者謂之道下相親謂之和民不求而得所欲謂之信除去天下之害謂之仁仁與信和與道帝王之器凡萬物皆有器故欲有爲不行其器者雖欲有爲不成諸侯之欲王者亦然不用帝王之器者不成

撰吏五帝三王傳政乙第五

政曰君子不與人謀之則已矣若與人謀之則非道無由也故君子之謀能必用道而不能必見受能必

美人得民則昌不肖休民則亡故曰杖能側焉又曰民者美不肖之杖也故明王取吏所以不忘民也

忠而不能必入能必信而不能必見信君子非人者不出之於辭而施之於行故非非者行是惡惡者行善而道諭矣

撰吏五帝三王傳政乙第三

政曰民者賢不肖之杖也賢不肖皆具焉故賢人得焉不肖人休焉杖能側焉忠信飾焉民者積愚也雖愚明主選吏焉必使民與焉士民與之明上舉之士民苦之明上去之故王者取吏不忘必使民唱然後和民者吏之程也察吏於民然後隨政曰民者至卑也而使之取吏焉必取所愛故十人愛之則十人之

浮夫而明致功以為民帝王之道无以加此

首始也首首者言五帝三王之道當為萬代之始後之不能加也

吏也百人愛之則百人之吏也千人愛之則千人之吏也萬人愛之則萬人之吏也故萬人之吏選卿相矣卿相者諸侯之丞也故封侯之土秩出自卿相君侯之本也

貴道五帝三王周政乙第五

昔之帝王所以爲明者以其吏也昔之君子其所以爲功者以其民也力生於神而功最於吏福歸於君昔者五帝之治天下也其道昭昭若日月之明然若以晝代夜然故其道首首然萬世爲福萬世爲敎者惟從黃帝以下舜禹以上而已矣君王欲緣五帝之

顓頊所行者黄帝之道帝嚳所行者顓頊之道所謂百世可知者其此而已故曰數始

大禹功錫玄圭德諧元始徑豎並收以致太平可為後世之法則故以名篇

道而不失則可以長久

數始五帝治天下第七

昔者帝顓頊年十五而佐黄帝二十而治天下其治天下也上緣黄帝之道而行之學黄帝之道而常之

昔者帝嚳年十五而佐帝顓頊三十而治天下其治天下也上緣黄帝之道而明之學帝顓頊之道而行之

禹政第六

禹之治天下也得皋陶得杜子業得既子得施子黯得季子甯得然子堪得輕子玉得七大夫以佐其身以治天下以天下治

上尚也禹以五聲聽政克勤于邦於以為尚故曰上禹

湯放桀而有天下得賢大夫替佐而致太平至紂昏惑以失国故終始書

上禹政第六

禹之治天下也以五聲聽門懸鐘鼓鐸磬而置鞀以得四海之士為銘於筍簴曰教寡人以道者擊鼓教寡人以義者擊鐘教寡人以事者振鐸語寡人以憂者擊磬語寡人以獄訟者揮鞀此之謂五聲是以禹嘗據一饋而七十起日中而不暇飽食曰吾猶恐四海之士留於道路是以四海之士皆至是以禹當朝廷間也可以羅爵

湯政天下至紂第七

湯之治天下也得慶誧伊尹湟里且東門虛南門蝡

之以名篇

天地設而万物生
陰陽化而四時定
[illegible]不能有生而无
[illegible]王者分別統理
亦安能含政衛以
為治

西門疕北門側得七大夫佐以治天下而天下治二
十七世積歲五百七十六歲至紂

湯政湯治天下理第七

天地闢而萬物生萬物生而人為政焉無不能生而
無殺也唯天地之所以殺人不能生人化而為善獸
化而為惡人而不善謂之獸有天然後有地有地然
後有別有別然後有義有義然後有教有教然後有
道有道然後有理有理然後有數日有冥有旦有晝
有夜然後以為數月一盈一虧月合月離以數紀四
者皆陳以為數治政者衛也始終之謂衛

徙宅忘妻藏珠忘身桀紂忘天下亦忘其身皆此類也

鬻子終

大道文王問第八

政曰昔者文王問於鬻子敢問人有大忘乎對曰有文王曰敢問大忘柰何鬻子曰知其身之惡而不改也以賊其身乃喪其軀其行如此是謂之大忘

曲阜魯周公政甲第十四

政者昔者魯周公曰吾聞之於政也知善不行者謂之狂知惡不改者謂之惑夫狂與惑者聖王之戒也

愼誅魯周公第六

昔者魯周公使康叔往守於殷戒之曰與殺不辜寧失有罪無有無罪而見誅無有有功而不賞戒之封誅賞之愼焉

鬻子

明·鍾惺評選、李喬校閲、劉孔敬參訂

明天啓五年（1625）刊《刻鍾伯敬先生評選諸子嫏嬛》本

刻鍾伯敬先生評選諸子嫏嬛卷之四

景陵　鍾　惺伯敬　評選

句容　李　喬世臣　較閱

潭陽　劉孔敬若臨　參訂

晏子　即齊晏嬰字平仲著有晏子春秋仲尼曰靈公汙晏子事之以整齊莊公壯晏子事之以宣武景公奢晏子事之以恭儉君子也

諫說

此篇諫也后有祖此以諫秦始皇者

景公飲酒七日七夜不止弦章諫曰君欲飲酒七日七夜章願君廢酒也不然章賜死晏子入見公曰章諫吾

此類名字世多不傳故亦不知

鬻子 名熊楚人年九十見文王文王師之著書十二篇行於世

聖人在上賢士百里而有一人則猶無有也王道衰微暴亂在上賢士千里而有一人則猶比肩也不肖者不自謂不肖也而不肖見于行雖自謂賢人猶謂之不肖愚者不自謂愚也而愚見于言雖自謂智人猶謂之愚

禹之治天下也得臯陶得杜子業得既子得施子黯得季子甯得然子堪得輕子玉得七大夫以佐天下而天下治湯之治天下也得慶輔得伊尹得里且東門虎南門蠕西門庇北門側得七大夫以佐天下而天下治

鬻子十二篇似無甚奇論想文王當時之所以師之者多不在此書之内

明·鍾惺評選

鬻子文歸

明刊《諸子文歸》本

撰吏五帝三王傳政其二　　鬻子

政曰民者賢不肖之杖也賢不肖皆具焉故賢人得焉不肖人休焉杖能側焉忠信飾焉民者積愚也雖愚明主撰吏焉必使民與焉士民與之明上舉之士民若之明上去之故王者取吏不忘必使民唱然後和民者吏之程也察吏于民然後隨

鍾伯敬曰用舍關民心簡徤有法

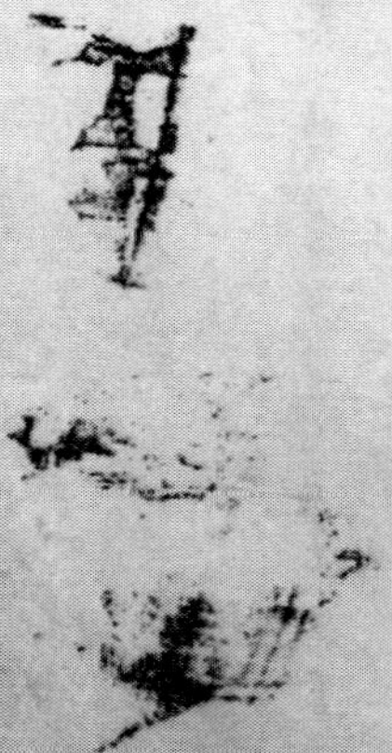

貴道五帝三王周政

鬻子

昔之帝王所以為明者，以其吏也。昔之君子其所以為功者，以其民也。力生于神而功最于吏，福歸于君。昔者五帝之治天下也，其道昭昭若日月之明然，以晝代夜然。故其道首首然，萬世為福，萬世為教者，唯從黃帝以下、舜禹以上而已矣。君王欲緣五帝之道而不失，則可以長久。

鍾伯敬曰：有淳風沕穆之致。

○○○撰吏五帝三王傳政　　　　　　　　鬻子

政曰君子不與人謀之則已矣若與人謀之則非道無錄也故君之謀能必用道而不能必見受能必忠而不能必入能必信而不能必見信君子非人者不出之于辭而施之于行故非非者行是惡惡者行善而道諭矣

鍾伯敬曰古質生動商彝周鼎之文

〇〇㆑數始五帝治天下　　鬻子

昔者帝顓頊年十五而佐黃帝。二十而治天下。其治天下也。上緣黃帝之道而行之。學黃帝之道而常之。昔者帝嚳年十五而佐帝顓頊。三十而治天下。其治天下也。上緣黃帝之道而明之。學帝顓頊之道而行之。

鍾伯敬曰。五帝之道相緣為政。故同稱之。真古先之奧言。

○○○道符五帝三王傳政　　鬻子

夫國者卿相世賢者有之。有國無國智者治之。智者非一日之志。治者非一日之謀。治志治謀在于帝王。然後民知所保而知所避。發教施令爲天下福者謂之道。上下相親謂之和。民不求而得所欲謂之信。除去天下之害謂之仁。仁與信和與道帝王之器。凡萬物皆有器。故欲有爲不行其器者雖欲有爲不成。諸侯之欲王者亦然不用帝王之器者不成。

鍾伯敬曰。嚴緊爲韜略素書之祖

〇〇〇治理　　　　　　　　鬻子

天地闢而萬物生。萬物生而人為政焉。無不能生而無殺也。唯天地之所以殺人。不能生人。化而為善。歎化而為惡。人而不善者謂之獸。有天然後有地。有地然后有別。有別然後有義。有義然后有教。有教然後有道。有道然後有理。有理然後有數。日有冥。有旦。有晝。有夜。然後以為數。月一盈一虧。月合月離。以數紀。四者皆陳以為數治政者衛也。始終之謂衛。

鍾伯敬曰。分別統理為政之方。極于始終。可成法則。

鬻子奇赏

明·陳仁錫評選

明天啓六年(1626)刊《諸子奇賞》本

鬻子序

鬻子名熊楚人周文王之師也年九十見文王王曰老矣鬻子曰使臣捕獸逐麋已老矣使臣坐策國事尚少也文王師之著書二十二篇名曰鬻子子者男子之美稱賢不逮聖不以爲經用題紀標子因據劉氏九流即道流也遭秦暴亂書記畧盡鬻子雖不預焚燒編帙由此殘缺依漢書藝文志雖有六篇今此本乃有十四篇未詳孰是篇或錯亂文多遺闕至敷演大道銓撰明吏闡域中之教化論刑德之是非雖

子在經前盡子中經也

卷軸不全而其門可見然鄧林之枝荊山之玉君子餘文可得觀矣鬻子博懷道德善謀政事故使周文屈節大聖諮詢情存帝王之道辭多斥救之要理致通遠旨趣恢弘實先達之奧言爲諸子之首唱織組仁義經緯家邦垂勸誡之風陳弘濟之術王者覽之可以理國吏者遵之可以從政足使賢者勵志不肖者滌心語曰詩三百一言以蔽之曰思無邪言而不朽可爲龜鏡鬻子論道無邪之謂歟幸以休務之隙披閱子史而書籍實繁不能精備至於此子頗復留

心、尋其立迹之端，探其闡教之旨，豈如寓言迂怪馳術飛辯者乎。若乃字重千金，辭高萬歲，聊爲注解，君起指歸，馳心於萬古之上，寄懷於千載之下，庶垂道見志，懸諸日月，將來君子，幸無忽焉。逢行珪序

諸子奇賞卷之三目次

鬻子　全錄

名熊，楚人，年九十，爲文王師，著書二十篇，善謀政事，龜鑑來兹，非刑名法術之流也。

道符五帝三王傳政

數始五帝治天下

禹政

湯政天下至紂

上禹政

道符五帝三王傳政

湯致湯治天下理

愼誅周魯公

文字簡潔
慎擇賈生
祗學其語

諸子奇賞卷之三

古吳陳仁錫明卿甫評選

鬻子

撰吏五帝三王傳政

政曰君子不與人謀之則已矣若與人謀之則非道無由也故君子之謀能必用道而不能必見受能必忠而不能必入能必信而不能必見信君子非人者不出之於辭而施之於行故非非者行是惡惡者行善而道諭矣

桀紂乃忘其身

萬世之福是爲君福

大道文王問

政曰昔者文王問於鬻子敢問人有大忘乎對曰有文王曰敢問大忘奈何鬻子曰知其身之惡而不改也以賊其身乃喪其軀其行如此是謂之大忘

貴道五帝三王周政

昔之帝王所以爲明者以其吏也昔之君子其所以爲功者以其民也力生於神而功最於吏福歸於君昔者五帝之治天下也其道昭昭若日月之明然若以晝代夜然故其道者首然萬世爲福萬世爲教者

唯從黃帝以下舜禹以上而已矣君王欲緣五帝之道而不失則可以長久

守道五帝三王周政

聖人在上賢士百里而有一人則猶無有也王道衰微暴亂在上賢士千里而有一人則猶比肩也

撰吏五帝三王傳政

政曰民者賢不肖之杖也賢不肖皆具焉故賢人得焉不肖人休焉杖能側焉忠信飾焉民者積愚也雖愚明主撰吏焉必使民興焉士民與之明上舉之士

民苦之明上去之故王者取吏不忘必使民唱然後和民者吏之程也察吏於民然後隨政曰民者至卑也而使之取吏焉必取所愛故十人愛之則十人之吏也百人愛之則百人之吏也千人愛之則千人之吏也萬人愛之則萬人之吏也故萬人之吏撰卿相矣卿相者諸侯之丞也故封侯之土秩出焉卿相君侯之本也

曲阜魯周公政

政曰昔者魯周公曰吾聞之於政也知善不行者謂

矣性

見于言行自謂不翅矣

是一中星家游

之狂知惡不改者謂之惑夫狂與惑者聖王之戒也

道符五帝三王傳政

不肖者不自謂不肖也而不肖見於行雖自謂賢人猶謂之不肖也愚者不自謂愚而愚見於言雖自謂智人猶謂之愚

數始五帝治天下

昔者帝顓頊年十五而佐黃帝二十而治天下其治天下也上緣黃帝之道而行之學黃帝之道而常之

昔者帝嚳年十五而佐帝顓頊三十而治天下其治

天下也上緣黃帝之道而明之學帝顓頊之道而行之

禹政

禹之治天下也得皐陶得杜子業得既子得施子黚得季子寧得然子堪得輕子玉得七大夫以佐其身以治天下而天下治

湯政天下至紂

湯之治天下也得慶輔伊尹湟里且東門虛南門蝡西門疵北門側得七大夫佐以治天下而天下治二

十七世，積歲五百七十六歲至紂。

上禹政

禹之治天下也，以五聲聽，門懸鍾鼓鐸磬而置鞀，以得四海之士。爲銘於簨簴曰：教寡人以道者擊鼓，教寡人以義者擊鐘，教寡人以事者振鐸，語寡人以憂者擊磬，語寡人以獄訟者揮鞀。此之謂五聲。是以禹嘗據一饋而七十起，日中而不暇飽食，曰：吾猶恐四海之士留於道路。是以四海之士皆至。是以禹當朝廷間也，可以羅爵。

帝王之器、可行而不可示

道符五帝三王傳政

夫國者卿相世賢者有之、有國無國、智者治之、智者非一日之志、治者非一日之謀、治志治謀、在於帝王、然後民知所保而知所避、發教施令爲天下福者、謂之道、上下相親謂之和、民不求而得所欲謂之信、除去天下之害謂之仁、仁與信、和與道、帝王之器、凡萬物皆有器、故欲有爲不行其器者、雖欲有爲不成、諸侯之欲王者亦然、不用帝王之器者不成

湯政湯治天下理

闢而無政
言據其衛

天地闢而萬物生萬物生而人為政焉無不能生而無殺也唯天地之所以殺人不能生人化而為善獸化而為惡人而不善者謂之獸有天然後有地有地然後有別有別然後有義有義然後有教有教然後有道有道然後有理有理然後有數日有冥有旦有晝有夜然後以為數月一盈一虧月合月離以數紀四者皆陳以為數治政者衛也始終之謂衛

慎誅魯周公

昔者魯周公使康叔往守於殷戒之曰與殺不辜寧

失有罪無有無罪而見誅無有有功而不賞戒之封
誅賞之慎焉

佚名摘抄

鬻子

明藍格抄本《二十一家子書摘抄》

鬻子序 摘

鬻子名熊、楚人、周文王之師也、年九十遇文王、曰、老矣、鬻子曰、使臣捕獸逐麋、已老矣、使臣坐策國事、尚少也、文王師之、著書一十二名篇、曰、鬻子、子、者男子之美稱、雜卷軸不全、然鄧林之枝、荆山之玉、君子餘文、可得觀矣、鬻子博懷道德、善謀政事、故使周文屈節、大聖諮詢、情存帝王之道、辭多序敘之要、理致通遠、旨趣恢弘、寔先達之典言、為諸子之首唱、織組仁義、經綸家邦、垂勸誡之風、陳弘濟之術、王者覽之、可以理國、吏者遵之、可以從政、足使賢者勵志、不肖

首滌心、語曰、詩三百、一言以蔽之、曰思無邪、言而不
析、可為龜鏡、鬻子論道、無邪之謂歟、

撰吏五帝三王傳政乙第五

政曰、君子不與人謀之則已矣、若與人謀之則非道
無由也、君子之謀、能必用道而不能必見受、能必忠
而不能必入、能必信而不能必見信、君子非人者、不
出之於辭、而施之于行、故非々者行是、惡々者行善、
而道諭矣、

大道文王問第八

政曰、昔者文王問於鬻子、敢問人有大忘乎、對曰有、

文王曰、敢問大忘奈何、鬻子曰、知其身之惡而不改也、以賊其身、乃喪其軀、其行如此、是謂之大忘、

貴道五帝三王周政乙第五

昔之帝王所以為明者、以其吏也、昔之君子其所以為功者、以其民也、力生於神、而功最于吏、福歸于君、昔者五帝之治天下也、其道昭昭、若日月之明然、若以晝代夜然、故其道首首然、萬世為福、萬世為教者、唯從黃帝以下、舜禹以上而已矣、君王欲緣五帝之道而不失、則可以長久、

守道五帝三王周政甲第四

聖人在上、賢、士、百、里、而有、一心、則猶無有也。王道衰

微、暴亂在上、賢、士、千、里、而有、一心、則、猶比有也。

撰吏五帝三王傳政乙第三

故曰、民者賢不肖之材也、賢不肖皆具焉、故賢人得

焉、不肖者休焉、材能側焉、忠信飾焉、民者積愚也、雖

愚、明王撰吏焉、必使民興焉、士民與之、明上舉之、士

民苦之、明上去之、故王者取吏不忘、必使民唱、然後

和、民者吏之程也、察吏於民、然後隨、故曰、民者至卑

也、而使之取吏焉、必取所愛、故十人愛之、則十人之

吏也、百人愛之、則百人之吏也、千人愛之、則千人之

吏也、萬人受之、則萬人之吏也、故萬人之吏撰卿相
矣、卿相者諸侯之丞也、故封侯之土秩出焉、卿相者
侯之本也
道符五帝三王傳政甲第五
夫國者卿相世賢者有之、有國無國、智者治之、智者
非一日之志、治者非一日之謀、治志治謀、在於帝王、
然後民知所保而知所避、發教施令為天下福者謂
之道。上下相親、謂之和。民不求所而得所欲、謂之信。
除去天下之害、謂之仁。仁與信、和與道、帝王之器。凡
萬物皆有器、故欲有為不行其器者、雖欲有為不成、

諸侯之欲王者亦然，不用帝王之器者不成。

清·任兆麟選輯

鬻子

清嘉慶十五年(1810)刊《藝林述記》本

鬻子

任兆麟述

漢志鬻子名熊爲周師文王以下問焉周封爲楚祖
逢氏行珪曰鬻子博懷道德善謀政事埀勸戒之風
陳宏濟
之術

傳政

文王問于鬻子敢問人有大忘乎鬻子曰知其身之惡而不改也以賊其身乃喪其軀其行如此謂之大忘昔之帝王所以爲明者以其吏也所以爲功者以其民也力生于民功最于吏福歸于君五帝之治天下也其道昭昭若日月之明然故其道首首然萬世爲福萬世

爲教者。唯從黄帝以下。舜禹以上而已。

政曰、君子不與人謀之則已矣。若與人謀之。則非道無由也。故君子之謀。能必用道。不能必見受。能必忠。不能必入。能必信。不能必見信。君子非人者。不出之辭而施之行。故非非者行是。惡惡者行善。而道諭矣。

不肖者不自謂不肖也。而不肖見于行。雖自謂賢。人猶謂之不肖。愚者不自謂愚。而愚見于言。雖自謂智。人猶謂之愚。

禹之治天下也。以五聲聽。門懸鐘鼓鐸磬而置鞀。以得四海之上。為銘于笋簴曰。教寡人以道者擊鼓。教寡人以義者擊鐘。教寡人以事者振鐸。語寡人以憂者擊磬。告寡人以獄訟者揮鞀。此之謂五聲。是以禹處一饋而十起。日中而不暇飽食。曰吾猶恐四海之士。留于道路。是以禹當朝廷閒也。可以羅爵。

禹之治天下也。得皋陶、杜業、既子、施黯、季甯、然堪、輕玉、七大夫佐而天下治。

湯之治天下也。得慶輔、伊尹、湟里且、東門虛、南門蝡、西門疵、北門側、七大夫佐而天下治。聖人在上。賢士百里

而有一人。則猶無有也。王道衰微。暴亂在上。賢士千里

而有一人。則猶比肩也。

周公曰、吾聞之于政。知善不爲者狂。知惡不改者惑。夫

狂與惑者。聖王之戒也。

清·嚴可均輯

鬻子

清光緒二十年(1894)刊《全上古三代文》本

全上古三代文卷九

烏程嚴可均校輯

鬻熊

鬻熊姓羋名熊祝融之後陸終第六子季連之裔年九十見文王文王以爲師至武王成王皆師事之成王大封異姓會先卒子熊麗孫熊狂亦卒因封其曾孫熊繹于楚子孫皆以熊爲氏傳三十一世四十三君有鬻子一卷案史記楚世家鬻熊子事文王蚤卒熊通曰吾先鬻熊文王之師也蚤終而鬻子書言年九十見文王而有武王問成王問及康叔封衞事計其年宜過百一二十則蚤卒蚤終謂不及受封先卒耳非不壽之謂也

鬻子案漢志道家鬻子二十二篇小說家鬻熊說一篇隋志僅道家一卷意林一卷六篇今本逢行珪注十四篇以羣書治要校之實三篇見存不錄錄其佚文

鬻熊曰運轉亡已天地密移疇覺之哉故物損於彼者盈於此成於此者虧於彼損盈成虧隨世隨死往來相接間不可省疇覺之

哉（列子天瑞）

鬻子曰：欲剛必以柔守之，欲彊必以弱保之。積於柔必剛，積於弱必彊。觀其所積，以知禍福之鄉。彊勝不若已，至於若已者剛；柔勝出於已者，其力不可量。（列子黃帝）

鬻熊語文王曰：自長非所增，自短非所損，算之所亡若何。（列子力命）

鬻子曰：去名者無憂。（同上）

周文王問於鬻子曰：敢問君子將入其職，則於其民也何如？鬻子對曰：唯疑，請以上世之政詔於君王。政曰：君子將入其職，則於其民也，旭旭然如日之始出也。周文王曰：受命矣。曰：君子既入其職，則於其民也何若？對曰：君子既入其職，則於其民也，暵暵（御覽引本注云：音漢）然如日之正中也。周文王曰：受命矣。曰：君子既去其職，則於其民也何若？對曰：君子既去其職，則于其民也，暗暗然如日之已入也。故君子將入而旭旭者，義先聞也；既入而暵暵者，民保其福也。

既去而暗暗者民失其敎也周文王曰受命矣胡維新本賈誼新書修政語下宋本御覽三

周武王問於鬻子曰寡人願守而必存攻而必得戰而必勝則吾爲此柰何鬻子對曰唯攻守而勝乎同道而和與嚴其備也故曰和可以守而嚴可以守而嚴不若和之固也和可以攻而嚴可以攻而嚴不若和之得也和可以戰而嚴可以戰而嚴不若和之勝也則唯由和而可也故諸侯發政施令政平於人者謂之文政矣諸侯接士而使吏禮恭於人者謂之文禮矣諸侯聽獄斷刑治仁於人者謂之文誅矣故三文立于政行於禮陳於刑由此守而不存攻而不得戰而不勝者自古而至於今自天地之辟也未之嘗聞也今也君王欲守而必存攻而必得戰而必勝則唯由此也而可也周武王曰受命矣賈誼新書修政語下長短經政體

周成王年六歲卽位享國親以其身見於鬻子之家而問焉曰昔

者先王與子修道而道修寡人之望也亦願以教敢問興國之道奈何鬻子對曰唯疑請以上世之政詔於君王政曰興國之道君思善則行之君聞善則行之君知善則行之位敬而常之行信而長之則興國之道也周成王曰受命矣賈誼新書修政語下

周成王曰敢問於道之要奈何鬻子對曰唯疑請以上世之政詔於君王政曰爲人下者敬而肅爲人上者恭而仁爲人君者敬士愛民以終其身此道之要也周成王曰受命矣同上

周成王曰敢問治國之道若何鬻子對曰唯疑請以上世之政詔於君王政曰治國之道上忠於主而中敬其士而下愛其民故上忠其主者非以道義則無以入忠也而中敬其士不以禮節則無以諭敬也而下愛其民非以忠信則無以諭愛也故忠信行於民而禮節諭於士道義入於上則治國之道也雖治天下者由此而已周成王曰受命矣同上

大五百七十七
小四十四

周成王曰寡人聞之有上人者有下人者有賢人者有不肖人者有智人者有愚人者敢問上下之人何以爲異鬻子對曰唯疑請以上世之政詔於君王政曰凡人者若貴若賤若幼若老聞道志而藏之知道善而行之上人矣聞道而弗取藏也知道而弗取行也則謂之下人也故夫行者善則謂之賢人矣行者惡則謂之不肖矣故夫言者善則謂之智矣言者不善則謂之愚矣故智愚之人有其辭矣賢不肖之人別其行矣上下之人等其志矣周成王曰受命矣同上

周成王問於鬻子曰寡人聞之聖人在上位使民富且壽云若夫富則可爲也若夫壽則不在天乎鬻子對曰唯疑請以上世之政詔於君王政曰聖人在上位則天下不死軍兵之事故諸侯不私相攻而民不私相鬬閱不私相殺也故聖王在上位則民免於一死而得一生矣聖王在上則君積於道而吏積於德而民積於用

力故婦人爲其所衣丈夫爲其所食則民無凍餒矣故聖王在上則民免於二死而得二生矣聖王在上則君積於仁而吏積於愛而民積於順則刑罰廢矣而民無大過之誅故聖王在上則民免於三死而得三生矣聖王在上則使民有時而用之有節則民無癘疾矣故聖王在上則民免於四死而得四生矣故聖王在上則使盈境內興賢良以禁邪惡故賢人必用而不肖人不作則已得其命矣故夫富且壽者聖王之功也周成王曰受命矣賈誼新書修政語下御覽八十四

昔者黃帝年十歲知神農之非而改其政使四面從五聖北堂書鈔十一御覽七十九此條當在今本昔者帝顓頊年十五之上

昔文王見鬻子年九十御覽作鬻子年九十見文王文王曰嘻老矣鬻子曰若使臣捕虎逐麋則臣已老矣使臣坐策國事則臣年尚少因立爲師意林一御覽三百八十三

大五百五十一
小六十五

武王率兵車以伐紂紂虎旅百萬陳于商郊起自黃鳥訖于赤斧走如疾風聲如振霆三軍之士靡不失色武王乃命太公把旄以麾之紂軍反走文選任彥昇宣德皇后令注史孝山出師頌注范蔚宗光武紀贊注御覽三百一

清·俞樾撰　李天根輯録

鬻子平議

民國間排印《諸子平議補録》本

諸子平議補錄卷一　錄著書餘料

德清俞樾

鬻子

鬻子一書爲子書之祖然文多錯誤其篇第尤不可解余讀其書校出誤字數處輒志之於此

昔之帝王所以爲明者以其吏也昔之君子其所以爲功者以其民也力生於神而功最於吏福歸於君

樾謹按力生於神句文義不倫唐逢行珪注云王者有國必先靈祐皇天上帝社稷山川神迹元符無不來會失之鑿矣此神字乃人字之誤人卽民也孝經

天之經也地之義也民之行也釋文曰民本作人蓋人民古通稱耳上文言帝王所以爲明者以吏君子所以爲功者以民君子卽吏是也蓋言帝王恃吏吏恃民然則天下之事全賴民力以成故曰力生於人而功最於吏福歸於君也人與神聲同因而致誤解者不能是正而曲爲之說遂使平易之文頓成迂誕矣

民者賢不肖之杖也賢不肖皆具焉

樾謹按此杖字無義乃材字之誤蓋賢不肖皆空名必附乎人而後某人賢某人不肖乃實有所謂是民

者賢不肖之材質也漢人書材字或作村因誤爲杖耳

杖能側焉忠信飾焉

樾謹按此杖字亦材字之誤側字未詳賈子新書大政篇作技能輸焉恐亦未是

上民與之明上舉之士民若之明上去之

樾謹按此若字是苦字之誤其意言民之所與上則舉之民之所苦上則去之文甚明白易曉且與舉苦去皆一韵此四句乃有韵之文苦誤爲若不特失其義且失其韵矣賈子大政篇故士民譽之則明上察

之見歸而舉之故士民苦之則明上察之見非而去之其文與此相同正作士民苦之逢行珪不能據以訂正而依誤字爲說陋矣

諸子平議補錄卷一

雙流李天根校刊

雙流謝家玉

成都舒君實覆校

清·楊琪光撰

讀鬻子

清光緒十一年(1885)刊《枉川全集·百子辨正》本

讀鬻子

史紀載鬻熊之世系甚悉，生殷末季，爲文君師，蚤卒。其子麗，孫狂，皆以熊爲氏。逮曾孫繹，始舉勤勞之舊勳，而受封於成王之世，爲國荆楚蠻，歷歷可稽察也。此卷爲逆亂無章，固爲蕞殘破折故，而何詞語稱說皆曰君王文考稱號？諸儒先屢辨其訛。此矢口皆於此無少諱，豈孤忠服事所忍聞乎？而又紊其世次，延及成王誦，何舛悖若是！吾意非斯時實語也。然又爲耎簡，似非後人所雁，豈託之於先而殘逸於後，即不可得詳矣。唐逢行珪稱君子餘文如鄧林之枝荆山之玉不可毀棄而弃藏之究其中存帝王之道與作政理之宏濟實未之見聞有禹政道符足登明王之妙的已於他簡多從同即非不可少之提舉紀綱矣漢志列二十二篇目而編之道家必非言持蜀之正道今已簡異歟又與前具者不副嗟夫古書之留遺大半屬後纘言之所修概以不忍割棄將擾學者之心志爲害視去之不啻倍蓰也安得與知者而同議此哉

李寶洤撰

鬻子文粹

民國六年(1917)上海商務印書館排印《諸子文粹》本

諸子文粹卷四十一

武進李寶淦纂

鬻子一雜家

撰吏五帝三王傳政

政曰。君子不與人謀之則已矣。若與人謀之。則非道無由也。故君子之謀。能必用道。而不能必見受。能必忠。而不能必入。能必信。而不能必見信。

大道文王問

政曰。昔者文王問於鬻子。敢問人有大忘乎。對曰。有。文王曰。敢問大忘奈何。鬻子曰。知其身之惡而不改也。以賊其身。乃喪其軀。其行如此。是謂之大忘。

貴道五帝三王周政

昔者五帝之治天下也。其道昭昭若日月之明然。若以晝代夜然。故其道首首然（首首守山閣錢熙祚校本作若首）萬世爲福。萬世爲教者。唯從黃帝以下。舜禹以上而已矣。

守道五帝三王周政

聖人在上賢士百里而有一人則猶無有也王道衰微。暴亂在上。賢士千里而有一人則猶比肩也

撰吏五帝三王傳政

政曰。民者。賢不肖之杖也。賢不肖皆具焉。故賢人得焉。不肖人休焉。

民者。積愚也。雖愚。明主撰吏焉。必使民興焉。

政曰。民者。至卑也。而使之取吏焉。必取所愛。故十人愛之。則十人之吏也。百人愛之。則百人之吏也。千人愛之。則千人之吏也。萬人愛之。則萬

人之吏也。故萬人之吏。撰卿相矣。

曲阜魯周公政

政曰。昔者魯周公曰。吾聞之於政也。知善不行者謂之狂。知惡不改者謂之惑。夫狂與惑者。聖王之戒也。

禹政

禹之治天下也。得皋陶。得杜子業。得既子。得施子黯。得季子甯。得然子堪。得輕子玉。得七大夫以佐其身。以治天下。而天下治。

湯政天下至紂

湯之治天下也。得慶誧（誧錢本作輔）伊尹。湟里且。東門虛。南門蝡。西門疵。（疵錢本作疵）北門側。得七大夫佐以治天下。而天下治。

上禹政

禹嘗據一饋而七十起。日中而不暇飽食。曰。吾猶恐四海之士留於道路。是以四海之士皆至。是以禹當朝廷間也可以羅雀（聽政不疲朝廷清閒然後無事）

道符五帝三王傳政

仁與信。和與道。帝王之器。凡萬物皆有器。故欲有爲不行其器者。雖欲有爲不成。

諸子文粹卷四十一

葉德輝校輯

鬻子二卷

民國間葉氏觀古堂刊《郋園全書》本

鬻子

葉氏觀古堂刊

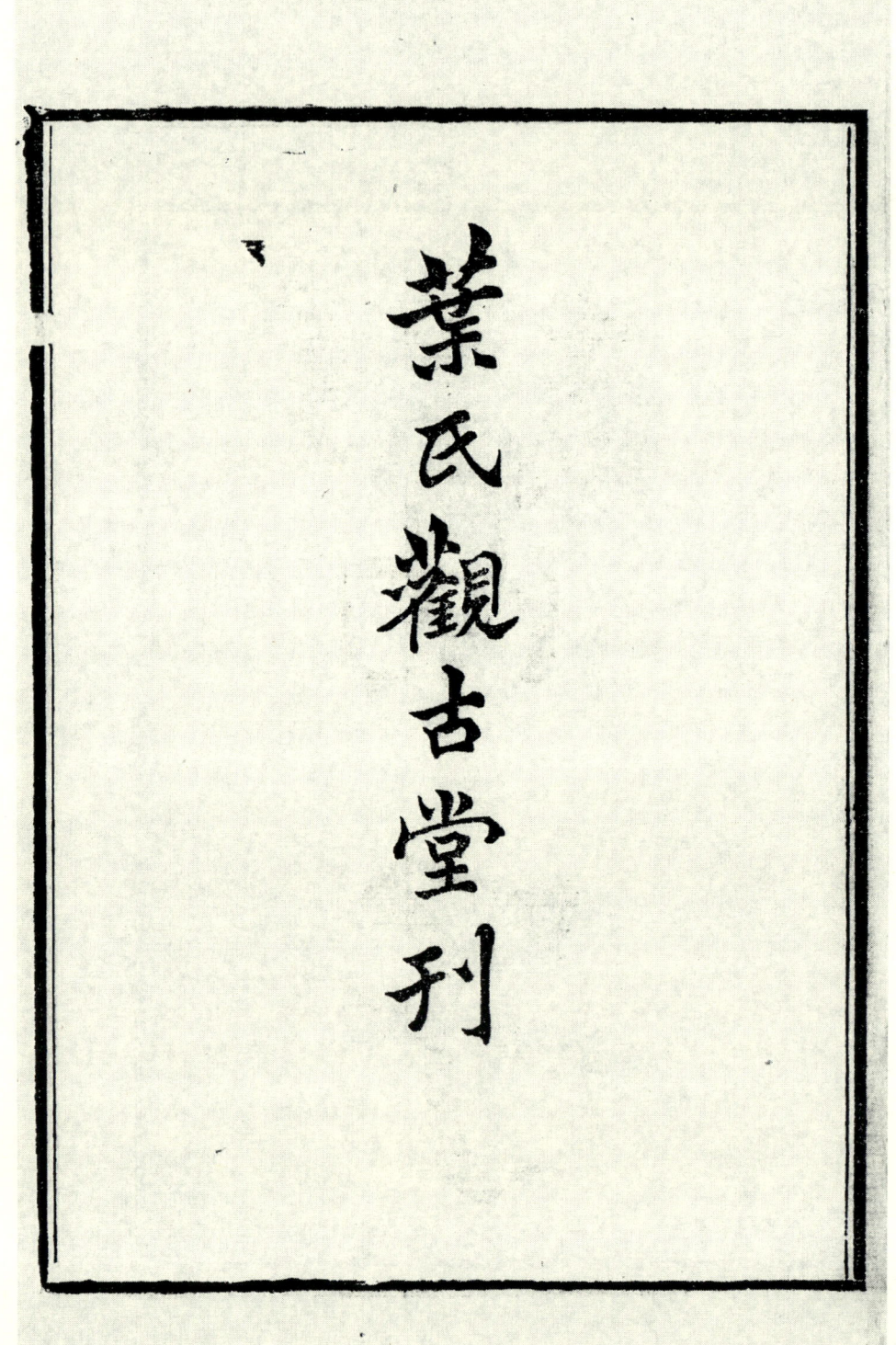

校輯鬻子序

楚爲春秋時强大之國其民俗尚武至今猶有遺風逮乎戰國之世則有屈原宋玉唐勒景差諸人造作騷賦接風雅之宗傳爲詞章之初祖文武遞嬗至於今日雖魯號秉禮莫能尙焉或謂天地淸淑之氣始於西北而盛於東南中原魯居極東楚國極南泰山黃河衡嶽洞庭之英靈旁薄鬱積而鍾於人南方火維故秉武烈之性火有文明之象故文學彬彬同於鄒魯不然由周以來何以人文化成千載相望如此之盛哉不知楚之開國始於鬻熊史遷稱其爲文王師賈誼書亦載其歷事文武成王三朝問治之語班書藝文志道家有鬻子二十二篇注云爲周師自文

王以下問焉周封爲楚祖而小說家復重出鬻子說十九篇注云後世所加然有書而後云加足見當時鬻子著書之多流風衍被遂成文治之國雖曰地氣使然固其先君先公教澤之留貽有以致此耳余姓出於楚之葉公世家南陽自宋南渡遷越遷吴號爲望族乃始封之地子姓無多且自宋以來通德聞人類皆著籍於吴越楚則闃然無聞然則數典忘祖誰之咎也曩者南皮張孝達制軍闢兩湖書院於湖北其崇祀鄉賢以楚祖鬻子居首獨鬻子一書自逢行珪注本盛行世無由別其眞僞湖北官書局所刻百子中有此書校讐未爲精善余見日本所刻羣書治要多引唐以前經史子部乃知今世傳本卽由其中抄撮

而成其强分章名則沿道藏本之陋自餘他書所引出於治要以外者概未採錄甚非所以饜讀者之心而張楚軍之幟也爰據舊本删去逢注存其章名復以列子賈誼新書意林文選注太平御覽所載佚文附之釐爲二卷欲使楚之人家有其書吾之宗世守其學則以鬻子之學治楚其效必速於黃老之治漢申韓之治蜀焉而屈宋之徒賡起相接以存中原之文獻立終古之强國不亦懿歟壬辰春王正月長沙葉德輝敘

鬻子卷一

長沙葉德輝校輯

撰吏五帝三王傳政乙第五

政曰（羣書治要無政曰二字）君子不與人謀之（羣書治要作之謀）則已矣若與人謀之則非道無由也故君子之謀能必用道而不能必見受（羣書治要受下有也字）能必忠而不能必入（羣書治要入下有也字）能必信而不能必見信（羣書治要信下有也字）君子非人（羣書治要人作仁）者不出之於辭而施之於行故非非者行是（羣書治要是下有而字）惡惡者行善而道諭矣

大道文王問第八

政曰（羣書治要無政曰二字）文王問於鬻子（羣書治要子下有曰字）敢問人有

大忘（羣書治要忘作忌）乎對曰有文王曰敢問大忘（羣書治要忘作忌）奈何譽子（羣書治要子下有對字）曰（羣書治要曰下有大忌二字）知其（羣書治要無其字）身之惡而不改（羣書治要改下有也字）以賊其身乃喪其軀有行如此是（羣書治要無是字）之謂大忘（羣書治要忘作忌忌下有也字）

貴道五帝三王周政乙第五

昔之帝王（羣書治要王下有其字）所以為明者以其吏也昔之君子（羣書治要子下有其字）所以為功者以其民也力生於神（羣書治要神作民）而功最於吏福歸於君（羣書治要此下云民者至庳也而使之取吏焉必取所愛故十人愛之則十人之吏也百人愛之則百人之吏也千人愛之則千人之吏也萬人愛之則萬人之吏也）昔者五帝之治天下也其道昭昭若日月之明然若以晝代夜然其道首首然萬世為福萬世為教者唯從黃帝以下舜禹

以上而已矣君王欲緣五帝之道而不失則可以長久昔者

以下羣書治要無

守道五帝三王周政甲第四

聖人在上賢士百里而有一人則猶無有也王道衰微暴亂在上賢士千里而有一人則猶比肩也意林一引云聖王在上百里有一士猶無有也王道衰千里一士則猶比肩也

撰吏五帝三王傳政乙第三

政曰民者賢不肖之杖也賢不肖皆具焉故賢人得焉不肖人休焉杖能側焉忠信飾焉民者積愚也雖愚明主選吏焉必使民興焉士民興之明上舉之士民苦之明上去之故王者取吏不忘必使民唱然後和民者吏之程也察

吏於民然後隨政曰以上羣書治要無 民者至卑羣書治要卑作庳 也而使之取吏焉必取所愛故十人愛之則十人之吏也百人愛之則百人之吏也羣書治要至此止以下無 故萬人之吏選卿相矣卿相者諸侯之丞也故封侯之土秩出焉卿相 君侯之本也

曲阜魯周公政甲第十四

政曰昔者魯羣書治要無此五字 周公曰吾聞之於政也知善不行者羣書治要者下有則字 謂之狂知惡不改者羣書治要者下有則字 謂之惑意林一引知善不信謂之狂知惡不改謂之惑二句 夫狂與惑者聖王之戒也

道符五帝三王傳政甲第二

不肖者不自謂不肖也羣書治要無也字 而不肖見於行羣書治要行下

有不肖者三字雖自謂賢人猶羣書治要猶下有皆字謂之不肖也愚者不自謂愚而愚見於言羣書治要言下有愚者二字雖自謂智人猶羣書治要猶下有皆字謂之愚羣書治要愚下有也字

數始五帝治天下第七

昔者黃帝年十歲知神農之非而改其政使四面從五聖

昔者帝顓頊年十五而佐黃帝二十而治天下其治天下也上緣黃帝之道而行之學黃帝之道而常之昔者帝嚳年十五而佐帝顓頊三十而治天下其治天下也上緣黃帝之道而明之學帝嚳顓頊之道而行之昔者至五聖今本無之據北堂書抄十一太平御覽七十九引補

禹政第六

禹之治天下也得皋陶得杜子業得旣子得施子黯得季子甯得然子堪得輕子玉得七大夫以佐其身以治天下以天下治

湯政天下至紂第七

湯之治天下也得慶誧伊尹湟里且東門虛南門蝡西門疵北門側得七大夫佐以治天下而天下治二十七世積歲五百六十七歲至紂

上禹政第六

禹之治天下也以五聲聽門懸鐘鼓鐸磬而置鞀以得（羣書治要得作待）四海之士爲銘於筍簴曰教寡人以道者擊鼓教寡人以義者擊鐘教寡人以事者振鐸語（羣書治要語作告）寡人

以憂者擊磬語寡人以訟獄者揮鞀此之謂五聲是以禹嘗據一饋而七十羣書治要七下無十字起日中而不暇飽食曰吾猶羣書治要猶作不恐四海之士留於道路羣書治要路下有吾恐其留吾門庭也句是以四海之士皆至是以禹當羣書治要禹下無當字朝廷間也羣書治要間下無也字可以羅爵羣書治要爵作雀下有者字

道符五帝三王傳政甲第五

夫國者羣書治要無國者二字卿相羣書治要相下有無字世賢者有之有國無國羣書治要作國無因治智者治羣書治要治作理之智者非一月之志羣書治要志下有也字治者非一日之謀羣書治要謀下有也字治志治謀王於帝王然後民知所保而知所避發政施令爲天下福者謂之道上下相親謂之和民不求而得所欲謂之信除去

（羣書治要除下無去字）天下之害謂之仁仁與信和與道帝王之器（羣書治要器下有也字意林一引云發政施令爲天下福謂之道上下相親謂之和不求而得謂之信除天下之害謂之仁信而能和者帝王之器）凡萬物皆有器故欲有爲（羣書治要爲下有而字）不仁（羣書治要仁作行）其器者雖欲有爲（羣書治要無此四字）不成（羣書治要成下有也字）諸侯之（羣書治要無此三字）欲王者亦然不用帝王之器者（羣書治要者下有亦字）不成（羣書治要成下有也字）

湯政湯治天下理第七

天地闢而萬物生萬物生而人爲政焉無不能生而無殺也惟天地之所以殺人不能生人化而爲善獸化而爲惡人而不善者謂之獸有天然後有地有地然後有別有別然後有義有義然後有教有教然後有道有道然後有理

有理然後有數日有冥有旦有晝有夜然後以爲數月一盈一虧月合月離以數紀四者皆陳以爲數治政者衛也始終之謂衛

愼誅魯周公第六

昔者魯周公使（羣書治要使下有衛字）康叔往守於殷戒之曰與殺不辜寧失有罪無有無罪不見誅無有無（羣書治要無作有）功而不賞戒之封誅賞之愼焉

鬻子卷二

長沙葉德輝校輯

鬻熊曰運轉亡已天地密移疇覺之哉故物損於彼者盈於此成於此者虧於彼損盈成虧隨世隨死往來相接閒不可省疇覺之哉 列子天瑞

鬻子曰欲剛必以柔守之欲彊必以弱保之積於柔必剛積於弱必彊觀其所積以知禍福之鄉彊勝不若已至於若已者剛柔勝出於已者其力不可量 列子黃帝

鬻熊語文王曰自長非所增自短非所損算之所亡若何 列子力命

鬻子曰去名者無憂 同上

周文王問於鬻子曰敢問君子將入其職則於其民也何如鬻子對曰唯疑請以上世之政詔於君王政曰君子將入其職則於其民也旭旭然如日之始出也周文王曰受命矣曰君子既入其職則於其民也何若對曰君子既入其職則於其民也暵暵御覽引本注云音漢然如日之正中也周文王曰受命矣曰君子既去其職則於其民也何若對曰君子既去其職則於其民也暗暗然如日之已入也故君子將入而旭旭者義先聞也既入而暵暵者民保其福也既去而暗暗者民失其教也周文王曰受命矣賈誼新書修政語下太平御覽三

周武王問於鬻子曰寡人願守而必存攻而必得戰而必

勝則吾爲此柰何鬻子對曰唯攻守而勝乎同道而和與嚴其備也故曰和可以守而嚴可以守而嚴不若和之固也和可以攻而嚴可以攻而嚴不若和之得也和可以戰而嚴可以戰而嚴不若和之勝也則唯由和而可也故諸矦發政施令政平於人者謂之文政矣諸矦接士而使吏禮恭於人者謂之文禮矣諸矦聽獄斷刑治仁於人者謂之文誅矣故三文立於政行於禮陳於刑由此守而不存攻而不得戰而不勝者自古而至於今自天地之辟也未之嘗聞也今也君王欲守而必存攻而必得戰而必勝則唯由此也而可也周武王曰受命矣賈誼新書修政語下長短經政體

周成王年六歲卽位享國親以其身見於鬻子之家而問

焉曰昔者先王與子修道而道修寡人之望也亦願以教敢問興國之道柰何鬻子對曰唯疑請以上世之政詔於君王政曰興國之道君思善則行之君聞善則行之君知善則行之位敬而常之行信而長之則興國之道也周成王曰受命矣賈誼新書修政語下

周成王曰敢問於道之要柰何鬻子對曰唯疑請以上世之政詔於君王政曰爲人下者敬而肅爲人上者恭而仁爲人君者敬士愛民以終其身此道之要也周成王曰受命矣同上

周成王曰敢問治國之道若何鬻子對曰唯疑請以上世之政詔於君王政曰治國之道上忠於主而中敬其士而

下愛其民故上忠其主者非以道義則無以入忠也而中敬其士不以禮節則無以諭敬也而下愛其民非以忠信則無以諭愛也故忠信行於民而禮節諭於士道義入於上則治國之道也雖治天下者由此而已周成王曰受命矣同上

周成王曰寡人聞之有上人者有下人者有賢人者有不肖人者有智人者有愚人者敢問上下之人何以爲異鬻子對曰唯疑請以上世之政詔於君王政曰凡人者若貴若賤若幼若老聞道志而藏之知道善而行之上人矣聞道而弗取藏也知道而弗取行也則謂之下人也故夫行者善則謂之賢人矣行者惡則謂之不肖矣故夫言者善

則謂之智矣言者不善則謂之愚矣故智愚之人有其辭
矣賢不肖之人別其行矣上下之人等其志矣周成王曰
受命矣同上
周成王問於鬻子曰寡人聞之聖人在上位使民富且壽
云若夫富則可爲也若夫壽則不在天乎鬻子對曰唯疑
請以上世之政詔於君王政曰聖人在上位則天下不死
軍兵之事故諸侯不私相攻而民不私相鬬閱不私相殺
也故聖王在上位則民免於一死而得一生矣聖王在上
則君積於道而吏積於德而民積於用力故婦人爲其所
衣丈夫爲其所食則民無凍餒矣故聖王在上則民免於
二死而得二生矣聖王在上則君積於仁而吏積於愛而

民積於順則刑罰廢矣而民無大過之誅故聖王在上則民免於三死而得三生矣聖王在上則使民有時而用之有節則民無癘疾矣故聖王在上則民免於四死而得四生矣故聖王在上則使盈境內興賢良以禁邪惡故賢人必用而不肖人不作則已得其命矣故夫富且壽者聖王之功也周成王曰受命矣賈誼新書修政語下御覽八十四

昔文王見鬻子年九十御覽作鬻子年九十見文王文王曰嘻老矣鬻子曰若使臣捕虎逐麋則臣已老矣使臣坐策國事則臣年尚少因立爲師意林一御覽三百八十三

武王率兵車以伐紂紂虎旅百萬陣於商郊起自黃鳥至于赤斧走如疾風聲如振霆三軍之士靡不失色武王乃

命太公把白旄以麾之紂軍反走文選任彥昇宣德皇后令注史孝山出師頌注范蔚宗光武紀贊注御覽三百一

張諤撰

評注鬻子精華

民國九年(1920)上海子學社石印《評注鬻子精華》本

仁信和道帝王之器

鬻子

鬻子名熊。周文王之師也。周封為楚祖。著書曰鬻子。遭秦火。故多殘缺。王鳳洲曰。鬻子為諸子之首。文王為聖德之宗。熊為文王之師。書乃政教之體。雖篇軸殘缺。紀綱猶備焉。

夫國者。卿相世賢者有之。（賢德必見用）有國則有卿相。賢德者卿相之具。人與之。王用之。不賢者豈能用之哉。有國無國。智者治之。夫國豈自寧自亂。所以安國者。智謀之力也。智者非一日之志。積功累德行道不倦以成其志。治者非一日之謀。謀者心思也。樹德以為尚。寬重道。修政作教。以至治平之咨謀。非一日之所能致也。治志治謀。在于帝王。然後民知所保。君上有道。化行于下。遠近慕義。四境無虞。故人知所安也。而知所避。無遺政教。下民為福。是知所避也。發教施令。為天下福者謂之道。先之以博愛。陳之以德義。先之以敬讓。道之以禮樂。不奪人之時。不干人利。故得禍亂不作。為福之道。此之謂歟。上下相親謂之和。至德以教之。要道以治之。上下同心。是謂和矣。民不求而得所欲謂之信。安其居。甘其食。樂其業。上有行道之君。是所致者。可謂之大信。除去天下之害謂之仁。如征葛放紂。免于暴亂。百姓安其所處。謂之仁。仁與信。和與道。帝王之器。此四者帝王有天下之器。所以樂推也。凡萬物皆有器。所用利之是以為器。故欲有為不行其器者。雖欲有為不成。惟名與器。不可假人。其所營為。必以其器用得其器也。故利之不行其器于利遠矣。豈有成哉。諸侯之欲者亦然。不用帝王之器者不成。言天下之大神器之重。非其王者難以處之。王氣而來。可以宰制。必行仁與信和與道。然後可括懷萬姓。奄有四海。苟非其人也。豈妄成之也哉。

（王鳳洲曰）鬻子為諸書之首。文王為聖德之宗。熊為文王之師。書乃政教之體。雖篇軸殘缺。紀綱猶備。按新書引鬻子。和可以守。而嚴可以守。而嚴不若和之固也。和可以攻。而嚴可以攻。而嚴不若和之德也。和可以戰。而嚴可以戰。而嚴不若和之勝也。則惟由和而可以也。此語意絕勝韜略素書。

五帝之治天下

昔者五帝之治天下也。其道昭昭窮道之源極道之流若日月之明然。若以書代夜然。日月運明。始終不息。故昭昭。惟聖人與天地合德。日月齊明。若道大不淪。可以崇遠。故其道首首然。萬世為福。萬世為教者。唯從黃帝以下。舜禹以上而已矣。首者始也。言五帝之道。常為萬代之始。後世不能加也。帝王之功。莫此為盛。故百代不易。為福為教。君王欲緣五帝之道而不失。則可以長久。言君王但因循五帝之道。而常行用。無所為體。則可以長保宗廟社稷。以為人始也。

（王鳳洲曰）五帝。道之祖也。故言治道。以五帝為首。

治在得人

禹之治天下也。得皋陶。得杜子業。得既子。得施子黯。得季子甯。得然子堪。得輕子王。得七大夫再與此人明此以佐天下。而天下治。此見禹之治天下。不在自治。而在得人。湯之治天下也。得慶

五帝三皇之政事

量權揣情為說法

輔。得伊尹。得理且。東門虛。南門蠕。西門庇。北門側。得七大夫以佐天下。而天下治。（此見湯之治天下。不在自治。而在得人。）

（陳眉公曰）為治者在得人。古今論者多矣。存此以為博物家一識。

鬼谷子（周時高士。無鄉里族姓名字。以其所隱自號鬼谷先生。）

聖人見萌芽巇罅。則抵之以法。世可以治。則抵而塞之。不可治。則抵而得之。或抵如此。或抵如彼。或抵反之。或抵覆之。五帝之政抵而塞之。三王之事抵而得之。諸侯相抵。不可勝數。當此之時。能抵為右。自天地之合離終始。必有巇隙。不可不察也。察之以捭闔。能用此道。聖人也。

（王鳳洲曰）言塞之者。如救弊補偏之說。以五帝三皇之事照之便明。末言即天地之必有巇隙。因以明道歸之聖人。

古之善用天下者。必量天下之權。而揣諸侯之情。量權不審。不知強弱輕重之分。揣情不審。不知隱匿變化之動靜。何謂量權。曰度於大小。（大小以國言）謀於衆寡。（衆寡以兵言）稱貨財有無。料人民多少。饒乏有餘不足幾何。辨地形之險易。孰利（文勢）孰害。（若江河之決）謀慮孰長孰短。君之親疏孰賢孰不賢。與賓客之智睿孰多孰少。觀天時之禍福。孰吉孰凶。諸侯之親信孰用孰不用。百姓之心去就變化。孰安孰危。孰好孰

以外摩得內符

憎反側孰便能知此者是謂權量揣情者必以其甚喜之時往而極其所欲也其有欲也不能隱其情（可以得其欲之情也）必以其慎懼之時往而極其惡也其有惡也不能隱其情（可以得其惡之情也）情欲必失其變感動而不知其變者乃且錯其人勿與語而更問所親知其所安夫情變於內者形見於外故常必以其見者而知其隱者此所謂測深揣情故計國事者則當審權量說人主則常審揣情謀慮情欲必出於此乃可貴乃可賤乃可重乃可輕乃可利乃可害乃可成乃可敗其數一也故雖有先王之道聖智之謀非揣情隱匿無所索之此謀之大本也而說之法也

（王鳳洲曰）說士不量權則無以陳侯國禍福不揣情則無以得人主之喜怒當時儀秦之流皆用此法宋眉山蘇氏權勢十篇中多與此合皆祖此法故君子識蘇氏之學不軌於正云

摩之符也內內符者揣之主也（內符謂人主心中之所合也）用之有道其道必隱微摩之以其所欲測而探之內符必應其應也必有為之故微而去之是謂塞窌匿端隱貌逃情而人不知故能成其事而無患（既得人主之所欲而尤必為之隱其情貌使人不知而後事成而不敗也）其摩之在此符應之在彼從而應之事無不可古之善摩者如操鉤而臨深淵餌而投之必得魚焉故曰主事日成而人不知主兵日勝而人不畏也聖人謀之於陰故曰

神成之於陽。故曰明。所謂主事日成者。積德也。而民安之。不知其所以利。積善也。而民道之。不知其所以然。而天下比之神明也。主兵日勝者。常戰于不爭不費。而民不知所以服。不知所以畏。而天下比之神明也。摩者有以平。有以正。有以喜。有以怒。有以名。有以行。有以謙。有以信。有以利。有以卑。平者靜也。（默而不言以採之。）正者直也。（言而無隱）喜者悅也。（慰其心）怒者動也。（激之也。）名者發也。（出之[illegible]亂。使人不覺。）廉者潔也。信者明（雖勝而）也。（出芒刺而入。）利者求也。卑者諂也。故聖人所獨用者。衆人皆有之。然無成功者。其用之非也。故謀莫難於周密。說莫難於悉聽。事莫難於必成。此三者。摩然後能之。（能固密意）（聽必成也。）故謀必欲周密。必擇其所與通者說也。故曰。或結而無隙也。夫事成必合於數。故曰道數與時相偶者也。（扌成一片渾融之妙）說者聽必合於情。故曰情合者必聽。故物歸類。抱薪趨火。燥者先燃。平地注水。濕者先濡。此物類相應於勢。譬猶是也。（火性燥。故就燥。水性濕。濕性合也。事成必合于數。說聽必合于情。亦是此理也。）此言內符之應外摩也。如是。故曰摩之以其類。焉有不相應者。乃摩之以其欲。焉有不聽者。故曰獨行之道。夫幾者不晚。成而不抱久不化。成。

（袁了凡曰）鬼谷摩符之術。大抵得之老子。而以施之戰國諸游士。故當時儀秦之術。往往用其術。以取富貴。總之邪道也。即敗道也。故不能善終云。

用說依其人

說者。說之也。（之字皆主諸侯言。）說之者。資之也。飾言者。假之也。假之者。益損也。應對者。利辭也。（利捷也）利辭者。輕論也。（輕快也）成義者。明之也。明之者。符驗也。（剖悉詳明故利。辭五見）難言者。卻論也。卻論者。釣幾也。佞言者。諂而不于諛。言者。博而于智。平言者。決而于勇。戚言者。權而于信。靜言者。反而于勝。先意承欲者。諂也。繁稱文辭者。博也。策選進謀者。權也。從舍不疑者。決也。先分不足以窒非者。反也。故口者。機關也。所以閉情意也。耳目者。心之助佐也。所以窺間見姦邪。故曰參調而應。利道而動。故繁言而不亂。翱翔而不迷。變易而不危者。觀要得其理。（惟得其理。故不亂不迷不危也）故無目者不可示以五色。無耳者不可告以五音。（此二句用莊子之言。）故不可以往者。無所開之也。（無以開啟）（人主之心不可以往也。）故不可以來者。無所受之也。（許多照綴如日月星辰朗然列天上）物有不通者。故不事也。古人有言曰。口可以食。不可以言。言者有諱忌也。眾口鑠金。（鑠。銷也。）言有曲故也。人之情。出言則欲聽。舉事則欲成。是故智者不用其所短。而用愚人之所長。智者不用其所拙。而用愚人之所工。故不困也。言其有利者。從其所長也。言其有害者。避其所短也。故介蟲之悍也。必以堅厚。螫蟲之動也。必以毒螫。（重。關）故禽獸知用其長。而談者知諱其短也。故曰辭言有五。曰病。曰恐。曰憂。曰怒。曰喜。五者有一。必失中和而

因情得中正

不平暢故曰病者感衰氣而不神也恐者腸絶而無主也憂者閉塞而不泄也（不泄不漏也）怒者妄動而不治也喜者宣散而無要也此五者精則行之利則行之（婉能曲盡）故與智者言依于博與拙者言依于辨與辯者言依于要與貴者言依于勢與富者言依于高與貧者言依于利與賤者言依于謙與勇者言依于敢與通者言依于銳此其術也（所謂說之法也）而人常反之是故與智者言將此以明之與不智者言將此以教之而甚難為也（開而能合）故言多類事多變如終日言不失其類故不亂終日不變而不失其主故智貴不妄聽貴聰智貴明辭貴奇

（袁了凡曰）讀此一段以人情按之無一不真果是筆頭上畫出千形萬象深于世故熟于人情者彼戰國策士朝叩秦關暮游燕薛其探機伺情竦慨說說人主之前或布衣而卿相或郊迎而先驅其所以關說者分明有權在也觀此篇可見

凡謀有道必得其所因以求其情審得其情（情謂人情之意）乃立三儀三儀者曰上曰中曰下參以立焉以生奇奇不知其所擁也（擁塞）始於古之所從（說出一段主理）故鄭人之取玉也載司南之車為其不惑也夫度材量能揣情者亦事之司南也故同情而俱相親者其俱成者也同欲而相疎者其偏害者也同惡而相親者其俱害者也同惡而相疎者其偏害者也故相益則親（有益于人主而人主親之也）相損則疎其數行也

此所以察同異之分其類一也故墻壞於其隙木毀於其節斯蓋其分也故變生於事事（語語珠聯璧合）生謀謀生計計生議議生說說生進進生退退生制因以制於事故百事一道而百度一數也夫仁人輕貨不可誘以利可使出費勇士輕難不可懼以患可使據危智者達于數明于理不可使以誠（語最關切）可示以道理可使立功是三計也故愚者易蔽也不肖者易懼也貪者易誘也是因事裁之故曰强者積於弱也有餘者積於不足也此其道術行也故外親而内疎者說内内親而外疎者說外故因其疑以變之因其見以然之因其說以要之因其勢以成之因其惡以收之因其患以斥之（善說之法在此數個因之）摩而恐之高而動之微而正之符而應之擁而塞之亂而惑之是謂計謀計謀之用公不如私私不如結結而無隙者也正不如奇奇流而不止者也故說人主者必與之言奇（奇私二意細入單微）說人臣者必與之言私其身内其言外者疎其身外其言深者危無以身之所不欲而强之於人無以人之所不知而教之於人人之有好也學而順之人之有惡也避而諱之故陰道而陽取之也故去之者縱之（機調相生）縱之者乘之貌者不美又不惡故至情託焉可知者可用也不可知者謀者所不用也故曰事貴制人而不貴見制於人制

人者。握權也。見制於人者。制命也。智用於衆人之所不能知。而能用於衆人之所不能見。（愈入愈。微）故先王之道。陰言有之曰。天地之化。在高與深。聖人之制。道在隱與匿。非獨忠信仁義也。中正而已矣。

（袁了凡曰）看鬼子十篇。議論大畧。俱是揣摩探索之語。須以意細玩之。方能悟其機關。一篇隨處變換。隨段生意。權術寓奇之訣。淺深詳畧。無不畢備。然其關機闔張。怪怪奇奇。似不可與莊語。讀者取節焉可也。

劉咸炘撰

鬻子書

民國十六年(1927)尚友書塾刊《推十書·子疏》本

鬻子書

七畧道家二十二篇意林錄一卷六篇今存逢行珪注十四篇皆短節蓋後人妄分宋陸佃本十五篇乃多分一篇嚴可均謂以羣書治要校僅三篇非也治要亦零條無由知是幾篇篇目亦出後加尚有逸文譚獻謂以賈子新書所載校之不至有碔砆之歎按鬻熊時無子書此乃後人追述緒論賈子所引每段答語皆云請以上世之政詔于君王政曰云云今逢本則政曰在每段之首其書所說純正無悖義蓋皆述先王之緒論稱引五帝從黃帝以下舜禹以上又云賢人得焉不肖人休焉民者積愚也頗類老經但不深耳七畧入之道家蓋以

此列子屢引其語提要疑爲小說家之鬻子非也陸心源謂熊爲文王師其言宜足與謨誥相發明乃多泛然無當之言蓋出于後人依託此說未是又謂列子賈誼書非秦漢之舊所引不足信尤過矣嚴可均謂鬻子非鬻子一人之語文王師爲鬻熊成王問爲熊繹中間隔熊麗熊狂兩世非專記鬻熊之語故其書于文王周公康叔皆曰昔者昔者後乎鬻子言之也古書不必手著蓋康王昭王後周史臣所錄或子孫記述先世嘉言爲楚國令典即史記序傳所謂重黎業之吳回接之殷之季世鬻熊牒之周用熊繹熊渠是續者也此說甚似如其言則是國語之流道家者流出于史官楚多道家蓋始于鬻子歟雖爲官書亦私書之濫觴矣故論列于首可以見道家之遠源焉

道家之書遠託黃帝七略有四經四篇銘六篇列于諸子之後蓋以其爲戰國道家之作也其逸文今可考者六韜引一條呂覽應同去私圜道遇合審時各引一條皆甚純潔六銘惟巾几引見路史嚴可均據御覽引太公陰謀金匱定說苑敬愼篇所載金人銘爲黃帝作頗似其文曰孔子之周觀于太廟右陛之前有金人焉三緘其口而銘其背曰古之愼言人也戒之哉戒之哉無多言多言多敗無多事多事多患安樂必戒無行所悔勿謂何傷其禍將長勿謂何害其禍將大勿謂何殘其禍將然勿謂莫聞天妖伺人熒熒不滅炎炎奈何涓涓不壅將成江河緜緜不絕將成網羅青青不伐將尋斧柯誠能愼之福之根也曰是何傷禍之門也强梁者不得其死好勝者必遇其敵盜怨

主人民害其貴君子知天下之不可上也故下之知衆人之不可先也故後之温恭慎德使人慕之執雌守下人莫踰之人皆趨彼我獨守此衆人惑惑我獨不徙內藏我智不示人技我雖尊高人莫害我夫江河長百谷者以其卑下也天道無親常與善人戒之哉戒之哉孔子顧謂弟子曰記之此言雖鄙而中事情按此文多與老經同若果遠有所受可證老經多述古即出戰國道家亦可取也既采入家語儒者多誦習之而不知實道家初旨也故具錄坿于此

鬻子治要

張文治撰

民國十九年(1930)上海文明書局排印《諸子治要》本

諸子治要卷二

隋唐以前諸子論學名著

鬻熊　楚之先祖。年九十。始見文王。文王以下皆問焉。漢志道家有鬻子。小說家有鬻子說。皆題爲鬻熊撰。大率由後人傳述附益成書。今存鬻子。視漢志又殘闕矣。淸四庫列於雜家。梁劉勰曰。鬻熊知道。而文王咨謀。諸子肇興。莫先於斯。故今取冠諸子。

撰吏五帝三王傳政

帝王所以安國家。行政敎。其在良吏乎。言必博廣以取也。政曰。民者。賢不肖之杖也。賢不肖皆具焉。故賢人得焉。不肖人休焉。杖能側焉。忠信飾焉。民者積愚也。雖愚。明主撰吏焉。必使民興焉。士民與之。明上舉之。士民苦之。明上去之。故王者取吏不忘。必使民唱。然後和。民者吏之程焉。察吏於民。然後隨。政曰。民者至卑也。而使之取吏焉。必取所愛。故十人愛之。則十人之吏也。百人愛之。則百人之吏也。千人愛之。則千人之吏也。萬人愛之。則萬人之吏也。故萬人之吏。撰卿相矣。卿相者。諸侯之丞也。故封侯之士秩出焉。卿相君侯之本也。

道符五帝三王傳政

夫君子將入其職。旭旭然如日初出。入昭昭然。人保其福。既去暗暗然。人失其敎。此得政典符合之謂也。

夫國者。卿相世賢者有之。有國無國。智者治之。智者非一日之志。治者非一日之謀。治志治謀。在於帝王。然後民知所保。而知所避。發敎施令。為天下福者。謂之道。上下相親。謂之和。民不求而得所欲。謂之信。除去天下之害。謂之仁。仁與信。和與道。帝王之器。凡萬物皆有器。故欲有為。不行其器者。雖欲有為不成。諸侯之欲王者亦然。不用帝王之器者不成。

黃雲眉撰

鬻子考補證

民國二十一(1932)年金陵大學中國文化研究所排印《古今僞書考補證》本

鬻子

世傳子書始於鬻子。漢志道家有鬻子二十二篇，小說家有鬻子說十九篇，（本註云，後世所加。）今一卷止十四篇，唐逢行珪所上案史記楚世家『熊通曰吾先鬻熊，文王之師也，蚤終。』敘稱見文王時行年九十，非矣。又書載『三監』『曲阜』事，壽亦不應如是永也。是其人之事已謬悠莫考，而況其書乎！論之者葉止則宋景濂皆以兩見漢志爲疑，莫知此書誰屬。胡元瑞則以屬小說家，亦臆測也。高似孫以爲漢儒綴輯。李仁父以爲後世依託。王弇州疑其七大夫之名，楊用修歷引賈誼書及文選註所引鬻子，今皆無之。此足以見其大略矣。

補證

四庫總目提要曰：『舊本題周鬻熊撰。崇文總目作十四篇。高似孫子畧作十二篇。陳振孫書錄解題稱陸佃所校十五篇。此本題唐逢行珪注，凡十四篇，蓋即崇文總目所著錄也。考漢書藝文志道家鬻子說二十二篇，又小說家鬻子說十九篇，是當時本有二書。列子引鬻子凡三條，皆黃老清靜之說，與今本不類，疑即道家二十二篇之文；今本所載，與賈誼新書所引六條文格畧同，疑即小說家之鬻子說也。杜預左傳註稱鬻熊爲祝融十二世孫，孔穎達疏謂不知出何書。史記載鬻熊子事文王，早卒，其子曰熊麗，熊麗生熊狂，熊狂生熊繹，成王時舉文武勤勞之後嗣，受封於楚；漢書載魏相奏記霍光，稱文王見鬻子年九十餘，雖所說小異，然大約文武時人。今其書乃有昔者魯周公語，又有昔者魯周公使康叔往守於殷語，而賈誼新書亦引其成王問答凡五條，時代殊不相及。劉勰文心雕龍云，鬻熊知道，文王咨詢，遺文餘事，錄爲鬻子。則裒輯成編，不出熊手，流傳附益，或構虛詞，故漢志別入小說家歟？獨是僞四八目一書，見北齊陽休之序錄，凡古來帝王輔佐有數可紀者，靡不具載，而此書所列禹七大夫，湯七大夫，皆具有姓名，獨不見收，似乎六朝之末尙無此本，或唐以來好事之流依仿賈誼所引，撰爲贗本，亦未可知。觀其標題甲乙，故爲佚脫錯亂之狀，而誼書所引則無一條之偶合，豈非有心相避而巧匿其文，使讀者互相檢驗，生其信心歟？』

羅焌撰

鬻子

民國二十四年(1935)上海商務印書館排印《諸子學述》本

（五）鬻子（鬻亦作粥．古字通用．）

鬻子姓芊．（芊本字作嬭．薛尚功鐘鼎款識載楚南龢鐘銘云．楚王媵邛仲嬭南龢鐘．案即左氏春秋文元年傳之江芊也．邛即春秋江國之本字．）名熊．祝融之後．陸終第六子季連之裔．年九十．見周文王．文王曰．嘻老矣．鬻子曰．若使臣捕虎逐麋．則臣已老矣．使臣坐策國事．則臣年尚少．因立爲師．至武王成王．皆師事之．成王大封異姓．會先卒．子熊麗．孫熊狂亦卒．因封其曾孫熊繹于楚．子孫皆以熊爲氏．漢志道家．粥子二十二篇．小說家．鬻子說十九篇．隋志鬻子一卷．列道家．舊唐志鬻子一卷．列小說家．新唐志又列道家．今存一卷．止十四篇．本唐永徽中逄行珪所獻．近儒亦多輯佚本．何者爲道家．何者爲小說．不能辨也．玆兼採而別擇之．略述于左．（今本鬻子蓋小說家言．此不具述．）

天運　列子天瑞篇云．

粥熊曰。運轉亡已。天地密移。疇覺之哉。故物損於此者盈於彼。成於此者虧於彼。損盈成虧。隨世隨死。（世生也。列子書多以世爲生）往來相接。間不可省。疇覺之哉。（凡一氣不頓進。一形不頓虧。亦不覺其成。不覺其虧。亦如人自世至老。（世亦生也）貌色智態。（態讀爲能）亡日不異。皮膚爪髮。隨世隨落。非嬰孩時有停而不易也。間不可覺。俟至後知。）（据嚴輯本。則凡一氣以下。皆列子引申語也）

張湛列子注云。夫萬物與化爲體。體隨化而遷。化不暫停。物豈守故。故向之形生。非今形生。俯仰之間。已涉萬變。氣散形朽。非一旦頓至。而昧者操必化之器。託不停之運。自謂變化可逃。不亦悲乎。成者方自謂成。而已虧矣。生者方自謂生。潛已死矣。皆在冥中而潛化。固非耳目所瞻察。形色髮膚。新故相換。猶不可識。況妙於此者乎。今案張注洵足發明粥子及列子之精意。然其言受彼時佛學之影響亦甚深也。

道要　賈誼新書修政語下云。

周成王曰。敢問於道之要奈何。鬻子對曰。唯。（句）疑請以上世之政。詔於君王。（疑讀爲擬）政曰。（政蓋古政典也）爲人下者敬而肅。爲人上者恭而仁。爲人君者敬士愛民。以終其身。此道之要也。周成王曰。受命矣。列子黃帝篇云。

天下有常勝之道。有不常勝之道。常勝之道曰柔。常不勝之道曰彊。二者亦知。（亦讀爲難易之易）而人未之知。故上古之言。彊先（先猶勝也）不己若者。柔先出於己者。先不己若者。至於若己則殆矣。先出於己者。亡所殆矣。以此勝一身若徒。以此任天下若徒。（勝，亦任也。若，徒，謂如無事然。）謂不勝而自勝。不任而自任也。粥子曰。「欲剛必以柔守之。欲彊必以弱保之。（張注云，守柔，不以求剛而自剛。保弱，不以求彊而自彊。故剛彊者，非欲之所能致也。）積於柔必剛。積於弱必彊。觀其所積以知禍福之鄉。彊勝不若己。至於若己者剛。（張注云，必有折也。說文云，剛，彊斷也。）柔勝出於己者。其力不可量。」

老聃曰。兵彊則滅。木彊則折。柔弱者生之徒。堅彊者死之徒。（老子七十六章文小異。）

案粥子守己則以柔弱。即老子所云「柔弱勝剛彊」也。治人則以恭敬。即孔子所云「恭己正南面」也。（漢志稱道家清虛以自守，卑弱以自持，君人南面之術也。）其曰「去名者無憂」。（列子楊朱篇引粥子曰。）則道家尚無名之義也。其語文王曰。「自長非所增。自短非所損。算之所亡若何。」（張注云，算猶智也。案，算猶數也。亡若何，猶言無奈何。本列子力命篇引粥熊語。）則道家順自然之義也。至道之要。其在斯乎。

治國　賈誼新書修政語下云。

周成王曰。敢問治國之道若何。粥子對曰。唯。疑請以上世之政詔於君主。政曰。治國之道。上忠於主。而中敬其士。而下愛其民。故上忠其主者。非以道義則無以入忠也。而中敬其士。不以禮節則無以諭敬也。而下愛其民。非以忠信則無以諭愛也。故忠信行於民。而禮節諭於士。道義入於主。則治國之道也。雖治天下者由此而已。周成王曰。受命矣。

案粥子以道義禮節忠信爲治國之道。與太公以道德仁義爲得天下之道。殆無以異。此隋志經籍所爲

張心澂撰

鬻子通考

民國二十八年(1939)商務印書館排印《僞書通考》本

以鬻子冠道家之首。明刊子彙徑以鬻子列入儒家也。

民生　賈誼新書修政語下云

周成王曰。寡人聞之。聖王在上位。使民富且壽云。若夫富則可爲也。若夫壽則不在天乎。粥子曰。唯。疑請以上世之政詔於君王。政曰。聖王在上位。則天下不死軍兵之事。故諸侯不私相攻。而民不私相鬬閲。不私相殺也。故聖王在上位。則民免於一死而得一生矣。聖王在上。則君積於道。而吏積於德。而民積於用力。故婦人爲其所衣。丈夫爲其所食。則民無凍餒矣。故聖王在上。則民免於二死而得二生矣。聖王在上。則君積於仁。而吏積於愛。而民積於順。則刑罰廢矣。而民無大過之誅。故聖王在上。則民免於三死而得三生矣。聖王在上。則使民有時。而用之有節。則民無厲疾矣。故聖王在上。則民免於四死而得四生矣。故聖王在上。則使盈境內。興賢良以禁邪慝。故賢人必用而不肖人不作。則已得其命矣。故夫富且壽者。聖王之功也。周成王曰。受命矣。

案此所云民生。僅就人民生命而言。尚未切籌國民生計。蓋粥子本道家。亦尚無爲之治者。人人能保全其壽命。則生計自在其中。此斯民之所以但求免死而得生也。

鬻子一卷　僞。

殷鬻熊撰。唐逢行珪注。

漢書藝文志道家載鬻子二十二篇自注云：「名熊，爲周師。自文王以下問焉。周封爲楚祖。」又小說家載鬻子說十九篇自注云「後世所加。」

葉夢得曰「世傳鬻子一卷出祖無擇家。漢藝文志本二十二篇，載之道家。鬻熊文王所師，不知何以名道家？而小說家亦別出十九卷，亦莫知孰是，又何以名小說？今一卷止十四篇，本唐永徽中逢行珪所獻。其文大略古人著書不應爾。廖仲容子抄云：『六篇，』馬總意林亦然。其所載辭略與行珪先後差不倫，恐行珪書或有附益。」

李燾曰：「藝文志二十二篇，今十四篇。崇文總目以爲其八篇亡。特存此十四篇耳。某謂劉向父子及班固所著錄者，或有他本，此蓋後世所依託也。熊既年九十始遇文王，胡乃尚說三監曲阜時，何耶？又文多殘闕，卷第與目篇皆錯亂。甚者幾不可曉，而注尤謬誤，然不敢以意刪定，姑存之以俟考。」

高似孫曰：「魏相奏記載霍光曰『文王見鬻子年九十餘，文王曰，「噫，老矣！」鬻子曰，「君若使臣捕虎『虎』，四庫本作『武』。下同。逐麝，臣已老矣；若使坐策國事，臣年尚少。」文王善之，遂以爲師。』今觀其書則曰『發政施仁謂之道。上下相親謂之和，不求而得謂之信，除天下之害謂之仁。』其所以啓文王者決矣。其與太公之遇文王有相合者。太公之言曰，『君有六守仁、義、忠、信、勇、謀。』又曰，『鷙鳥將擊，卑飛翩翼；虎狼將擊，弭耳俯伏；聖人將動，必有愚色。』尤決於啓文王者矣。非二公之言，殊相經緯。然其書辭意大略淆雜，若大誥洛誥之所以爲書者，亦是漢儒之所綴輯者乎？」

子略。

黃震曰：「逢行珪序其書云：『熊，楚人。年九十見文王，王曰：（老矣。）熊曰：「使臣捕獸逐麋，已老矣。使臣坐策國事，尚少也。」文王遂師之。』故其書首之以文王問。此必戰國處士假託之辭。蓋自漢藝文志已有其篇目，其語亦多可采，如以「知其身之惡而不改爲大忌，」如以「自謂賢者爲不肖，」如曰「察吏於民，」皆足以警世。其餘則載五帝、禹、湯之政，皆主得人。文亦不煩，異乎諸子之寓言虛誕者矣。然每篇多以『政曰』起語，而以昔者追述文王之問。既託文王，而下又曰魯周公。且亦未知自稱『政曰』者爲誰，逢行珪既不能明言，而反釋以爲政術之間，則非辭矣。」黃氏日抄。

宋濂曰：「熊爲周文王師，封爲楚祖；箸書二十二篇，蓋子書之始也。藝文志屬之道家，而小說家又別出十九卷。今世所傳者，出祖無擇所藏，止十四篇。崇文總目謂其八篇已亡，信矣。其文質，其義弘，實爲古書無疑。第年代久邈，篇章舛錯，而經漢儒補綴之手，要不得爲完書。黃氏疑爲戰國處士所託，則非也。序稱熊見文王時年已九十，其書頗及三監曲阜時事，蓋非熊自著，或者其徒名『政』者之所記歟？不然，何有稱『昔者文王有問於鬻子』云！」諸子辨。

王世貞曰：「鬻子僞書也，其文辭雖不悖謬於道，要之至淺陋者，掇拾先賢之遺而加飾之耳。謂禹據一饋而七十起，非三吐之戹言乎？七十起何其勞也？禹得七大夫，如杜季施，皆非夏氏因生之姓。至所謂東門虛、南門蠕、西門疵、北門側，幾乎戲矣。夫鬻子九十而爲文王師也，乃末篇曰：『昔者魯周公使康叔往守於殷』何哉？阮逸僞玄經，李筌僞陰符，劉歆僞周禮，固矣，猶能文其辭，未有如鬻子之淺陋者也。雖然，使僞而近也，毋甯僞而遠也乎？近則惑。」

楊愼曰：「鬻子文王時人，著書二十二篇，子書莫先焉。今其存者十四篇，皆無可取，似後人贋本無疑也。按賈誼新書所引鬻子七條，如云：『和可以守而嚴；可以守而嚴，不若和之固也。和可以攻而嚴；可以攻而嚴，不若和之德也，和可以戰而嚴；可以戰而嚴，不若和之勝也。則惟由和而可也。』又云：『治國之道，上忠於主，而中敬其士，而下愛其民。故上忠其主者，非以道義，則無以入忠也。而中敬其士，非以禮節，則無以諭敬也。下愛其民，非以忠信，則無以行愛也。』又曰：『聖人在上位，則天下不死軍兵之事，民免於一死而得一生矣。聖王在上位，而民無凍餒，民免於二死而得二生矣。聖王在上位，民無夭閼之誅，民免於三死而得三生矣。聖王在上位，則民無厲疾，民免於四死而得四生矣。』是皆正言確論也。今之所傳有是乎？又文選注引鬻子：『武王率兵車以伐紂。紂虎旅百萬，陣於商郊，起自黃鳥，至於赤斧，三軍之士，莫不失色。』今本亦無，以知其爲僞書矣。曷取賈誼書中七條補之，以冠子書，亦愈於傳贋售僞也。」

胡應麟曰：今鬻子非道家言，余既詳辯之矣。然道家固實有鬻子。列禦寇天瑞篇引其說云，「運轉亡已，天地密移，疇覺之哉？故物損於彼者盈於此，成於此者虧於彼。損盈成虧，隨生隨死，往來相接，閒不可省，疇覺之哉？凡一氣不頓進，一形不頓虧；亦不覺其成，不覺其虧。亦如人自生自老，貌色智態亡日不異，皮膚爪髮隨生隨落，非嬰孩時有停而不易也。閒不可覺，俟至後知。」又力命，楊朱二篇皆引其語。其爲道家言，居然可見。蓋必古有此書，如黃帝、楊朱之屬，列子稱之。至漢尚存，班氏以列道家亡怪也。若其人，文王所師與否，列所引爲文王所師之人與否，悉無據，不可信。

夫太公之事見於詩書，東海之封傳於百世，世尚疑之，況不經見聖賢之口如鬻子乎？（列亦言『鬻熊語文王』，然每與老聃同列；謂楚祖者非也）。鬻子，前輩去取殊不一。宋太史謂「其文質，其義弘。」余讀之信然。第如王長公所稱「七大夫」，其名姓誠有可疑者，決匪商末周初文字。黃東發以戰國依託，近之。

今所傳鬻子十四篇，有文王問而及三監、曲阜事，人率疑之。然伊尹、太公年俱百數十歲，攷竹書，太公沒尚在康王世。熊以九十遇西伯，而管、蔡之叛，周公之薨，俱在成王時，律以太公，則談及二事亡足怪。但其書體兼儒雜，既絕不類列子所引語，而列所引語亦略不見篇中，故知其決匪道家。然亦未必小說家之舊。大概後人掇拾殘剩而補苴綴緝之，功亡萬一焉，故其章次篇名皆混淆錯亂，眎他子書特寥落無足觀。自宋李仁父已疑之，而王長公尤極言其僞。乃余則以不惟其書可疑，熊之遇西伯亦僞也，蓋因太公事傅會。若列所引鬻熊，自是當時有道者，不必據文王言。史記稱鬻熊，事文王者，蚤夭，故封其子孫爲楚祖。而此以九十遇文，可笑至此。蓋二鬻熊明甚。

高似孫謂子書起於鬻熊；此不然。漢志道家有伊尹五十一篇，黃帝書四種，共三十八篇，（列子所引黃帝書當出此四家）。力牧二十八篇；雜家有孔甲二十六篇，大禹三十七篇；農家有神農二十篇；小說家有伊尹二十七篇：皆鬻熊前子書，率僞書也。惟以「子」稱者似起於熊；而小說有務成子，亦熊前。若今傳子書，故當首此耳。四部正譌。

姚際恆曰：「鬻子九篇。（本註云『後世所加』）今一卷，止十四篇，唐逢行珪所上。案史記楚世家，『熊通曰，（吾先鬻熊，文王之師也蚤終。）』敍稱見文王時行年九十，非矣。又書載『三監』，『曲阜』事，壽亦不應如是永也。是其人之事已謬悠莫考，而況其書乎！論之者葉正則，宋景濂，皆以兩見漢志爲疑，莫知此書誰屬。胡元瑞則以屬小說家，亦臆測也。高似孫以爲漢儒綴緝。李仁父以爲後世依託。王弇州疑其『七大夫』之名。楊用修歷引賈誼書及文選註所引鬻子，今皆無之。此足以見其大略矣。」古今僞書考。

四庫提要曰：「劉勰文心雕龍云：『鬻熊知道，文王咨詢。遺文餘事，錄爲鬻子。』則裒輯成編，不出熊手，流傳附益，或搆虛詞，故漢志別入小說家歟？獨是僞四八目一書，見北齊陽休之序錄，凡古來帝王輔佐有數可紀者，靡不具載；而此書所列禹七大夫皋陶、杜子業、既子、施子、黯、季子、甯、然子堪、輕子玉，湯七大夫慶誧、伊尹、湟里且、東門虛、南門蝡、西門疵、北門側，皆具有姓名，獨不見收，似乎六朝之末尚無此本。或唐以來好事之流依仿賈誼所引，撰爲贋本，亦未可知。觀其標題甲乙，故爲佚脫錯亂之狀，而誼書所引則無一條之偶合，豈非有心相避而巧匿其文，使讀者互相檢驗，生其信心歟？且其篇名冗贅，古無此體，又每篇寥寥數言，詞旨膚淺，決非三代舊文。」

崔述曰：「史記記文王臣有鬻子。劉向別錄云：『鬻子名熊，封於楚。』今所傳鬻子書有與文王、武王問答之語，列子及賈誼新書頗述之。由是世稱鬻熊爲文王師云。余按書中所載問答之言，皆淺陋無深意義，亦近黃、老，明係後人之所僞托。且熊繹之事康王，楚靈王嘗述之矣；靈王好爲夸張大言者，若其祖果爲文、武師，何容默而不述乎？」豐鎬考信錄。

譚獻曰：「鬻子遺文殘缺，非盡僞造。以逢注本較賈生所引，不至有武夫魚目之歎。」復堂日記。

蔣伯潛撰

鬻子考

民國三十七年(1948)正中書局排印《諸子通考》本

(二)鬻子考

漢志道家又有鬻子二十二篇。自注曰：「名熊，爲周師，自文王以下問焉；周封爲楚祖。」鬻熊勳業，雖不逮太公，要亦周初之名臣。則其書當亦戰國時好事者所掇拾增附而成，與太公同。至於今存之本，則又非漢志所錄之舊矣。約而言之，其證凡四：

(一)鬻子序稱熊見文王年已九十。按史記楚世家曰：「熊通曰：『吾先鬻熊，文王師也，蚤終。』」如見文王年已九十，則爲耄耋之人，安得云「蚤終」乎？書中載三監及曲阜事，並曰「昔者魯周公」云云「昔者魯周公使康叔往守於殷」云云。此皆成王時事，而曰「昔者」賈誼新書又引鬻熊與成王問答五事。如熊於年九十時見文王，而至成王時尚存，則其年壽直逾百歲矣，安得云「蚤終」乎？但楚世家亦曰：「鬻熊子事文王，早卒，其子曰熊麗，熊麗生熊狂，熊狂生熊繹。成王時，舉文武勤勞之後嗣，而繹受封於楚。」繹爲熊之曾孫，受封於成王之時，則熊之早卒又宜若可信。熊之早卒可信，則其書言成王時事，爲不可信矣。其所謂「九十見文王」者，殆因太公八十遇文王而有此影射傅會之談耳。姚際恆古今僞書考評鬻子曰：「其人之事已悠謬莫考，而況其書？」誠哉是言也。（一一）四八目一書見於北齊楊休之敍錄。此書出六朝人僞造，已有定論。其中於古帝王之輔佐，掇記甚詳備。鬻子所記禹有七大夫（皋陶之外，尚有六人，曰杜子業旣子施子黯季子寧然子堪輕子玉。此六人之姓名，孰爲二字，孰爲三字，已無從知之。）湯有七大夫（慶輔、伊尹、湟里居、東門虛、南門蝡、西門疵、北門側。伊尹之外，六大夫均不見他書，後五人之姓名均極怪。）俱不見於四八目中。則六朝時尙無今本鬻子明矣。（此王世貞說，見四庫書目提要引。）（三）賈誼新書大政篇所引六條，均不見於今本鬻子中。四庫書目提要謂其「有心相避，巧匿其文，使讀者互相檢驗，生其信心。」按列子天瑞、力命、楊朱三篇所引，亦不見於今本鬻子中。作僞者讀書不多，或竟未及收羅，亦未可知也。（四）四庫書目提要又曰：「其篇名冗贅，古無此體；又每篇寥寥數言，詞旨膚淺，決非三代舊文。」則以其篇名文章按之，亦非周秦之書矣。總之今存鬻子，蓋出六朝以後人所僞造，非漢志所錄之原書，故葉德輝嘗另輯鬻子云。

佚名節抄

鬻子節抄

民國抄本

鬻子

撰吏五帝三王傳政

政曰君子不與人謀之則已矣若與人謀之則非道無由也故君子之謀能必用道而不能必見受能必忠而不能必入能必信而不能必見信君子非人者必出之於詞而施之於行故非非者行是惡惡者行善而道諭矣

貴道五帝三王周政　　鬻子

昔之帝王所以為明者以其吏也昔之君子其所以為
功者以其民也力生於神而功最于吏福歸於君昔者
五帝之治天下也其道昭昭若日月之明然若以晝代
夜然故其道首首然萬世為福萬世為敎者唯從黃帝
以下舜禹以上而已矣君王欲緣五帝之道而不失則
可以長久

撰吏五帝三王傳政　　鬻子

政曰民者賢不肖之杖也賢不肖皆具焉故賢人得焉
不肖人休焉杖能側焉忠信飾焉民者積愚也雖愚明
主撰吏焉必使民興焉士民與之明上舉之士民若之
明上舉之故王者取吏不忘必使民唱然後和民者吏
之程也察吏于民然後隨政曰民者至卑也而使之取
吏焉必取所愛故十人愛之則十人之吏也百人愛之
則百人之吏也千人愛之則千人之吏也萬人愛之則
萬人之吏也故萬人之吏撰卿相矣卿相者諸侯之丞
也故封侯之土秩出焉卿相君侯之本也

數始五帝治天下　鬻子

昔者帝顓頊年十五而佐黃帝二十而治天下其治天
下也上緣黃帝之道而行之學黃帝之道而常之昔者
帝嚳年十五而佐帝顓頊三十而治天下其治天下也
上緣黃帝之道而明之學帝顓頊之道而行之禹之治
天下也得皐陶得杜子業得既子得施子黯得季子甯
得然子堪得輕子玉得七大夫以佐其身以治天下而
天下治禹之治天下也以五聲聽門懸鐘鼓鐸磬而置
鞀以得四海之士為銘于簨簴曰教寡人以道者擊鼓
教寡人以義者擊鐘教寡人以事者振鐸告寡人以憂

者擊磬語寡人以獄訟者揮鞀此之謂五聲是以禹嘗一
饋而七十起日中而不暇飽食曰吾猶恐四海之士留
于道路是以四海之士皆至是以禹當朝廷間也可以
羅爵湯之治天下也得慶誧伊尹湟里且東門虛南門
蝡西門疵北門側得七大夫佐以治天下而天下治二
十七世積歲五百七十六歲至紂

道符五帝三王傳政

鬻子

夫國者卿相世賢者有之有國無國智者治之智者非一日之志治者非一日之謀治志治謀在于帝王然後民之所保而知所避發教施令為天下福者謂之道上下相親謂之和民不求而得所欲謂之信除去天下之害謂之仁仁與信和與道帝王之器凡萬物皆有器故欲有為不行其器者雖欲有為不成諸侯之欲者亦然不用帝王之器者不成

治理

鬻子

天地闢而萬物生萬物生而人為政焉無不能生而無殺也唯天地之所以殺人不能生人化而為善獸化而為惡人而不善者謂之獸有天然後有地有地然後有別有別然後有義有義然後有教有教然後有道有道然後有理有理然後有數日有冥有旦有晝有夜然後以為數月一盈一虧月合月離以數紀四者皆陳以為數治政者衛也始終謂之衛